조선 왕비 시해되다

세계사와 포개 읽는 한국 100년 동안의 역사 ❼

조선 왕비 시해되다

김 용 삼
근현대사 탐구가

백년
동안

프롤로그

맷돌 사이의 갈린 곡식 가루

지정학地政學이란 용어의 창시자는 루돌프 셸렌(Rudolf Kjellén)이다. 그는 지정학을 "지리적 조직 또는 공간적 현상으로 간주되는 국가를 연구하는 독트린"으로 정의했다(필립 모로 드파르쥐, 이대희·최연구 옮김, 『지정학 입문—공간과 권력의 정치학』, 새물결, 1997, 45쪽).

한반도에서 명멸했던 나라들마다 겪었던 불행은 강력한 대국에 둘러싸여 있는 지정학적 위치 때문이었다. 일본과 구미 세력이 남쪽 해양에서, 중국과 러시아가 북쪽 대륙에서 밀려오면서 그 사이에 위치한 한반도는 어쩔 수 없이 전략적 교량이 되었다(김연지, 「한반도를 둘러싼 국제전에 대한 지정학적 연구—완충체계 이론을 중심으로」, 고려대 정치외교학과 박사학위 논문, 2013, 2쪽). 두 문명권 사이에 끼인 '지정학적 완충국'이 한국의 운명이었다.

우리는 스스로 위안 삼기 위해 단일 민족 배달겨레, 반만년 역사, 무궁화 삼천리 화려강산을 주장한다. 현실은 주변 강대국에 비해 국력의 격차가 너무 큰 약소국 신세였기에 늘 생존의 위협에 시달리며 목숨을 부지하기 위해 지푸라기라도 잡아야 하는 상황이었다. 오죽했으면 『은자의 나라 조선』의 저자 그리피스(William Elliot Griffis)는 조선을 "중국과 일본이라는 맷돌 사이의 갈린 곡식 가루"라고 표현했을까.

기원전 1세기 이래 한국의 국제적 지위는 대부분 우월한 힘을 자랑하는 중국이나, 중국과 일본 간의 경쟁에 의해 결정되었다. 한국의 역사는 한국을 지배하는 어느 우월한 한 나라, 혹은 한국에 대한 지배권을 두고 경쟁하는 두 나라 간의 세력 균형에 의해 결정되어 온 것이 '역사적 사실(historical fact)'이었다(한스 J. 모겐소, 이호재 옮김, 『현대 국제정치론—세계평화의 권력이론적 접근』, 법문사, 1995, 240~241쪽).

한반도에 존재했던 왕조의 흥망은 이웃 강대국과의 관계가 가장 중요하게 작용했다. 강대국과 우호 관계일 때는 평화를 유지할 수 있었고, 갈등 관계에 처하면 큰 어려움을 겪었다. 임진왜란 이전의 한반도는 북쪽의 위협에만 대비하고, 대체로 북쪽 강대국의 요구에 순응하면서 생존을 추구하면 되었다.

그런데 일본이 강대국으로 부상하고 대륙의 패권에 도전하면서 한반도는 양방향에서 위협이 가해졌고, 급기야 그들의 전장이 되었다.

제국 일본의 탄생

제국주의 시대에 세계의 국가와 지역은 타국의 식민지가 되든지, 그게 싫으면 군사력을 길러 제국주의 대열에 끼이든지 두 가지 길밖에 없었다. 한 나라가 상승 단계에 접어들면 국제 환경에 순응해 자기보다 강한 나라와 정면충돌을 피하면서 국력을 증강하기 위해 시간을 버는 것이 일반적인 관행이다. 메이지 정부는 이 점에서 예외였다. 그들은 서구 문명을 접하면서 가장 먼저 전쟁으로 제국의 권리를 얻어내는 방법을 모방했다.

일본 작가 시바 료타로司馬遼太郎는 『언덕 위의 구름』에서 청일전쟁에 대해 "원인은 조선에 있다. 그렇다고 해도 한국이나 한국인에게 죄가 있는 것이 아니고, 죄가 있다면 한반도라고 하는 지리적 존재에 있다"라고 했다. 그는 일본이 조선을 영유하려고 했다기보다는 조선을 다른 강대국에게 빼앗길 경우 일본의 방위는 불가능하다는 수동적 차원에서 전쟁에 임했다고 썼다. 한반도가 다른 대국의 속국이 되는 것이 두려웠다는 뜻이다.

시바 료타로의 주장에 의하면 '수동적으로' 시작한 청일전쟁의 승전으로 일본의 위상은 급격히 높아졌다. 랴오둥遼東반도, 펑후澎湖제도 등의 영토 확장과 전쟁 배상금 획득은 일본의 대외 정책에 새로운 가능성을 열어주었다(박영준, 「청일전쟁 이후 일본의 대외정책론 (1895~1904)—야마가타 아리토모山縣有朋의 전략론과 대항 담론들」, 『일본연구논총』 제27호, 현대일본학회, 2008, 259쪽).

일본은 10년이란 짧은 기간 내에 연이어 두 차례 모험적인 대외 전쟁을 벌여 제국주의 클럽에 뛰어들었으며, 제국을 완성했다. 이처럼 단기간에 비정상적인 방식으로 제국을 건설한 결과 일본은 침략전쟁에 대한 의존성이 강하고, 군국주의 경향이 짙으며, 대외 확장의 열정과 욕망이 특별히 강한 나라가 되었다(박영준, 「청일전쟁 이후 일본의 대외정책론 (1895~1904)」, 2008, 293쪽).

그들의 이상은 두 차례 총리(8·17대)를 역임한 오쿠마 시게노부大隈重信의 말처럼 "동방에서 일본은 서구 문명의 설명자이고, 서방에서 일본은 동방 문명의 대표자다. 이것이 일본 국민의 이상이고 일본제국의 천직"이었다. 일본은 이러한 국가적 이상을 청일전쟁으로 실현했다.

노老대국 청淸은 해외에서 차관을 들여다 전쟁 배상금을 상환하느라 식민지화가 가속화되었다. 반면에 일본은 청일전쟁 배상금을 토대로 산업혁명이 폭발하고, 군비를 확충했으며, 금본위제를 위한 종잣돈을 확보해 런던 국제 금융시장의 일원이 되었다.

문제는 전쟁으로 획득한 거액의 배상금이 더 큰 욕심을 불러일으켜 전쟁을 국가 건설에 필요한 재원 획득의 한 방편으로 인식하게 되었다는 점이다. 전쟁에서 승리하면 상상조차 할 수 없는 거액의 배상금을 획득할 수 있다는 마력이 그들을 또 다른 전쟁으로 내모는 동력으로 작용했다. 한편에선 효력을 상실한 중화 문명과 그 이웃 나라들에 대한 극단적 멸시, 일본 민족 우월감이 강렬하게 표출되었다. 그 마지막 종착역은 일본제국의 패망이었다.

실패국가 조선

실패국가(failed state)의 판단 기준은, 첫째, 폭력의 독점 행사를 통한 안보와 안전의 제공 여부, 둘째, 법치의 여부, 셋째, 시민의 생활 기반 및 복지의 제공 여부다(손기영, 「실패국가, 실패패권, 근대국가의 홀로코스트 삼중주—청일전쟁과 일본의 동학농민군 대량학살의 개념적 분석」, 『일본공간日本空間』 24호, 국민대 일본학연구소, 2018, 234쪽). 이러한 관점에서 조선 후기를 진단해 본다.

첫째, 조선 정부는 임오군란과 갑신정변 진압 과정에서 외국 군대에 대한 의존도를 높인 결과 독립 국가로서 폭력의 독점적 행사에 실패했다. 조선은 1884년 갑신정변을 청군이 진압한 이후부터 1894년까지 사실상 청의 식민지로 전락했다. 조선 군대는 국왕과 백성에게 안보와 안전을 제공할 능력을 상실했다.

둘째, 삼정三政의 문란으로 지배층은 폭력적 수탈을 멋대로 자행했고, 특정 가문이 국정을 전횡하면서 법질서가 붕괴했다.

셋째, 조선 정부는 백성들에게 적절한 생활 기반 및 복지 제공에 실패했다.

이 상황을 지켜본 힐리어(Walter C. Hillier) 주한 영국 총영사는 "이 나라를 경험한 어떤 사람도 개혁과 관련된 계획을 조선인에게 맡기는 것은 시간 낭비라는 것에 공감한다. 부패는 도를 넘어 모든 공공기관이 일본이나 다른 외국의 감시하에 있지 않으면 어떤 개혁도 불가능하다"라고 보고했다(손기영, 「실패국가, 실패패권, 근대국가의 홀로코스트 삼중주」, 2018, 237쪽).

청·일 양국이 증기선 철갑함대를 동원해 근대 해전을 벌일 때 판옥선이 주력이었던 조선 수군은 병인양요와 신미양요를 겪으며 무용함이 증명되었다. 그 결과 1895년 통제영과 각 도 수군이 공식 해체되었다. 해군 없는 조선의 바다는 열강의 각축장이 되었다(김재근, 「조선왕조의 수군」, 『군사軍史』 제1권, 1980, 106쪽).

1894년 10월, 일본의 침략에 맞서기 위해 동학 농민군이 제2차 봉기했을 때 고종은 힐리어 총영사에게 "일본군을 몰아내고 볼모로 잡힌 왕실을 구하기 위해 동학군이 오고 있다"라고 말했다. 고종은 농민군이 일본군을 몰아내고 왕실의 권위를 회복시켜 주리라 기대했다. 동학 농민군의 활약에 일말의 기대와 희망을 걸고 있었다는 뜻이다.

통치 불능의 나라 조선은 완벽한 실패국가였다. 역사에서 가정은 부질없는 일이지만, 만약 조선이 실패국가로 전락하기 전에 김옥균이나 김홍집 정권이 일본의 지원과 도움을 받아 개혁에 성공했더라면 세계사는 어떻게 진행되었을까?

조선과 일본, 영국과 미국이 러시아 견제에 성공해 러일전쟁이 예방되었을 가능성을 배제할 수 없다. 그랬다면 러시아에서 1905년 혁명과 볼셰비키혁명이 일어나지 않았을지도 모른다. 만일 그랬다면 러시아도 평화적인 근대화를 이루어 세계사에서 좌우 세력이 폭력적으로 대결하지 않았을지도 모른다(조관자, 「청일·러일전쟁기의 사상과 동아시아의 변혁—일본의 아시아주의, 국수주의, 사회주의를 중심으로」, 『한림일본학』 제32집, 한림대 일본학연구소, 2018).

남의 전쟁에 끌려들어 간 조선의 실상

전쟁은 치명적 무기를 동원해 벌이는 국가 간의 결투다. 고대 로마의 전략가 베게티우스(Flavius Vegetius Renatus)는 "평화를 원하거든 전쟁을 준비하라(Si Vis Pacem, Para Bellum)"라고 외쳤다.

청일전쟁을 마무리 짓기 위해 양국 대표가 시모노세키에서 막바지 강화회담을 진행 중이던 1895년 3월 29일부터 4월 29일까지 주한 일본 공사관은 직원을 파견해 서울 이북의 경기·황해·평안도 25개 마을을 조사한 후 「조선국 북부 순회 시찰 복명서」를 본국 외무성에 보고했다(차경애, 「청일전쟁 당시 조선 전쟁터의 실상」, 『한국문화연구』 vol.14, 2008, 82~83쪽).

이 복명서에 의하면 조사 지역의 호수와 인구가 수십 년 전과 비교해 3분의 1 이상 줄었다. 평양의 경우 전쟁을 피해 피난을 갔다가 귀가한 집이 3분의 1이 되지 않았고, 평양·황주·순안·중화 부근은 거의 다 약탈당해 닭·돼지가 한 마리도 없는 상황이었다. 청국 병사들이 평양에 들어와 약탈하지 않은 곳이 없었으며, 특히 청군이 여성을 겁탈하고 잡아가 생사 불명인 사람이 상당히 많았다.

순안은 호수가 1,371호에 인구 5,000명 정도였는데 청일전쟁으로 가옥이 파괴돼 100호 내외만 남았으며, 재산은 물론 논밭의 작물마저 모두 약탈당해 마을 전체가 쑥대밭이 됐다. 숙천 지역도 사정은 순안과 비슷했고, 가산 지역은 315호였으나 1894년 전란으로 200여 호가 사라져 108호만 남았다고 한다.

전란의 피해는 북부 지역뿐만이 아니었다. 일본 군대의 상륙지이자 병참 기지였던 영남 일대에는 혹심한 흉년이 들어 부산 주재 일본 영사는 "기아에 핍박받으며 거리를 방황하는 난민이 나날이 증가하는 비참한 상황은 실로 눈 뜨고 볼 수 없을 지경"이라고 본국 정부에 보고했다. 『고종실록』은 1894년 영남 해안 일대에 흉년으로 인해 의지할 곳 없는 백성들이 죽거나 흩어지고 10분의 2, 3만 남았다고 기록하고 있다(고종 32년[1895] 4월 13일).

세균과의 전투

시모노세키조약 체결로 청-일 간에 포성은 멎었으나 한반도에서는 세균과의 전쟁이 본격화했다. 만주에서 의주를 통해 콜레라가 전파된 탓이다. 1895년 3월 일본군이 랴오닝성遼寧省 진저우金州를 공격할 때 병영에서 콜레라가 발생했다. 콜레라균은 일본군과 청군을 따라 만주 전역, 산둥山東반도, 펑후제도, 타이완臺灣, 조선, 일본으로 걷잡을 수 없이 퍼졌다.

주한 일본 공사관 기록에 의하면 1895년 6월 23일 의주 부근에서 159명, 철산에서 사흘간 100여 명이 사망했다. 7월 14일경에는 충청도 아산 부근까지 콜레라가 번졌으며, 7월 28일경에는 황해도 안악·장연 등에서 환자가 발생했다. 콜레라로 인해 평안도에서만 6만 명, 조선 전체에서 30만 명이 사망했다(신동원, 「조선말의 콜레라 유행」, 『한국과학사학회지』 제11권 1호, 1989, 66쪽).

청일전쟁 당시 전투가 벌어졌던 지역에서는 콜레라뿐만 아니라 말라리아, 장티푸스, 천연두 등 전염병이 극성을 부렸다. 특히 평양 전투 과정에서 사망한 청군의 시체가 부패하면서 이질이 발생해 평양, 안주, 인천 일대에서 맹위를 떨쳤다. 1894년 6월부터 1895년 12월까지 조선에서 발생한 일본군 입원 환자는 55개 질병 종류에 총 1만 5,003명이었는데, 이 중 이질 환자가 5,157명으로 전체의 3분의 1을 차지했다.

성병性病도 심각한 수준이었다. 『일청전쟁 통계집』에 의하면 1894년 6월부터 1895년 12월 사이 성병으로 인해 전쟁 지역에서 입원한 일본군 환자는 2,416명이다. 이 가운데 조선에서 입원한 환자는 419명이었다. 성병은 조선 각 지역에 설치된 일본군 병참 기지 부근에서 발생했다. 이 자료로 미루어 볼 때 조선에 설치된 일본군 병참 기지 일대에서 일본군을 상대로 성매매가 이루어진 것으로 추측된다(차경애, 「청일전쟁 당시 조선 전쟁터의 실상」, 2008, 93쪽).

손정목의 연구에 의하면 외국인 상대 매춘을 업으로 하는 창기가 등장한 것은 1876년 병자수호조약 체결로 부산, 인천, 원산에 개항장이 설치되고 서울과 평양 등지가 개시장開市場이 되어 다수의 일본인이 들어온 이후였다. 청일전쟁 이후 일본인 도래자가 격증하면서 매음업賣淫業이 성행했다(손정목, 『일제강점기 조선사회상 연구』, 일지사, 1997, 443쪽).

일본인이 운영하는 매춘업에 조선 여성이 고용된 것은 개항 직후 부산에서부터였고, 1891년 인천에서는 일본인 거류민이나 병사를 상대로 하는 조선인 매춘업도 존재했다. 청일전쟁 시기인 1895년 부산에서는 일본 업자가 서울에서 데려온 조선 여성을 고용해서 매춘업을 했다(송연옥, 「대한제국기의 '기생단속령' '창기단속령'—일제 식민화와 공창제 도입의 준비 과정」, 『한국사론韓國史論』 40, 1998, 234~237쪽).

일본의 야전위생 책임자가 청일전쟁 당시, 성매매 실태가 문란하니 차라리 공창公娼 제도를 마련해 공식으로 매춘 여성의 성병 검사를 해서 군인의 성병을 방지하자는 대책을 제시할 정도로 사태가 심각했다(차경애, 「청일전쟁 당시 조선 전쟁터의 실상」, 2008, 96쪽). 이러한 아이디어가 태평양전쟁 당시 일본이 추진한 종군위안부 정책으로 발전한 것으로 추정된다.

청일전쟁 체험한 조선 지식인 이인직의 선택

한국 근대문학의 출발을 알린 작품이 이인직의 신소설 「혈의 누」다. 이 작품은 "일청전쟁의 총소리는 평양 일경이 떠나가는 듯하더니, 그 총소리가 그치매 사람의 자취는 끊어지고 산과 들에 비린 티끌뿐이다"라는 구절로 시작된다(이인직, 「혈의 누」, 이인직 외, 『신소설』, 동아출판사, 1995, 11쪽).

근대문학사의 서막을 연 「혈의 누」가 '일청전쟁의 총소리'로 시작하는 것이 의미심장하다. 이 작품의 중심적 서사가 되는 주인공 옥련의 행로를 결정짓는 것은 모두 청일전쟁과 관련이 있다(정선태, 「'일청전쟁'이라는 재난과 문명 세계의 상상—「혈의 누」를 다시 읽는다」, 『한국학논총』 43, 2015, 274~275쪽).

주인공 옥련의 가족은 평양 전투가 벌어진 날 천지를 뒤엎는 듯한 총소리와 불비처럼 쏟아지는 총탄으로부터 도망쳐 피난을 떠난다. 옥련의 어머니 최춘애가 딸을 찾아 흐트러진 모습으로 헤매던 평양과 그 일대는 "성중에는 울음 천지요, 성 밖에는 송장 천지요, 산에는 피란꾼 천지"이며 "어미가 자식 부르는 소리, 서방이 계집 부르는 소리, 이렇게 사람 찾는 소리"(이인직, 「혈의 누」, 1995, 17쪽)만 가득한 한 편의 지옥도였다.

지옥 같은 풍경 속에서 옥련은 일본군 총탄에 맞아 신음하고, 딸을 찾아 헤매던 어머니 최춘애는 겁탈 위기에 직면한다. 조선인들은 "목숨을 보전하는 것만이 천행"인 상황에 내던져졌다(정선태, 「'일청전쟁'이라는 재난과 문명 세계의 상상」, 2015, 277쪽).

이인직은 '일청전쟁'이란 재난의 원인을 지배층의 부패와 무능, 백성들의 무관심과 무기력에서 찾는다. 소설의 주인공들은 이 모든 불행을 극복하기 위한 지름길은 문명개화라고 깨닫는다. 옥련을 비롯해 아버지 김관일 등은 백성과 국가를 강하게 할 방법을 찾기 위해 조선을 떠나 문명국 일본·미국으로 떠난다. 소설 속 옥련의 이동 동선은 평양~인천~오사카~요코하마~샌프란시스코~워싱턴이다. 이 행로는 문명 세계에 이르는 길을 상징적으로 보여준다.

'힘이 곧 정의'라는 자신의 논리에 따라 급진적 개혁을 요구했던 지식인 이인직에게 일본은 문명개화의 모범적 사례였고, 미국은 언젠가 도달해야 하는 '이상향'이었다(정선태, 「'일청전쟁'이라는 재난과 문명 세계의 상상」, 2015, 280~282쪽). 조선이라는 봉건적 토양에서는 문명개화가 발아할 수 있는 물적 토대가 없고, 인재가 부족했으며, 정치 세력으로서의 파워가 극도로 빈약했다.

정상적인 방법으로는 문명개화가 불가능한 상황이다 보니 개화를 꿈꾸는 세력은 일본, 미국, 영국 등 외세의 힘을 빌려서라도 조선을 개화시켜야 한다는 사명감에 사로잡힌다. 역관 오경석과 개화승 이동인이 그랬고, 윤치호와 이인직과 유길준이 그러했다. 그들의 문명개화 노선은 일본이 대한제국의 운영마저 책임지겠다고 나서는 순간 파탄의 절벽에서 추락한다. 백성과 나라를 구해 보겠다고 발버둥 쳤던 그들 노선의 종착역은 '친일'이었다.

'조선 보호국화'는 성취되었는가

일본이 국운을 걸고 중국과 전쟁을 벌인 근본 목적은 랴오둥반도와 타이완 탈취나 배상금 확보가 아니라 '조선 보호국화'였다. 이를 위해 일본은 자신들의 정예 군대를 탈탈 털어 동아시아의 패권을 놓고 청나라와 세기의 대결을 벌였다.

일본 지도층은 조선이 쇠퇴해 소멸할 수밖에 없으며, 그런 조선을 보호해 줄 나라는 오직 일본뿐이라고 주장했다. 일본 제58은행장으로 조선의 재정고문을 맡았던 오미와 초베에大三輪長兵衛는 부임할 때 비서로 스에나가 준이치로末永純一郎를 데려왔다.

스에나가는 청일전쟁 때 종군했고, 종전 후에는 러일전쟁을 촉구하는 대로對露동지회에 참여해 전쟁 여론 조성에 앞장섰던 인물이다. 그는 조선이 일본의 보호를 받아야 하는 이유를 다음과 같이 주장했다(최혜주, 「일본 동방협회의 조선사정 조사활동과 조선인식」, 『한국독립운동사연구』 제43집, 독립기념관 한국독립운동사연구소, 2012, 305쪽).

첫째, 조선은 국토가 "살도 없이 뼈만 드러난 모습"이고 강대국 사이에 위치하고 있어 전혀 발달하지 못했으며, 한열寒熱의 차이가 심한 기후여서 나라가 발달하기 어렵다.

둘째, 도요토미 히데요시豊臣秀吉의 조선 정벌의 결과 2,000여 년 쌓아온 조선의 문화가 붕괴했다.

셋째, 조선인은 "인간인지 개인지 돼지인지 벌레인지" 알 수 없을 정도로 게으르다.

넷째, 관리의 가렴주구가 심하다.

다섯째, 조선인은 개혁을 싫어한다. 조선의 관제를 개혁하지 않으면 5년, 7년을 지나지 않아 자멸할 것이다.

청일전쟁 당시 일본 외교를 지휘한 무쓰 무네미쓰 외상.

일본의 전쟁 목적은 손쉽게 달성되는 듯했다. 하지만 전쟁 과정에서 청군이 전투다운 전투 한번 제대로 못 한 채 일방적으로 밀리자 전리품에 대한 과욕이 걷잡을 수 없이 부풀었다. 무쓰 무네미쓰陸奧宗光 외상의 말처럼 일본 국민과 군부의 과욕은 "나아가야 할 때 나아가고 멈춰야 할 곳에서 멈춰야 한다"라는 외교 상식에서 일탈하도록 만들었다.

전쟁에서 압승한 일본이 중국 영토인 타이완에 이어 랴오둥반도마저 할양받는 순간 러시아, 프랑스, 독일은 삼국간섭으로 일본의 행보에 급제동을 걸었다. 본토 방위군까지 탈탈 털어 중국 원정에 투입한 일본은 눈물을 머금고 랴오둥반도 반환, 일본식 용어로 '환부還付'를 택했다. 그토록 우려했던 열강의 간섭 한 방에 일본이 나가떨어진 것이다.

사무라이들은 모욕을 당하면 반드시 복수하는 것이 그들 세계의 법도다. 러시아를 향한 절치부심切齒腐心, 와신상담臥薪嘗膽 슬로건이 사회를 뒤덮었다. 국가적 수치를 안긴 러시아를 향한 적개심의 표출이 러일전쟁이었다. 삼국간섭으로 '랴오둥반도 환부'를 발표한 날 러일전쟁은 예약된 것이나 다름없었다.

'칼의 나라' 일본은 봉건 체제 붕괴와 외압에 의한 강제 개국이라는 위기 상황에서 메이지유신을 단행했다. 근대 일본 지도자들은 권력 체계를 통합하고 새로운 질서 의식을 구축하기 위한 사상적 중핵으로 천황을 전면에 내세웠다. 천황은 언제나 국가 지배 체제의 정점에 군림하면서 일본인들의 정신사적 영역을 완전히 장악했다(김필동, 『일본·일본인의 재발견』, 제이엔씨, 2008, 26~27쪽, 175쪽).

일본의 무사도는 일본이 근대화하면서 국가주의의 상징으로 탈바꿈한다. 국가를 위해, 천황을 위해 목숨을 바치는 멸사봉공의 정신이야말로 무사도이고, 신명을 걸고 천황의 은혜에 보답해 황운皇運을 부익扶翼하는 것이 무사도라고 해서 무사도의 대상이 주군에서 천황으로 바뀌었다(조명철 외 3인, 『일본인의 선택』, 도서출판 다른세상, 2002, 56~61쪽). 이로써 황국사상과 무사도가 결합해 야마토다마시大和魂가 탄생한다.

야마토다마시로 똘똘 뭉친 사무라이들은 프로이센-프랑스 전쟁에서 '대육군(Grande Armée)'으로 명성을 떨치던 프랑스군을 단숨에 무력화시킨 프로이센군에 열광한다. 그들은 프로이센에서 메켈(Klemens Wilhelm Jacob Meckel) 소령을 교관으로 초빙해 선제공격, 속전속결의 원리로 무장하며 군사 강국으로 부상했다. 일본이 러시아를 향한 복수의 칼을 갈고 있을 때 조선의 고종과 민 왕후 부부는 일본의 압제에서 벗어나기 위해 러시아와 손잡는다. 이로써 조선은 '러시아 세상'으로 돌변했다.

일본이 최후의 수단을 동원해 청과 전쟁을 벌인 이유는 한반도를 향한 러시아의 남진을 봉쇄하기 위해서였다. 시모노세키강화조약에서 청·일 양국이 "조선은 자주독립국"임을 명기한 이유는 자비로움 따위와는 거리가 먼 얘기다. 일본은 청의 속국인 조선을 청나라로부터 분리하기 위해 "조선은 자주독립국"이라는 조항을 명기한 것이다. 조선이 청국으로부터 독립된 존재여야 조선을 자신들의 보호국으로 만들 수 있으니까. 엄청난 전비와 일본 청년들의 피를 바친 것은 바로 이 때문이었다.

그런데 끝내기 수순에서 과욕을 부려 랴오둥반도를 넘보다 러시아에 되치기를 당했다. 러시아의 말 한마디에 전략적 요충인 랴오둥반도를 토해 내는 모습을 본 고종과 민 왕후가 재빨리 러시아에 투항함으로써 일본의 전쟁 목적은 '한여름 밤의 꿈'이 되고 말았다. 그 허탈감과 증오심이 사무라이들의 피를 끓게 해서 저지른 국제적 만행이 을미사변이다.

이후 일본과 러시아는 춘생문 사건(1895), 아관파천(1896), 베베르-고무라 각서(1896), 로바노프-야마가타 의정서(1896), 로젠-니시 협정(1898)을 통해 무력 충돌은 잠시 뒤로 미루고 격렬한 외교전을 벌인다. 20세기 초 일본에 의한 한국의 국권 상실은 로젠-니시 협정이 체결된 1898년을 전환점으로 그 방향이 설정되었다고 할 만큼 이 시기는 중요했다(이민원, 『명성황후 시해와 아관파천』, 국학자료원, 2002, 15쪽).

그렇다면 대체 일본은 무엇 때문에 청일전쟁을 했단 말인가?

| 차례 |

프롤로그_ 4

맷돌 사이의 갈린 곡식 가루 | 제국 일본의 탄생 | 실패국가 조선 | 남의 전쟁에 끌려 들어 간 조선의 실상 | 세균과의 전투 | 청일전쟁 체험한 조선 지식인 이인직의 선택 | '조선 보호국화'는 성취되었는가

제1장 제2차 갑오개혁 추진되다_ 23

닭 잡는 데 소 잡는 칼 사용한 이노우에 가오루 | 대원군과 민 왕후, 권력에서 배제 | 강제 퇴장당한 대원군 | 내각 중심으로 권력 구조 개편 | 중국인 떠받드는 국가 제사도 폐지 | 고종에게 권력 쥐여준 이노우에 공사 | 고종과 민 왕후 회유 위해 뇌물 제공 | 갑오개혁파가 권력의 중심 역할 | 돈 없이 추진한 개혁의 한계 | 일본 차관으로 목숨 연명한 조선 | 제2차 갑오개혁 시작되다 | 홍범 14조 선포 | 입헌군주제 형태로 권력 구조 개편 | 독립기념일 제정 해프닝 | 재정 근대화, 학교 설립 노력 | 갑오개혁에 대한 평가 | 개화 정권은 소실파 정권 | 뜻은 가상했으나 현실 여건은…

제2장 일본, '조선의 이집트화' 추진_ 59

일본의 한반도 중립화 구상 | 내정개혁 20개조의 진정한 목적은? | 조선 정부에 일본인 고문관 채용 | 일본 낭인·건달·무뢰배를 전문가로 채용 | 조선 대신급 고액 연봉 받은 일본 고문관 | 대원군파 제거 작업 | 일본 차관 300만 엔 도입 내막 | 김홍집·박영효 연립 정권 갈등 | 일본과 대립한 박영효 | 갑오개혁 추진 세력의 개화사상 | 한계가 명확했던 갑오개혁 | 박영효는 민 왕후 암살을 모의했나

제3장 청일전쟁의 피날레, 웨이하이웨이 전투_ 85

미국·영국의 개입 | 이토 총리, 웨이하이웨이 점령 제안 | 청군 지휘부의 내분 | 강추위 무릅쓰고 웨이하이웨이 포대 점령 | 류궁다오에 포위·고립된 북양함대 | 황쭌셴의 시 「웨이하이를 통곡한다」 | 베이징이 위태로워지다 | 중국 본토 할양을 구상한 일본 | 일본 군부와 국민의 과도한 욕망 | 열강 공동 간섭 움직임 | 세균과의 전투에서 치명상 입은 일본군

제4장 시모노세키조약 체결_ 110

청국 대표단 시모노세키 도착 | 리훙장 저격 사건 발생 | 4월 1일, 일본 측 강화 조건 공개 | 충격적인 요구 조건에 놀란 청국 | 청국을 무력으로 압박하다 | 즈리 결전 실행 직전에 취소 | 영국을 위한 '국제 뇌물' 준비한 일본 | 중국 분할 쟁탈전 시동 걸려 | 시모노세키조약에 대한 중국의 저항 | 변법자강운동 실패 | 만국공법을 맹신한 조선 지도부 | 랴오둥반도 탈취로 러시아와 충돌 수순

제5장 삼국간섭의 국제정치학_ 135

만주를 향한 러시아의 야심 | 삼국간섭의 태동 | 영국은 삼국간섭 참여 거부 | 프랑스의 고민 | "랴오둥반도를 당장 돌려줘라" | 일본, 영·미·이탈리아에 구원 요청 | 랴오둥반도 포기하다 | 100여 명의 참전 장교와 병사 항의 자살 | 조선 보호국화도 포기 | 타이완 주민들, 일본 복속 거부 | 타이완 반란 진압 위해 대병력 투입 | 타이완 거점으로 푸젠성 침투 준비 | 샤먼 출병 실패로 북수남진론 좌초

제6장 패전으로 거덜 난 청나라_ 164

클라우제비츠의 『전쟁론』을 통한 청일전쟁 분석 | 세계 최정상급 인재들이 원로 그룹 형성 | 청군 근대화의 한계 | 군사철학·정보전에서도 일본이 청을 압도 | 조선·중국을 손금 들여다보듯 파악 | 전쟁 준비 전혀 없었던 청나라 | 패전으로 거덜 난 청국 재정 | 제국주의의 민낯 | 청국 재정권 탈취 시도한 러시아 | 러시아, 북만주 통과 시베리아철도 노선 요구 | 3천만 냥 더 받고 랴오둥반도 반환

제7장 또다시 러시아와 손잡은 조선_ 184
전쟁 목적 달성에 실패한 일본 | 조러수호통상조약의 비밀 | 고종과 니콜라이 2세의 '은밀한 약속' | 일본, 조선 정책 결정 못 하고 우왕좌왕 | 이노우에 공사 귀국 | 본국 정부 정책과 다르게 행동한 미·러 외교관들 | 민 왕후의 거대한 착각 | 손탁이 조선에서 한 역할은? | 인아거일의 몸통은 손탁 | 친러파 중심으로 개국기원절 준비위원회 출범 | 갑오개혁파 퇴출 작전 | 베베르와 민 왕후의 밀약

제8장 미우라 공사, 서울에 오다_ 212
일본 군부의 눈 밖에 난 이노우에 | 미우라 고로를 조선 공사로 보내다니… | 세 명의 거물급 낭인을 조선에 데려와 | 민 왕후 회유 작전 개시 | 외교 관례 무시하고 두 명의 공사 서울 주차 | 서울 낭인 세력과 손잡은 미우라 | "아무래도 한번은 여우 사냥을…" | 국왕은 인형, 왕비는 인형을 갖고 노는 사람 | 일본의 일급 지식인들이 왕비 시해 앞장 | 일본의 제안으로 조직한 훈련대 | 경성수비대 지휘권 요구한 미우라 공사

제9장 작전명 '여우 사냥'_ 239
훈련대 해산 정보 일본에 알린 우범선 | 왕후 시해 작전 계획 결정 | 일본 공사관원에게도 작전 계획 숨겨 | 일본 경성수비대도 동원 | 또다시 대원군 포섭에 나서다 | 랴오둥반도 반환 보상금 결정되자… | 낭인 부대 출동 | 조선 훈련대 출동 | 경복궁 포위한 일본군과 조선 훈련대 | 홍계훈 쓰러지다 | 건청궁의 비극 | 현장 목격자 사바틴의 증언 | 곤녕합에 숨은 민 왕후 | 왕비 시해당하다 | 왕후를 직접 시해한 자는 일본군 소위 | "내가 왕후를 죽였다"라는 자 속출 | 러시아에 의지해야 안전해진다고 믿은 왕비

제10장 왕비 시해 그 후_ 276
왕비 시해 직후 제4차 김홍집 내각 출범 | 일본 공사관 해군 무관이 왕비 시해 최초 보고 | 우치다 영사, 미우라의 소행임을 파악 | 미우라, "일본군은 관계없다" 허위 진

술 | 일본, 사바틴 회유 공작 | 일본 정부, 고무라 주타로 서울 급파 | 사건 은폐 가담한 우치다 영사 | 조선 법부 고문 호시 도루 급거 귀국 | 폐비 조칙 둘러싼 논란 | 미우라 공사 해임 | 사건 관련자 전원 히로시마에 수감 | 러시아는 일본 공격, 미·영은 일본 편들어 | 서양 열강, 적당한 타협 | 이주회를 범인으로 몰아 처형

제11장 단발령에 저항, 의병 봉기_ 305
어린아이처럼 알렌에게 매달린 고종 | 프랑스에도 구원 호소 | 춘생문 작전 계획 줄줄 유출 | 배신자 밀고로 춘생문 돌입 실패 | 쿠데타 관련자 미·러 공사관으로 탈출 | 춘생문 사건을 을미사변 관련자 석방에 이용 | 을미사변 관련자 승승장구 | 김홍집 내각, 을미개혁 추진 | 고종, 일본 강압으로 단발 | 단발에 항의해 자살자 속출 | 상투란 인류와 짐승을 가르는 선명한 징표 | 단발령의 상업적 목적 | 조선에서 내란을 부추겨라! | 아관파천 위해 의병 봉기 유도 | 성리학 반대하면 닥치는 대로 죽여 | 춘추대의론, 국모國母 복수론 | 포수와 농민군 세력 대거 이탈

제12장 고종, 러시아 공사관으로 탈출_ 339
고종, 러시아 공사관으로 탈출 요청 | 러시아 황제, 아관파천 승인 | 마지막 순간에 망설인 고종 | "고종과 왕세자, 여자 옷 입고 가마에 앉아" | 파천 후 어명 1호는 "역적들을 처단하라" | 유길준·조중응은 일본 망명 | 박정양 중심의 정동파 내각 출범 | 러시아인 행정고문·군사교관 파견 요청 | 손탁의 맹활약 | 의병, 게릴라전으로 일본군 괴롭혀 | 위기에 처한 일본인 | 고종을 예우한 러시아 공사관 | 아관파천 한 달 후 슈페예르 조선 떠나 | 고종, 러시아 공사관 파천 중 엄 상궁 임신시켜 | 환궁 여론 잠재우기 위한 공작 실시 | 아관파천 중에도 치열한 권력 투쟁 | 조선 보호국화 실패한 일본

제7권 연표_ 373
참고문헌_ 390

제1장

제2차 갑오개혁 추진되다

일본이 청일전쟁을 도발하면서 수립한 최소한의 정책 목표는 세 가지였다. 첫째, 러시아의 남하 정책을 막기 위한 전략적 시설을 한반도 내에 설치·확보하며, 둘째, 강화도조약 체결 이래 구축된 조선에 대한 불평등 조약 체제를 강화하고, 셋째, 일본의 본원적 자본 축적에 필요한 각종 이권을 획득하는 것이었다(국사편찬위원회, 『한국사 40: 청일전쟁과 갑오개혁』, 탐구당, 2003, 206쪽).

이것은 일본이 전쟁을 통해 조선에서 획득해야 할 최소한의 가이드라인이었다. 그 연장선상에서 일본이 추구한 전쟁의 최대 목표는 조선을 일본의 보호국으로 만드는 일이었다. 이를 실행하기 위해 1894년 8월 말까지 일본은 조선 정부를 겁박해 조일잠정합동조관, 대일본·대조선 양국맹약을 체결하여 국제법적 근거를 확보했다. 청일전쟁을 이용해 일본은 6,000여 명의 병력을 조선의 주요 지역에 주둔시켜 조선 내정 전반에 압도적인 영향력을 구축했다.

일본은 전쟁 도발 후 조선에 대한 차관 제공, 이권 독점, 일본인 고문관 빙용聘用, 외교권 박탈 등을 통해 조선을 자국의 실질적 식민지로 만들려 했다. 조선에 배치된 일본 군대는 그런 정책을 실현하기 위한 물리적 수단이었다(김종헌, 「청일전쟁 이후 재한 러시아 외교관의 활동에 관한 고찰」, 『슬라브학보』 제24권 2호, 한국슬라브유라시아학회, 2009, 273~275쪽).

전쟁 초반, 전세를 관망하며 소극적으로 대응하던 일본은 평양 전투와 황해 해전에서 승리하자 분위기가 크게 달라졌다. 1894년 10월 하순, 일본군이 압록강을 넘어 중국 영토로 진입하자 서구 열강은 일본의 야망을 적당한 선에서 통제하기 위해 전쟁에 간섭하겠다는 신호를 보냈다. 일본 정부는 열강의 간섭이라는 외교적 부담을 돌파하고 '조선 보호국화'라는 전쟁 목표를 달성하기 위해 거물 정치인이자 조선통 외교 전문가 이노우에 가오루井上馨를 주조선 공사로 파견했다.

일본이 조선과 수교한 후 주한 공사를 역임한 사람은 총 13명, 임시대리공사를 포함하면 20명이 넘는다. 역대 주한 공사 중 하라 다카시原敬는 일본 총리, 고무라 주타로小村壽太郎는 외상에 올랐다.

닭 잡는 데 소 잡는 칼 사용한 이노우에 가오루

주한 일본 공사들은 한국의 제반 상황을 파악하고 이를 바탕으로 작성한 보고서를 본국 정부에 보냈다. 이것이 일본 위정자들이 조선 정책을 결정하는 근거가 됐다. 그들은 일본 정부의 대한對韓 정책을 실질적으로 집행함과 동시에 한국을 발판으로 삼아 만주·중국 등에 대한 침략 정책을 수행하는 첨병으로 활약했다(한철호, 「개화기(1880~1906) 역대 주한 일본 공사의 경력과 한국 인식」, 『한국사상사학』 제25집, 한국사상사학회, 2005).

무쓰 무네미쓰 일본 외상은 이노우에를 "닭 잡는 데 소 잡는 칼을 사용하는 스타일"이라고 비판한 바 있다. 이노우에는 그러한 자신의 스타

현직 대신에서 국장급으로 내려와 주한 공사로 부임한 이노우에 가오루.

일을 조선에 부임한 1894년 10월 27일부터 유감없이 발휘했다. 그는 마중 나온 조선의 외무협판(차관) 김가진에게 "전쟁으로 공사다망한 때에 중요한 직책에 있음에도 불구하고 천황 폐하의 명을 받들어 귀국에 주재하게 된 이유는 청-일 간 교전의 원인이 귀국의 내정 개혁에 있기 때문이다. 이를 위해 일본은 수만의 군대를 보내 피를 흘리고 수천만 엔을 소비하고 있다"라고 일갈했다.

10월 28일 고종에게 신임장을 봉정하는 자리에서 이노우에 공사는 세자와 외무대신, 궁내부대신 이외의 다른 대신들의 퇴석을 요구했다. 배석자를 물리친 이노우에는 고종에게 "가오루를 일반적인 공사로 간주하지 마십시오. 우리 황제 폐하의 특별한 친임에 따라 파견됐으니 한 사람의 고문관으로서 언제라도 부르시고 하문하기를 바랍니다"라고 요청했다.

그것은 요청이 아니라 강압이었다. 이노우에는 자기 뜻대로 국왕 고문관에 임명됐다. 이때부터 그는 조선 국왕과 정부에 대한 자문권을 확보해 합법적으로 내정에 간여하기 시작했다.

그는 신임장 봉정 직후 조선의 고위 관계자들을 차례로 만났다. 누굴 만나든 김가진에게 했던 것과 비슷한 언행을 일삼았고, "천황 폐하의 명을 받들어 주재하게 된" 자신의 지위를 과시했다. 10월 29일 자신들이 친일 괴뢰 정부 수반으로 앉힌 대원군과 만났을 때도 이노우에는 "일본은 조선의 독립을 공고히 하기 위해 전쟁을 치르고 있다"라고 고압적인 태도로 일관했다. 이날 대원군과의 회동에 배석했던 스기무라 후카시杉村濬 주한 일본 공사관 서기관은 외교 관례를 무시하고 대원군을 사정없이 몰아붙이는 이노우에 공사의 오만불손한 태도에 큰 충격을 받았다.

대원군과 민 왕후, 권력에서 배제

이노우에는 조선에 부임하기 직전, 대원군이 평양 주둔 청군 사령관에게 보낸 비밀 서한, 대원군과 동학 농민군의 공모 사실 등 특급 정보를 받았다. 부임 즉시 그는 "오른손으로는 대원군을 몰아내고 왼손으로는 민 왕후를 억제한다"라는 방침을 정하고, 두 사람을 권력에서 배제하는 작업에 착수했다. 일본군이 경복궁을 점령한 7월 23일 새벽, 대원군을 억지로 끌어내 권력을 쥐여준 일본 정부가 불과 석 달 만에 그를 실각시키려 한 이유는 대원군이 일본에 저항했기 때문이다.

이노우에는 총리대신 김홍집에게 대원군의 지위를 분명히 하는 일이 필요하다면서 "그는 섭정인가, 아니면 국왕의 보좌역인가?"라고 질문했다. 김홍집이 정식 섭정이 아니라고 답하자, 이를 근거로 대원군을 정계에서 축출하는 작업에 착수했다.

이노우에 공사의 강력한 무기는 고종과 대원군이 평양 주둔 청군 사령관에게 보낸 비밀 서한이었다. 그는 평양에서 일본군이 노획해 대본영에 보관 중이던 대원군의 비밀 서한을 증거물로 송부받았다. 또 대원군과 동학 농민군 간의 내통 사실, 대원군의 김학우 암살 사주설과 관련한 정보를 입수하기 위해 서울 주재 일본 영사 우치다 사다쓰치內田定槌에게 혐의자들에 대한 심문에 참여하라고 명했다.

모든 준비가 끝난 11월 8일, 이노우에 공사는 김홍집, 김윤식, 어윤중을 동학 농민군 진압 협조 요청 명목으로 일본 공사관에 초청했다. 형식은 '초청'이었지만 사실상 '호출'이었다. 이노우에 공사는 일본군이 입수한, 고종과 대원군이 "일본군 축출을 도와달라"라면서 청군 사령관에게 보낸 비밀 서한을 공개했다.

결정적인 증거물이 공개된 순간, 조선 최고위 대신들 얼굴이 잿빛으로 변했다. 이노우에 공사가 내놓은 증거물 중에는 김홍집이 청군 사령관에게 보낸 비밀 서한도 들어 있었기 때문이다. 이노우에는 오후 2시부터 밤 11시까지 조선 최고위 대신들을 앉혀놓고 "양국맹약을 체결해놓고 뒤돌아서서 청군과 내통해 일본군을 쫓아내 달라고 의뢰한 것은 명백한 배신 행위"라며 몰아붙였다. 김홍집은 "폐하께서는 이 서한을 청군 장수에게 보낸 것을 깊이 후회하고 있다"라면서 백배사죄했다.

강제 퇴장당한 대원군

이노우에는 스기무라 서기관에게 "조선 정부에 대원군 추방을 강력

권력의 정점에서 하루아침에 일본에 의해 제거된 대원군(왼쪽)과 그의 손자 이준용(오른쪽).

히 요구하라"라고 지시했다. 공사의 명을 받은 스기무라는 11월 10일, 조선 정부에 "대원군이 책임을 통감하고 모든 지위에서 사임하면 청군 사령관에게 비밀 서한을 보낸 문제에 대해 국왕의 책임을 묻지 않겠다"라고 통보했다. 조선의 고관들은 국왕이 일본인들에게 책임 추궁을 당하는 최악의 사태를 피하기 위해 대원군을 강제 퇴장시키기로 결정했다.

이것으로도 마음이 놓이지 않았는지, 이노우에 공사는 일본 낭인 오카모토 류노스케岡本柳之助를 대원군에게 보내 "저하의 조속한 퇴진이 국가와 왕실을 위하는 길"이라고 단호하게 설득했다. 오카모토는 대원군에게 "저하가 뉘우치는 빛을 보이지 않으면 즉시 일본으로 납치하거나 강화의 이궁離宮에 유폐될 수도 있다"라고 직설적으로 협박했다.

11월 11일과 12일에는 이노우에 공사가 이준용과 대원군을 초청해 공직 사퇴를 최후 통첩했다. 대원군은 자신이 반일 음모에 가담한 사실을 사과하고 이노우에 공사를 돕겠다고 약속했다. 아울러 손자 이준용의 교육을 부탁했다. 이준용도 자신이 "시골 인사(동학 지도자)들과 부주의한 접촉을 가졌던 사실"을 인정했다.

두 사람은 국가의 안위를 위해 모든 관직에서 사퇴하며, 정계 은퇴 후 정무는 이노우에 공사에게 일임한다고 약속했다. 이노우에 공사는 11월 20일 어전 회의에서 국왕 고문관 자격으로 7월 23일 대원군에게 내린 섭정권의 취소를 요구했고, 고종은 이를 재가했다. 11월 22일 고종은 대원군의 섭정을 중지하는 교지를 발포했고, 12월 8일 이준용의 통위사 지위를 박탈했다.

이로써 대원군은 권력 핵심에서 간단히 제거됐다. 대원군 추대와 퇴진 모두 일본의 무력과 협박을 통해 이루어졌다. 스기무라 서기관은 "대원군을 물러나게 한 것은 7월 23일의 쿠데타(일본군의 경복궁 점령)에 필적하는 강압적 사건"이라고 기록했다(박종근, 박영재 옮김, 『청일전쟁과 조선』, 일조각, 1989, 154쪽).

1894년 2월, 미국 국무부는 62세의 은퇴한 교육자 존 실(John M. B. Sill)을 주한 미국 공사로 임명했다. 그가 주한 공사에 임명된 것은 미시간대학 동문인 에드윈 얼(Edwin F. Uhl) 국무차관 덕분이었다. 실이 주한 공사직을 수락한 이유는 은퇴 후 색다른 곳에서 새로운 체험을 하기 위해서였다.

이노우에 공사는 러시아의 간섭을 배제하고 조선을 보호국화하기 위해 실 공사 및 알렌(Horace Newton Allen) 서기관과 손을 잡았다. 미·일 양국 공사의 유대 강화는 이후 이노우에 공사가 고종과 민 왕후를 조종해 친일 내각을 운영하는 과정에서 중요한 외교적 지원 역할을 하게 된다.

내각 중심으로 권력 구조 개편

갑오개혁을 대개혁이라 부르는 이유는 국왕을 정점으로 한 중앙집권적 관료제를 폐지하고 내각 중심의 입헌군주제를 도입해, 국정에 대한 국왕의 간섭을 배제하고 근대 정부의 틀을 갖추었기 때문이다.

개화파 정부는 갑오개혁 기간에 중국의 육조六曹 체제를 모방했던 행정 체계를 근대적 내각 체제로 전면 개편하고, 국가 개혁을 추진할 주체로 군국기무처를 신설했다. 군국기무처는 가장 먼저 국왕의 사적 부문인 궁중(왕실)과 공적 부문인 부중(의정부)을 분리했다. 이어 의정부의 삼정승(영의정·좌의정·우의정)을 폐지하고 총리대신을 수반으로 삼았으며, 의정부 산하의 육조를 8아문으로 재편하는 새로운 의정부 제도를 공포했다.

이때 예조禮曹를 폐지하고 예조가 가지고 있던 외교 업무는 외부外部로, 교육 업무는 학부學部로 분리했다. 그리고 왕실이나 국가 제사 등 전례典禮는 궁중의 종백부宗伯府로 이관했다. 예조의 퇴장으로 인해 예치 이념의 핵심 기구였던 사헌부·사간원·홍문관 등 삼사三司의 기능도 폐지되었다(이원택, 「개화기 '禮治'로부터 '法治'로의 사상적 전환—미완의 대한국 국제체제와 그 성격」, 『정치사상연구』 제14집 2호, 한국정치사상학회, 2008년 가을, 65~66쪽).

조선 시대에 국가 제사는 국왕을 정점으로 관료들이 총체적으로 참여하는 방식으로 운영됐다. 조선 시대 국가 제사는 정무와 구분된 업무가 아니라, 기존의 행정 업무를 중단하고 우선적으로 수행하는 의무이자 특권이었다(이욱, 「국가의 모색과 국가 의례의 변화—1894~1908년 국가 제사의 변화를 중심으로」, 『정신문화연구』 제27권 제2호, 2004년 여름호, 60쪽). 제향이 있으면 관리 중에서 정해진 품계에 따라 제관이 차출됐다. 차출된 관리는 자신의 업무를 중단하고 제사를 준비하고 제사 진행을 맡았다. 제사를 위한 희생, 제물, 제기, 단묘壇廟 관리, 제문 작성 업무는 왕조를 대표해 예조가 담당했다.

개화파 정부는 갑오개혁을 통해 그동안 국가가 주관해 왔던 제사를 대대적으로 폐지 혹은 축소하고 의식을 간소화했다. 우선 자연의 변화를 관장하는 신들에게 올리는 제사를 폐지했다. 이어서 중국인을 떠받

갑오개혁 때 폐지된 제사

명칭	내용
우사(雩祀)	매년 5월에 지내는 정기 기우제
사한(司寒)	추위를 관장하는 북방 신에게 얼음이 잘 얼도록 해달라고 올리는 제사
기우(祈雨)	비가 내리지 않을 때 사직과 종묘 이하 여러 제단에서 지내는 각종 비를 부르는 제사
영제(禜祭)	장맛비가 계속될 때 날이 개기를 비는 제사
기설(祈雪)	겨울에 눈이 내리지 않을 때 산천에서 눈을 내려달라고 비는 제사
마조(馬祖)	마구간의 토신(土神)에게 드리는 국가 의례
사현사(四賢祠)	국가 변란에 처해 정의를 주장해 국난을 극복한 중국 진나라 동양(董養), 당나라 하번(何蕃), 송나라 진동(陳東)·구양철(歐陽澈)을 모시는 제사
대보단(大報壇)	임진왜란 때 원병을 파견해 조선을 구해 준 명나라 만력제, 명의 마지막 황제 숭정제, '조선'이란 국호를 하사한 홍무제에게 올린 제사
계성사(啓聖祠)	문묘 대성전에 모셔진 공자 이하 다섯 성인의 부친을 모신 사당에서 올린 제사
선무사(宣武祠)	임진왜란 때 조선에 와서 도와준 명나라 병부상서 형개(邢玠)와 양호(楊鎬)를 비롯해 전몰한 명나라 군사를 제향하기 위해 세운 사당 제사
정무사(靖武祠)	임오군란을 평정한 우창칭(吳長慶), 우자오유(吳兆有), 왕즈춘(王志春) 등 조선에 파병됐던 장수 20명의 신위에 올린 제사

들어 모시던 제사들도 폐지했다. 갑오개혁 때 폐지된 주요 제사는 앞의 표와 같다.

중국인 떠받드는 국가 제사도 폐지

1704년 숙종은 임진왜란 때 원병을 파견해 조선을 도운 명나라 신종 만력제萬曆帝에게 제사를 올리기 위해 왕궁 후원에 황단皇壇이라 불린 대보단을 건립했다. 영조 시절에는 대보단에서 제를 올리는 대상을 명나라 마지막 황제 의종 숭정제崇禎帝와 '조선'이란 국호를 하사한 명 태조 홍무제洪武帝 등 세 명으로 늘렸다.

국왕이 주재하고 세자 이하 문무백관이 참여해 올린 거창한 대보단 제사는 1907년 통감부에 의해 공식 폐지될 때까지 200년이 넘도록 계속됐다. 2세기 내내 소중화 조선의 국가 지도부는 지구상에서 망해 사라진 명나라 황제 추모에 모든 정성을 쏟았다.

주변의 대국에 의지해 국가를 운영하려는 사대주의 습성은 조선 개국 과정에서부터 그 면모가 발견된다. 1392년 이성계가 고려를 무너뜨리고 새 왕조를 출범시킨 후 새 국가 이름을 중국에 의뢰했다. 명은 조선朝鮮이란 국호를 하사했다. 명나라가 조선을 국호로 하사한 이유는 3,000년 전 동쪽으로 건너온 중국인 기자箕子가 기자조선을 세웠고, 주나라 무왕으로부터 조선의 제후로 봉해졌다는 뜻이 담겨 있었다. 즉, 새로 출범한 조선이 중국의 아류국임을 상징하기 위한 작명이었다.

이때부터 조선 왕조의 지배 계층은 자신들을 중화 제국에 속한 제후국으로 설정하고 그에 부응하는 국가 체제를 정비했다. 다시 말하면 조선은 자주독립국이 아니라 중국 천자天子가 임명하는 신하의 나라로 자리매김을 했다. 제후국이었기에 삼국시대부터 이어왔던 하늘에 대한 제사, 즉 천제天祭는 세종 때 폐지했다.

명에 대한 사대의 예는 조선 초기의 군신君臣 관계에서 조선 중기인 중종 시절부터 부자父子 관계로 강화됐다. 이때부터 조선 국왕은 중국 천자의 칙사를 영접할 때 모화관까지 나아가 5배拜 3고두叩頭의 극진한 예를 행하는 것을 당연한 의무로 여겼다.

정묘·병자호란을 당해 여진족이 세운 청에 굴복했음에도 불구하고 조선은 청나라가 예의범절을 모르는 무식한 오랑캐 무리요, 자기들은 명나라를 계승한 소중화小中華라고 자처하며 세계 대제국으로 부상한 청나라를 정벌하겠다고 큰소리쳤다.

갑오개혁 정부는 중국인들을 기리는 국가 제사를 폐지함으로써 중국과의 정신적 단절을 상징화하려 했다. 국가 제사는 봉건 시대 왕조의 중요 업무로 간주되었지만 갑오개혁기에 예조를 폐지하면서 제사와 정무가 분리됐다. 이때부터 제사는 국가의 기본적 의무에서 주변부로 밀려나기 시작했다.

갑오개혁을 통해 국가 시스템도 변했다. 국정 운영에 따르는 모든 업무가 내각으로 이관돼 정치적 실권이 국왕으로부터 행정부로 이동했다. 이것은 국가의 정치 체제를 재구성하려는 시도로 이해됐다. 군주의 통치권이 근본적으로 부정되지는 않았지만, 실질적인 의결권이 국왕에게 주어지지 않았다는 점에서 개화 세력이 추구한 정치적 이상은 입헌군주제였음을 알 수 있다.

이러한 변혁을 뒷받침하기 위해 개화 세력은 국왕으로부터 조세 징수권과 군대 지휘권을 박탈해 행정부로 옮겼다. 재정 및 군사에 관한 모든 권한을 잃음으로써 국왕의 통치는 상당한 정도로 타격을 받았고, 군국기무처와 의정부의 정치적 영향력은 상대적으로 강력해졌다(「한말의 국가개혁 운동과 자원 동원」, 『동방학지東方學志』 제124호, 연세대학교 국학연구원, 2004, 510쪽).

고종에게 권력 쥐여준 이노우에 공사

군국기무처 개혁의 기본 방향은 근대적 관료제 도입을 통해 '명확한 규칙에 따른 지배'를 이루는 것이었다. 군국기무처는 탁지부를 통한 조세의 중앙 집중화를 이루어 국가 자원이 왕실이나 지방정부로 분산되는 것을 최소화하려고 노력했다. 또 화폐 제도 정비, 조세 제도 합리화, 도량형 통일 등 근대적 경제 제도를 도입했다. 사회적으로는 신분제를 해체하고 노비제를 공식 폐지했다. 이 밖에도 법 제도와 교육 제도를 개혁하고 국가 예산 제도를 도입해 근대적 국가 체제를 갖추기 위해 노력했다.

근대화 개혁이 한창 추진되는 와중에 부임한 이노우에 공사는 동학 농민군 분쇄와 내정 개혁을 앞세워 조선을 일본의 보호국으로 만드는 작업을 정열적으로 추진했다. 이노우에는 고종과 박영효를 중심으로 친일 정부를 구성하고, 조선 정부 내 요직에 일본인 고문관을 배치해 각 부서의 업무를 장악했다. 또 조선 왕조의 기간 제도를 개혁하고, 조선 정부와 일련의 보호조약을 체결하며, 차관 제공을 무기로 적극적인 내정 개혁에 착수했다(국사편찬위원회, 『한국사 40』, 2003, 214쪽).

이노우에는 11월 20~21일 이틀간 조선 국왕 고문 자격으로 왕궁에서 국왕을 비롯한 주요 대신 전원이 참석한 가운데 내정개혁강령 20개조를 설명했다. 이것은 군국기무처가 추진하고 있는 개혁을 무시하고 김홍집·박영효 연립 내각과 일본인 고문관을 앞세워 새로운 개혁을 시작하겠다는 선언이었다.

그가 상주한 내정개혁강령 20개조는 서두에 정권은 모두 하나의 원류(즉 국왕)에서 나오며, 대군주는 정무 친재親裁 권한을 가짐과 동시에 법령을 준수할 의무를 진다고 명시돼 있었다. 대원군을 실컷 이용하고 4개월 만에 토사구팽兎死狗烹한 일본이 조선의 지도 체제를 내각 중심의 입헌군주 시스템에서 봉건적 왕실 정치로 회귀시키겠다는 청천벽력 같은 선언이었다.

이노우에가 권력을 고종에게 돌리겠다고 선언한 것은 고종을 명목상 존재하는 허수아비 군주로 만들고, 자신이 국왕 자문관이 돼서 모든 국사를 총괄하겠다는 뜻이 숨어 있었다. 그의 지도 체제 개편 구상은 50여 일 후인 1895년 1월 7일 선포된 '홍범洪範 14조'를 통해 그 면모가 드러나게 된다.

한편에선 궁중의 실질적 권력자인 민 왕후가 정치에 간여하지 못하도록 철저하게 봉쇄했다. 그런데 민 왕후는 이노우에 공사가 의정부로부터 권한을 회수해 고종에게 되돌린다고 선언하자 자기도 복권한다는 뜻으로 오해했다. 민 왕후는 11월 28일 고종을 설득해 탁지협판에 한기동, 법무협판에 이건창, 공무협판에 이용식, 농상협판에 고영희 등 자기 파벌 사람을 임명했다.

분노한 이노우에 공사는 고종에게 민 왕후의 정치 간여를 엄중 경고했다. 일본 공사의 경고에 충격을 받은 고종은 즉시 협판 4명의 임명을 취소하고 "앞으로 왕후는 내정에 간여하지 않는다"란 어명을 발표해야 했다. 졸경을 치른 민 왕후는 12월 8일 이노우에 공사에게 "앞으로 절대로 국정에 간여하지 않겠다"라고 항복 선언을 했다.

고종과 민 왕후 회유 위해 뇌물 제공

단숨에 고종과 민 왕후마저 제압한 이노우에 공사는 국왕 부부를 회유하기 위해 공사관 기밀비 1만 5,000엔을 왕실 부조금으로 제공했다. 이것은 일본의 지시를 잘 따르라는 뜻에서 제공한 정치적 뇌물이었다. 이처럼 일본은 기회가 날 때마다 막대한 뇌물 공세를 통해 국왕을 비롯한 지도부 인사들을 옭아맸다.

이노우에 공사의 서울 부임과 동시에 일본 대본영은 동학 농민군에 대한 본격적인 토벌전을 준비했다. 조선 정부가 동학 농민군 토벌에 미온적 입장을 보이자 이노우에 공사는 "동학당 정벌을 위해 파견한 일본 군대를 철수시켜 수수방관하겠다. 동학당이 사방에서 서울로 진입하면 수도는 혼란에 빠질 것이다. 이 기회를 이용해 다른 사람을 국왕에 추대하고 조선의 내정 개혁에 착수할 것"이라고 고종을 압박했다.

이노우에의 강경책에 속수무책이 된 고종은 일본과 타협하지 않을 수 없게 됐다. 고종은 박영효를 비롯해 갑신정변 주동자들에게 내렸던 대역죄에 대한 사면령을 내렸다. 일본군과 조선 관군 연합군이 공주 우금치 일대에서 동학 농민군을 격파한 직후인 12월 17일, 이노우에 공사

갑오경장 무렵 서울 정계의 5대 정파

정파	주요 인물	성격
갑오개혁파(갑오파)	김홍집, 김윤식, 어윤중, 조희연, 유길준 등	친일 성격
갑신정변파	박영효, 서광범 등	국내 정치적 기반 취약
정동파(혹은 친미파)	박정양, 이완용, 윤치호 등	친서구파(미·러)로 국왕을 받드는 근왕주의 세력
대원군파	대원군, 이준용, 이용태 등	
궁정파	고종, 민 왕후, 홍계훈, 이도철, 심상훈, 현흥택, 이학균 등	

출처 : 국사편찬위원회, 『한국사 40』, 2003, 탐구당, 164~165쪽.

는 고종을 배후 조종해 김홍집·박영효가 이끄는 신내각을 출범시켰다.

친일 신내각은 1884년 갑신정변에 실패하고 일본에 망명했다가 귀국한 박영효가 내부대신, 미국에 망명했던 서광범이 법부대신으로 입각한 것이 특징이다. 갑신정변 주도 세력이 10년 만에 조선 정계에 화려하게 복귀한 것이다.

신내각 요원 중 일본 정부가 가장 공을 들인 인물은 박영효였다. 이노우에 공사는 고종을 배후 조종해 대원군의 손자 이준용을 내부대신 서리에서 해임하고 박영효가 내부대신에 임명되도록 영향력을 행사했다. 이로써 권력의 중심이 박영효 쪽으로 기울었다. 이노우에는 박영효가 고종과 친밀한 관계를 유지하면서 일본의 '조선 보호국화 정책'에 협조해 주길 기대했다.

이노우에는 주도면밀한 계산 끝에 단순한 친일 내각이 아니라 온건 개화파(김홍집), 급진 개화파(박영효), 친러·친미적인 정동파(박정양) 등 세 정파를 아우르는 연립 내각을 구성했다. 연립 내각은 세 정파 간에 상호 견제를 통해 어느 한쪽으로 힘이 쏠리는 것을 예방하고 분할통치(divide and rule)를 하기 위한 이노우에 공사의 계략으로 탄생한 작품이었다.

이노우에는 자신이 인선한 김홍집·박영효 연립 정권을 자기 휘하에 종속시켜 체제 정비를 마쳤다. 이때 비로소 이노우에 공사가 부임 때 구상했던 '박영효를 중심으로 한 강력한 친일 내각'이 현실화됐다.

갑오개혁파가 권력의 중심 역할

여러 정파 중에서 개혁 운동의 중심 역할을 담당한 세력은 김홍집·유길준 중심의 갑오개혁파였다. 1885년부터 10여 년 민씨 척족 정권하

이노우에 공사의 배후 조종으로 출범한 연립 내각의 3거두 김홍집·박영효·박정양.

에서 소외됐던 갑오개혁파는 일본 공사관의 지원으로 집권하면서 유길준, 조희연, 안경수, 김가진, 권형진, 김학우 등이 요직에 발탁되었다. 이들은 유학이나 공무로 일본·미국 등을 방문하는 등 일찍부터 개화에 눈을 뜬 선각자들이었다. 유길준을 제외하면 대부분이 서자·중인 출신이어서 능력 본위 사회 질서 수립에 각별한 관심이 있었다.

유길준과 김학우는 일본 정부가 청-일 개전을 작심하고 조선에 출병 결정을 한 지 4일 후인 6월 6일, 김가진과 안경수의 중개로 주한 일본 공사관 통역관 겸 첩자인 고쿠분 쇼타로國分象太郎와 면담해 조선 개혁을 위한 일본의 지원을 요구했다. 6월 23일 안경수의 추천으로 김가진은 외아문(통리교섭통상사무아문) 참의, 유길준은 외아문 주사로 기용됐다. 그 후 한 달 동안 유길준은 고의로 과격한 내용의 외교 문서를 기안해 조선-일본-청국 간의 파국을 부추겼다. 김가진과 안경수는 일본 공사관과 협조해 일본의 조선 내정 개혁 및 청일전쟁 도발 노력에 협조했다(국사편찬위원회, 『한국사 40』, 2003, 165~166쪽).

갑오개혁은 일본의 압력과 조언을 따르면서 급진적 개혁을 추구한 '위로부터의 개혁'이었다. 이 개혁 운동이 실패한 후 보수 관료들은 고종을 중심으로 광무개혁을 추진했다. 광무개혁이 갑오개혁보다 급진성이나 적극성에서 상대적으로 뒤떨어지는 것은 사실이나 보수 관료 나름대로 국가적 위기를 해결하기 위한 적극적인 시도로 이해된다(김동노, 「한말의 국가개혁 운동과 자원 동원」, 2004, 504쪽).

두 개혁 운동의 실패로 조선은 위기를 자발적으로 해결할 수 있는 마지막 기회를 상실했다. 이로 인해 대한제국은 출발부터 망국의 요인을 안고 있었다. 그렇다면 두 운동은 왜 실패할 수밖에 없었을까?

돈 없이 추진한 개혁의 한계

조선 왕조가 '위로부터의 개혁'을 시도한 이유는 국가가 총체적 위기를 맞았기 때문이다. 국가 위기가 발생하는 원인에 대해 시다 스카치폴(Theda Skocpol)은 다른 국가와의 전쟁에서 비롯된 외인론, 잭 골드스톤(Jack Goldstone)은 내인론을 주장했다. 외인론이든 내인론이든 국가 위기의 밑바닥에는 자원을 둘러싼 계급 간 갈등, 보다 근본적으로는 국가와 사회 간 갈등이 놓여 있다.

국가가 위기를 극복하기 위한 개혁을 시도하는 과정에서 근본적으로 해결해야 할 문제는 필요한 자원을 확보하고 그 과정에서 발생하는 경제적 지배 계급의 저항을 분쇄하는 것이다. 국가가 경제적 지배 계급의 이익에 반하는 개혁을 성공적으로 추진하기 위해서는 최소한 두 가지 조건이 필요하다. 하나는 국가가 지배 계급의 이익에 반하는 개혁 정책을 수립할 수 있어야 하고, 다른 하나는 그 정책을 실행할 힘을 가지고 있어야 한다. 전자는 국가가 사회로부터 가지는 자율성이고, 후자는 국가의 역량이다(김동노, 「한말의 국가개혁 운동과 자원 동원」, 2004, 507쪽).

자율적이지 못한 국가는 개혁 의지가 약할 뿐 아니라, 근본적인 개혁 정책을 수립하기 어렵다. 국가가 자율성을 확보하고 있어도 개혁을 실행할 수 있는 역량이 부족하면 근본적인 개혁이 시도되더라도 중간에 주저앉게 된다. 따라서 국가 개혁이 성공하기 위해서는 국가가 필요한 역량을 확보해야 하고, 개혁을 위한 자원의 확보가 필요하다. '위로부터의 개혁'이 성공하기 위해서는 그에 필요한 자원 동원과 개혁 세력의 역량이 뒷받침돼야 한다는 뜻이다.

당시 조선의 재정 상황은 참혹했다. 갑오개혁 직전 3년간의 평균 조세 수입은 1,288만 냥, 쌀로 환산하면 86만 석 정도였고, 미납액은 전체 예상 수입 총액의 3분의 1 정도로 추산됐다(김재호, 「갑오개혁 이후 근대적 재정 제도의 형성과정에 관한 연구」, 서울대학교 박사학위 논문, 1997, 45쪽).

당시 국가 재정의 몰락은 오랫동안 토지 조사가 이루어지지 않아 전국 곳곳에서 조세의 불법적 포탈이 일어났기 때문이다. 또 1894년 현재 조선 정부의 미지급 금액은 관리들에게 지급하지 못한 백관록百官祿이 46개월분, 이서급 급료인 사료司料가 56개월분, 각사 경비 지출금이 9개년분에 달했다. 갑오개혁 시기에 조선 정부의 총부채는 이러한 미지급금 161만 원 외에도, 궁중 채무 240만 원을 포함해 약 400만 원으로 추정된다(신상준, 『한국 재무행정의 근대화 과정』, 신조문화사, 1970, 346~349쪽).

일본 차관으로 목숨 연명한 조선

1880년대 중반 조선의 연간 예산은 대략 중국 화폐로 200만 냥, 일본 화폐로는 280만 엔으로 추정된다. 근대적 예산 제도가 도입된 첫해인

1895년 예산이 350만 원이었다. 1882년 국가 재정은 한 달을 버티기 어려운 실정이었으며, 1895년의 경우 총예산 가운데 9퍼센트만이 국내에서 조달될 정도였다(국사편찬위원회, 『한국사 44: 갑오개혁 이후의 사회·경제적 변동』, 탐구당, 2013, 31쪽). 부족한 예산으로 개화 정책을 진행하려다 보니 차관의 유혹에서 벗어날 길이 없었다.

문제는 차관 도입에 따르는 담보물 설정과 부수 조건이었다. 원리금 상환이 지연되거나 불가능할 경우 설정된 담보물(예컨대 해관세, 조세, 광산세, 인삼세 등)은 제공국에게 탈취당하거나 지배당하게 된다. 특히 눈길을 끄는 것은 이중 삼중의 순차 담보를 설정하는 제공국의 치밀성이었다(국사편찬위원회, 『한국사 44』, 2013, 31쪽).

또 하나 중요한 함정인 부수 조건은 차관 제공 대가로 차관 계약서 체결과 동시에 효력을 갖는 이권 탈취의 제도적 장치다. 열강은 차관 제공의 대가로 관세 징수권, 해관 운영권, 상품 수출권, 무기 공급권, 철도나 전신 가설권, 광산 개발권, 식량 수입권, 산림 벌채권, 어로채취권 등을 탈취해 갔다. 원리금 상환 능력이 있으면 차관은 약이 되지만 그렇지 않을 경우 즉각 '독'이 되고 만다(국사편찬위원회, 『한국사 44』, 2013, 42쪽).

조선 정부가 최초로 외국 차관을 도입한 시기는 1881년 말 청나라에 영선사를 파견할 때였다. 이때 청나라로부터 유학생 경비를 위해 2만 8,250냥, 기기창 설립에 필요한 기기 구입을 위해 3,703냥을 빌렸다. 역시 청나라로부터 1882년 조청상민수륙무역장정 체결 대가로 50만 냥, 1883년 20만 냥의 차관을 도입해 개국 준비에 사용했다.

이후에도 조선은 여차하면 차관을 빌려 임시변통을 해야 했다. 전신선 가설을 위해 청으로부터 10만 냥, 방곡령 배상을 위해 청으로부터 3만 5,000냥, 임오군란 배상을 위해 일본으로부터 12만 5,000엔, 조선 정부 관료의 봉급, 차관 이자, 기선 구입 이자, 고용 외국인 봉급 지급을 위해 일본 다이이치第一국립은행으로부터 44만 엔 등등 끝이 없었다. 외국에서 빚을 얻어 관료 월급을 주고 다른 나라 차관 이자를 갚아야 하는 악순환의 연속이었다.

1895년 국가 재정이 바닥을 드러낸 상태에서 질풍노도처럼 국가 개혁이 진행되자 김윤식은 이노우에 공사에게 "조선 정부는 개혁을 추진할 의지는 결연하지만, 재정 부족으로 인해 실패할 수밖에 없는 상황"이라고 실토했다. 심각한 재정난을 해소하기 위해 개화파 정부가 일본에 300만 엔의 차관 제공을 요청하자 이노우에는 통 크게 "500만 엔을 제공하겠다"라고 답했다.

재정 의존을 심화시켜 식민지 지배를 위한 효과적인 교두보를 확보하는 것은 이집트에서 영국 정부가 사용해 크게 효과를 보았던 전략이다. 이것을 일본이 모방하려 한 것이다. 국내의 자본 축적이 미약했던 일본으로선 그만한 규모의 자금을 융통할 방법이 없어 군사 예산에서 300만 엔을 전환해 조선에 빌려주기로 했다.

1895년 조선 정부 예산 총액 329만 원 중 일본 차관이 차지하는 비율은 91퍼센트였다(국사편찬위원회, 『한국사 44』, 2013, 44쪽). 1895년 세입예산은 거의 일본이 제공한 차관, 즉 외채에 의해 지탱됐다고 해도 과언이 아니다.

제2차 갑오개혁 시작되다

조선 문제와 관련해 일본은 부처마다 입장이 약간 달랐다. 전쟁을 수행 중인 일본 군부는 당장 전투의 승리를 담보하기 위해 혁신적이고 현실적인 개혁을 원했다. 따라서 이노우에가 추진하는 관제官制 개혁을 '다소 한가한 개혁 놀음' 정도로 평가 절하했다. 야마가타 아리토모山縣有朋 제1군 사령관은 「조선 정책 상주」라는 의견서를 통해 조선에서 관제 개혁보다는 당장 전쟁 수행에 도움이 되는 부산~의주 간 경부·경의선 철도 부설을 요구했다.

야마가타는 경부·경의선 철도는 동아시아 대륙을 관통하는 대도大道로서 후에 중국을 횡단해 인도까지 연결해야 한다고 주장했다. 또 평양 이북 지역에 일본인을 이주시켜 조선에서 청나라의 영향력을 완전히 끊어내야 한다고 주장했다. 구체적으로 표현하지는 않았지만 조선 전토를 일본의 지배하에 두어야 한다는 구상을 제시한 셈이다.

조선에 파병된 제5사단장 노즈 미치쓰라野津道貫는 평양 전투에서 승리한 직후인 1894년 9월 30일, 제2군 사령관 오야마 이와오大山巖에게 건백서建白書를 보냈다. 노즈는 청일전쟁 승리 후 러시아를 적국으로 상정해 러일전쟁에 대비해야 하며, 서울 이북에서 평양 지역에 여단 이상의 병력을 주둔시켜 러시아를 견제해야 한다고 제안했다.

1894년 12월 17일 이노우에 공사의 지원으로 김홍집·박영효 연립 내각이 출범하면서 또다시 개혁의 바람이 몰아쳤다. 이때부터 1895년 7월 7일 박영효가 실각해 일본으로 망명하기 전까지 200일간 추진된 213건의 개혁을 제2차 갑오개혁이라 부른다.

박영효가 추진한 제2차 개혁은 일본 망명 시절인 1888년 2월 23일 고종에게 상소한 「조선국 내정 개혁에 관한 건백서」(이하 「개화 건백서」) 내용을 실천에 옮긴 것이다. 박영효는 미국에 망명했으나 서재필·서광범과 달리 현지 적응에 실패하고 1885년 12월 일본으로 돌아왔다. 이후 박영효는 일본에 파송된 미국 성서공회 총무 헨리 루미스(Henry Loomis) 목사의 도움으로 메이지학원明治學院에서 영어를 배웠다.

이후 일본인 지인의 요코하마 별장에 머물며 서양 서적을 탐독하면서 서양 사상에 심취했고, 근대화에 대한 체계적 지식을 쌓았다. 이러한 과정을 통해 박영효가 후쿠자와 유키치福澤諭吉의 개화사상과 서양 사상, 조선 후기 실학사상과 청국의 자강自強사상을 접목시켜 조선 근대 개혁의 청사진을 완성한 것이 「개화 건백서」였다. 「건백서」는 박영효를 비롯한 개화파 혁명가들의 사상을 이해할 수 있는 중요한 자료다(함재봉, 『한국사람 만들기 IV—친일개화파 2』, H프레스, 2022, 133~136쪽).

한문 약 1만 3,100자로 쓰인 「개화 건백서」는 전문과 '시급을 다투는 8가지 방안方今急務八條'으로 구성되어 있는데, 주제는 다음과 같다.

제1조 세계의 형세宇內之形勢, 즉 세계 정세 분석.
제2조 법률을 부흥시켜 나라를 안정시키기興法紀安民國.
제3조 경제로 나라와 백성을 윤택하게 만들기經濟以潤民國.
제4조 백성을 보살펴 건강하고 번성하게 만들기養生以健殖人民.
제5조 군비를 갖추어 백성을 보호하고 나라 지키기治武備保民護國.
제6조 백성들에게 재주와 덕행, 문화와 기예를 가르쳐 근본을 다스리기教民才德文藝以治本.
제7조 정치를 바로잡아 나라를 평정하기正政治使民國有定.
제8조, 백성들로 하여금 그들 몫의 자유를 갖게 하여 원기를 배양하기使民得當分之自由以養元氣.

박영효는 「개화 건백서」에서 임진왜란 이후 쇠퇴일로에 있던 조선의 운명은 민씨 척족의 실정으로 인해 고종 치하에서 더한층 악화돼 "못나고 어리석고 술 취하고 미친 사람 같은 상태"로 전락했다고 주장했다.

세계의 움직임을 보면 국제법과 세력 균형, 공의公義가 있지만 나라에 자립 자존의 힘이 없으면 반드시 영토의 삭탈과 분할을 초래하여 나라를 유지할 수 없게 된다면서 국제법을 믿어서는 안 된다고 강조했다.

그는 적자생존이라는 정글의 법칙에 의해 작동하는 국제사회에서 국가 생존을 위해서는 '문명부강의 달성'이 필수적이라고 설파했다. 이를 위해서는 '법에 의한 통치'를 엄격하게 시행해 개인의 자유를 보장해야 한다고 주장했다. 또 입헌군주제와 근대적 정당제를 도입하고 정부가 백성의 경제 활동에 개입해서는 안 된다고 했다. 또 양반과 중인·서자 간의 신분 장벽 제거, 노비제와 축첩제 폐지, 과부의 재가 허용, 조혼 금지, 남편의 아내 학대 금지 등을 제안했다.

그는 시장경제가 발전하면 의식주의 문제를 편리하게 하는 데 그치지 않고 문명개화가 가능해진다면서 시장경제 도입을 주장했다. 또 근대 과학기술 도입을 위해 실학 위주로 교과목을 개혁하고, 전국의 군대를 병조兵曹가 담당하는 전일군제全一軍制 도입, 수만 명의 군대 양성, 근대적 군사학교 설립, 해외 유학을 통한 사관생도 육성, 주요 도시의 가옥 규모와 도로 폭 규제 등을 제안했다.

그는 교육의 중요성을 적극 강조했다. 교육을 받은 국민은 폭정과 압제에 순응하지 않는다면서 군주의 권력을 강화하려면 백성들을 백치 바보가 되게 하는 것이 가장 좋은 방법이나, 그렇게 하면 나라는 약해지니 강한 나라를 만들려면 왕권을 약화시키고 국민들에게 자유를 줘야 한다고 설파했다. 심지어 그는 미국의 「독립선언서」를 따라 백성의 자유를 침해하는 정부는 백성들이 갈아치울 수 있다고 주장했다.

박영효는 중체서용中體西用을 내세운 청 말의 자강론자들처럼 혁명보다는 개혁을 통해 조선 왕조를 중흥시키려 했던 개혁가였다. 이러한 점진적 개혁 아이디어는 그가 권력의 정점에 올라 추진한 제2차 갑오개혁을 통해 실현되기 시작했다.

홍범 14조 선포

1895년 1월 7일, 고종은 대원군과 왕세자를 비롯한 종친과 대신들을 거느리고 종묘에 나가 앞으로 추진할 국가의 주요 개혁 정책이 담긴 '홍범洪範 14조'를 선포했다. 박영효는 1888년 12월 고종에게 올린 「개화 건백서」에서 고종이 직접 종묘에 나아가 선정을 베풀겠다는 서약을 해야 한다고 주장한 바 있다.

그로부터 7년 후 자신이 권력의 전면에 나서자 국왕에게 "종묘에 나아가 개혁에 솔선수범할 것을 맹약하자"라고 건의했고, 고종은 박영효의 건의에 따라 행사를 마련한 것이다. 박영효의 뒤에 일본이라는 외압이 존재했던 것은 사실이지만 조선 역사상 국왕과 왕족, 고위 관료가 한자리에 모여 근대적 개혁 추진을 종묘에 약속한 것 자체가 획기적인 사건이었다.

홍범이란 『서경書經』의 「주서周書」 홍범 편에 나오는 용어로, '천하를 다스리는 큰 원리'라는 뜻이다. '홍범 14조'는 국왕이 국가의 개혁 정책을 천명한 문건으로 중국으로부터의 독립 선언, 왕실과 정부 간의 권한 분리, 재정 및 조세·군사·교육 제도의 근대화, 능력 본위의 관리 임용, 지방행정 제도와 사법 제도 개혁 등 획기적인 내용을 담고 있었다. 이처럼 중대한 사안을 규정하고 있어 일부 학자들은 '홍범 14조'를 한국 최초의 헌법으로 간주하기도 한다.

고종은 다음 날인 1월 8일, '홍범 14조'를 왕실과 백성 모두가 준수해야 할 정책 지침으로 공포하고 한글, 국한문 혼용, 한문으로 인쇄해 반

'홍범 14조'

① 청나라에 의존하는 생각을 버리고 자주독립의 기초를 세운다.

② 왕실 전범典範을 제정해 왕위 계승 원칙 및 종친과 외척의 구별을 명확히 한다.

③ 임금은 각 대신과 의논해 정사를 행하고 종실·외척의 국정 간섭을 용납하지 않는다.

④ 왕실 사무와 국정 사무를 나누어 서로 혼동하지 않는다.

⑤ 의정부 및 각 아문의 직무·권한을 명백히 규정한다.

⑥ 납세는 법으로 정하고 함부로 세금을 징수하지 않는다.

⑦ 조세 징수와 경비 지출은 모두 탁지아문이 관할한다.

⑧ 왕실 경비는 솔선해 절약하고, 이로써 각 아문과 지방관의 모범이 되게 한다.

⑨ 왕실과 관부官府의 1년 회계를 예정해 재정의 기초를 확립한다.

⑩ 지방 제도를 개정해 지방 관리의 직권을 제한한다.

⑪ 총명한 젊은이들을 파견해 외국의 학술·기예를 익히도록 한다.

⑫ 장교를 교육하고 징병을 시행해 군제의 근본을 확립한다.

⑬ 민법·형법을 제정해 인민의 생명과 재산을 보전한다.

⑭ 문벌을 가리지 않고 널리 인재를 등용한다.

포했다. 국왕 고종이 종묘에서 '홍범 14조'를 선포하면서 시동이 걸린 제2차 갑오개혁은 1894년의 제1차 갑오개혁에서 미진했던 부분을 보완하고, 더 많은 영역에서 개혁이 추진됐다.

입헌군주제 형태로 권력 구조 개편

고종은 1873년 아버지 대원군을 내치고 친정을 시작한 이후 잦은 관직 이동, 하위직 관료와의 직접적 접촉, 대간의 무력화, 신료의 발언 기회 축소 등을 통해 신권臣權 약화를 추구했다. 정국 운영을 주도하기 위해 내아문內衙門 체제를 확립하고, 그를 통해 인사·재정·군사권을 장악했다. 그리고 통리기무아문, 통리군국사무아문, 내무부 등에 권력을 집중시킨 결과 의정부는 정책 결정 과정에서 밀리게 됐다(현광호, 「대한제국기 의정부 대신의 동향과 국정 운영론」, 『향토 서울』 제88호, 서울특별시 시사편찬위원회, 2014, 171~172쪽).

이노우에는 고종이 '홍범 14조'를 발표한 지 나흘 후인 1895년 1월 11일, 군국기무처가 석 달에 걸쳐 많은 개혁안을 의결했지만 실행 불가능한 법안만 남발했다고 비난하고, 기무처의 법령 입안권을 폐지하고 자문 기관으로 격하시켰다. 이어 전제적 왕권을 축소하고 내각 권한을 강화하기 위해 의정부에 권력을 집중시키는 개혁을 단행했다.

1895년 4월 19일 '내각 관제'에 의해 의정부 명칭이 내각으로 바뀌었고, 총리대신을 수반으로 기존의 8아문을 7부部로 개편해 총리대신 산하에 소속시켰다. 내각에는 법률·칙령안, 세입·세출의 예산 및 결산, 내외 국채 관련 사무, 국제 조약 및 기타 중요한 국제 사건 심의, 조세 제도 개혁 등 국가 정책 입안 및 집행 권한이 부여됐다. 국정의 주요 사안은 내각 회의를 거쳐야 했으며, 국왕도 내각 회의에 참석해야 했다. 내각이 실권을 갖게 되면서 입헌군주제 비슷한 형태가 된 것이다(전종익, 「근대 주권개념의 수용과 전개」, 서울대 법학과 박사학위 논문, 2006, 230~234쪽).

내각제 개편에서 주목할 점은 재판소 구성법을 반포해 근대적 사법 제도의 외양을 갖춘 점과 군국기무처를 무력화시켜 내각으로부터 독립된 형식상의 입법부 비슷한 중추원으로 개편한 점이다. 이로써 조선은 일본의 강압에 의한 '홍범 14조'를 통해 근대적인 정부의 틀을 갖추게 됐다.

제2차 갑오개혁을 통해 왕권이 상당 부분 제약당하고 내각이 권한을 행사하는 근대적 내각제가 수립되면서 권력 구조에 중대한 변화가 일어났다. 궁내부는 내각에서 분리돼 왕실 업무만 관장하는 기구로 격하됐다. 국왕 독재를 추구했던 고종의 통치가 더 이상 불가능하게 된 것이다.

제2차 갑오개혁은 조선의 정치 구조를 일본과 유사한 입헌군주제로 개편해 일본과 조선의 정부 제도를 일치시키려는 시도로 해석된다. 하지만 이노우에 공사는 일본의 의회 및 정당 제도 등 대의정치 기구를 조선에 도입하는 것은 보류했다(국사편찬위원회, 『한국사 40』, 2003, 219쪽). 군국기무처 대신 출범시킨 중추원은 보수파 관료들을 은퇴시키기 위해 고안된 실권 없는 자문 기관일 뿐이었다.

이때부터 이노우에 공사는 김홍집·박영효 내각과 제휴해 군국기무처가 이룩한 개혁을 백지화하고 지금까지와는 차원이 다른 개혁 운동을 전개했으며, 이로써 갑오경장은 새로운 국면을 맞게 됐다(국사편찬위원회, 『한국사 40』, 2003, 164쪽).

1월 12일, 김홍집·박영효 내각은 중국에 대한 종속 관계를 청산하고 독립국으로서의 위상을 정립하기 위해 왕실 존칭을 격상했다. 주상 전하(국왕)는 대군주 폐하로, 왕대비 전하(국왕의 어머니)는 왕태후 폐하로, 왕후 전하(국왕의 부인)는 왕후 폐하로, 왕세자 저하는 왕태자 전하로, 왕세자빈 저하는 왕태자빈 전하로 바뀌었다.

독립기념일 제정 해프닝

2월 초 박영효는 중국에 대한 종속 관계를 나타내는 서울의 모든 상징물을 파괴하자는 제안을 했다. 그 결과 병자호란 항복 후 삼전도(서울 송파구 삼전동)에 세운 대청황제공덕비를 땅에 묻었고, 서대문 밖 영은문·모화관·홍제원 등을 철거하자는 안건이 상정됐다. 박영효가 1882년 도안한 태극기를 국기로 지정했고, 공문서에서 한글 사용을 의결했다.

6월 6일, 고종은 조선 독립을 자축하기 위해 창덕궁 연경당에서 가든파티를 열고 외교관들을 초청했다. 고종은 정동파 인사들의 건의에 따라, 시모노세키조약으로 조선 독립이 달성되었으니 이를 기념하기 위해 이날을 독립기념일로 제정하려 했다. 각국 외교관들은 "조선은 서양 각국과 조약을 체결할 때 독립국이라고 밝히지 않았는가. 그런데 시모노세키조약으로 무슨 독립이 어떻게 달성되었단 말인가?" 하고 이의를 제기했다.

입장이 난처해진 고종은 평화 확립과 조선 왕권에 대한 청의 간섭이 없어진 것을 축하하기 위해 내외 인사를 초청하는 것으로 행사 성격을 바꾸었다(문희수, 「국제적 전후 관계에 있어서 을미사변(1895~1896)」, 한국정치외교사학회 편, 『명성황후 시해 사건과 아관파천기의 국제관계』, 동림사, 1998, 131쪽 참조).

내부대신 박영효가 추진한 개혁 중 의미심장한 분야는 지방행정 제도 개혁이었다. 갑오개혁 이전의 지방행정 조직은 매관매직으로 인해 부패의 온상이나 다름없었다. 지방관은 국왕이 임명했지만, 이들의 권한이 명확하게 규정돼 있지 않아 심각한 행정 누수 현상이 발생했다. 게다가 8도를 기본으로 군사적 요지에 설치한 개성·전주·강화·광주·수원 등 5개의 유수부留守府, 부산·원산·인천 등 개항장과 개시장開市場에 설치한 3개의 감리서監理署, 그리고 목牧·군郡·현縣으로 편제돼 복잡하고 비능률적이었다.

박영효는 1895년 6월 18일 기존의 8도제를 폐지하고 한성부·인천부·충주부 등 23부府를 신설했다. 부·목·군·현은 군郡으로 단일화해 331개 군을 23부 아래 위치시켰다. 각 부에는 관찰사 한 명, 참서관 한 명, 주사 약간 명, 경찰관 한 명, 경무관보 한 명, 순사 두 명 이상을 배치했고, 군에는 군수 한 명을 두었다. 또 관찰사는 내부대신, 군수는 관찰사의 지휘 감독을 받도록 명령 계통을 확실하게 정했다. 박영효는 6월 26일, 23부의 새 관찰사를 임명했는데, 신임 관찰사 중 17명이 자신의 측근이었다. 지방행정 기관을 자신의 권력 기반으로 만든 것이다.

그는 갑신정변 1년 전인 1883년 한성부 판윤(현재의 서울시장)으로 재직할 때 한성부에 근대적 경찰 제도를 창설한 바 있다. 또 1888년 고종에게 상소한 「개화 건백서」에서 2만 명 규모의 경찰을 확보할 것을 건의했다. 내부대신에 오른 박영효는 자신의 구상을 실천하기 위해 또다시 일본으로 망명하던 1895년 7월 초까지 670명의 무장 경찰관을 신규 채용했다.

재정 근대화, 학교 설립 노력

경찰보다 더 중요한 조직이 군대였다. 하지만 파탄 상황의 재정 형편과 근대적 군대 양성을 견제한 일본의 압력으로 인해 1895년까지 군제 개혁은 손도 대지 못했다. 1895년 1월 궁성호위대로 창설된 훈련대는 박영효와 군부대신 조희연이 장악했다. 1895년 5월 박영효는 기존의 수도 방위군인 통위영, 장위영, 총어사, 경리사, 호위청 등을 폐지했다.

1895년 4월 24일에는 최초의 근대적 예산 제도와 조세법정주의 등을 규정한 회계법이 시행됐다. 조세 신설과 세율 변경을 법률로 정한 것은 큰 의미가 있다. 또 회계법 제3조에서 정부의 세입·세출은 매년 예산을 정해 경리한다고 규정했다. 이 회계법에 따라 1896년부터 정부 예산이 편성·집행돼 조선의 재정 근대화에 획기적인 전기가 마련됐다.

제2차 갑오개혁 시기에 추진된 개혁 프로그램 중 눈여겨봐야 할 분야는 교육이었다. 서구의 학문과 기술을 수용해 근대적 교육 기관 설립에 앞장선 세력은 박정양, 이완용, 윤치호, 이상재 등 정동파였다. 갑오개혁 정권의 교육 개혁 의지는 "나라의 문명은 학교의 성쇠에 관계된다"라는 학부學部 고시告示에 잘 나타나 있다.

1895년 4월 19일, 학무아문이 학부로 이름이 바뀌었다. 이때부터 학부는 학교 설립을 위한 각종 규칙을 제정했다. 5월 10일, 국내 최초의 근대식 학교 관제인 한성사범학교 관제가 제정돼 한성사범학교가 문을 열었다. 6월 2일에는 외국어학교 관제가 발표돼 인천에 일어日語학교, 서울에 법어法語(프랑스어)학교가 설립되었고, 이어 1896~98년에 아어俄語(러시아어)학교, 한어漢語학교, 덕어德語(독일어)학교가 문을 열었다.

1895년 4월, 한문 시험과 신체검사를 통해 114명의 국비 일본 유학생을 선발해 도쿄의 게이오의숙慶應義塾에 입학시켰다. 갑오개혁 정부는 5월에 게이오의숙 유학생 26명을 추가 파견했고, 6월에는 훈련대 군인 중 3명을 일본 사관학교에 입학시켰다.

7월에는 학부대신 이완용이 후쿠자와 유키치와 '유학생 위탁 계약'을 체결해 첫해에 300명, 다음 해부터 매년 일정한 수의 학생을 게이오의숙에 유학 보내기로 합의했다. 불행하게도 이 계약은 정부 재정 악화와 을미사변으로 파탄이 났다.

박영효의 개혁 중에서 주목할 부분은 1895년 6월 23일 창립한 조선협회다. 박영효가 근대적 정당으로 발전시키려는 원대한 구상으로 출범시킨 조선협회는 조직과 사업 내용이 후에 설립된 독립협회와 비슷해 독립협회의 밀알이라는 평가를 받기도 한다. 박영효의 개혁 노력은 그의 실각 및 일본 망명으로 7개월이라는 단명에 그쳤지만, 1884년 갑신정변과 1896~98년 독립협회 운동을 연결하는 역사적 고리로서 그 의의를 평가할 수 있다(유영익, 『동학 농민봉기와 갑오경장』, 일조각, 1998, 109쪽).

갑오개혁에 대한 평가

갑오개혁에 대한 학계의 평가는 대단히 부정적이었다. 40여 명의 일본인 고문관들이 개혁안을 만들고 추진했으니 침략의 목적이 분명하며, 일본에 의해 타율적으로 강요된 개혁이었기에 평가 절하돼야 마땅하다는 주장이다. 하지만 관련 사료를 정밀하게 분석한 결과 일본인들은 1894년 12월 중순과 1895년 4월 중순 공포된 개혁안 가운데 극히 일부에만 관여했다는 사실이 밝혀졌다.

조선의 개화파 관료 중에서 갑오개혁에 적극 앞장선 박영효는 213개의 개혁안 중 적어도 68개에 서명했다. 68개 개혁안 중 과반수인 34개가 1895년 5월 말부터 7월 초까지 박영효가 일본의 간섭을 배제하고 개혁의 주도권을 장악했던 시기에 발표됐다. 따라서 제2차 갑오개혁이 일본의 간섭으로 추진되었으니 자발적인 개혁이 아니었다는 비판은 역사적 사실과 부합하지 않는다. 이처럼 대부분의 개혁안이 조선의 개혁파 관료들이 제정한 것이라는 사실이 밝혀지면서 갑오개혁의 타율성론이 비판받기 시작했다.

갑오개혁 추진 세력의 개혁 사상을 분석해 보면 이들은 조선을 독립부강한 나라로 만들기 위해서는 집권자 교체만으로는 부족하며, 제도를 근본적으로 변혁해야 한다고 믿었다. 바로 이 점이 인물 본위의 개혁을 추구했던 동학 농민군 지도부의 발상과 근본적으로 다른 부분이다. 여기서 분명하게 드러난 사실은 반봉건적·혁명적 사회 제도 개혁을 앞장서서 추구한 집단은 동학 농민군 지도부가 아니라 갑오경장을 이끈 개화파 관료들이었다는 점이다(유영익, 『동학 농민 봉기와 갑오경장』, 1998, 224쪽). 이 점에서 볼 때 갑오개혁은 전형적인 '위로부터의 개혁'이었다.

갑오경장 추진 세력은 동학 농민군의 개혁 사상과는 차원이 다른 자유, 평등, 국권, 민권, 효율 등 근대적 가치를 지향한 사상을 가지고 있었다. 따라서 갑오경장은 한국 근대화의 기점으로 평가받을 만한 가치가 충분하다(유영익, 『동학 농민 봉기와 갑오경장』, 1998, 224쪽).

갑오경장이 추구한 개혁은 대부분 사회적 인습이나 관념에 관련된 것들이었다. 때문에 정치 집단이 아무리 개혁을 외쳐도 수백 년 이어온 고정관념을 하루아침에 뜯어고치는 것은 불가능했다. 그 결과 갑오개혁의 개혁 법안은 대부분 사문화死文化됐다. 관련 내용은 1900년 제정 러시아 경제성經濟省이 발간한 『한국지韓國誌』에서 발견된다.

이 자료에 의하면 1894년 개혁 시기에 발표된 정부 법령은 수백 년

갑오경장을 주도한 아류(亞流) 양반

구분	이름
무관	조희연, 권형진, 우범선, 이주회
양반 서얼	김가진, 안경수, 권재형, 이윤용, 윤치호
중인	정병하, 고영희, 오세창
토반(土班)	김학우, 장박

동안 굳어진 한국 사회의 구조를 완전히 뒤흔들어 놓았다고 한다. 귀족층과 신분이 낮은 계층을 평등하게 만들고, 노비를 해방하고, 무관에 대한 문관의 우월권을 폐지하고, 천민에 대한 속박을 폐지했기 때문이다. 하지만 많은 제도가 법률에 의해 폐지됐음에도 불구하고 실생활에서는 여전히 관습적인 제도가 그대로 유지됐다고 전하고 있다.

갑오개혁 세력이 꿈꾸었던 평등주의적 사회 개혁, 능력 본위의 이상사회가 현실화된 것은 1948년 대한민국이 건국되면서부터였다. 결론적으로 한국의 근대화 작업은 갑오경장의 전통을 이어받은 것이며, 갑오경장의 원형을 확대 재생산하는 일이었다.

박영효를 비롯해서 갑오개혁을 담당했던 소장 개혁파 관료들은 1880년대 초 조사朝士시찰단, 영선사, 보빙사 등 외교관이나 문화 사절단의 일원으로, 혹은 유학이나 망명을 통해 일본·미국·중국 등지에서 근대 문물을 체험한 사람들이다. 그들은 1880년대 후반, 정부가 개화·자강을 위해 설립한 박문국, 육영공원, 연무공원 등 근대적 기구에서 실무 책임을 맡았던 인재들이었다.

그들은 북학北學의 평등주의 사상, 서구 시민사회의 민주주의·자유주의 사상의 영향을 받아 국가를 능력 본위의 평등사회로 만들려는 이상을 품었다(유영익, 『동학 농민 봉기와 갑오경장』, 1998, 120쪽). 갑오경장을 주도한 개화파 관료 중 서얼이나 중인이 다수 포함된 것은 특기할 만한 일이다.

개화 정권은 소실파 정권

조선에서 남성은 첩을 여러 명 거느릴 수 있었다. 첩의 자식으로 태어난 서얼은 아무런 권리도 없었고, 심지어 자식으로 인정받지도 못했다.

서자에도 등급이 있어 양인 신분에 속하는 첩이 낳은 자식은 서자庶子, 천민에 속하는 첩이 낳은 자식은 얼자孼子로 차등했다.

본처 소생이 없을 경우 첩의 자식이 아무리 많아도 가문의 먼 친척 집안에서 양자를 들였다. 양자가 그를 아버지라고 부르며 죽은 다음 제사를 지내고 모든 재산을 상속받았다. 서얼차대는 국법으로도 명문화됐다. 1415년 태종은 서자로 태어난 자손의 고위 관직 임용을 불허하는 한품서용령限品敍用令을 내렸다. 1474년에 완성된 『경국대전經國大典』에서 이를 법제화해 서얼의 과거 응시 자격을 박탈함으로써 확정됐다(유영익, 『동학 농민 봉기와 갑오경장』, 1998, 155쪽).

서얼 차별은 다른 나라에서는 그 유례를 찾아볼 수 없는 악법 중의 악법이었다. 이로 인해 국가는 많은 인재를 낭비했고, 사회적으로 분란이 조성됐다. 이처럼 비합리적인 제도로 인해 수백 년 극심한 차별을 당한 서얼들은 과거 응시권인 허통許通, 사헌부·사간원·홍문관 등 청요직에 오를 수 있는 권리인 통청通淸, 가정 내에서 대를 이을 권리인 후사권을 쟁취하기 위한 상소 운동을 끈질기게 전개했다.

서얼과 함께 대표적으로 차별을 당한 계층이 의관醫官과 역관譯官 등 기술직 중인이다. 역관은 17세기 초부터 서얼과 동류로 취급되었고, 신분에 따라 고위직 등용이 불가능하게 돼 있는 한품서용제에 의해 청요직 진출이 억제됐다. 그들 중 일부는 무과에 응시해 신분 상승을 도모했다. 하지만 지방 군수나 찰방(역참을 관리하는 종6품 외관직), 중앙의 당하관직 이상의 승진은 불가능했다(유영익, 『동학 농민 봉기와 갑오경장』, 1998, 160쪽). 이들은 "중인과 서얼은 원래 뿌리가 다르다"라며 통청 운동을 벌였다.

서얼에 대한 차별 풍조를 깨부수고 요직에 등용하기 시작한 시기는 대원군과 고종 시절이었다. 고종은 1882년 9월 14일, 개화 자강 목표를 달성하기 위해 적서嫡庶나 지역을 따지지 않고 능력 본위로 인재를 등용하겠다고 선언했다. 그 결과 1880년대에 김가진, 민치헌, 민상호, 민영기, 이윤용, 윤웅렬, 안경수, 김영준 등 서얼과 서손들이 국가 요직에 올랐다. 이들 중 일부가 갑오개혁 때 각료로 임명됐다.

법적으로는 서얼차대가 폐지되었지만 오랜 기간 이어져 내려온 사회적 관습이 하루아침에 바뀌지는 않는다. 일본에서 발행되는 영어 신문 「저팬 위클리 메일(Japan Weekly Mail)」에 실린 '조선 궁정 내의 파벌(Factions in the Korean Court)'이란 기사(1894년 11월 24일 자)가 그 증거다. 이 기사는 조선 궁정 내의 파벌싸움이 개혁을 저해하는 가장 중요한 요인이라고 지적했다.

개혁파의 대부분은 서얼들로서 군국기무처 의원 중 적어도 12명이 서자였다. 이들의 개혁 신조는 신분 차별 철폐와 능력 본위의 관리 임용이었다. 이들이 관련 정책을 정열적으로 추진하자 구체제를 옹호하는 기득권 세력이 대원군 주위에 모여 서출들의 영향력을 억제하려 했다는 것이다. 서얼 세력(소실파)이 아무리 강해도 기득권 세력을 넘어서기에는 역부족이었다. 그 결과 소실파는 일본의 후원에 의지해 자신들의 입지를 유지하고 있다고 이 기사는 분석했다.

뜻은 가상했으나 현실 여건은…

갑오개혁 세력은 조선의 독립과 부강이라는 목표를 달성하기 위해 개혁 운동에 뛰어들었다. 뜻은 가상했으나 그들이 개혁을 성공시키기에는 뚜렷한 한계가 있었다. 소장 개화파는 사회적 지명도가 낮았고, 국내에 근대적 개혁을 뒷받침해 줄 우군이 존재하지 않았다. 고립무원의 상황에서 그들은 일본의 지원에 의존해야 했다.

그 결과 개혁파는 갑오경장 기간 내내 일본 외교관 및 고문관의 지도, 일본군의 지원 및 일본 차관에 의지해 근대화를 추진할 수밖에 없었다. 그에 대한 반대급부로 일본은 개혁파를 통해 자신들이 원하는 이권을 챙겼다. 게다가 일본군의 동학 농민군 토벌에 적극 협력해 친일 매판 세력이라는 비난을 감수해야 했다.

그들의 개혁 목표가 아무리 훌륭하고 의지가 가상했어도, 결과적으로 개혁파는 조선의 국익보다 일본의 국익에 더 많이 봉사할 수밖에 없는 원천적 한계가 노정돼 있었다. 식민지에서 해방된 후의 한국 지도자들도 갑오개혁 세력과 마찬가지로 미국에 의존해 근대화를 추진할 수밖에 없었다. 그 결과 한국의 근대화는 대외 종속적 속성을 숙명처럼 안게 됐다. 이것이 우리의 근대화가 안고 있는 근본적인 한계이자 비극이었다.

제2장

일본, '조선의 이집트화' 추진

제1, 2차 갑오개혁은 말기적 증세를 보이는 조선 왕조의 근대화를 위해 반드시 시행해야 할 중요 과제들이었다. 문제는 이때 추진된 개혁이 진정한 조선의 개혁을 위한 것이었는지, 아니면 조선을 보호국화하려는 일본에 의한 타율적 개혁이었는지의 여부다.

1894년 12월 4일 이노우에 공사가 무쓰 외상에게 보낸 서한에 '내정개혁강령 20개조'를 조선 정부에 강제한 이유가 잘 나타나 있다. 이노우에는 "이 기회를 이용해 우리 제국(일본)의 지위를 견고히 하기 위해, 그리고 조선의 완전한 속령화를 위해 조선 정부에 다음과 같은 이권을 요구하려 한다"라면서 본국 정부의 의견을 물었다. 이노우에가 조선에 요구하려는 이권 목록은 다음과 같았다.

① 경부·경인·경의 철도 건설 이권

② 전신선 관리권

③ 해군 군항 조차

④ 고부항 및 대동항 개항, 거류지 설정 등의 특권

⑤ 30만 엔을 조선에 빌려주는 대가로 해관세를 저당하고 일본인 관세 감독관 파견
⑥ 전라·충청·경상 3도의 조세를 저당으로 500만 엔을 빌려주고 원리금 완불까지 3도의 세무 및 지방 사무 감독자로 일본 정부 관리 초빙

이 목록 중 ⑤·⑥항의 차관 공여를 통해 해관, 국내세, 지방 사무를 장악하려는 방법은 영국이 이집트를 보호국화한 정책을 참고한 것이다.

일본의 한반도 중립화 구상

조선에서 갑오개혁이 추진될 무렵 일본 정부는 한반도 중립화 구상을 연구했다. 구체적인 내용은 이토 히로부미伊藤博文의 「조선 사변 처분안」에 그 구상이 담겨 있다(방광석, 「러일전쟁 이전 이토 히로부미의 조선 인식과 정책」, 『한일관계사 연구』 제48집, 한일관계사학회, 2014, 246~247쪽). 일본이 한반도에 적용하기 위해 검토한 방식은 다음 세 가지였다.

첫째, 영세중립국 혹은 협의 중립국화 방안.

한반도에 이해관계가 있는 일본, 러시아, 영국, 프랑스, 미국, 독일 등 6개 열강이 조선의 중립을 승인하고, 전시·평시를 막론하고 조선이 다른 나라와 합종연횡하지 못하게 하며, 중립 승인에 참여한 열강 간에 전쟁이 벌어지면 조선에 병력과 군함이 진입하지 못하게 규제하는 방안이었다. 이 안은 일본이 지금까지 조선에 들인 노력이 물거품이 될 수도 있지만, 전시에 러시아가 조선 국경을 침범하지 못하게 봉쇄할 수 있다는 이점이 있었다.

문제는 조선을 중립국으로 승인해도 그들 스스로 생존하지 못하면

내부 분란이 생겨 자멸할 것이 분명했다. 일본 정부는 조만간 조선을 둘러싼 일-러 갈등은 피할 수 없으니 이 안은 일시적 미봉책 정도로 보았다.

둘째, 이집트화, 즉 일본과 조선 관계를 영국과 이집트 관계처럼 만드는 방안.

1517년 오스만제국은 이집트를 정복해 속주로 삼았다. 1798년 나폴레옹이 지휘하는 프랑스군이 이집트를 침공했다. 프랑스군 철수 후에는 무하마드 알리(Muhammad Ali) 수중에 들어갔다. 알리는 오스만제국을 명목상의 종주국으로 하는 무하마드 알리 왕조를 일으켰다. 알리와 그의 후계자들은 개인적 치부致富와 팽창 정책을 위해 영국·프랑스로부터 막대한 차관을 도입했다. 그 결과 이집트는 형식상으로는 오스만제국에 예속돼 있었으나 정무는 영국과 프랑스의 간섭을 받았다.

알리의 손자인 이스마일 파샤(Isma'il Pasha)는 1867년 오스만제국으로부터 헤디브(이집트 부왕) 지위를 얻어 자주성을 강화했다. 그 배후에는 시리아·이집트·수단에 대한 영향력을 강화하기 위해 이집트를 오스만제국으로부터 분리하려는 영국의 정책이 숨어 있었다. 이스마일 파샤는 영국의 지원을 받아 1869년부터 1876년까지 에티오피아로 확장을 시도했으나 에티오피아제국과의 두 차례 전투에서 모두 패했다. 이 과정에서 전비 조달을 위해 많은 외채를 빌렸다.

1875년 이스마일 파샤는 수에즈 운하 주식을 영국에 매각했다. 1876년 이집트는 파산 상태가 돼 영국·프랑스·오스트리아·이탈리아에 의해 채무정리위원회가 조직됐다. 1878년부터 영국이 이집트에 대한 내정간섭을 강화하자 1882년 아흐메드 우라비(Ahmad Urabi) 대령이 반란을 일으켰다. 영국은 반란 진압 명목으로 이집트를 점령하고 1883년 크로며 경과 영국인 관리를 이집트에 파견해 영국의 보호령으로 만들었다.

영국은 오스만제국 황제가 이집트에 대해 가진 주권을 인정하는 대신 영국 군대의 이집트 점령을 인정받는 협약을 체결했다. 이후 크로머 경을 중심으로 이집트 경제가 재건되었고 행정·재정·사법 개혁이 추진됐다.

일본 정부의 국제법 자문역인 프랑스 법학자 부아소나드(Gustave Émile Boissonade)는 일본에게 영국의 이집트 통치를 조선 개혁의 모델로 삼을 것을 권고했다(오비나타 스미오, 「청일전쟁 전후 일본 정치에서의 동아시아 질서 구상」, 왕현종 외, 『청일전쟁기 한중일 삼국의 상호전략』, 동북아역사재단, 2009, 111~175쪽 참조). 즉, 영국과 이집트 사례를 동아시아에 대입해 일본은 영국 역할, 청은 오스만제국 역할을 맡고, 조선은 이집트화하라는 뜻이었다.

내정개혁 20개조의 진정한 목적은?

셋째, 폴란드화.

폴란드가 러시아·오스트리아·프로이센에 의해 세 차례 분할된 것처럼 동양 평화를 위해 일본·러시아·영국 세 나라가 조선을 분할하는 극단적 방안이었다. 일본 과격파는 "동아시아에서 가장 허약한 조선에서 외과적 시술로 병의 근원을 끊어내야 동양 평화가 유지된다"라면서 이 방안을 적극 주장했다.

청일전쟁 연구의 권위자인 후지무라 미치오藤村道生는 이노우에 공사가 제안한 조선 내정개혁 20개조는 진정한 개혁이 목적이 아니라, 조선을 이집트 방식의 종속국으로 복속시키거나 훗날 만주국처럼 괴뢰 정권을 조직해 식민지로 만들기 위해서였다고 분석했다(후지무라 미치오, 허남린 옮김, 『청일전쟁』, 도서출판 소화, 1997, 175쪽).

사정이 이쯤 되면 아무리 입으로 "개혁, 개방, 근대화"를 외쳐도 그

속내를 완전히 가릴 수는 없는 법이다. 김홍집·박영효 연립 정권이 추진한 제2차 갑오개혁은 동학 농민 봉기와 의병 운동 진압 과정에서 조선 백성들의 저항에 직면했다. 조선 정부의 군사력으로 백성들의 저항조차 진압할 수 없어 일본군의 지원을 받아야 할 정도로 개화 정권은 취약했다.

갑오개혁 정권이 일본에 의지하면 할수록 온건 개화파로 분류되는 동도서기東道西器 세력, 개명한 민씨 반대파 관료 세력, 재야 지식인, 주자 성리학자들은 적대 세력으로 돌아섰다. 그 결과 갑오개혁 정권의 지지 기반은 점점 좁아졌다.

일본은 청일전쟁 개전 명분으로 조선의 내정 개혁을 내세웠다. 당시 주한 일본 공사관의 오토리 게이스케大鳥圭介 공사와 스기무라 후카시 서기관은 외교 분야의 베테랑이었지만 다른 분야는 경험이 없었다. 오카모토 류노스케도 군사 분야 외에는 비슷한 입장이었다. 이들을 통해 조선의 내정 개혁을 지도·감독하기에는 무리라고 판단한 일본 정부는 각 분야 전문가를 고문관으로 파견해 간섭을 강화하기로 했다.

조선 정부에 일본인 고문관 채용

일본 메이지 정부가 1872년부터 1898년까지 고용한 외국인이 약 6,200명, 같은 기간 민간에서 고용한 외국인은 약 1만 2,500명이었다. 조선은 1882년부터 1904년 2월까지 약 330명의 외국인이 중앙정부와 산하 기관에서 근대화 업무를 담당했다. 이 중 31명은 행정 부서의 고문관으로 근무했고, 133명은 중앙 행정 부서와 산하 기관에서 실무를 담당하는 고문 보좌직, 해관직, 기타 행정직에 근무했다. 89명은 서구의 선진 공업 및 농업기술을 도입하는 기술직에 종사했고, 39명은 군사교관, 나머지 35명은 근대식 학교에서 외국어 교육과 근대 학문을 가르친 교육직에 근무했다(김현숙, 「한국 근대 서양인 고문관 연구 (1882~1904)」, 이화여자대학교 박사학위 논문, 1999, 1~2쪽).

군국기무처 출범 직후인 1894년 7월 28일, 무쓰 외상은 오토리 공사에게 조선 정부에 일본인 고문관을 채용하도록 조치하라고 훈령했다. 제1군 사령관 야마가타 아리토모도 9월 27일 평양에서 이토 총리에게 "조선을 다스리는 임무에 적합한 일본인을 조선의 중앙정부 및 8도에 파견해 고문으로 삼는 일은 긴급을 요하는 사안"이라는 서한을 보냈다.

조선 정부와의 조약을 통해 일본인 고문관을 초빙할 경우 열강의 간섭이 제기될 수도 있는 사안이었다. 일본 정부는 연구 끝에 조선 외부대신 김윤식 명의로 "일본인 고문관 초빙"을 요청하는 공문을 보내게 해서 문제를 해결하기로 했다. 일본은 조선 정부에 고문관 초청 공문을

조선 정부에 채용된 일본인 고문관

분야	이름	임용일	비고
경무청 고문	다케히사 가쓰조 (武久克造)	1895. 12. 15.	경무청 경시, 일본 공사관부 경시
내각 법제고문	이시즈카 에이조 (石塚英藏)	1894. 12. 16.	일본 법제국 참사관
내부	사이토 슈이치로 (齋藤修一郎)	1894. 12. 17.	일본 전 농상무차관
법부	호시 도루 (星亨)	1895. 4. 15.	전 중의원 의장
군부	구스노세 유키히코 (楠瀨幸彦)	1895. 2. 23.	일본 공사관부 무관, 육군 중좌
궁내부·군부 고문	오카모토 류노스케 (岡本柳之助)	1894. 12. 19.	전 포병 소좌
탁지부 재정고문	니오 고레시게 (仁尾惟茂)	1895. 1. 17.	대장성 주세관(主稅官)

보내달라고 요청했다. 사안의 심각성을 눈치 챈 조선 정부가 차일피일 미루자 일본은 1894년 9월 28일 평양 전투에서 승리한 후 초청을 독촉하는 공문을 조선에 보냈다.

이노우에 공사는 부임 직후인 1894년 10월 27일 김윤식과 회견해, 조선의 내정 개혁을 성공시키려면 일본인 고문관 채용이 시급하다고 강조했다. 김윤식은 "우리나라는 이미 10년 전부터 외국인 고문관을 초빙했는데, 외국인 고문관이 어떤 이익도 준 일이 없다"라면서 완곡하게 거절했다.

이노우에는 11월 21일 내정개혁강령 20개조를 설명하는 자리에서 제18조에 "각 아문의 사무에 숙련된 고문관을 초빙해 쓴다"라는 부분을 강조하면서 고종에게 일본인 고문관을 채용하라고 압력을 가했다. 일본의 강압에 시달리던 고종은 일본 공사관부 경시警視(현재의 총경) 다케히사 가쓰조武久克造를 경무청 고문으로 채용했다. 이를 시발로 일본인 40여 명이 조선 정부 각 분야 고문관, 고문, 고문 보좌관, 서기관에 임명됐다(박종근, 『청일전쟁과 조선』, 1989, 169쪽).

조선 정부에 초빙된 일본인 고문관은 단순히 자문 역할만 하는 존재가 아니었다. 1895년 4월 23일 조선 정부가 발표한 '각 대신 규약 조건'에 일본인 고문관의 권한이 다음과 같이 규정돼 있었다(박종근, 『청일전쟁과 조선』, 1989, 169쪽).

> 첫째, 내각의 각 부部·청廳으로부터 각령閣令·부령部令·청령廳令·훈령訓令 등을 발표하거나 지령을 내릴 때는 그 안案을 협판(내각에서는 총서, 그 외의 관청에서는 그 청 장관)에게 제출하기 전에 반드시 해당 고문관의 사열을 받아야 한다.

둘째, 내각 각 부·청에서 주고받는 공문·서류는 모두 해당 고문관의 사열을 받아야 한다.

셋째, 각의에 참석해 발언할 수 있다.

이 규정에 의거해 조선 정부의 모든 정책은 일본인 고문관의 사전 검열을 받은 후 시행됐다. 국가 기밀 사안도 예외가 될 수 없었다. 일본 정부는 조선 정부 곳곳에 배치한 일본인 고문관을 통해 조선 행정 기관의 속사정과 국가 기밀까지 손금 들여다보듯 파악했다. 이를 통해 일본에 불리한 정책이나 반일적 동향을 파악해 예방할 수 있었다.

일본인 고문관 제도가 큰 성과를 거두자 일본에서는 이 기회에 조선 각 부처의 대신과 지방관은 물론 각 아문의 국장·과장에 이르기까지 모두 일본인으로 임명하자는 요구가 빗발쳤다.

이 무렵 조선 각 부처의 고문관 중 의미 깊게 봐야 할 인물은 군부 고문 구스노세 유키히코楠瀨幸彦와 궁내부 고문 오카모토 류노스케岡本柳之助, 법부 고문 호시 도루星亨다. 세 명은 1895년 10월 8일 새벽 발생한 왕비 민씨 시해 사건에 주역으로 참여해 일본군과 낭인 칼잡이 지휘를 담당했다.

일본 낭인·건달·무뢰배를 전문가로 채용

호시 도루는 조선에 근대식 재판 제도를 도입하는 데 깊이 개입했다. 이 과정에서 자기 휘하에서 활동가로 일하던 자유당계 낭인들을 법부 고문 보좌원과 고용인으로 채용했다. 그 중 한 명이 조선에서 다카하시 겐지高橋源次라는 가명으로 활동한 데라자키 다이키치寺崎泰吉다.

미국 유학을 꿈꾸었던 다카하시는 정치판에 뛰어들어 호시 도루의

조선 정부의 고문으로 활동하던 중 민 왕후 시해 사건의 지휘를 담당한 3인방. 왼쪽부터 구스노세 유키히코(군부 고문), 호시 도루(법부 고문), 오카모토 류노스케(궁내부 고문).

행동대로 일하게 됐다. 그는 1889년 자유당 산하 낭인 단체인 무세이칸無聲館에서 40명의 대원을 지휘하는 간부로 활동했다. 1892년 무세이칸 대원들이 메이지 정부가 서양과 외교 업무를 위해 도쿄에 건축한 사교장인 로쿠메이칸鹿鳴館 폭파 계획을 추진하던 중 발각돼 투옥됐다.

조직의 보스인 호시 도루의 변호로 석방된 다카하시는 상하이上海를 거쳐 블라디보스토크를 여행하던 중 청일전쟁이 발발하자 조선에 잠입했다. 그는 오시마 요시마사大島義昌가 지휘한 제9혼성여단 선발대인 이치노헤一戸 대대가 제물포에 상륙하자 「니가타신문」 종군기자를 사칭하며 이 부대를 따라다녔다. 일본군을 따라 중국에서 종군하던 중 조선 정부의 법부 고문으로 초빙된 보스의 부름을 받고 조선으로 돌아왔다.

다카하시는 정치판의 음습한 뒷골목에서 폭력을 사용하는 행동대원으로서, 법률과 법리는커녕 사법 사무가 무엇인지조차 모르는 문외한이었다. 하지만 조직 보스의 음덕으로 조선 법부 고문부 서기생으로 취업에 성공했다. 호시는 민 왕후 시해 사건 때 자유당계 낭인인 다카하시 겐지를 비롯해 다나카 겐도田中賢道, 나카무라 다테오中村楯雄, 후지 가쓰아키藤勝顯(도 가쓰아키라고도 부름)를 지휘 조종했다. 다카하시는 시해 당일 민 왕후의 침실인 곤녕합에 난입한 자여서 더욱 주목을 요한다.

1895년 6월 주한 미국 공사관이 입수한 '조선 정부 예산표'에 의하면 이노우에 공사는 궁내부에 1명, 내무아문에 9명, 탁지아문에 3명, 관세국에 12명, 법무아문에 2명, 학무아문에 5명, 농상공아문에 8명, 재판소에 1명 등 42명의 일본인 고문관을 조선 정부에 배치하려 했다(국사편찬위원회, 『한국사 40』, 2003, 217쪽).

조선 대신급 고액 연봉 받은 일본 고문관

조선 정부에 초빙된 일본인 고문관의 평균 연봉은 3,600엔(월 300엔) 정도였다. 1895년 2월 기준으로 조선 고관들의 월급을 엔화로 환산하면 총리대신 400엔, 대신 300엔, 협판(차관) 200엔이었다(박종근, 『청일전쟁과 조선』, 1989, 170쪽 참조). 일본 고문관은 조선의 대신에 해당하는 월급을 받은 셈이다. 심지어 고문부 서기생 다카하시도 월급 100엔을 받았는데, 그는 "생활에 아무런 부족함이 없을 정도로 높은 급료"라고 좋아했다.

이처럼 과도한 일본 고문관의 고액 급여는 조선 정부의 재정을 더욱 압박하는 요인이 됐다. 1896년 예산안에서 일본인 고문관 봉급이 6만 4,620엔이었다. 이것은 법부 소관 예산 4만 7,240엔보다 더 많았다. 서양 고문관까지 포함하면 고문관 급여는 총 10만 9,250엔에 달하는 거액이었다. 조선 정부는 열악한 재정 사정으로 인해 외국인 고문 봉급을 5~6개월씩 연체하는 일이 비일비재했다.

조선 정부의 내정에 간섭하고, 기밀 서류 빼돌리며 꼬박꼬박 고액 월급을 챙겨 가는 고문관들이 점점 늘어 급기야 '고문정치 시대'라는 용어까지 생겨났다. 친일 성향의 개화 정권 내부에서도 이에 대한 불만이 폭발했다. 연립 내각의 대표적인 친일 개화파인 박영효는 "조선 정부는 일본의 간섭을 받고, 그 고문관은 각 부에 가득 차 있으며, 일본인들은 무슨 일에나 파고든다. 조선은 어떻게 자립할 것인가" 하고 한탄했다.

당시에 조선 정부에는 법률고문 그레이트하우스(Clarence Ridgley Greathouse), 외교·재무고문 르장드르(Charles Le Gendre), 군부고문 다이

구한말 주요 서양인 고문관

이름	국적	직위	고빙기간	연봉
묄렌도르프 (P. von Möllendorf, 穆麟德)	독일	통리아문 협판	1882.12~1885.9	3,600원
데니 (O. N. Denny, 德尼)	미국	협판내무부사 겸 외아문 장교사 당상	1886.4~1890.2	12,000원
르장드르 (C. W. LeGendre, 李善得)	미국	협판내무부사, 궁내부 고문, 의정부 찬무	1890.2~1899.9	9,300원 6,000원
그레이트하우스 (G. R. Greathouse, 具禮)	미국	협판내무부사, 우체국 방판, 외무 고문 겸 법부 고문	1890.8~1899.10	9,300원 3,600원
브라운 (McLeavy Brown, 栢卓安)	영국	해관총세무사 겸 탁지부 고문	1893.10~1905.11	10,800원
알렉세예프 (K. Alexeiev, 樂攝)	러시아	탁지부 고문	1897.12~1898.4	3,000원
샌즈 (W. F. Sands, 山島)	미국	궁내부 고문 겸 임시 외무고문	1899.11~1904.1	3,600원
크레마지 (R. Crémazy, 金雅始)	프랑스	법부 고문	1900.5~1905.8	6,000원
드레와주 (C. Deleoigue, 戴日匡)	벨기에	박문원 찬의 겸 내부 고문	1903.11~1905.1	6,000원

출처 : 김현숙, 「한국 근대 서양인 고문관 연구(1882–1904)」, 이화여자대학교 박사학위 논문, 1999, 8쪽.

(William McEntyre Dye)와 닌스테드(F. H. Nienstead) 등 4명의 미국 고문관이 근무하고 있었다. 또 학부(교육부)에 영국인 허치슨(W. D. Hutchison)과 핼리팩스(T. E. Hallifax)가 채용돼 있었다. 조선 정부에 채용된 서양인과 일본인은 고문관이라는 명칭은 같았으나 아래 표에서 보듯 채용, 계약 해지, 역할 및 성격은 크게 달랐다.

날이 갈수록 조선 정부에 임명되는 일본인 고문관 수가 늘자 각국 공사들은 인내심의 한계를 드러냈다. 공사들은 연합으로 이노우에 공사에게 "고문관은 각국에서 균일하게 채용해야 한다"라면서 압력을 가했다. 이노우에는 "누구를 고문관으로 초빙하는가는 조선 정부의 희망에 달린 문제일 뿐 본 공사가 관여할 문제가 아니다"라며 공격을 피해 갔다.

일본인 고문관들은 조선 정부로부터 급여를 받아가며 내부에서 보호국화를 추진하는 핵심 전위였다. 뿐만 아니라 조선 정부로부터 풍족한 급여를 받으면서 조선 왕후 시해에 앞장섰다. 을미사변 후 조선 관리들은 일본인 고문관을 뱀이나 전갈처럼 여겼고, 고종은 "고문관" 소리만 나와도 치를 떨었다.

일본은 고종이 치를 떨든 말든 기회가 날 때마다 조선 정부를 압박해

서양 고문관과 일본인 고문관의 역할 및 성격 비교

	서양 고문관	일본 고문관
채용·고용	조선 정부가 주체적으로 고용	일본의 강요로 채용
해지	자유 계약, 자유 해지	계약 해지 시 일본 정부 동의 필요
자국과의 관계	자국에 구속되지 않음	일본 정부와 밀약으로 구속받음
성격 및 역할	조언자(adviser)	감독관

고문관 숫자를 늘렸다. 조선 정부에 고용된 서양인을 해고하고 일본인이 그 자리를 차지하면 열강의 압력이 제기될 우려가 있었다. 일본 공사관은 열강과의 관계 악화를 피하기 위해 서양 고문의 계약 만료일을 기다렸다가 일본인으로 교체하는 등 신중하게 대처했다.

대원군파 제거 작업

고종과 왕비 민씨, 이노우에 공사의 지원을 받은 박영효와 서광범은 정계에 남아 있는 대원군파 제거 작업에 돌입했다. 이를 위해 대원군과 이준용의 수하들이 간여한 정치적 암살 사건에 대한 수사에 착수했다.

1895년 2월 말 대원군의 부하 조용승이 박영효와 서광범을 암살할 것이란 소문이 시중에 나돌았다. 박영효의 심복으로 4월 19일 경무청 경무관에 임명된 이규완은 대원군의 손자 이준용과 기무처 의원 박준양·이태용을 포함한 22명의 혐의자를 체포했다. 애지중지하던 손자 이준용이 체포되자 대원군은 재판소로 달려가 구내로 난입하려다 경비에게 제지당했다. 대원군은 "죄는 나에게 있으니 내가 손자를 대신하겠다"라며 거칠게 항의했다.

법부대신 서광범이 주재하는 특별법원에서 재판을 받은 혐의자 중 박준양·이태용·고종주·전동석·최형식 등 주도급 인사 5명은 모반죄, 김학우 살해죄, 모살죄 등 세 가지 죄목으로 5월 13일 처형됐다. 이준용 체포와 5명의 사형 선고에 결정적 역할을 한 사람이 일본인 고문 호시 도루였다.

이준용은 재판에서 사형을 선고받았으나 국왕과 이노우에 공사의 개입으로 특별사면을 받아 강화도 옆의 교동에 15년 유배형에 처해졌다. 대원군은 이준용의 유배지인 교동으로 가기 위해 한강나루로 나갔다가 붙들려 공덕리 아소당我笑堂 별장에 연금됐다. 이때부터 대원군은 아소당에 유폐되었으며, 같은 해 8월 특사로 풀려난 이준용도 그곳에서 함께 살았다.

1895년 5월을 기해 대원군파는 조선 정계에서 깨끗하게 제거됐다. 그로부터 얼마 지나지 않아 호시 도루의 부하 낭인들이 아소당을 드나들기 시작했다. 10월 8일, 대원군은 또다시 일본인들에게 끌려 나와 민왕후 시해 사건에 동원된다.

이노우에 공사가 조선의 내정 개혁을 위장해 추진한 보호국화 기도는 다음 세 가지였다.

> 첫째, 오토리 공사가 조선 정부와 체결한 '조일잠정합동조관'을 정식 조약으로 체결하는 일.
> 둘째, 청일전쟁 종료 때까지 유효한 조-일 동맹을 대체할 장기적 군사 조약 체결.
> 셋째, 청일전쟁 후에도 일본군이 조선에 주둔할 수 있는 권한 확보.

일본 외무성은 이노우에 공사에게 1894년 8월 20일 체결한 '조일잠정합동조관'을 '일한조약'으로 대체하라고 훈령했다. 조약 초안에는 경부·경인 철도 부설권, 군용 전신선 영구 관리권, 목포 개항이 포함돼 있었다. 조선 정부의 완강한 반대로 조약이 불발되자 이노우에는 조-일 동맹을 대체할 '대일본·대조선국 동맹 비밀조약' 체결을 시도했다.

이 조약은 조선군을 일본군에 완전 예속시키며, 일본 해군이 조선 항구 한 곳을 조차하는 내용이 포함된 비밀 군사 동맹 안이었다. 이 계획도 조선 정부의 반발로 협상조차 못 하고 폐기됐다(국사편찬위원회, 『한국사 40』, 2003, 221쪽). 자신의 구상이 번번이 좌절되자 이노우에가 돈을 무기로 친일 정권을 구워삶는 작전을 추진한 것이 '500만 엔 차관 공여'였다.

이 무렵 조선 정부는 국토의 상당 부분이 청일전쟁의 전투장 혹은 병참 기지로 변해 노동력과 양식을 수탈당하면서 재정 붕괴 상태에 처했다. 게다가 조선의 곡창 지대인 전라·충청·경상도 등 삼남 지방은 동학 농민군 활동으로 수확을 기대하기 힘들었다. 조선 정부의 통치력이 미치는 지역은 서울을 비롯한 경기 일대였고, 조세 징수가 가능한 지역은 경기·강원 2개 도道에 불과했다.

일본 차관 300만 엔 도입 내막

정부 예산이 바닥나면서 1895년 초에는 문·무관 봉급을 몇 개월째 연체해 원성이 자자했다. 관리들 봉급 줄 돈도 없어 외국 은행에서 빚을 내야 하는 형편에 처한 상황에서 어떻게 막대한 예산이 투입되는 내정 개혁이 가능하겠는가. 이노우에 공사는 1895년 1월 26일, 관리와 군대 및 외국 고문관에게 연체한 봉급을 지급할 수 있도록 일본 다이이치은행 인천지점을 통해 해관세를 담보로 13만 엔의 차관을 주선해 주었다.

그는 일본 정부에 "우리가 차관을 제공하지 않으면 조선 정부는 해를 넘기기 어렵다"라며 500만 엔 규모의 차관을 요청했다. 이노우에는 조선이 청일전쟁 중 일본의 동맹국으로서 심각한 피해를 당했기 때문에 그 정도 자금을 기증금으로 제공할 만하며, 일본이 조선에 거액을 기증함으로써 양국의 유대를 공고히 할 수 있다고 주장했다. 이노우에가 500만 엔의 대규모 차관을 조선에 제공하려 한 이유는 차관을 족쇄로 조선의 재정권과 행정권을 장악하기 위해서였다.

보고를 받은 이토 총리는 일본이 조선에 거액의 차관을 제공하면 영국과 러시아의 간섭이 우려되므로 '사법상의 계약'을 통한 자금 외에는 차관 제공이 불가능하다고 답했다. 반면에 무쓰 외상은 이노우에 공사의 제안에 긍정적이었다. 자금 마련을 위해 시중 은행과 접촉했으나 원금 상환 리스크가 크다면서 연리 10퍼센트의 고율 이자를 요구하는 바람에 불발됐다.

1895년 2월 22일, 무쓰 외상은 일본 정부 예산 500만 엔을 일본은행에 내려보내고 일본은행 명의로 이 돈을 조선 정부에 대여하는 방식으로 의회의 승인을 받았다. 이 과정에서 이노우에 공사가 계획했던 차관 액수는 500만 엔에서 300만 엔으로 축소됐다.

차관 도입 조약은 3월 31일부로 체결되었는데 도입 조건은 300만 엔 중 절반은 은화, 나머지는 일본 지폐로 대여하기로 했다. 이율은 연리 6퍼센트, 3년 거치 후 5년 내 상환하는 조건이었다. 조선의 해관세를 담보로 설정했으며 철도, 전신, 우편 등 각종 이권을 일본이 배타적으로 독점했다. 또 워싱턴의 조선 공사관을 폐쇄하고 관련 업무를 일본 공사관으로 이전한다는 조항도 포함돼 있었다.

차관 조건이 공개되자 내부대신 박영효와 탁지대신 어윤중 등이 "이처럼 악조건의 차관은 받지 않겠다"라고 울분을 토했다. 조선 대신들의 저항에도 불구하고 4월 10일까지 도입된 일본 차관 300만 엔 가운데 200만 엔은 정부 부채와 미지급 봉급 등으로 눈 녹듯 사라졌다.

300만 엔 차관은 이노우에 공사가 구상했던 것보다 시기가 늦어졌고, 일본 지폐로 지급한 데다가 해관세를 담보로 설정하는 바람에 조선 중앙 및 지방정부의 재정권과 행정권을 장악하지도 못했다. 게다가 '조선의 이집트화'를 위한 내정 개혁 추진 자금으로 기능하기에는 조건이 너무 가혹해 조선 정부의 인심을 크게 잃는 결과만 가져왔다.

김홍집·박영효 연립 정권 갈등

여러 가지 문제에도 불구하고 갑오개혁은 조선의 왕조 체제를 개혁해 근대 국가 제도를 수립하는 데 크게 기여했다는 평가를 받는다. 전통 파괴적인 개혁을 통해 조선은 근대 사회로 전환되기 시작한 것이다(왕현종 외, 『청일전쟁기 한중일 삼국의 상호전략』, 2009, 57~68쪽). 하지만 이상과 현실이 늘 일치하지는 않는 법이다. 농민 봉기가 발생하고 일본군이 출병해 청일전쟁이 발발하고, 일본군이 조선 왕궁을 점령해 친일 내각이 들어서기 전까지 조선은 스스로의 의지로 개혁을 단행하지 못했다. 외세가 친일 개화파에 유리한 권력 구조를 만든 후에야 개혁이 본격 시작되었으니 타율성을 띨 수밖에 없는 운명이었다.

김홍집·박영효 연립 정권은 1894년부터 군국기무처가 추진해 온 개혁을 발전시켜 나갔다. 하지만 국민적 호응은커녕 저항과 반발에 직면했다. 조선의 국토는 전쟁터로, 일본군 보급 수송로로 변해 인적·물적 징발을 강제당했고 전신선과 항만 등을 일본이 점령 사용했기 때문이다. 급기야 1894년 가을에는 일본에 저항하는 제2차 동학 농민군을 중심으로 한 의병이 봉기해 반일 게릴라 활동이 본격화됐다.

'홍범 14조'는 근대 국가로 나아가기 위해 필요한 국정 시책들이 총망라된 기념비적인 문건이다. 하지만 아무리 '홍범 14조'를 외쳐도 날로 악화하는 재정 위기를 타개할 묘책이 나오지는 않았다. 이런 가운데 김홍집·박영효 연립 내각 구성원 간에 갈등이 불거졌다. 목숨 걸고 갑신정변 쿠데타를 일으켜 조선을 개혁하려 했던 급진 개혁 노선의 박영효와 서광범은 김홍집·어윤중·김윤식 등 온건 개화파의 행보를 현실에 안주하려는 기회주의로 해석했다.

박영효는 1882년 임오군란 사죄를 위한 수신사로 일본에 파견된 이래 수시로 방일訪日해 일본 정부 요인을 비롯해 후쿠자와 유키치, 고토 쇼지로後藤象二郎 등 명사들과 인연을 맺었다. 그가 망명 10년 만에 귀국해 내부대신에 오른 것은 이노우에 공사의 도움이 결정적이었다. 게다가 내부 고문 사이토 슈이치로齋藤修一郎, 법부 고문 호시 도루 등이 박영효의 지원 세력이었다.

국내에 정치적 기반이 없어서 일본의 후원에 의존했던 박영효는 1895년 초부터 자신의 인맥을 요직에 등용해 정치적 영향력을 확대하기 시작했다. 우선 망명 동지이자 심복인 이규완을 경무청 서열 2위인 경무관에, 신응희를 훈련대 제1대대장에, 유혁로를 군부 포공국砲工局 부장에, 정난교를 군부대신 관방官房부관에 임명해 군대와 경찰 요직을 장악케 했다. 후에 독립협회 중심인물로 활약하는 윤치호는 총리대신 관방비서관, 남궁억을 내부 토목국장에 임명해 실무 요직을 맡겼다(박종근, 『청일전쟁과 조선』, 1989, 157쪽). 이어 지방 행정 기구의 요직에 자기와 가까운 인물을 포진시켜 지방정부를 재조직했다.

연립 내각의 핵심인 박영효·김홍집·박정양은 같은 배를 탔지만 정치 성향은 크게 달라 갈등 요인을 안고 있었다. 김홍집을 비롯한 갑오개혁파는 친일 성향이었고, 왕실과 군주의 권한을 제한하려는 입헌군주제 입장이었다. 박정양을 중심으로 한 정동파는 친서구파였지만 국왕 고종을 받드는 근왕 세력이었다.

박영효도 일본의 후원을 받는 친일 성향이었으나 이노우에 공사가 야심차게 추진하는 조선 보호국화 정책에는 협조하지 않았다. 개혁 정책 실행 과정에서 박영효와 서광범은 일본의 과도한 간섭에 저항했고,

김홍집이 일본의 요구를 적극 수용하는 모습에 반발했다. 또 각 부서의 일본인 고문관이 조선의 내·외정에 간섭해 조선의 자립을 침해하는 것에 저항했다.

일본과 대립한 박영효

왕권 강화에 모든 관심이 쏠려 있던 고종과 민 왕후는 박영효와 박정양을 신임하고 김홍집을 멀리했다. 김홍집이 이노우에 공사를 이용해 박영효와 그 추종 세력을 견제하면서 갈등이 표면화했다. 박영효는 1895년 2월 하순부터 내정 간섭을 일삼는 일본과 뚜렷한 대립각을 세우고 독자적인 목소리를 내기 시작했다.

이노우에가 조선의 철도와 전신선 사업을 독점하기 위해 비밀 교섭을 요구하자 박영효는 이를 거부했다. 3월에는 300만 엔 차관 도입 조건이 너무 가혹하다면서 강력 저항했다. 5월에는 이노우에가 남대문에서 동대문까지 일본 조계를 확장하려 하자 박영효가 제동을 걸었다.

박영효가 자신을 후원해 준 일본과 대립한 이유는 300만 엔 차관 도입 과정에서 일본의 제국주의적 속성을 적나라하게 체험했기 때문이다. 이런 모습을 지켜본 실 주한 미국 공사는 "박영효는 일본의 지원으로 실권자가 됐지만, 속마음은 조선인이다. 그와 일본의 관계는 실질적으로 깨졌다"라며 박영효를 '충심의 애국자(patriot at heart)'라고 평했다.

러시아가 주동이 된 삼국간섭으로 일본이 외교적 고립 상태가 되자 박영효는 5월 17일 고종과 민 왕후를 설득해 친일파의 상징 인물로 알려진 김홍집파의 군부대신 조희연을 해임했다. 후임자로 자신의 심복인 이주회를 임명해 「개화 건백서」에서 구상한 대로 근대적 상비군 창설을 추진했다.

이주회는 갑신정변 후 일본으로 망명해 도쿄에서 3년여 생활하는 동안 조동종曹洞宗 승려이며 국가주의자인 다케다 한시武田範之를 비롯한 일본 낭인들과 친분을 쌓았고, 고쿠류카이黑龍會에 가입했다. 얼마 후 사면되자 전남 순천 앞바다의 금오도에 정착해 개간 사업을 벌였다. 1894년 동학 농민군이 봉기하자 동학군 토벌을 위해 일본 군함 쓰쿠바筑波호가 순천에 입항했는데, 이때 이주회는 일본군 안내 역할을 맡았다.

1895년 6월, 박영효는 훈련대를 2개 대대에서 6개 대대로 확장하고 병력 3,000명을 서울, 평양, 청주 등 요지에 배치했다. 이어 4,800명의 신설 부대와 3개월 교육 과정의 훈련대 사관양성소 창설을 서둘렀다. 일본 정부 입장에서 볼 때 자신들과 가까웠던 박영효가 상의도 없이 일본과 가까운 조희연을 파면한 것은 충격이었다.

하지만 삼국간섭으로 야기된 일본의 외교적 고립은 곧바로 회복됐다. 청국에 전비 배상 차관을 제공하는 과정에서 소외된 독일이 삼국간섭 대열에서 이탈해 일본 지지로 돌아섰기 때문이다. 일본은 위기에서 벗어났고, 한반도에서 일본의 국제적 지위도 단숨에 회복됐다. 고종과 민왕후, 조선 개혁파가 이런 사실을 알 수 있을 정도로 국제 정세에 정통하지 못한 것이 비극이었다.

박영효는 친일파 군부대신 조희연 해임에 이어, 총리대신 김홍집 제거에 나섰다. 그는 김홍집을 "개혁 정부를 이끌어 가기에는 부적절한 무골소인無骨小人"이라고 공격했다. 이노우에는 자신이 공들여 출범시킨 연립 내각의 붕괴를 막기 위해 백방으로 노력했으나 조희연 해임에 불만을 품은 김홍집이 사임하면서 연립 정권은 붕괴했다.

갑오개혁 추진 세력의 개화사상

김홍집 내각 붕괴의 이면에는 주한 미국 공사관 서기관 알렌의 역할이 컸다. 알렌은 일본의 영향력을 차단하려 했다. 이것은 본국 정부의 뜻과는 상관없이 현지 외교관의 판단에 의한 개인적 행위였다.

내각 총리대신은 박정양이었으나 명목상의 수반일 뿐, 전권은 박영효가 장악했다. 5월 17일부터 6월 2일 사이, 박영효를 중심으로 한 새 내각이 구성됐다. 이때 알렌의 영향력 덕분에 18명의 내각 구성원 중 10명이 미국을 방문한 경험이 있는 서구 지향적 인사들로 채워졌다. 또 갑신정변과 관련된 박영효 측근 인물인 서재필·신기선·신응희·이규완 등 5명, 갑신정변에 간접 연루돼 박해를 받은 김윤식·어윤중·윤치호 등 3명, 박영효가 내부대신에 오른 후 발탁한 이주회·우범선 등 2명이 포함되었다.

박영효는 군부를 포함한 내각 및 경찰 기구 요직에 적어도 10명의 지지자를 포진시켰다. 총리대신 박정양 지지자는 이완용·이채연·이하영 등 3명에 불과했다. 새 내각 인사의 평균 나이는 42세로 전보다 한층 젊어졌다. 9명이 30대였고, 4명이 서출(혹은 서손), 과거에 급제하지 않은 사람이 다수를 차지했다.

갑오경장을 주도한 유길준은 군국기무처 의원, 내각총서, 내무협판, 내부대신 등 요직을 거쳤다. 양반 문벌 중심의 신분 제도가 결정적인 취약점이라고 본 유길준은 양반 특권 폐지와 반상班常을 초월한 인재 등용을 위한 제도 개혁을 정열적으로 추진했다. 그는 왕실이나 양반 관료들이 세금 명목으로 백성의 사유재산을 착취해 국민경제를 해쳤다면서, 어떤 세금도 국왕의 동의 없이는 징수될 수 없으며 세금을 거두는 방법과 부과율은 법으로 정해야 한다고 역설했다.

1895년 6월 현재 '박영효 내각' 각료

성명 (직위)	연령	본관 (신분)	등과	외유 경력	경장 이전 최종 직위	1885~94 주요 경력
박정양 (총리대신)	55	반남 (양반)	문과 (1866)	(대일)조사시찰단 조사(1881), 주미 공사(1887~88)	내부대신 (1894)	호조판서
박영효 (내부대신)	35	반남 (양반)		(대일)수신사(1882~83), 일본·미국 망명(1885~94)	광주 유수 (1883)	일본·미국 망명 (1885~94)
김윤식 (외부대신)	60	청풍 (양반)	문과 (1874)	(대청)영선사(1881~82)	독판교섭통상사무 (1885~87)	면천군 유배 (1887~94)
어윤중 (탁지부대신)	47	함종 (양반)	문과 (1871)	(대일)조사시찰단 조사(1881), 청국 방문(1882)	선혜청 당상(1885)	연일현 유배 (1893~94)
신기선 (군부대신)	44	평산 (양반)	문과 (1876)		통리기무아문(1882)	여도 유배 (1886~94)
이완용 (학부대신)	37	우봉 (양반)	문과 (1882)	주미 공사관 참서관·대리공사 (1887~90)	교환서 총판(1893)	공조판서 (1893)
서광범 (법부대신)	37	달성 (양반)	문과 (1880)	(대미)보빙사 종사관(1883~84)	승정원 가주서(1882)	미국 망명 (1885~94)
김가진 (농상공부대신)	49	안동 (서자)	문과 (1886)	주일공사관 참찬관·변리대신 (1887~1891)	부호군 (1893)	부호군 (1893)
유길준 (내부협판)	39	기계 (양반)		일본 유학(1881~82), 미국 유학(1883~85)	통리교섭통상사무아문 주사(1883)	한성부 내 유배 (1886~92)
서재필 (외부협판)	32	달성 (양반)	문과 (1879)	일본 유학(1883~84), 미국 유학(1886~92)	조련국 사관장(1884)	미국 망명·유학 및 병원 개업
안경수 (탁지부협판)	42	죽산 (서자)	?	주일 공사관 통역관(1887), 일본 왕방(往訪)	전환국 방판, 장위영 영관(1893)	전환국 방판
윤치호 (학부협판)	31	해평 (서손)		일본 유학(1881~83), 중국 유학(1885~88), 미국 유학(1888~93)	통리교섭통상사무아문 주사(1884)	(上海) 중서학 원 전임강사 (1893~95)
이재정 (법부협판)	49	우계	진사 (1882)		전우국(電郵局) 주사(1893)	전우국 주사
이채연 (농상공부협판)	35			주미 공사관 대리공사 (1890~91)	전우국 방판(1893)	참의교섭통상 사무(1894)
이주회 (군부협판)	52	광주			경상좌수영 정령관 (1894)	경상좌수영 정령관

성명 (직위)	연령	본관 (신분)	등과	외유 경력	경장 이전 최종 직위	1885~94 주요 경력
권재형 (내무총서)	40	안동 (서자)		주일 공사관 서리공사 (1891~93)	통리교섭통상사무아문 주사(1885~91)	전우국 주사 (1891)
이윤용 (경무사)	42	우봉 (서자)			한성부 판윤(1888)	대호군(1894)
우범선 (훈련대 제2대대장)		단양		상하이 여행(1894)	별기군 참령관(1881)	찰방(1894)
신응희 (훈련대 제1대대장)	39	평산		일본 유학(1883~84)	후위영(1881)	일본·미국 망명 (1885~94)
이규완 (경무관)	33	전주 (양반)		일본 유학(1883~84), 미국 유학(1885)	무관 시종장 (대위, 1884)	일본·미국 망명 (1885~94)

출처 : 유영익, 『동학 농민 봉기와 갑오경장』, 일조각, 1998, 85쪽.

온건 개화파의 핵심 인물인 김윤식은 조선 최초의 근대식 인쇄소인 박문국博文局을 창설하고 장박·진상목·이홍래 등 13명의 중인 출신을 기용해 국한문 혼용 주간 신문인 「한성주보漢城週報」를 발간했다. 「한성주보」는 조선의 노비제가 문명 세계에서 유례를 찾아볼 수 없는 시대착오적인 제도이므로 폐지해야 한다고 주장했다. 또 국가 부강을 위해 조선의 양반들이 적극적으로 상업에 종사할 것을 주장했다.

김윤식의 개혁 사상도 유길준과 비슷했다. 그는 서얼들이 능력과 자질이 뛰어나도 관직에 진출하지 못하는 제도적 모순을 통렬하게 비판했다. 따라서 개가녀의 자손과 서얼의 관리 임용에 차등을 없애고, 서얼들이 가정 내에서 적자나 다름없이 후사를 잇게 해야 한다고 주장했다. 정동파를 이끈 박정양은 미국의 사회 제도를 호의적으로 소개했다. 그는 신분 차별이 없고 남녀가 평등한 미국 사회 제도를 긍정적으로 평가했다.

한계가 명확했던 갑오개혁

이 무렵 영국 왕실지리협회 최초의 여성 회원으로서 조선을 여행하며 조선을 깊이 관찰한 영국인 비숍(Isabella Bird Bishop) 여사는 그의 저서 『한국과 그 이웃 나라들』에서 갑오경장을 통해 조선이 변화한 모습으로 반상 차별 철폐, 사노비 해방, 서얼도 일반 양반들처럼 주요 관직에 오를 수 있는 통청 등 세 가지를 꼽았다. 실제로 평민 출신 무관 이주회가 차관급인 협판에 등용되었고, 갑오경장 후에는 이용익·이하영 같은 무명의 평민들이 관직에 진출해 1905년경에는 대신급 반열에 올랐다.

하지만 1년 6개월간 500여 건의 개혁 법안 발표에도 양반 제도 자체를 혁파하겠다는 의지를 명시적으로 드러낸 개혁안은 없었다. 갑오경장을 추진한 개화파 관료들이 양반 혹은 아류 양반 신분이었기 때문이다. 그들은 양반 제도 혁파라는 근본적 제도 개혁이 아니라 능력 본위로 인재를 선발해 정부 관리 충원 방식을 개혁한다는 입장이었다. 이것이 갑오개혁의 한계였다.

갑오개혁 정부가 추진한 노비·천민 문제도 전면적이고 즉각적인 노비 제도 폐지나 해방이 아니라 점진적 방식이었다. 가장 먼저 천민 중에서 역인驛人·창우倡優·피공皮工이 면천되었고, 숙종 시절부터 도성 출입이 금지됐던 승려들의 도성 출입이 허용된 정도였다.

갑오개혁 정부가 점진론으로 돌아선 이유는 각지에서 해방된 노비·천민들이 상전들에게 과격한 복수를 하는 등 하극상이 빚어졌기 때문이다. 정부가 노비를 해방하자 해방 노비들이 옛 상전을 구타하거나, 심지어 양반들에게 자기 딸이나 부인을 태운 가마를 들게 하는 일도 있었다. 해방된 천민들은 동학 농민군이나 의병에 가담해 양반을 공격하는 일도 벌어졌다. 개화파 관료 중 노비 소유주가 많았던 것도 점진주의로 돌아선 한 가지 이유였다.

권력을 장악한 박영효는 군부와 경찰 조직, 지방행정 개혁을 정열적으로 추진했다. 민 왕후 세력은 박영효를 견제하기 위해 러시아 공사관을 끌어들였다. 박영효가 이를 견제하면서 양자 관계는 6월 초부터 급격히 악화됐다.

당시 경복궁은 시위대가 경호를 담당했다. 6월 25일 박영효는 고종에게 왕실 경호 업무를 자신들이 장악하고 있는 훈련대로 교체하는 것이 좋겠다고 상주했다. 왕실 경호 명목으로 훈련대를 동원해 왕비와 러시아 세력의 접근을 차단하려는 의도였다. 훈련대는 일본 교관의 조련을 받은 부대여서 고종과 민 왕후는 이 계획을 강력하게 거부했다.

이 일로 정치적 입지가 불안해진 박영효는 훈련대를 동원해 왕비를 제거하고 고종을 폐위하려는 쿠데타 계획을 추진했다. 주한 미국 공사와 일본 영사 우치다 사다쓰치의 보고서에 의하면 1895년 7월 6일 박영효는 훈련대를 동원해 민 왕후 암살을 계획했다(국사편찬위원회, 『한국사 40』, 2003, 232쪽). 이와 관련된 정보가 새 나가 고종은 박영효를 체포하라는 어명을 내렸다. 박영효는 일본인들의 도움을 받아 7월 7일 부하 이규완·신응희와 함께 일본으로 탈출했다. 귀국한 지 200여 일 만에 또다시 망명객 신세가 된 것이다.

박영효는 민 왕후 암살을 모의했나

여러 정황을 고려할 때 박영효의 실각은 이노우에의 계략이었다. 헐버트는 박영효 사건이 날조되었을 가능성을 시사했고, 상하이에서 발행되는 영어 신문 「노스차이나 헤럴드(North China Herald)」도 "박영효의 반역 음모 사건은 이노우에에 의해 사주된 것"이라고 보도했다(1895년

11월 21일 자).

이노우에 공사는 일본 정부와 정책 협의를 위해 귀국하기 하루 전, 오카모토 류노스케와 박영효에게 일본군과 훈련대를 동원해 쿠데타를 실행하라고 부추겼다. 일본인 고문관 호시 도루와 사이토 슈이치로 등은 박영효와 접촉해 그를 총리로 옹립하고 왕비를 살해한다는 계획을 수립했다. 이를 위해 왕궁 호위병을 일본군이 훈련시킨 800명의 훈련대로 교체하기로 했다.

이 과정에서 일본 낭인 사사키 도메조佐佐木留藏가 7월 6일 일본 공사관에 주재하는 일본 경찰의 조선어 선생 한재익에게, 박영효 일파가 민왕후 암살 음모를 꾸미고 있다는 특급 정보를 제공했다. 한재익은 관련 내용을 심상훈과 유길준에게 알렸고, 이는 곧바로 고종에게 보고됐다. 고종은 박영효를 체포하라는 어명을 내렸다.

박영효 실각 및 제2차 망명의 기획자는 이노우에 공사였다. 그는 박영효가 일본의 통제와 간섭에서 벗어나 독자 노선을 걷자 왕비 시해 음모설을 날조해 제거한 것이다(이민원, 『명성왕후 시해와 아관파천』, 2002, 59쪽).

박영효를 축출한 일본 정부는 그동안 추진해 왔던 한반도 정책을 변경했다. 변경된 정책은 귀임한 이노우에 공사가 고종에게 제출한 '17개조 개혁안'으로 표출됐다.

제3장

청일전쟁의 피날레, 웨이하이웨이 전투

청일전쟁이 중국 본토로 확전되자 일본인들은 광분했다. 일본군 제3사단이 하이청海城에서 포위돼 악전고투한 사실은 보도 통제를 통해 은폐되었고, 일본 신문들은 대본영의 발표를 토대로 일본군의 승전 사실을 대대적으로 보도했다. 연승 소식에 들뜬 일본 언론과 지식인들이 전리품을 더 많이 챙겨야 한다고 선동하면서 일이 복잡하게 꼬였다.

후쿠자와 유키치는 개전 직후 「지지신보時事新報」 논설에서 "즉시 성징盛京(현재의 랴오닝성), 지린吉林, 헤이룽장黑龍江 세 성省을 공략해 우리 판도에 귀속시켜야 한다"라고 주장했다(1894년 8월 21일). 1895년 3월 12일에는 한발 더 나아가 웨이하이웨이威海衛, 산둥성, 타이완 영유와 함께 "배상금 액수는 수십억 엔이어야 한다"라고 희망을 부풀렸다.

오쿠마 시게노부는 "성징성과 즈리성直隸省을 점령하고, 제2군이 산둥성과 장쑤성江蘇省을 점령한 뒤 제3군을 편성해 타이완과 장강長江 유역을 영유하라"라고 선동했다. 1894년 12월에는 "휴전은 베이징北京 점령 후에 해도 늦지 않으며, 서양의 간섭에 의한 강화는 절대 거부한다"라고 선언했다.

언론이 '주전론의 괴수'로 평가한 가바야마 스케노리樺山資紀 해군 군령부장은 1895년 1월 '적지敵地 영유에 관한 의견'을 대본영에 제출했다. 가바야마는 막대한 배상금과 함께 진저우반도, 산둥반도, 평후제도, 타이완, 저우산舟山열도의 일부를 영유하고 조선의 부산 절영도(현재의 영도), 거제도, 목포를 영구히 일본이 사용해야 한다고 주장했다.

일본은 전쟁 수행 과정에서 군부와 외교 라인의 입장이 크게 달랐다. 대본영은 베이징을 점령한 후 프로이센-프랑스 전쟁에서 승리한 프로이센처럼 적국의 수도 한복판에서 강화조약을 체결할 것을 주장했다. 군부는 베이징 일대를 점령하기 위해 대군을 산하이관山海關 일대로 진출시켜 즈리 평야에서 청군과 결전을 벌인다는 즈리 작전을 수립했다.

외교통으로서 열강 사정에 정통한 이토 총리는 그런 강경책은 중국에서 혁명적 사태나 열강의 간섭을 유발해 승리를 날려버릴 위험성이 크다면서 신중론을 제기했다. 이토 총리가 우려한 대로 일본군이 랴오둥반도를 휩쓸면서 베이징이 위험에 처하자 서양 열강이 서서히 몸을 풀기 시작했다.

미국·영국의 개입

영국은 청일전쟁이 중국 영토로 확전되는 것을 원치 않았다. 일본군이 평양 전투에서 승리한 후 북진을 계속하자 트렌치(Power Henry Le Poer Trench) 주일 영국 공사는 1894년 10월 8일 이토 히로부미 총리에게 "일본 정부는 각국에 조선의 독립을 담보할 것과 청국이 일본에 전쟁 비용을 배상금으로 지불한다는 것을 강화 조건으로 승낙할 것인가?"라는 내용을 문의했다.

"각국에 조선의 독립을 담보하라"라는 문장에 담긴 뜻은 조선에 대한 침략적 행위를 하지 않겠다는 의사를, 강화조약을 통해 분명하게 밝히라는 요구였다. 영국은 일본에 전쟁 목적을 환기하고, 목적이 달성되면 전쟁을 끝내라고 요구한 것이다(조명철, 「청일·러일전쟁의 전후 처리와 한국 문제」, 『한일관계사연구』 제36집, 한일관계사학회, 2010, 268쪽).

청일전쟁에 무관심했던 미국은 1894년 11월 5일 그레셤(Walter Q. Gresham) 국무장관이 구리노 신이치로栗野愼一郎 주미 일본 공사에게 자신들이 거중 조정에 나설 의사가 있다고 밝혔다. 보고를 받은 무쓰 외상은 "국내 여론 동향으로 볼 때 전쟁을 끝낼 시기가 아니다"라며 미국 측 요청을 정중하게 거절했다.

유럽 주재 일본 외교관들로부터 "일본이 전쟁을 계속하면 열강의 간섭이나 반대가 제기될 것"이란 보고가 속속 도착했다. 러시아는 일본이 조선을 영구 점령하려는 의도가 있는 것은 아닌지 경계 신호를 보냈다. 영국도 청·일 양국이 현 상태에서 교전을 멈추길 원한다고 밝혔다.

열강이 민감하게 반응하자 일본은 11월 14일, 미국의 제안을 수용하기로 했다. 청국 총리아문도 덴비(Charles Denby) 주청 미국 공사에게 "조선의 독립 및 상당액의 전비 배상"을 조건으로 미국에 일본과의 중재를 맡아줄 것을 의뢰했다. 이때부터 시모노세키조약이 체결되는 1895년 4월 17일까지 5개월 동안 청-일 사이의 교섭은 미국이 담당했다.

일본 정부 의견은 주일 미국 공사 던(Edwin Dun)을 통해 주청 미국 공사 덴비에게 전달했고, 덴비는 이 내용을 청국 총리아문에 알렸다. 청국 측 의견은 반대 경로를 통해 일본 정부에 전달됐다. 강화 회담에서도 청국은 미국 국무장관을 역임한 포스터(John W. Foster)에게, 일본은 외무성 고문인 미국인 데니슨(Henry W. Denison)에게 자문했다(최문형, 『한국을 둘러싼 제국주의 열강의 각축』, 지식산업사, 2006, 135~136쪽).

청국의 외교 책임자 리훙장李鴻章은 전쟁을 강화 국면으로 전환하기 위해 톈진天津해관 세관장인 독일인 데트링(Gustav von Detring)을 책임자로 임명했다. 데트링은 1885년 이토 히로부미와 리훙장이 체결한 톈진 조약 당시 리훙장을 보좌해 교섭에 참여했던 인물이다.

11월 26일 데트링과 톈진의 영어 신문 편집장 알렉산더 마치가 리훙장의 친서를 휴대하고 고베神戶에 도착했다. 데트링은 효고현兵庫縣 지사를 통해 이토 총리에게 면회를 요청했다. 일본 정부는 데트링이 정식 외교 사절이 아니며 전권을 위임받지 않았다는 이유로 면담을 거절했다. 문전박대당한 데트링은 리훙장의 친서를 우편으로 이토 총리 앞으로 보내고 귀국했다.

데트링이 고베에 도착한 날 무쓰 외상은 이토 총리에게 "전쟁을 끝내는 조건으로 청국에 랴오둥반도 할양을 요구해야 하며, 회답이 만족스럽지 않으면 육·해군을 동원해 저들을 두려움에 떨게 할 필요가 있다"라고 건의했다. 이 의견에 이토 총리를 비롯해 이노우에 가오루와 마쓰카타 마사요시松方正義 등은 러시아의 간섭이 우려된다면서 적극적인 반응을 보이지 않았다.

이토 총리, 웨이하이웨이 점령 제안

이토 총리는 그보다는 강화 조건을 유리하게 만들기 위해 북양함대 거점인 웨이하이웨이를 점령하는 것이 훨씬 유리하다면서 이 작전을 대본영에 제안했다. 이토는 청일전쟁을, 상대국 절멸을 목적으로 하는 절대전이 아니라 가능한 범위 내에서 일본의 국익을 최대한 추구하려는 제한전 개념으로 수행하려 한 것이다(박영준, 「청일전쟁 이후 일본의 대외정책론 (1895~1904)」, 2008, 262~263쪽).

일본 군부가 주장한 즈리 결전을 위해서는 육군을 안전하게 산하이관 일대로 수송해야 했다. 이를 위해서는 웨이하이웨이로 도주해 항내에 틀어박혀 있는 북양함대의 위협을 사전에 제거하는 것이 급선무였다. 이토 총리가 제안한 웨이하이웨이 점령은 일본 군부의 염원인 즈리 결전을 위해 반드시 필요한 작전이었다.

1894년 12월 14일, 대본영은 청국 수도 베이징 점령을 목표로 준비했던 즈리 작전을 연기하고 이토 총리가 제안한 웨이하이웨이 점령에 총력을 투입하기로 결정했다. 이로써 웨이하이웨이 공략은 이토 총리의 정략적 목표와 일본 군부의 전략적 목표가 절묘하게 맞아떨어진 작전이 됐다.

웨이하이웨이는 랴오둥반도의 뤼순旅順과 마주 보는 보하이만渤海灣 입구의 군사적 요충지다. 북양함대가 건설되자 함정 20여 척이 정박할 수 있는 군항軍港으로 정비됐다. 웨이하이웨이에서 배로 20분 거리의 류궁다오劉公島는 북양함대의 모항으로, 함대사령부와 수사학당(해군사관학교)이 위치해 있었다. 청나라는 류궁다오 군항을 방어하기 위해 10년 이상의 세월과 막대한 투자를 해서 육상 포대를 축조하고 24센티미터 캐논포, 161문의 신예 대포와 기관포를 배치했다.

웨이하이웨이 공략은 북양함대 기지와 포대 점령을 위한 지상전과 함께, 웨이하이웨이 밖으로 탈출을 시도하는 북양함대를 격멸하기 위한 해상 봉쇄 작전이 요구됐다. 이로 인해 웨이하이웨이 작전은 '산둥반도 전투'로 명명됐다.

대본영은 웨이하이웨이 공격을 위해 제2, 제6사단으로 제2군을 조직했다. 그 즉시 이토 스케유키伊東祐亨 연합함대 사령장관에게 "제2군과 협력해 북양함대를 격멸하고 본거지인 웨이하이웨이를 점령하라"라는 명을

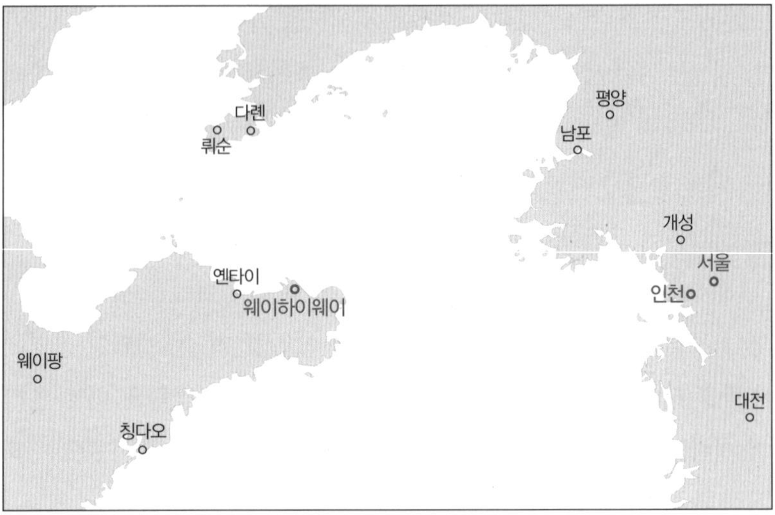

웨이하이웨이 위치.

내렸다. 1895년 1월 19일, 제2군은 50척의 수송선에 나눠 타고 다롄大連을 출발해 산둥반도로 향했다.

청군 지휘부의 내분

웨이하이웨이 항만 내에는 북양함대 전함 9척, 포함 6척, 어뢰정 15척이 정박 중이었다. 청군은 뤼순을 빼앗긴 후 수도 베이징 일대를 사수하기 위해 10만 명 이상의 병력을 톈진과 산하이관 일대에 집중 배치했다. 이로 인해 웨이하이웨이 일대의 수비 병력은 1만 7,000여 명에 불과했다. 게다가 육·해군 지휘관이 웨이하이웨이 방어 전략을 놓고 의견이 엇갈렸다.

육군 지휘관 다이쭝첸戴宗騫은 해상에서 적을 봉쇄해야 하며, 이를 위해서는 북양함대가 공세로 전환해야 한다는 입장이었다. 반면에 북양함대 사령관 딩루창丁汝昌은 일본 연합함대 전력이 우세해 해상 결전이 쉽지 않다면서 육상에서 육군이 적을 막아야 한다고 주장했다.

딩루창 제독은 남방포대 중 성채 밖에 설치한 룽먀오쭈이龍廟嘴의 대포를 성채 안으로 옮겨 육상 결전을 주장했으나 다이쭝첸의 반대로 뜻을 이루지 못했다. 청국 정부가 베이징과 랴오둥을 중시하고 산둥 일대를 경시한 조치, 주요 쟁점에 대한 지휘관들의 의견 불일치가 웨이하이웨이 전투의 패전을 가져온 주요 요인이 됐다(김종건, 「1895년 山東에서의 청일전쟁과 항일운동」, 『대구사학』, 제76집, 대구사학회, 2004, 186쪽).

일본군 상륙 지점은 웨이하이웨이 동쪽 50킬로미터에 위치한 산둥반도 동쪽 끝 청산터우成山頭의 룽쉬다오龍鬚島였다. 1월 20일부터 상륙이 개시돼 25일까지 일본군 3만 4,600명, 군마 3,800필이 상륙했다. 산둥 지역 방어 사령관 리빙헝李秉衡은 상륙 후 방어 체제를 제대로 갖추지 못한 일본군을 공격하지 않고 방관하는 바람에 사태를 그르쳤다. 1월 25일, 제2군은 방어가 허술한 룽청榮成을 재빨리 점령했다.

산둥반도에 상륙한 일본군은 도처에서 부녀자 강간, 재물 약탈, 살인, 방화를 거리낌 없이 저질렀다. 일본군은 마을이 나타날 때마다 식량·가축·우마를 강탈했다. 가져갈 만한 것은 다 가져가고 나머지는 불을 질러 잿더미로 만들었다. 일본군의 방화, 살인, 약탈은 산둥 민중의 항일 운동을 야기했다(김종건, 「1895년 山東에서의 청일전쟁과 항일운동」, 2004, 205쪽).

1894년 11월 21일 단 하루 전투로 난공불락의 요새 뤼순을 빼앗기자 격노한 광서제는 북양함대 사령관 딩루창 제독을 파직한 바 있다. 그런데 일본군 대부대가 웨이하이웨이를 압박한다는 보고를 받자 광서제는 딩루창에게 다시 북양함대 지휘를 맡겨 일본군에 맞서라고 명했다.

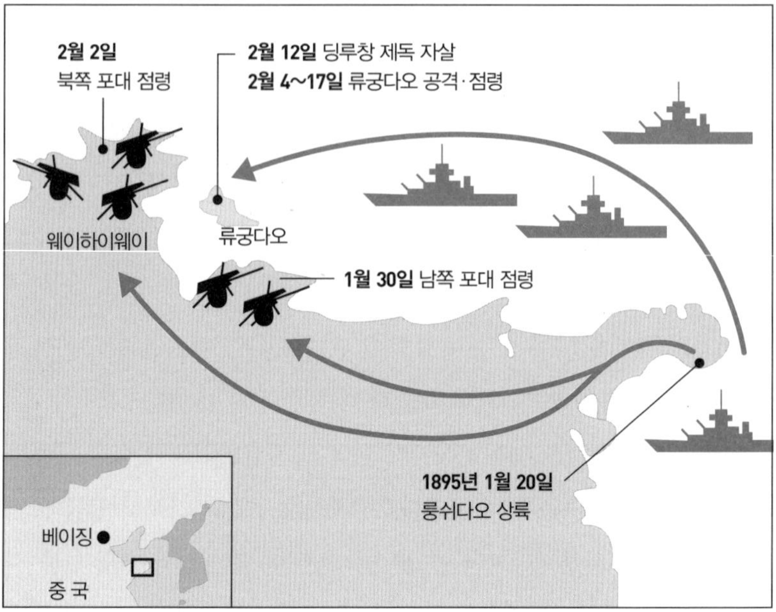

일본군의 웨이하이웨이 작전 개념도.

북양함대는 리훙장의 권력을 뒷받침하는 사병私兵 집단 성격이 강했다. 리훙장은 북양함대가 청일전쟁에 동원되었지만, 자신의 정치적 입지를 위해 어떻게 하든 세력을 보존해야 한다고 판단했다. 때문에 압록강 입구에서 벌어진 황해 해전 같은 함대 결전은 위험 부담이 큰 도박이었다. 리훙장은 뤼순 함락 직전 웨이하이웨이로 탈출해 온 북양함대에 "황해 해전 때와 같이 어리석은 싸움을 하지 말고 방어에 주력하라"라는 엄명을 내렸다.

이 명령으로 인해 일본군 제2군이 다롄에서 산둥반도로 병력·무기·식량을 수송하는 동안 북양함대는 해상에서 요격하지 않고 구경만 했다. 일본군이 웨이하이웨이 포대를 점령하기 위해 지상 작전을 전개할 때도 북양함대는 항만 밖으로 나오지 않고 류궁다오 입구에 기뢰를 설치하고 방어 태세를 유지했다.

강추위 무릎쓰고 웨이하이웨이 포대 점령

일본군 제2군은 1월 30일, 남·북 두 방향에서 웨이하이웨이 요새를 포위하고 공격을 개시했다. 이날부터 폭설과 함께 기온이 영하 26도까지 곤두박질했다. 대포가 얼어 포신이 막히는 바람에 공격을 일시 중지하는 등 악전고투의 연속이었다. 일본군은 1월 30일 남쪽 포대를 점령했고, 2월 2일에는 북쪽 포대마저 점령해 청군은 육상 거점을 모두 상실했다. 류궁다오에 있던 북양함대와 요새 수비대는 외부와 고립됐다.

바로 이날, 상트페테르부르크에서 러시아 황제 니콜라이 2세가 참석한 특별회의가 소집됐다. 청일전쟁에서 일본의 승리가 확실해진 상황에서 러시아가 열강과 함께 조선의 현상 유지 정책을 지속할 것인가, 아니면 독자적인 정책을 추진할 것인가를 결정하기 위한 회의였다. 이날 러시아는 외교적 공조가 실패할 경우를 대비해 태평양 함대를 강화하기로 결정했다. 열강과의 공조 실패를 예상하고 영국과 일본을 자극하는 전략으로 전환한 것이다(김영수, 『미젤의 시기—을미사변과 아관파천』, 경인문화사, 2013, 31쪽).

웨이하이웨이로 피신한 북양함대의 주력인 철갑전함 딩위안定遠과 전위안鎮遠함은 황해 해전에서 당한 피해 복구와 수리가 끝나지 않은 상황이었다. 특히 전위안은 해상 순찰을 마치고 귀환하던 중 수중 암초에 걸려 선저 일부 철판이 찢어지는 사고가 났다. 국운을 건 결전을 앞두고 충격적인 사고가 발생하자 함장 린타이청林泰曾은 책임을 통감하고 자결했다. 그는 제1차 아편전쟁 당시 영국 아편을 몰수해 전쟁의 단서가 되었던 린쩌쉬林則徐의 손자였다.

파손된 선저를 수리하려면 드라이도크가 필요한데, 뤼순 공창을 일본에 빼앗기는 바람에 배를 수리할 방법이 없었다. 상하이 강남제조국에서 서양 기술자 두 명을 초빙해 임시 복구를 했으나 속력이 떨어지고 물이 새는 바람에 제 기능을 발휘하지 못했다. 이 때문에 북양함대 전력이 크게 약화됐다.

이토 스케유키 제독은 북양함대의 탈출을 막기 위해 항만을 봉쇄했다. 웨이하이웨이 주변 포대를 점령한 일본군은 청군 포대의 대포를 이용해 류궁다오만 내에 정박해 있는 북양함대 함정을 포격했다. 딩루창 제독은 웨이하이웨이를 둘러싸고 있는 청군 포대를 함포사격으로 파괴해 일본군이 사용하지 못하도록 했다(제노네 볼피첼리, 유영분 옮김, 『구한말 러시아 외교관의 눈으로 본 청일전쟁』, 살림출판사, 2009, 310~327쪽).

류궁다오에 포위·고립된 북양함대

북양함대는 일본 함정이 류궁다오만 안쪽으로 진입하는 것을 막기 위해 강철 케이블과 목재로 입구를 봉쇄하고, 그 앞에 기뢰를 설치했다. 일본 해군은 항만 내에 틀어박혀 저항하는 북양함대를 공격하기 위해 어뢰정을 동원했다. 소형 쾌속 어뢰정은 장갑이 설치되지 않은 전함의 수면 아랫부분을 타격해 격침시킬 수 있는 비장의 무기였다.

1월 30일, 일본군 어뢰정이 류궁다오만 동쪽 입구의 기뢰를 제거하고 통로를 개척해 항만 내로 진입해 오자 북양함대가 곧바로 반격해 쫓아냈다. 2월 3일 밤, 일본군 제2, 제3어뢰전대가 또다시 봉쇄선을 뚫고 항만 내로 진입했으나 곧바로 격퇴당했다. 2월 6일 새벽에도 어뢰전대가 항만 내부로 침투해 어뢰 공격을 가했다. 이날 라이위안來遠·웨이위안威遠

이 어뢰에 피격됐다. 북양함대의 상징이었던 철갑전함 딩위안도 어뢰 공격으로 선저가 파손돼 항해 불능 상태가 되자 지휘부를 전위안으로 옮겼다.

이날의 어뢰정 공격이 청군의 운명을 결정지었다. 이때 항만 내로 잠입해 맹활약한 어뢰정 정장 중 한 사람이 1945년 4월부터 항복 직후까지 일본제국의 마지막 내각 총리대신을 역임한 스즈키 간타로鈴木貫太郎 대위였다.

청군도 웨이하이웨이 방어를 위해 어뢰정 15척을 동원했다. 그런데 어뢰정 편대가 순찰 도중 일본군의 공격을 받자 지휘관 왕핑王平은 어뢰정을 이끌고 옌타이煙臺로 도주했다. 이 과정에서 6척이 격침되고, 7척은 일본군에게 나포됐다.

2월 8일, 연합함대와 일본 육군은 웨이하이웨이 점령을 위한 수륙 합동작전을 개시했다. 일본군은 수사학당, 기계제작소, 민가 등에 무차별 포격을 가했다. 사기가 꺾인 청군 병사들은 거리에서 총을 난사하며 "살길을 찾아내라"라고 고함을 치는 등 군기가 엉망이 됐다. 다급해진 딩루창 제독은 북양대신 리훙장에게 지원군을 요청하는 전령을 보냈다.

2월 9일, 일본군의 공격으로 딩위안이 큰 타격을 입자 북양함대의 인재로 추앙받던 딩위안 함장 류부찬劉步蟾이 자결했다. 다음 날도 일본 함대의 포격이 계속되자 류궁다오 육군 지휘관 장원솬張文宣은 딩루창에게 결단을 요구했다. 딩루창 제독은 더 이상 항전이 어렵다고 판단하고, 생존 함정들이 일본에 노획되는 것을 막기 위해 자침自沈을 지시했다. 휘하 사관들은 함정을 자침시킬 경우 일본군이 항복을 받아주지 않을 것을 우려해 사령관의 지시를 따르지 않았다.

2월 11일, 리훙장으로부터 "지원군을 파견할 수 없으니 생존 전함을

딩루창 제독.

다른 항구로 대피시킨 후 항전하라"라는 급보가 도착했다. 고립무원의 상황에서 포탄 저장고마저 바닥나자 딩루창 제독은 사관들을 소집해 "최선을 다해 몇 척이라도 옌타이로 탈출해 반격을 가하자"라고 독려했다. 하지만 전의를 상실한 사관들은 사령관의 지시를 따르지 않았다.

모든 것을 포기한 딩루창 제독은 사관들을 위로한 후 연합함대 사령장관에게 보낼 항복 문서를 작성한 후 자신의 막사에서 다량의 아편을 먹고 자결했다. 육군 지휘관 장원쉬도 딩루창의 뒤를 따랐다. 2월 12일 날이 밝자 광빙廣丙호 함장 청비광程璧光이 일본군에게 항복 문서를 전달했다.

2월 14일 전투가 종결됐고, 다음 날 일본 함대가 웨이하이웨이에 진입했다. 청국 육군 2,040명과 해군 3,084명이 항복했고, 파괴되지 않은 북양함대 함정은 몰수돼 일본 연합함대 소속으로 바뀌었다. 전투 중 대파된 전위안함은 뤼순에서 수리한 후 일본으로 끌어갔다.

딩루창 제독의 자결 소식을 들은 이토 제독은 포획한 청국 함선 캉지康濟호에게 예의를 갖춰 시신을 운반하라고 지시했다. 딩루창 제독 등 자결한 지휘관 다섯 명의 시신을 실은 선박이 류궁다오에서 출항할 때 일본 해군은 서양 풍속에 따라 조포弔砲를 발사하고 조기弔旗를 게양했으며 닻에 검은 천을 감았다. 중국인과 서양 관전 무관들은 일본군이 적장敵將의 죽음에 경의를 표하는 모습에 감동했다.

황쭌셴의 시 「웨이하이를 통곡한다」

1895년 1월 20일 일본군의 산둥반도 상륙으로 시작된 웨이하이웨이 공략전은 일본군의 압승으로 끝났다. 일본군은 청군이 구축한 군사 시설을 파괴한 후 즈리 결전에 대비하기 위해 4만 명의 병력과 6,000필의 말을 3월 1일까지 다롄으로 집결시켰다. 뤼순에 이어 웨이하이웨이마저 허무하게 함락당하고 북양함대마저 전멸하자 분노한 광서제는 리훙장에게 관직을 박탈하되 임무는 계속 수행하는 혁직유임革職留任 처분을 내렸다.

조선 정부에 "러시아를 조심하라"라는 외교 지침서인 『조선책략朝鮮策略』을 써 준 황쭌셴黃遵憲은 패전 소식을 듣고 '웨이하이를 통곡한다哭威海'라는 시를 썼다. 그 마지막 구절을 소개한다.

> 아, 슬프도다. 해군과 육군이여!
> 적군은 단결했는데 우리 군은 분열되었구나
> 움츠릴 줄밖에 모르는 벌레처럼 우리는 힘을 펼치지 못했구나
> 싸움닭처럼 우리는 스스로 단결하지 못했구나

청국은 막대한 예산을 들여 근대 해군을 건설했으나 풍도 해전, 황해 해전, 웨이하이웨이 해전에서 일본 해군에게 연전연패해 역사 무대에서 퇴장했다. 일본군이 노획한 전위안·지위안濟遠·핑위안平遠 세 척은 1904년 러일전쟁 때 연합함대 소속으로 참전했다. 세 척은 뤼순 공성전과 황해 해전, 쓰시마 해전에서 활약했는데, 지위안·핑위안은 러시아 함선이 발사한 어뢰에 맞아 침몰했다.

전위안은 러일전쟁 종전 때까지 생존했으나 후에 이세伊勢만에서 침

몰했다. 일본 해군은 전위안함의 닻과 사슬을 인양해 도쿄의 우에노 공원에 전시해 놓았다. 1945년 8월 15일, 태평양전쟁에서 패전한 일본은 34척의 소형 함정을 중국에 반환했다. 이때 도쿄 우에노 공원에 전시해 놓았던 전위안함의 닻과 사슬, 포탄도 돌려주었다.

웨이하이웨이 전투가 끝난 직후인 2월 28일, 극동 군사 정세 정탐을 위해 파견된 러시아 무관 콘스탄틴 보가크(Konstantin Bogak) 중령은 일본군의 전투 능력에 대해 본국 정부에 다음과 같은 평가보고서를 보냈다.

> 나는 일본군이 동절기에 극도로 곤란한 조건 속에서 행군하는 것을 보았고, 매우 격렬한 포화를 뒤집어쓰면서 싸우는 것을 보았다. 그들에게 마음속에서 우러나오는 경의를 표하고, 그들을 전적으로 칭찬할 수밖에 없었다. (중략) 현대적인 작전의 가장 복잡하고 섬세한 문제들을 이렇게도 선명하게 해결하고 있다는 점에 대해, 그 어느 유럽 국가의 군 참모본부라도 경의를 표할 것이라는 데에 의심의 여지가 없다. (와다 하루키, 이웅현 옮김, 『러일전쟁—기원과 개전 1』, 한길사, 2019, 251쪽)

베이징이 위태로워지다

전쟁은 국가의 흥망성쇠와 국민의 생명 및 재산을 판돈으로 건 한 판의 거대한 도박이다. 인류 문명의 요람이자 화약·종이·나침반을 발명한 위대한 중국에 대한 환상은 일본군이 연전연승하면서 참혹하게 무너졌다. 중국은 잠자는 사자가 아니라 제 한 몸 가누기도 힘든 늙은 고양이라는 사실이 증명된 것이다.

일본군은 랴오둥반도의 뤼순에 이어 산둥반도의 군사 요지인 웨이하이웨이를 점령했고, 북양함대를 궤멸시켰다. 수도를 보호하는 방어막을 제거한 일본군은 언제라도 베이징을 공격 점령할 수 있는 상태가 됐다. 목덜미에 칼날이 와 닿은 듯한 위기에 몰린 청국 정부는 정식 대표단을 파견해 본격적인 강화 협상을 벌이기로 했다.

하지만 협상 대표 선정부터 쉽지 않았다. 일본의 강화 조건이 예상보다 가혹할 것으로 전망되자 자신이 책임을 뒤집어쓸 것을 우려한 고위 대신들은 한사코 협상 대표직을 고사했다. 논란 끝에 강화 회담을 위한 흠차전권대신欽差全權大臣은 미국·페루·스페인 공사를 역임한 총리아문 대신 장인환張蔭桓과 상트페테르부르크 대리대사와 타이완성 성장을 역임한 후난성湖南省 부성장 사오유롄邵友濂으로 결정됐다. 장인환은 주미 공사 재직 시절 박정양이 워싱턴에 부임했을 때 영약삼단另約三端을 지키라고 압력을 넣었던 인물이다.

강화 회담 소식이 알려지자 중국 신문 「선바오申報」는 1895년 1월 10일부터 15일까지 6일 연속으로 강화에 반대하는 사설을 실었다(이경하, 「청일전쟁 시기 '申報' 사설에 나타난 '조선'과 '일본'에 대한 시각」, 『중국어문학지』 제23집, 중국어문학회, 2007, 150쪽). 청국 정부는 일본군이 베이징을 공격하기 전에 강화하기 위해 1895년 1월 26일 일본 정부와 사전 협의도 되지 않은 상태에서 대표단을 출발시켰다.

일본 정부는 1월 27일, 강화 조건을 심의하기 위해 히로시마 대본영에서 어전 회의를 소집했다. 이날 회의에서 무쓰 외상은 '강화 예정 조약안'을 제출했다. 주요 내용은 ①조선 독립 승인, ②랴오둥반도·타이완·펑후제도 할양 및 군사비 배상, ③청이 구미 열강과 맺은 통상조약과 동일한 조건으로 일본과도 통상조약 체결 등이었다.

'조선의 독립'은 조선에서 청나라 세력을 일소하고 일본이 정치·경제적 침투를 하기 위해 필요한 조항이었다. 배상금은 전쟁에 소요된 총 경비와 앞으로 진행될 타이완 점령 비용까지 합친 것의 두 배인 4억 5,000만 엔을 요구하기로 결정했다.

논란의 핵심은 중국 영토 할양이었다. 무쓰 외상이 랴오둥반도 할양을 구상한 이유는 전쟁의 주요 목표였던 '조선의 독립'을 유지하기 위해서였다. 즉 조선에 대한 청국의 간섭을 차단하기 위해 랴오둥반도 중에서 조-중 국경 일부 지역의 점령이 필요하다고 본 것이다. 타이완 할양은 전쟁 비용 이외에 별도의 배상금을 요구하지 않기 위해 구상했던 카드였다.

중국 본토 할양을 구상한 일본

하지만 군사적 승리에 도취한 일본 군부는 '중국 영토 할양'으로 전쟁 목표를 수정했다. 일본 해군은 남방 진출을 위한 교두보를 확보하기 위해 반드시 타이완을 할양받아야 한다는 입장을 밝혔다. 해군의 라이벌 육군은 랴오둥반도 할양을 요구했다. 그들은 "랴오둥반도는 우리 육군이 유혈폭골流血暴骨로 약취한 것"이라며 "이곳은 조선의 등 뒤를 쓰다듬고 베이징의 목을 누르고 있어 국가의 장기 계획상 반드시 영유하지 않으면 안 된다"라고 주장했다.

해군 군령부장으로서 현장에서 황해 해전과 웨이하이웨이 전투를 지휘한 가바야마 스케노리는 타이완과 랴오둥반도뿐만 아니라 산둥반도 전체의 할양을 주장했으나 기각됐다. 어전 회의는 무쓰 외상이 제출한 원안을 채택하고 강화 회담 전권대표에 이토 총리와 무쓰 외상을 지명했다.

이날 회의는 중대한 의미가 있다. 그동안 일본은 청일전쟁의 목적이 조선의 독립에 있다는 사실을 대외에 천명했다. 하지만 전황이 일방적으로 자신들에게 유리하게 전개되자 중국 본토 분할과 막대한 배상금 획득으로 굳어졌다. 이는 당초의 전쟁 목적을 크게 초월한 것이다.

1840년 아편전쟁으로 서양 제국주의가 중국을 침략한 이래 50년간 중국 본토 분할은 상상조차 할 수 없는 요구 조건이었다. 영국이 홍콩섬을 조차한 일은 있었지만, 청국 수도 베이징을 압박할 수 있는 요충지를 식민지로 삼은 사례는 없었다. 일본은 어느 열강도 감히 손대지 못한 중국 영토, 그것도 수도 베이징을 들여다볼 수 있는 랴오둥반도를 식민지로 탈취하기로 결정한 것이다.

랴오둥반도와 타이완 획득이 결정되자 일본에서는 새로운 국가 전략이 태동했다. 섬나라 일본의 꿈은 한반도를 교두보로 삼아 대륙으로 진출하는 북진론이었다. 이것을 폐기하고 타이완을 거점 삼아 남방으로 진출하기 위한 '북수남진론北守南進論'이 등장한 것이다. 선구자는 근대 사상가 구가 가쓰난陸羯南이었다.

그는 1894년 10월 자신이 주필로 있는 「니혼신문日本新聞」에 '외정책外政策'이란 제목으로 7회에 걸쳐 북수남진론을 주창하는 글을 실었다(박양신, 「청일전후 일본 지식인의 대외인식론—陸羯南과 德富蘇峰을 중심으로」, 『동양학』 31집, 동양학연구소, 2001). 그는 러시아의 잠재적 위협을 눈앞에 둔 상황에서 일본이 북방 진출을 고집하는 것은 바람직하지 않다고 보았다. 때문에 동양의 북부는 방어하고, 남부로 진출하자는 논리를 전개했다(조명철, 「의화단사건과 동아시아의 정세 변화—일본의 외교 전략을 중심으로」, 『이화사학연구』 제29집, 이화사학연구소, 2002, 41~42쪽).

이 의견에 적극 동조한 사람은 제4·6대 총리를 지낸 대장상大藏相(한국의 기획재정부장관) 마쓰카타 마사요시였다. 그는 1894년 12월 11일 이토 총리에게 타이완을 신속하게 점령하는 작전을 세워야 한다는 편지를 보냈다. 그는 같은 내용을 청일전쟁을 총지휘하는 가와카미 소로쿠川上操六 참모차장에게도 보냈다.

마쓰카타가 타이완 점령을 주장한 이유는 자신이 사쓰마 출신으로서, 사쓰마가 장악하고 있는 일본 해군의 발전을 염두에 둔 것으로 보인다. 하지만 청일전쟁 후 타이완이 식민지로 할양되자 식민 통치 주도권은 해군에서 육군으로 넘어갔다. 북수남진론은 해군에 유리한 팽창론이었음에도 불구하고 육군이 주도권을 장악하게 됐다(조명철, 「근대일본의 전쟁과 팽창의 논리」, 『사총史叢』 제67집, 역사연구회, 2008, 332쪽).

마쓰카타는 또 배상금 10억 냥을 받는 조건으로 영토 할양을 포기하자는 의견을 내놓았다. 아오키 슈조青木周藏 주영 공사도 영토 할양 대신 배상금 1억 파운드를 제안했다. 중국 영토를 할양받을 경우 제기될 열강의 간섭을 피하기 위한 현실적 타협책이었다.

일본 군부와 국민의 과도한 욕망

무쓰 외상이 처음 구상한 랴오둥반도 할양은 조-중 국경선의 일부를 점령하는 것이었다. 하지만 강경파들이 이를 점점 확대시켜 청국에 제시된 강화조약 초안에서는 랴오둥반도 거의 전체를 할양 대상으로 삼았다(박영재, 「청일전쟁과 일본 외교—요동반도 할양 문제를 중심으로」, 『역사학보』, 53·54합집, 1972, 151~176쪽). 일본의 강화 조약 전권대표들은 무리하게 부풀려진 강화 조건을, 테이블에서 회담을 통해 쟁취해야 하는 무거운 짐을 떠안게 됐다.

이토 총리와 무쓰 외상은 자만에 빠진 일본의 비이성적 열기를 보며 깊은 상념에 잠겼다. 무쓰는 "외교보다 더 어려운 것이 내교內交"라면서 과도한 전리품을 요구하는 사람들을 비판했다. 이런 현실주의적 사고로 인해 무쓰는 '면도날 대신大臣' '현실주의자'라는 별명을 얻었다.

제국주의적 국제 정세에 초보적 상식을 갖춘 사람이라면 일본이 청을 압박해 랴오둥반도를 식민지로 할양받을 경우 열강의 무력 간섭을 피할 수 없다는 사실을 잘 알고 있었다. 이런 위험천만한 상황이 눈앞에 닥쳤지만 앞으로 나아갈 줄만 알고 물러설 줄 모르는 군부와 국민의 과대한 욕망에 브레이크를 건 사람은 아무도 없었다.

1894년 12월 6일, 영국의 「타임스」는 "서양의 공론은 승리자의 정당한 권리를 인정함과 동시에 승리자의 권리에 제한을 둔다"라면서 일본이 청국과의 강화 회의에서 과도한 요구를 하면 이를 허용하지 않을 것이라고 경고했다. 영국 보수당 기관지 「스탠더드」도 "일본이 서양 열강이 공평타당하다고 믿는 이상의 조건을 획득하려 할 경우 열국은 연합해 일본에 열국 연합의 의지에 반대할 수 없다는 사실을 깨닫도록 할 것"이라고 보도했다(후지무라 미치오, 『청일전쟁』, 1997, 194쪽).

서양 열강의 간섭 움직임이 현실화한 상황에서 1895년 1월 31일 청국 대표단이 히로시마 남쪽 우지나宇品 항에 도착했다. 이날 일본군은 산둥반도에 상륙해 영하 26도의 강추위를 무릅쓰고 웨이하이웨이 포대를 점령하기 위해 공방전을 벌였다. 웨이하이웨이 공략전이 시작되었기 때문에 일본은 강화를 서두를 생각이 전혀 없었다.

2월 1일 히로시마현 청사에서 제1차 회담이 열려 양국 대표가 상견례를 했다. 다음 날 제2차 회담이 열렸는데, 이날 일본군은 웨이하이웨이의 배후 요새를 점령했다. 이제 며칠만 기다리면 북양함대를 격파하고 웨이하이웨이를 함락할 수 있는 유리한 상황이 되자 일본은 강화 회담의 판을 깨기로 결정했다.

이날 이토 총리는 "청국 대표단이 패전을 자인하고 성실하게 전쟁을 끝내려는 성의가 보이지 않으며, 전권대표의 위임장에 하자가 있다"라면서 회담을 결렬시켰다. 청국 총리아문은 대표단이 가져갈 국서를 국제법에 맞게 작성하기 위해 주청 미국 공사에게 이를 의뢰했다. 그런데 총리아문은 주청 미국 공사관이 써준 국서를 임의로 수정하는 바람에 문제가 발생한 것이다.

이때 청국 대표단원으로 강화 회담에 참석한 일행 중에 영국 유학생 출신 우팅팡伍廷芳이 있었다. 그는 유니버시티칼리지 런던(University College London)에서 법학을 공부하던 시절 이토 히로부미와 가깝게 지냈고, 1882년부터 리훙장의 참모로 각종 외교 협상에 참여했다. 후에 중국 외교부장관, 중화민국 임시정부 국무총리에 오르게 되는 인물이다.

이토는 우팅팡에게 청국의 강화 사절은 자기 책임하에 강화를 결정할 수 있는 명망 높은 인사가 필요하다면서 공친왕이나 리훙장이 좋겠다는 메시지를 전했다. 청국 대표단이 빈손으로 귀국한 2월 13일, 웨이하이웨이를 지키던 청국 육군과 북양함대가 항복했다.

열강 공동 간섭 움직임

1895년 1월 31일에 주일 영국·러시아 공사가, 2월 1일에는 프랑스 공사가 무쓰 외상에게 강화 조건에 대해 질문했다. 주일 영국 공사는 "우리는 청국 정부의 붕괴를 방지하기 위해 최후 수단(즉 전쟁)을 사용할 결심까지 하고 있다"라는 강경한 메시지를 전달했다. 가장 민감한 반응을 보인 나라는 러시아였다.

러시아는 1860년대 이래 블라디보스토크 항의 동절기 결빙 기간 동안 자국의 태평양함대를 나가사키에 정박시켜 왔다. 러시아는 일본이 청일전쟁에서 압승하면 외국 군함 기항 규정을 고쳐 자국 군함의 장기 기항을 규제하지 않을까 우려해 왔다. 실제로 일본은 1896년 2월 규정을 고쳐 전쟁 중 두 척 이상의 외국 군함이 동시에 일본 항구에 정박하지 못하도록 통제했다.

일본이 동절기에 러시아 군함의 나가사키 정박을 불허한 상황에서 영국이 크림전쟁 때 캄차카반도의 페트로파블롭스크 요새를 공격한 것과 비슷한 사태가 벌어지면 러시아 태평양함대는 무용지물이 되고 만다. 이런 상황을 피하기 위해 러시아 해군성은 동아시아, 특히 조선에서 부동항을 물색하기 시작했다.

2월 7일, 영국의 「타임스」는 "러·프·영 삼국은 공동 간섭을 통해 중국 대륙을 조금이라도 일본 영토로 편입시키는 행위를 용납하지 않을 계획"이라고 보도했다. 영국은 말로만 겁을 준 것이 아니라 일본을 공격하기 위해 프리맨틀(Edmund Robert Fremantal) 중장이 지휘하는 중국전대에 1만 톤급 전함과 7,500톤급 대형 순양함 등을 증파했다(오타니 다다시, 이재우 옮김, 『청일전쟁—국민의 탄생』, 오월의봄, 2018, 317쪽).

이 소식을 들은 일본은 경악했다. 무쓰 외상은 니시 도쿠지로西德二郎 주러시아 공사에게 "일본은 랴오둥반도와 타이완 할양에서 한 발짝도 후퇴할 수 없다는 내용으로 러시아의 반응을 탐색해 보고하라"라고 지시했다. 니시 공사는 러시아 외상과 회견 후 2월 21일, "일본이 중국 분할을 요구하면 러·프·영 삼국이 간섭할 것이 확실하다"라고 보고했다.

급조해서 보낸 대표단이 아무 성과 없이 귀국하자 청국 황제 광서제는 2월 22일 혁직유임 처분을 받고 근신 중이던 리훙장을 강화 회담 흠차전권대신에 임명하고 어전 회의를 소집해 강화 방침을 논의했다. 이날 영토 할양과 배상금 액수를 어느 선까지 수용할 것인지는 의견이 분분해 결론을 내리지 못했다.

3월 3일 리훙장은 "영토 할양, 군비 배상, 조선 독립 허용"이라는 훈령을 받고 일본과 강화조약 체결을 위해 베이징을 출발했다. 리훙장의 출발 소식을 보도한 중국 언론 「선바오申報」는 "중국은 결코 일본의 영토 분할 요청에 응할 수 없으며, 일본의 배상 요구도 결연히 거절해야 한다"라는 논설을 실었다(1895년 3월 10일).

일본군의 연승으로 분위기가 뜨겁게 달아오르자 군부가 제 세상을 만났다. 제1군 사령관에서 해임돼 감군監軍으로 활동하던 야마가타 아리토모는 "대본영을 대륙으로 옮기고 해빙 시기를 기다렸다가 베이징을 공략해야 한다"라고 선동했다. 이토 총리는 "대본영의 대륙 이전은 사리에 어두운 완고한 자들의 헛된 주장"이라면서, 전쟁이 장기화하면 전비 부담으로 일본 경제가 심각한 위기에 처할 것이라고 경고했다.

하지만 연승 분위기에 들뜬 여론과 '군사적 승리'만을 외치는 군부를 합리적 이성으로 제어할 방법은 없었다. 군부의 압력과 여론에 밀린 일본 정부는 단기 결전으로 승리를 확고히 한 다음 강화를 하기로 입장을 정리했다. 그 결과 뤼순에 정청征清대총독부를 설치하고, 정청대총독부의 지휘로 베이징 부근에서 결전을 벌여 청군 주력을 격파하는 즈리 작전 실시를 결정했다.

세균과의 전투에서 치명상 입은 일본군

한편, 대본영은 강화 조약에서 할양지로 요구하기로 한 랴오둥반도 전역을 점령하기 위해 안산鞍山, 뉴좡牛莊, 잉커우營口 공략에 나섰다. 지난 겨울 하이청에서 청군에게 포위됐다가 극적으로 탈출한 가쓰라 다로의 제3사단이 3월 2일 안산을 점령했다. 3월 4일에는 제3, 제5사단 합동

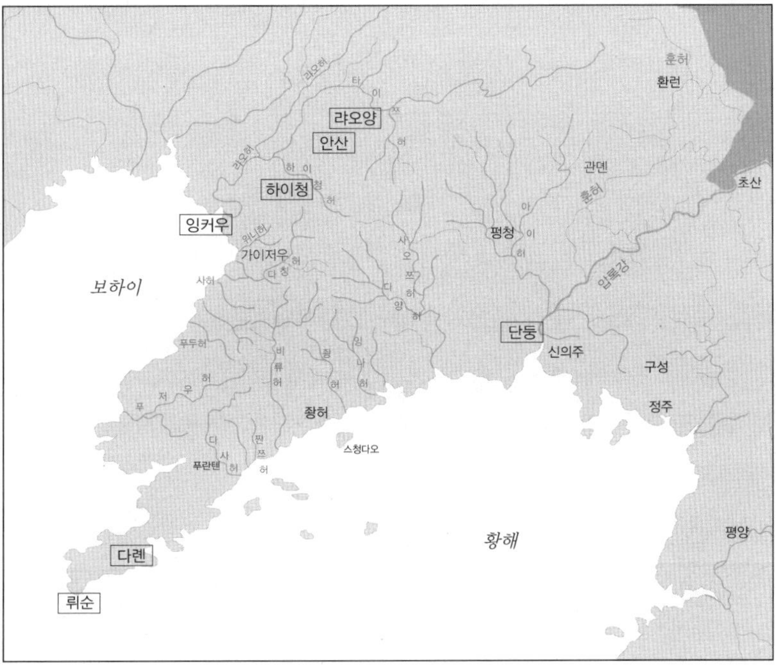

랴오둥반도 지도.

작전으로 뉴좡을 공략해 다음 날 점령했다. 다스차오大石橋에 진출한 제1사단은 3월 7일 청일전쟁 최초의 시가전 끝에 잉커우를 점령했다.

3월 9일에는 일본군 3개 사단이 청군 2만 명이 수비하고 있는 톈좡타이田莊臺를 공격했다. 전투가 격화되자 일본군은 민간인과 군인을 구별하지 않고 닥치는 대로 살육했다. 끔찍하고 잔혹한 전투 끝에 일본군은 쑹칭宋慶이 이끄는 청군에 대승을 거두고 톈좡타이를 점령했다. 패배한 청군이 랴오허遼河를 건너 후퇴하면서 일본군은 랴오둥반도 전역을 점령했다.

이어 대본영은 할양지로 결정된 타이완과 펑후제도 점령을 위해 남

평후제도 위치.

방 작전으로 전환했다. 이 무렵 일본군 전 부대는 청일전쟁 최후의 결전이 될 즈리 작전에 총동원됐다. 대본영은 도쿄만과 시모노세키해협 등 본토 수비를 담당하는 후비 부대로 6,100명의 평후제도 공략 부대를 편성했다. 3월 15일 평후제도 공략 부대가 사세보를 떠났다.

일본은 손쉽게 평후제도를 공략해 남중국해 제해권을 장악했지만, 풍토병과 전염병이 복병이었다. 평후제도를 향해 사세보 항을 떠난 일본 수송선에서 콜레라가 발생해 하루에 6~7명씩 바다로 시체를 버렸다.

3월 23일 평후제도에 상륙한 후 콜레라는 더욱 창궐해 일본군 800여 명이 사망했다(차경애, 「청일전쟁 당시의 전쟁견문록을 통해서 본 전쟁 지역 민중의 삶」, 『명청사연구』 제28집, 명청사학회, 2007, 130쪽).

평후제도 공략전에 동원된 병력 중 전투로 인한 전사자는 10명에 불과했으나, 전체 병력의 20퍼센트에 해당하는 1,200명이 콜레라와 풍토병 등 각종 질병으로 죽었다. 위생 및 방역 체계 미비로 인한 대규모 사망자 발생은 타이완 점령 과정에서도 동일하게 반복됐다. 일본군은 남방 작전에서 청군이 아니라 세균과의 전투에서 치명상을 입었다.

제4장

시모노세키조약 체결

평후제도 공략 부대가 현지로 떠난 1895년 3월 15일, 대본영은 근위사단과 제4사단, 홋카이도 둔전병으로 임시 7사단을 편성하고 히로시마로 이동하라고 명령했다. 이로써 그동안 몇 차례 연기된 즈리 결전의 봉화가 올랐다.

다음 날, 메이지 천황은 참모총장 고마쓰노미야 아키히토小松宮彰仁 친왕에게 출정군 지휘권을 위임하고 정청대총독에 임명했다. 참모차장 가와카미 소로쿠는 아키히토 친왕을 수행해 뤼순으로 이동하기로 했다. 대본영은 현지에 출정해 있는 4개 사단을 비롯해 일본 본토를 수비하는 3개 사단을 탈탈 털어 즈리 결전에 투입했다. 서양 열강은 이로써 일본 본토는 텅 빈 것이나 다름없는 상황이 된 사실을 정보망을 통해 훤히 알고 있었다.

상황이 이처럼 절박했음에도 불구하고 일본 군부는 기고만장했다. 육군은 "이 기회에 중국 대륙을 가로질러 인도까지 진출하자"라고 주장했다. 이러다 무슨 일이 벌어질지 모른다는 공포감에 사로잡힌 이토 총리는 강화를 서둘렀다.

사정이 긴박하기는 청국도 마찬가지였다. 청은 일본이 원한 대로 "자기 책임하에 강화를 결정할 수 있는" 리훙장을 전권대표로 일본에 파견했다.

청국 대표단 시모노세키 도착

1895년 3월 19일, 리훙장이 차석 리징팡李經方, 임오군란 때 대원군을 톈진으로 압송해 간 마젠중馬建忠, 미국 국무장관을 역임한 존 포스터(John Watson Foster) 등 수행원 100여 명과 함께 시모노세키에 도착했다. 청국 대표단은 전통 복식인 변발과 장포를 휘날리며 회담장에 나타났고, 일본 대표단은 양복 차림으로 그들을 맞았다.

마젠중은 프랑스에 유학해 법률을 전공하고 파리에서 변호사 자격을 취득한 국제법 전문가였다(천순천, 조양욱 옮김, 『청일전쟁』, 세경출판사, 2012, 740~741쪽). 청나라가 많은 돈을 들여 고문으로 초빙한 포스터는 무쓰 외상, 구리노 신이치로 주미 일본 공사와 가까운 친일 성향의 인물이었다.

포스터가 청국 고문으로 강화 회담에 참여한다는 사실을 알게 된 무쓰 외상은 그의 참여를 열렬히 환영했다. 교섭 과정에서 포스터는 자기를 고용한 청나라가 아니라 일본의 이익을 대변해 일본 정부의 치하를 받았다.

양국 대표의 나이는 리훙장 73세, 이토 55세였다. 회담은 3월 20일부터 시모노세키의 여관 겸 일본 최초의 복요리 전문점 슌판로春帆樓에서 열렸다. 청국 대표단은 타고 온 선박을 숙소로 사용했는데, 일본 측에서 인조지引接寺라는 사찰을 숙소로 제공했다. 청국 대표단은 이 사찰에 머물며 회담을 진행했다.

청일전쟁 강화 회담이 열린 시모노세키의 슌판로(春帆樓).

일본 측 전권대표 이토 히로부미 총리는 영국 유학, 차석대표인 무쓰 외상은 영국·미국 유학 경험자였다. 수행원으로 참여한 내각 서기관장 이토 미요지伊東巳代治는 이토 히로부미가 헌법 조사 연구를 위해 유럽에 파견됐을 때 수행했고, 외무 서기관 이노우에 가쓰노스케井上勝之助와 통역관 무쓰 히로키치陸奥廣吉도 영국 유학파였다.

일본이 회담 내내 신경을 곤두세운 부분은 국제적 간섭을 막는 일이었다. 이를 위해 강화 조건을 철저히 비밀에 부쳤고, 한편에서는 중국이 자신들의 요구 조건을 신속히 수용하도록 군사적 압박을 가했다(왕소방, 한인희 옮김, 『중국외교사』, 도서출판 지영사, 1997, 291쪽).

3월 20일 첫날 회담에서 리훙장은 일본의 개혁과 이토 총리의 리더십을 칭찬했고, 자신의 능력 부족으로 중국은 효과적인 개혁을 할 수 없었다고 토로했다. 그는 일본이 유럽 스타일의 근대식 군대를 잘 활용해 황인종도 백인종에 비해 결코 열등하지 않다는 사실을 세계에 보여주었다고 칭찬했다. 또 일본은 청일전쟁을 통해 중국을 깊은 잠에서 깨어나도록 해서 중국의 진보에 기여했다면서 감사의 뜻을 표했다(이삼성, 『동아시아의 전쟁과 평화 2』, 한길사, 2017, 357~358쪽).

본격적인 회담은 3월 21일 오후 개시됐다. 청국 대표 리훙장은 본격적인 강화 회담에 앞서 휴전부터 제안했다. 일본군은 즈리 결전을 준비하고 있어 휴전을 수용할 상황이 아니었다. 이토 총리는 일본군이 즈리 결전으로 점령을 계획한 다구大沽, 톈진, 산하이관 일대를 양도하면 휴전하겠다고 답했다. 이것은 청국이 도저히 받아들일 수 없는 조건이어서 휴전 제안은 간단히 결렬됐다.

리훙장 저격 사건 발생

회담 4일째인 3월 24일. 회담을 마치고 숙소로 돌아가던 리훙장의 가마 앞에 고야마 도요타로小山豊太郎라는 자객이 뛰어들어 권총을 발사했다. 리훙장의 심장을 겨냥한 탄환이 빗나가 왼쪽 광대뼈에 박혔다. 저격범은 범행 후 체포됐다. 그는 "일본의 전과가 불충분하기 때문에 강화회의를 방해해서 전쟁을 계속하게 하기 위해 리훙장을 암살하려 했다"라고 진술했다.

리훙장 암살 미수 사건은 1891년 일본을 방문한 러시아 황태자 니콜라이 2세가 공격당한 오쓰 사건을 연상시켰다. 이 무렵 육군상으로 복귀한 야마가타 아리토모는 리훙장 저격 소식을 듣는 순간 책상을 치면서 "이자가 국가 대사를 생각지도 않고 일을 저질렀다"라고 분노했다. 저격범의 범행은 "상대국 외교 사절은 살해하지 않는다"라는 국제적 외교 관례를 위반한 충격적인 사건이었다. 전승 열기에 들떠 있던 일본 사회는 충격과 비탄에 빠졌다.

메이지 천황은 황실 의사와 야전위생장관, 외과 전문의인 사토 스스무佐藤進 육군 군의총감을 시모노세키에 급파해 치료를 도왔다. 황후는 두 명의 간호사와 손수 감은 붕대를 보냈고, 메이지 천황은 청국 정부에 공식 사과문을 발표했다. 일본 의회는 깊은 유감과 애도의 뜻을 담은 결의안 통과를 위해 개회 기간을 연장했다. 「도쿄니치니치신문東京日日新聞」은 "한 정신병자의 미친 행동 때문에 청일전쟁 발발 후 처음으로 일본이 청국에게 사과해야 하는 일이 생겨 극도로 고통스럽다. 전쟁을 통해 높아진 일본의 명예가 더럽혀지게 됐다"라고 보도했다.

청국 측 고문으로 회담에 참여했던 포스터는 "그(리홍장)의 마음을 괴롭힌 것은 세계에서 가장 위대한 제국의 최고위 인사가 외국 도시의 거리에서 계급이나 지위도 없는, 형편없는 신분의 암살자 총에 맞았다는 사실이었다. 이건 평생 치욕스러운 사실"이라는 입장을 밝혔다.

의료진은 리홍장의 얼굴에 박힌 탄환을 제거하려 했으나 환자가 연로한 데다 상처가 심해 수술은 무리라고 판단했다. 리홍장은 "사사로운 일로 지체해 국사를 그르칠 수는 없다. 죽고 사는 문제는 운명에 달렸으니 죽더라도 수술은 하지 말라"라고 당부했다. 리홍장이 흘린 피는 전 세계의 동정심을 불러일으켰다.

강화 회담 도중에 청국 전권대표 저격 사건이 발생하자 열강의 시선이 날카로워지기 시작했다. 이토 총리와 무쓰 외상은 난국 타개를 위해 청국의 휴전 요구를 무조건 수용하기로 했다. 이 소식을 듣고 벼르고 별렀던 즈리 결전을 앞둔 군부가 펄펄 뛰었다. 이토 총리는 히로시마 대본영으로 달려가 죽마고우인 야마가타 육군상에게 "지금 전쟁에 간섭하기 위해 러시아군 3만 명이 중국 북부에 진입했다"라는 특급 정보를 전하고 군부의 결단을 요구했다. 이 정보는 미국 국무장관이 구리노 주미 일본 공사에게 제공한 것이다.

육군 원로 야마가타에게 휴전 동의를 얻어낸 이토는 중신 회의를 소집했다. 이 자리에서 이토는 "리훙장 전권이 저격 사건을 이유로 회담을 중지하고 귀국하면 열강이 간섭을 시작할 것"이라면서 "천추에 씻을 수 없는 오욕을 남겨선 안 된다"라고 휴전에 반대하는 중신들을 설득했다.

3월 30일, 일·청 양국은 타이완과 펑후제도를 제외한 지역에서 3주간 전투 행위를 중지하는 휴전 조약을 체결했다. 리훙장은 협상을 통해 얻어내지 못했던 성과를 얼굴에 총 한 방 맞은 대가로 얻어냈다(육군군사연구소, 『청일전쟁 (1894~1895)』, 국군인쇄창, 2014, 390쪽).

리훙장 저격은 워낙 중대한 사건이어서 재판이 속전속결로 진행됐다. 사건 발생 6일 후인 3월 30일, 범인에게 모살謀殺(미리 계획해 죽임) 미수죄로 종신 징역형이 선고됐다.

4월 1일, 일본 측 강화 조건 공개

휴전 상황에서 진행된 강화 회담은 총격을 당한 리훙장을 대리해 그의 양자 리징팡이 흠차전권대신으로 임명돼 재개됐다. 4월 1일, 일본은 최초로 강화 조건을 제시하고 일주일 내에 회답을 요구했다. 일본 측 조건은 예상을 훨씬 뛰어넘는 가혹한 내용이었다. 주요 내용은 다음과 같다.

① 조선이 완전무결한 독립국임을 확인(제1조).

② 펑톈성 남부 지역(랴오둥반도), 타이완 전도와 그 부속 도서 및 펑후제도를 영구히 일본에 할양(제2조).

③ 전비로 고평은庫平銀 3억 냥을 5년에 걸쳐 일본에 배상(제4조).

④ 청국이 서구 열강과 체결한 조약에 기초해 일본과 새 조약을

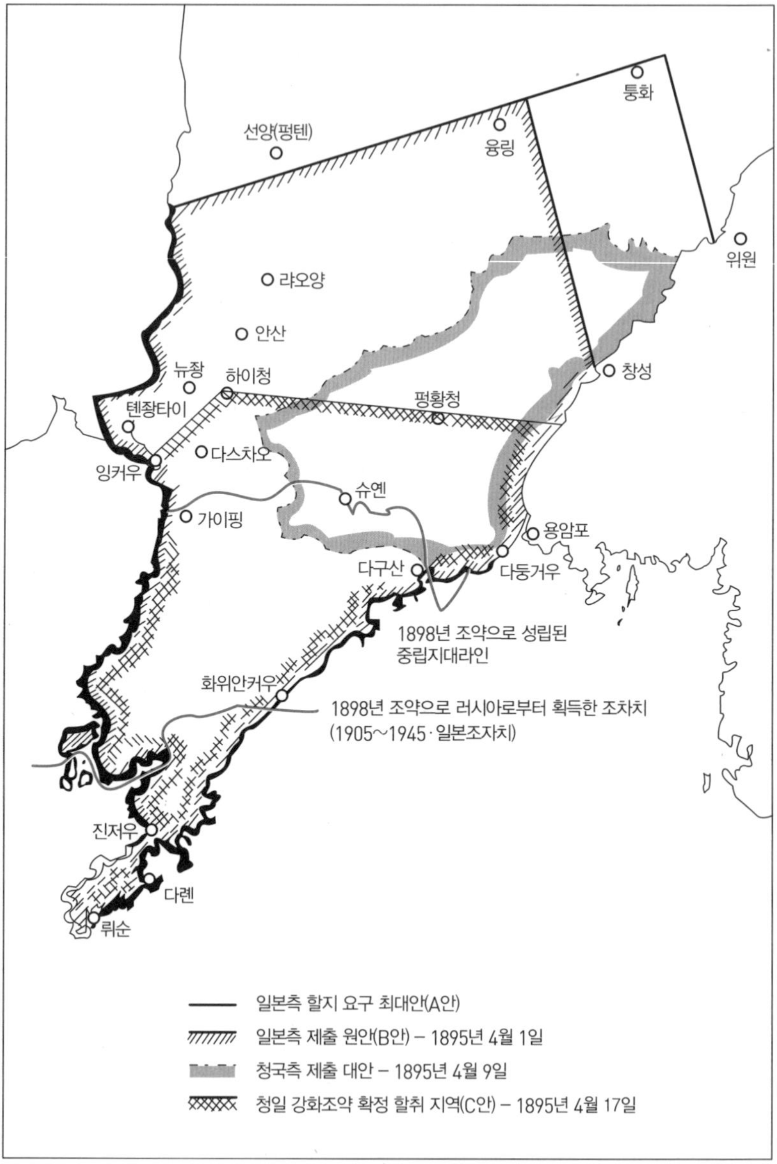

출처: 후지무라 미치오, 허남린 옮김, 『청일전쟁』, 도서출판 소화, 1997, 202쪽.

체결하고 그때까지 일본 정부 및 국민에게 최혜국 대우를 하며, 7개 도시 추가 개방, 일본 증기선 항로 확장, 수입세 경감, 청국에서의 제조업 종사 허용 등 통상에 대한 각종 특권 제공(제6조).

⑤ 조약의 성실한 이행을 담보하기 위해 일본군이 펑텐부와 웨이하이웨이 일시 점령.

일본은 랴오둥반도의 할양 요구지를 검토하면서 A안은 성징성 남부의 과반, B안은 A안을 다소 축소한 안, C안은 잉커우~하이청~펑황청을 연결하는 선 이내 등 세 가지로 준비했다. 이날 일본이 청에 요구한 랴오둥반도 할양 요구지는 B안이었다(왼쪽 지도 참조).

충격적인 요구 조건에 놀란 청국

일본 측 안을 수교받은 리징팡은 즉각 본국 정부에 이 내용을 타전하고 외교고문 포스터의 조언에 따라 영국·러시아·프랑스 공사에게 일본의 강화 조건을 알렸다. 청국 정부는 일본 측 요구안을 놓고 회의를 거듭했다. 특히 일본군이 점령하지도 않은 타이완 할양 문제로 일대 논쟁이 벌어졌다.

주전론자인 웡퉁허翁同龢는 타이완 할양은 절대 안 된다는 의견이었고, 일부 관료들은 타이완 포기를 주장했다. 의견이 분분하자 청국 정부는 리훙장에게 "영토 할양은 해당 대신이 판단해 랴오둥반도와 타이완 중 한 곳으로 끝내고, 배상액은 1억 냥으로 감액하라"라고 훈령했다(왕소방, 『중국외교사』, 1997, 294쪽).

리훙장은 랴오둥반도 할양은 절대 수용할 수 없으며, 군비 배상 액수를 줄이지 않으면 전쟁을 계속할 수밖에 없다고 판단했다. 4월 5일, 리훙장은 일본 측에 강화 조건을 완화해 줄 것을 요구했으나 무쓰 외상은 즉각 거부했다.

일본 측 요구안이 공개되면서 서양 열강의 심상치 않은 움직임이 감지되자 이토 총리는 청국이 조기에 강화 조약을 수용하도록 압박하는 것이 급선무라고 판단했다. 일본군은 즈리 결전을 위해 증파될 근위사단과 제4사단 병력이 히로시마에 집결해 4월 9일부터 승선하기로 예정돼 있었다.

이토는 강화 조약이 결렬되면 즈리 결전이 진행될 것이고, 이렇게 되면 열강의 간섭은 피할 수 없을 것으로 우려했다. 메이지 천황도 "담판이 결렬돼 베이징에서 조약을 체결하는 상황이 되면 외국 간섭을 불러올 것이다. 이렇게 되면 토지 할양이나 배상도 무효가 될 가능성이 있으니 이토 총리 의견에 따라 좋은 결실을 맺기 바란다"라고 입장을 밝혔다.

때마침 니시 주러시아 공사로부터 "러시아 육·해군 합동위원회가 일본군의 베이징 진입을 러·프 연합함대로 저지할 수 있다는 결의를 했다"라는 급보가 도착했다. 이토 총리는 4월 10일 열린 제5차 회담에서 랴오둥반도 할양지를 B안에서 C안으로 축소하고, 3억 냥 5년부로 돼 있는 전비 배상액을 2억 냥 7년부로 조정한 양보안을 제시했다.

1894년 청나라의 연간 세수는 8,300만 냥 정도였다. 일본이 요구한 배상금 2억 냥은 청국 세수 2.4년 치에 해당하는 전례 없는 거액이었다. 리훙장은 "배상금 2억 냥은 너무 과중해 우리 상환 능력을 초월하는 액수"라면서 "나에 대한 전별금으로 생각해 2,000만 냥이라도 줄여달라"라고 요청했다. 무쓰 외상은 회고록 『건건록蹇蹇錄』에서 "이는 리훙장 같이 존엄한 인물에게 전혀 어울리지 않는 발언"이라는 소감을 남겼다.

청국을 무력으로 압박하다

배상금 액수로 협상이 교착 상태에 빠진 4월 13일, 즈리 결전에 투입될 증원군이 승선한 일본 수송선단이 시모노세키의 간몬關門해협을 통과해 중국으로 향했다. 이 모습을 지켜본 리훙장은 "강화 협상이 체결되지 않으면 베이징이 공격당하는 중대 사태가 일어날 것"이라는 급보를 날렸다.

그제야 사태의 심각성을 알게 된 청국의 주전론자들이 침묵했다. 청국 총리아문은 리훙장에게 일본 측 수정안을 수용하라고 훈령했다. 이로써 4월 17일 양국 전권대표가 슌판로에서 강화 조약에 조인했다.

리훙장이 시모노세키조약 최종안에 서명하는 순간, 동아시아에서 새로운 국제 질서가 태동했다. 일본은 이 조약으로 대륙 침략의 근거지를 확보했으며, 타이완을 점유해 비백인 국가로서는 유일하게 식민지를 영유하는 제국주의 국가로 발돋움하게 됐다(국사편찬위원회, 『한국사 41: 열강의 이권 침탈과 독립협회』, 탐구당, 2003, 17쪽).

청일전쟁은 조선에 대한 주도권을 놓고 벌어진 전쟁이었지만, 전쟁의 결과 조선 영토가 아니라 패전국인 청국 영토가 일본에게 잠식당했다. 타이완은 조선과도 무관하고 청일전쟁과도 무관한 지역이었지만 일본 식민지로 전락했다. 만약 현상 유지를 원했던 청국이 승리했다면 조선과 청국 사이에 전통적인 화이華夷질서가 계속됐겠지만, 현상 타파를 추구한 일본이 승리함으로써 변화는 불가피했다. 중국의 패배는 중국 역사는 물론 동북아시아에서 수세기 동안 계속된 전통적 지역 질서가 붕괴하고 새로운 질서가 형성되기 시작했음을 알리는 결정적 순간이었다

(강성학, 「용과 사무라이의 결투—중일전쟁의 군사전략적 평가」, 강성학 편저, 『용과 사무라이의 결투』, 리북, 2006, 46쪽).

시모노세키조약은 동아시아의 전통적인 '중국 중심의 세계 질서'가 종료되고 일본이 지역의 패자로 등장하는 역사적 의미가 있었다. 중국의 외교학자 왕사오팡王紹坊은 시모노세키조약은 중국 근대사에서 하나의 획을 긋는 매국 조약이자, 전례 없는 굴욕적인 조약이었다고 평한다. 청일전쟁으로 청국 무력의 허약한 실체가 폭로되자 열강은 노골적인 제국주의 정책을 펼치기 시작했다. 가장 먼저 표적이 된 것이 청국의 주요 항만과 철도 부설권, 광산 개발권 등이었다.

즈리 결전 실행 직전에 취소

4월 17일 오후 중국 현지에서 즈리 결전을 준비하던 오야마 이와오 제2군 사령관은 이토 총리로부터 강화 조약이 조인됐다는 전보를 받았다. 다음 날 뤼순에 도착한 참모총장 아키히토 친왕은 중국 땅에 정청대총독부 개설과 동시에 즈리 결전 중지 명령을 내렸다. 청일전쟁 개전 이래 대본영이 벼르고 별렀던 즈리 결전은 이로써 실행 직전에 극적으로 취소됐다.

무쓰 외상은 "우리가 원했던 것들은 모두 얻었다"라고 밝힐 정도로 일본은 회담 결과에 크게 만족했다. 그런데 일본과 청나라가 벌인 전쟁을 끝내는 조약문 첫머리에 "조선은 확고하고 완전무결한 자주독립 국가"라고 명시한 부분이 흥미를 끈다.

1876년 조일수호조규(강화도조약)에서 조·일 양국은 "조선은 자주국"이라고 맹약한 바 있다. 그로부터 19년 후인 1895년에 체결한 시모노세키조약에서는 "조선은 완전무결한 자주독립국"으로, 더 강한 표현으로 '조선의 독립'을 확약했다. 과연 이 용어가 뜻하는 진짜 의미는 무엇이었을까?

동아시아 근대 역사에서 '조선의 자주독립'만큼 복잡한 함의가 내포된 말은 찾아보기 힘들다. 시모노세키조약 제1조는 "청은 조선이 완결무결한 자주독립국임을 확인하며, 일본과 대등한 국가임을 인정한다"라고 돼 있다. 청나라만 조선의 자주독립을 승인할 뿐, 일본은 이를 승인할 의무나 책임이 없다.

일본이 '조선의 자주독립'을 요구한 진정한 목표는 중국과 조선 간에 얽혀 있는 주종 관계의 고리를 끊어내는 것이었다. 그 후 일본이 조선을 보호국으로 삼아 대륙으로 진출하겠다는 뜻이 숨어 있었다. 시모노세키조약 제1조를 통해 조선을 지배하고 있던 중국을 퇴출시킨 후 조선을 보호국화하기 위한 정책을 마음껏 펼칠 수 있는 빗장을 연 셈이다.

중국에서 이권 확보와 세력 범위 확장을 위해 경쟁하던 서양 열강은 일본의 승리가 자국의 중국 내 이권을 침해할 가능성을 예의주시했다. 일본이 타이완과 부속 도서 및 펑후제도를 식민지로 할양받은 정도에서 그쳤다면 어느 정도 양해했을 가능성이 높다. 하지만 압도적 승리로 과욕을 부린 것이 탈이었다.

랴오둥반도는 보하이만의 관문이며, 그 남단의 뤼순은 천혜의 요새이자 수도 베이징을 들여다볼 수 있는 전략적으로 중요한 군항이었다. 일본이 랴오둥반도를 점거한 결과 언제든 마음만 먹으면 베이징과 톈진 등 허베이華北와 둥베이東北 지방을 위협할 수 있게 됐다(왕소방, 『중국외교사』, 1997, 296쪽). 뿐만 아니라 이곳은 러시아가 시베리아횡단철도 건설에 따른 자신들의 세력 범위로 설정해 놓은 지역이었다.

영토 할양으로도 만족하지 못해 배상금으로 고평은 2억 냥(일본 엔화로 약 3억 엔)을 여덟 차례로 나눠 7년 안에 완납하도록 했다. 청나라는 은본위였지만 화폐가 없어 멕시코 은화가 주로 통용되었고, 마제은馬蹄銀이라는 작은 은괴가 사용됐다. 청조 후기에 해관에서 수출입세를 징수하기 위해 순은 575그레인(약 37g)을 1냥으로 정한 표준 은화를 고평은이라 불렀는데, 관평냥關平兩, 관은關銀, 관평은關平銀이라고도 했다(다보하시 기요시, 김종학 옮김, 『근대일선관계의 연구 下』, 일조각, 2016, 513쪽).

일본은 또 삼국간섭으로 랴오둥반도를 반환하는 조건으로 3,000만 냥을 추가로 받았고, 배상금을 완납할 때까지 일시 점령한 웨이하이웨이 주둔비 150만 냥이 추가되는 등 배상금 총액은 2억 3,150만 냥(일화 3억 6,700만 엔)으로 늘었다. 일본은 거금을 영국의 정금正金 파운드로 지불받기로 했다. 챙길 수 있는 최대한의 전리품을 알뜰하게 수확한 것이다.

영국을 위한 '국제 뇌물' 준비한 일본

청일전쟁 직전 영국은 일본과 불평등 조약 개정에 합의해 일본에 결정적인 도움을 주었다. 이토 총리는 자신들을 지원해 준 영국을 위해 시모노세키조약 제6조라는 깜짝 선물을 준비했다. 제6조는 중국에서 제국주의 통상 특권을 확대하는 조항이다. 제6조 규정에 따라 사스沙市, 충칭重慶, 쑤저우蘇州, 항저우杭州 등 4개 도시가 추가 개방됐다.

이로 인해 일본 국적의 1,000톤급 선박이 양쯔강을 따라 1,500킬로미터 상류의 충칭까지 항행할 수 있게 됐다. 또 우쑹강吳淞江과 운하를 통해 쑤저우와 항저우까지 선박으로 접근할 수 있게 됐다. 일본은 또 중국의 각 개항장에 제조 공장 설립 권리를 획득했다. 당시 일본은 자본주의 역사가 짧아 중국에 자본을 수출할 여력이 없었다. 그럼에도 불구하고 강화 조약에 이 조항을 삽입한 이유는 영국을 위해서였다고 「니혼신문」은 보도했다(1895년 12월 9일 자).

청일전쟁 전에 서양 열강이 중국에 설립한 공장은 100여 개였는데, 그중 63개가 영국 자본이었다. 이 공장들은 열강이 중국 개항장에서 공장 설립 권리를 획득하지 못한 상태에서 불법으로 건설한 것이다. 1890년대 이후 자본 수출 수요가 폭증하자 열강은 중국의 각 개항장에서 제조 공장 설립권을 요구했지만 청국 정부가 강력하게 거절했다.

시모노세키조약 제6조를 통해 중국 개항장에서 얻어낸 제조 공장 설립 권리는 최혜국 조항에 따라 중국과 조약을 맺은 다른 열강에게 동등하게 주어졌다. 결과적으로 이 조항은 자본주의 선진국 영국에 바치는 일본의 '국제적 뇌물'이었다.

이때부터 서양 열강은 경쟁적으로 중국 개항장에 제조 공장을 설립해 소비 제품을 싼 가격에 대량 생산하고 여기서 생산된 제품을 중국 시장에 판매해 막대한 이윤을 챙겼다. 외국 자본이 재미를 볼수록 중국의 민족자본은 타격을 입었다.

일본은 청일전쟁에서 총 24만 616명의 병력과, 병참 및 수송을 위해 인부 15만 4,000명을 동원했다. 전쟁 기간 일본군은 소총탄 124만 1,800발, 포탄 3만 4,090발을 소비했다. 일본 참모본부 공식 전사戰史에 의하면 1894년부터 1895년 11월 18일까지 육군은 전사자 1만 3,488명에 부상자 28만 5,853명, 해군은 전사자 90명에 부상자 197명이었다. 병사자는 대부분이 이질이나 콜레라 같은 소화기 계통 질병이 그 원인이었다. 보급이 원활치 못한 상황에서 부패한 음식이나 물로 인한 피해였다(하라다 게이이치, 최석완 옮김, 『청일·러일전쟁』, 어문학사, 2013, 105쪽).

청일전쟁에서 일본이 투입한 전비 총액은 2억 47만 엔으로 밝혀졌다. 투입한 전비의 1.5배가 넘는 비용을 배상금으로 받아낸 셈이다(조용준,

『메이지유신이 조선에 묻다』, 도서출판 도도, 2019, 17쪽). 일본이 받은 배상금은 1894년 8,300만 냥 정도였던 청국 세수稅收의 거의 세 배, 아편전쟁에서 영국이 받은 배상금 1,470만 냥의 16배나 되는 거액이었다. 같은 해 일본 정부 세수는 8,500만 엔이었으니, 일본은 청국으로부터 자국 정부 4년 치 세수를 배상금으로 얻어낸 셈이다.

일본은 자본주의 발전에 필요한 거액의 종잣돈을 배상금으로 확보하는 데 성공했다. 1894년 말부터 1903년 말까지 일본에서 각종 회사 창업 붐이 일었다. 이 기간 기업 숫자는 3,067개에서 9,247개로, 기업의 자본 총액은 2억 5,543만 엔에서 8억 8,760만 엔으로 9년간 세 배가 늘었다(왕소방, 『중국외교사』, 1997, 297쪽). 연간 세수의 네 배나 되는 막대한 배상금은 군비 확장과 산업혁명의 에너지원이 되었고, 일본이 금본위제로 나가는 결정적 역할을 했다.

중국 분할 쟁탈전 시동 걸려

시모노세키조약은 배상금 전액이 완납되고 통상장정이 비준 교환되면 일본군이 웨이하이웨이에서 철수한다고 규정돼 있었다. 또 배상금을 3년 안에 완납하면 이자가 면제되며, 그러지 못할 경우 제1차 배상금을 상환한 뒤 나머지 배상금은 연리 5퍼센트의 이자를 물도록 돼 있었다.

청국은 일본군을 하루빨리 철수시키고 이자를 물지 않기 위해서는 3년 내에 배상금을 완납해야 했다. 하지만 국가 세수 3년 치나 되는 거액을 일시에 조달하는 것은 불가능했다. 결국 청은 해외에서 차관을 얻어 배상금을 마련했다. 열강은 청에 배상금 차관 제공을 미끼로 각종 이권을 요구해 '중국 분할'이라는 광란의 카니발에 시동이 걸렸다. 거액의 차관 및 이자는 중국 백성들의 세금 부담으로 돌아왔다. 결국 가혹한 세금 수탈로 대다수 중국 백성들은 빈곤의 나락으로 추락했고, 정부 재정은 완전 고갈됐다.

시모노세키조약 체결 이듬해인 1896년, 청국 정부는 일본과 통상행선通商行船조약을 체결했다. 중국과 서양 각국이 체결한 조약을 원본으로 해서 일본에게 최혜국 대우를 부여하기 위한 후속 조치였다. 이때부터 일본은 중국에서 서양 열강과 동등한 특권적 지위를 향유할 수 있게 됐다(왕소방, 『중국외교사』, 1997, 298쪽).

일본이 청국으로부터 획득한 전리품은 질과 양 차원에서 제국주의가 중국을 침략한 반세기 동안의 사례 중 가장 가혹하고 잔인했다. 그것은 제국주의 세계의 작동 원리에 무지한 일본 군부와 지식층의 과욕 탓이었다. 세상 물정 모르는 애송이가 국제사회의 작동 원리를 무시하고 과욕을 부리면 어떤 참극이 빚어지는지를 깨닫는 데는 오랜 시간이 걸리지 않았다.

한편에선 조선의 보호국 통치를 위한 본격적인 작업에 돌입했다. 조선 정부도 일본어 통역관의 필요성을 절감해 1895년 관립 한성일어학교를 설립했다. 이때 영어학교와 한어학교도 같이 설립됐다. 1895년 3월에는 일본인 아유카이 후사노신鮎貝房之進이 서울에 을미의숙이란 일본어학교를 설립했다.

을미의숙 설립 과정에서 조선 정부는 약간의 보조금을 지급했다. 학교는 서울 중부의 본교 이외에 남대문, 계동, 정동, 종로 등에 분교를 설립했고 약 700명이 재학했다. 1895년 4월 아유카이는 을미의숙 분교인 계동학당에 23세의 혈기 방장한 요사노 뎃칸與謝野鐵幹을 일본어 교사로 초빙했다. 시인이었던 그는 이런 단가短歌를 쓰기도 했다(김문봉, 「일본근대시(가)가 그려낸 한국(인)의 두 가지 모습」, 『일본학연구』 제46집, 단국대학교 일본연구소, 2015, 483~484쪽).

조선 산하에
벚나무를 심어서
조선인에게
야마토의 대장부
노래 부르게 하리

그는 친구 아유카이와 함께 민 왕후 시해 사건에 가담했다가 히로시마로 호송된 뒤 무죄 방면된다.

시모노세키조약에 대한 중국의 저항

시모노세키조약 체결 소식이 청국에 알려지자 조약 체결에 반대하는 목소리가 격렬하게 터져 나왔다. "강화 조약이 너무 가혹하므로 폐기하고 다시 싸우자"라는 상서上書가 순식간에 140건이 쌓였다. 조약 반대의 선봉장은 산둥 순무巡撫 리빙헝이었다. 그는 "지금까지 일본에게 빼앗긴 땅은 펑텐 등 몇 개 지역에 불과하며, 태평천국 때와 비교하면 100분의 1~2에 불과하다. 장수들이 와신상담하면 회복은 어려운 일이 아니다"라며 전쟁 재개를 주장했다.

남양대신南洋大臣 장즈둥張之洞도 "영국, 러시아, 독일에 이익을 주고 신속하게 밀약을 체결해야 한다. 그들의 도움을 받기 위해 보수를 두둑이 주는 것은 아깝지 않다. 신장新疆 등 몇 개 성을 러시아에게 넘겨주고 티베트의 일부를 양보한 다음 일본과 싸우자"라고 외쳤다. 타이완 순무

탕징쑹唐景崧도 각국이 타이완을 공동 보호하도록 한 후 일본과 싸우자고 주장했다. 대신들의 주장을 요약하면 중국은 일본과 싸울 힘이 없으니 서양 호랑이에게 이권을 제공해 늑대를 제압하도록 하자는 이이제이以夷制夷 방식이었다.

일본에 할양을 약속한 펑황청鳳凰城~하이청~잉커우를 연결하는 선 이남의 랴오둥반도 거주민과 타이완 주민들의 분노가 폭발했다. 졸지에 일본의 통치를 받게 된 랴오둥반도 일대에선 통곡이 그치질 않았고, 이를 갈며 분개하지 않는 백성이 없었다고 한다. 그들은 "일본과의 조약을 파기하고 전쟁을 재개하라"라고 외쳤다.

중화 세계의 변방에 위치한 '야만의 나라' 일본에 패배했다는 충격적인 현실이 중국 지식층의 자존심에 뼈아픈 상처를 남겼다. 과거 시험을 보기 위해 전국 각지에서 베이징으로 집결한 응시생 1,300여 명은 1895년 5월 2일, 캉유웨이康有爲를 대표로 해서 광서제에게 "조약을 파기하고 변법變法을 실시하자"라는 '공거公車 상서'를 올렸다. 이를 신호로 전국의 지식인들도 조약 반대와 전쟁 재개를 주장하는 상서를 올려 근대화를 향한 개혁 운동이 폭발했다. 그 큰 흐름은 다음 네 가지 갈래로 정리된다.

첫째, 캉유웨이 등의 내정 혁신을 지향하는 변법 운동.

둘째, 장즈둥을 대표로 한 '입국 자강의 소疏'로 상징되는 자강 운동.

셋째, 쑨원孫文 등의 민족주의적 변혁 운동.

넷째, 의화단 운동으로 표출된 농민들의 배외 운동.

가장 먼저 변법 운동이 폭발했다. 변법은 서양의 기술뿐만 아니라 정치 제도까지 도입해 사회를 혁신해야 한다는 제2단계 근대화 운동이다. 두 차례 아편전쟁 이후 중국은 서양을 배워 근대화를 추구하기 위해 양무운동을 벌였다. 30여 년 서양으로부터 군함 및 병기를 구입하고 병사를 훈련시켰으며 포대를 구축했지만 일본에 허무하게 패했다.

양무 근대화는 약간의 자본주의 경제를 도입하는 성과를 거두었지만, 사회는 여전히 봉건적 낙후 상태에 머물렀다. 양무운동의 성과가 미미했던 이유는 상층 구조, 즉 봉건 전제의 정치 체제는 손대지 못해 본질적 변화를 이끌어내지 못했기 때문이다.

중국의 전통적인 정교政教는 그대로 유지한 채 서양으로부터 기계 체계와 기술만 받아들여 부강을 꾀하려 했던 중체서용 방식의 양무운동이 한계에 부딪치자 그에 대한 반성에서 제기된 것이 변법 운동이다. 변법 개혁의 중심인물인 캉유웨이는 정치 제도를 개혁해야 부국강병을 달성할 수 있다고 보았다. 그는 일본의 메이지유신을 전형적인 사례로 주시하고 러시아와 일본의 계몽 전제군주를 모델로 한 변법론을 정치 운동으로 발전시켰다.

캉유웨이는 제자 량치차오梁啓超와 함께 학회를 설립하고 신문과 잡지를 발행해 변법 운동을 확산시켰다. 광서제는 이를 수용해 무술변법(변법자강운동)을 시행했다. 청일전쟁 패전을 계기로 변법파들은 서양 열강의 근대 사상보다는 그들 방법을 수용해 효율적인 부국강병을 이룩한 일본의 경험을 배우는 것이 중국에 더 효과적이라고 보았다. 캉유웨이가 광서제에게 제출한 『일본변정고日本變政考』가 그 대표다.

변법자강운동 실패

량치차오에게 있어 일본은 하나의 이상이었다. 량치차오뿐만 아니라 1911년 신해혁명까지 개혁 운동을 이끈 수뇌 중 상당수는 일본에서 유학이나 망명 생활을 했다. 일본으로 유학 가는 중국 학생의 숫자는 1902년 500명, 1904년 1,500명이었는데, 일본이 러일전쟁에서 승리하자 유학생이 크게 늘어 1905년 8,000명, 1906년에는 무려 1만 3,000명으로 급팽창했다(국사편찬위원회, 『한국사 40』, 2003, 84쪽).

변법파들은 국내 개혁을 열강의 위협보다 우선한 결과 식민지화의 위기를 경시했다. 변법 좌파에 속하는 탄쓰퉁譚嗣同은 몽골, 신장, 티베트 등을 러시아와 영국에 매각하고 그 재원을 개혁 비용과 배상금으로 활용해 중국을 보호하자고 주장했다. 또 개혁을 황제의 지지에 의해 실현하고, 군권으로 민권을 신장시키려 했다(후지무라 미치오, 『청일전쟁』, 1997, 284~285쪽).

하지만 변법 유신은 뚜렷한 개혁적 성향에도 불구하고 캉유웨이의 '보교保教'라는 슬로건이 상징하듯 지배 체제의 재편성에 불과했다. 1896년 6월부터 9월까지 광서제는 캉유웨이 등을 앞세워 '100일 개혁'을 진행했다. 탄쓰퉁은 "어느 나라의 변법 노력도 피를 흘리지 않고 성공한 예는 없다. 중국에서는 변법을 위해 피를 흘렸다는 소리를 듣지 못했으니 이 나라는 흥할 수 없다"라면서 급진적 개혁을 추진했다.

위기의식을 느낀 서태후와 수구파 관료들은 무술정변戊戌政變을 일으켜 실권을 장악하고 개혁파를 숙청했다. 탄쓰퉁은 처형됐고, 변법자강운동의 주도자 캉유웨이와 량치차오는 영국인의 도움을 받아 일본으로 탈출했다. 광서제가 수구 세력에게 포로 신세가 되면서 변법 개혁은 백일천하로 막을 내렸다.

무술정변으로 개혁 운동이 좌절되자 중국에서는 기존의 정치 체제에 의존한 개혁은 불가능하며, 혁명이 필요하다는 사실이 명백해졌다. 1894년 11월 쑨원孫文은 하와이 호놀룰루에서 '흥중회興中會'를 조직했다. 1895년 흥중회는 광저우에서 제1차 무장봉기를 계획했고, 이때부터 자산 계급이 이끄는 무장 혁명 투쟁이 시작됐다.

청일전쟁은 동아시아에서 중국과 일본 간의 패권 쟁탈전이었고, 조선을 두고 벌인 제국주의적 전쟁이었다. 일본의 승리는 조선에서 중화주의를 무너뜨리는 기폭제가 됐다. 패전으로 인해 '천하 중심'으로서의 중국은 사라졌다. 동아시아 정치외교의 기본 틀이었던 화이질서가 붕괴하면서 중국이 장악했던 동아시아 패권이 종식되고, 1895년부터 1945년까지 50년간 일본 중심의 동아시아 국제 질서가 형성됐다.

일본은 명실상부한 강대국 지위에 올라선 반면, 중국은 중화인민공화국(중공)이 출범할 때까지 열강의 식민지 내지 반식민지 상태에서 지방 군벌이 활개 치는 무정부 상태로 방치돼 고통스러운 나날을 보냈다.

조선에서 퇴출당한 청국 외교 공관이 조선에 컴백한 시기는 1895년 12월이다. 북양대신의 요청으로 조선 사정에 밝은 탕사오이唐紹儀가 상인을 관리하는 총상동總商董 직책으로 서울에 주재했고, 서울·인천·원산에 상무위원이 파견됐다. 탕사오이는 화상華商 관련 업무만을 담당하는 민간인 신분이었으며, 외교 사무는 영국 총영사관을 경유해 처리했다 (김희신, 「華僑, 華僑 네트워크와 駐韓使館—청일전쟁 이후 한성 지역을 중심으로」, 『중국사연구』 제89집, 중국사학회, 2014, 288쪽).

만국공법을 맹신한 조선 지도부

시모노세키조약으로 인해 조선은 자신들의 의지와는 전혀 관계없이 중화문명권에서 이탈해 근대적 국제 질서에 편입됐다. 이처럼 조선의 근대 국가로의 이행은 자율적 의지가 아니라 일본이라는 타율에 의해 시동이 걸렸다. 그 결과 한국인들은 지금 이 순간까지 근대화를 긍정적 의미로 받아들이기 어려운 정신적 트라우마에 시달리고 있다.

미국 외교관 찰스 덴비(Charles Denby)는 1885년부터 1898년까지 13년간 주중 미국 공사로 근무했다. 그는 청일전쟁이 청나라 종말의 시작이었다고 회고했다. 일본이 거대 제국 중국에 연전연승하는 모습을 지켜본 서양 열강은 중국이 외세와 싸울 능력을 상실했다는 사실을 꿰뚫어 보았다. 그 결과 중국은 제국주의 포식자들 앞에 던져진 고깃덩이 신세로 전락했다.

조선의 종주국을 자처했던 중화제국이 약체로 전락하면서 조선의 안보를 책임질 능력을 상실하자 조선의 운명은 고양이 앞의 쥐 신세가 됐다. 조선 지도부는 만국공법을 "약소국을 보호하거나 생존을 보장하는 국제 관계의 도덕 원리이자 국제 체제의 규범적 틀"로 인식하고, 그것을 구세주처럼 여겼다. 그런 생각을 한 대표적 인물이 제1차 수신사로 일본을 방문했던 김기수다.

그는 수신사로 일본을 방문한 후 기록한 『일동기유日東記游』에서 "한 나라가 어려움에 처하면 만국이 그를 구하고, 한 나라가 유실되면 만국이 그를 공격한다. 애증이 편벽됨이 없고 공격에도 편벽됨이 없으니 이것이 서양의 법으로, 규칙을 봉행하면 국가를 잃지 않게 된다"(국사편찬위원회, 『수신사기록』 3권, 탐구당, 1971, 70쪽)라고 썼다.

프랑스 시인 앙리 미쇼(Henri Michaux)가 노래했듯이 새들이 미치건 말건 나무는 관심 없는 법이다. 서양 열강의 인식 체계나 작동 원리를 알지 못했던 조선 지도부의 만국공법에 대한 맹신은 개구리가 우물 바닥에 앉아 하늘을 바라보며 개골개골하듯 지극히 낭만적이고 자의적인 해석이었다.

이 시리즈 제1권에서 소개했듯이 유럽 문명권의 정신적 본질을 '폭력'이라고 해석한 사람은 러시아의 역사철학자 다닐렙스키(Nikolay Yakovlevich Danilevsky)였다. 그는 유럽 문명은 기독교 전파, 식민지 개척, 무역 이익 쟁취를 위한 경쟁에서 언제나 폭력을 사용한 것이 특징이라고 설파했다. 폭력을 위주로 한 파우스트정신의 법적 표현이 19세기 등장한 유럽 공법, 즉 국제법이었다.

서양 열강은 세계의 모든 정치 집단을 문명국, 반半문명국, 야만국으로 구분했다. 문명국은 반문명 국가들을 불평등 조약으로 엮어 정치·경제적으로 착취하고, 야만국은 침탈과 점령의 대상으로 여겼다. 어떤 정치 집단이 문명국이냐 아니냐를 판단하는 것은 순전히 자신들의 권리였다(김용삼, 『세계사와 포개 읽는 한국 100년 동안의 역사 1: 한반도의 깊은 잠』, 백년동안, 2020, 30~31쪽).

조선 지도부와는 달리 비슷한 시기에 일본의 개화사상가 후쿠자와 유키치는 "수백 권에 달하는 국제법 서적도 서너 문의 대포와 겨루지 못한다. 아무리 많은 우호 조약도 얼마 되지 않는 화력 앞에 속수무책이다. 대포와 화약이 바로 법이다"라고 주장했다. 후쿠자와의 인식과 비교하면 조선 지도부는 약육강식弱肉強食이라는 국제 체제의 무정부성과 비도덕성을 전혀 이해하지 못했다.

약소국 조선을 사이에 두고 열강 간의 세력 균형이 이루어지면 독립은 가능할 수도 있다. 하지만 이것이 실패하는 순간, 한 나라의 식민지로 전락하게 된다. 이런 상황에서 조선이 독립 자존하려면 특정 외세에 의존하지 않고 개혁을 통해 부국강병을 이루어 근대 국가로 이행해야 했다. 하지만 조선은 러시아에 의지하며 균형 외교와는 거리가 먼 행보를 하면서 자멸의 길로 질주했다.

랴오둥반도 탈취로 러시아와 충돌 수순

일본의 국력은 중국과의 전쟁에서 승리하는 수준으로까지 성장했으나 동북아시아에서 스스로 새로운 질서를 창출해 낼 만큼 강력하지는 않았다. 특히 러시아가 문제였다. 청일전쟁을 계기로 일본이 한반도를 넘어 만주로 팽창을 시도하자 러시아도 적극적인 극동 개입 정책으로 전환하면서 충돌하게 된다.

주권선과 이익선은 야마가타 일본 총리가 1890년 일본 제국의회 개원 연설에서 선포한 정책론이다. 이 정책론은 이익선 안에 팽창 목표를 설정해 놓고 국가의 대외 정책을 그쪽으로 몰고 가는 경직된 외교 논리였다. 일본은 조선을 이익선으로 규정했기 때문에 조선에 대한 청국의 영향력을 묵과할 수 없었다. 일본은 조선이 누구에게도 양보할 수 없는 자신만의 것이라는 팽창 의식 속에서 청일전쟁을 감행했다(조명철, 「청일전쟁기, 열강과 일본의 중국 침탈」, 『일본연구』 제13집, 고려대학교 일본학연구센터, 2010, 480~481쪽).

시모노세키조약 체결 직후 야마가타 아리토모 육군상은 메이지 천황에게 "청일전쟁 전승을 통해 일본이 신영토를 획득했으며, 이를 바탕으로 동양의 맹주가 돼야 한다"라면서 "이를 위해서는 반드시 이익선을 넓혀야 한다"라는 의견서를 제출했다. 4월 28일에는 뤼순에 진출한 정청대총독부의 가와카미 소로쿠에게 "일-청 강화 조약 비준 후 다롄에서 진저우 간 철도를 신속히 부설해야 하며, 이 철도는 인도와 접속돼야 하기 때문에 광궤로 건설해야 한다"라고 주장했다.

야마가타는 부산에서 의주를 거쳐 랴오둥반도의 다롄과 진저우로 이어지는 철도망 확장은 일본의 이익선 확대로 연결된다고 보았다. 청일전쟁 승전은 야마가타가 구상했던 이익선의 확장을 가져온 것이다(박영준, 「청일전쟁 이후 일본의 대외정책론 (1895~1904)」, 2008, 265쪽).

이 와중에 러시아가 시베리아철도 건설을 시작하자 일본에 엄청난 위기감이 조성됐다. 자신들의 세력권에 대한 강렬한 방어 본능을 갖고 있던 일본은 이익선 조선을 러시아에 양보할 수 없다는 강렬한 의지를 불태웠다.

러시아는 시베리아횡단철도가 완공될 때까지 수단 방법 가리지 않고 일본의 동북아시아 지배를 저지해야 했고, 이 지역으로 자국 세력을 확장해야 할 필요성이 제기됐다. 그 결과 동북아의 형세는 중국-일본 대결 체제에서 러시아-일본 경쟁 체제로 전환됐다.

일본은 시모노세키조약으로 중국으로부터 조선을 분리한 후 '조선보호국화'를 본격 추진했다. 하지만 일본의 구상은 계획대로 풀려가지 않았다.

제5장

삼국간섭의 국제정치학

청일전쟁은 19세기 말 한반도를 둘러싼 열강 간의 세력 균형이 질적·구조적으로 변화하는 중요한 분기점이었다(박영준, 「청일전쟁」, 김용구·하영선 편, 『한국외교사연구—기본사료·문헌해제』, 나남, 1996, 30쪽). 또 1880년대 이래 일본의 급속한 국력 신장과 그로 인한 동아시아 국제정치의 구조적 변동을 확신시켜 준 증표였다(이은주, 「19세기말 한국 외교정책 모델리티로서의 '균세均勢'와 인아거일引俄拒日 균세전략의 국제정치학적 분석」, 『국제정치연구』 제20집 2호, 2017, 171쪽).

자유민주주의 신봉자였던 「고쿠민신문國民新聞」 발행인 도쿠토미 소호德富蘇峰는 "청일전쟁 전에 일본은 자신을 몰랐고, 세계도 일본을 몰랐다. 하지만 자신의 힘을 시험한 결과 일본은 자신을 알고 세계가 일본을 아는 계기가 됐다"라고 말했다. 사회주의 사상가이자 일본 아나키즘의 아버지로 불리는 고토쿠 슈스이幸德秋水는 자신의 저서 『20세기의 괴물 제국주의』에서 청일전쟁 승리 후 제국주의에 열광하는 일본을 '고삐 풀린 사나운 말'에 비유했다.

1895년 4월 1일, 청나라를 통해 일본의 강화 요구 조건이 공개되자 가장 먼저 독일제국이 움직였다. 독일은 일본의 중국 영토 할양은 '중국 분할'의 신호탄이 될 것이며, 이 경우 극동에서 단 한 곳의 해군 기지도 확보하지 못한 자신들이 가장 불리해질 것으로 우려했다. 독일 외상 마르샬 폰 비버슈타인(Adolf Marschall von Bieberstein)은 "일본은 조선 독립 보호를 이유로 뤼순과 그 배후지 할양을 주장하고 있으나 일본이 영유한 뤼순은 제2의 지브롤터로 변할 것이고, 보하이만을 지배하게 돼서 청은 일본의 보호국으로 전락할 것"이라고 비판했다.

일본은 열강 중 가장 먼저 반응을 보인 독일과 접촉해 "러시아가 만주의 일부를 취득해 철도를 부설할 것이며, 영국은 저우산을, 독일은 중국 동남부 영토를 획득할 수 있을 것"이라고 설득했다. 일본의 입장을 알게 된 독일은 영국·러시아와 접촉했다.

동아시아에 대한 러시아의 최대 관심사는 시베리아횡단철도 건설이었다. 1891년 5월 30일 착공된 시베리아철도에 대해 비테 재상은 "우리 조국뿐만 아니라 전 세계에서 금세기 최대의, 그리고 가장 중요한 기획 가운데서도 제1등의 지위를 점하는 권리를 지닌 사업"이라고 평가했다.

러시아가 시베리아횡단철도 건설에 나선 1891년은 유럽에서 러시아-독일 관계가 최종 소멸되고 러시아-프랑스 동맹 관계가 형성된 결정적인 전환의 해였다. 프로이센-프랑스 전쟁에서 패한 프랑스는 독일에 복수하기 위해 러시아와 동맹을 체결한 것이다. 러-프 동맹으로 러시아는 독일·오스트리아를 견제하고 서방 국경의 안전 보장을 강화했으며, 그 결과 동북아로 적극적인 행동에 나선 것이 시베리아횡단철도 건설이었다.

시베리아횡단철도는 최초 설계에 의하면 러-청 국경을 따라 이르쿠

츠크~하바롭스크~우수리스크~블라디보스토크로 연결돼 있었다. 이 노선은 활처럼 휘어 있어 먼 거리를 우회해야 하는 데다가, 하바롭스크에서 스레텐스크 구간은 난공사의 연속이었다.

만주를 향한 러시아의 야심

러시아의 희망은 치타에서 북만주를 가로질러, 내몽골의 만저우리滿洲里와 하얼빈~쑤이펀허綏芬河~우수리스크를 거쳐 블라디보스토크로 이어지는 직선 노선 건설이었다. 이 노선은 남우수리 지역에서 자바이칼 지역까지의 거리를 1,000킬로미터 이상 단축시키는 데다, 난공사 구간도 피할 수 있어 완공 시기를 2년 정도 앞당길 수 있었다. 게다가 북만주에서 보하이만을 연결하는 남만주지선(하얼빈~다롄~뤼순)을 통해 러시아의 숙원인 극동의 부동항 출구를 확보할 수 있게 된다.

북만주를 통과하는 직선 노선을 건설하려면 러시아가 북만주 일대를 장악하거나, 그 지역에서 영향력을 발휘할 수 있는 외교력 확대가 급선무였다. 일본이 랴오둥반도를 차지하면 북만주에 대한 러시아의 영향력은 큰 제약을 받게 된다. 이를 해결하기 위해 러시아는 일본의 강화조건이 제기되기 두 달 전인 1895년 2월 1일 니콜라이 2세가 주재하는 제2차 특별 각료회의를 소집했다.

이날 회의는 1월 26일 기르스(Michail Nikolaevich de Giers) 외상 사망으로 재무상 비테(Sergei Yulyevich Witte)가 주도했다. 청일전쟁과 관련한 러시아 특별 각료회의가 1894년 8월 21일에 이어 두 번째 열린 것이다. 일본이 강화 조건으로 뤼순·다롄 지역 할양을 요구할 경우 어떻게 대처할 것인가가 주된 의제였다.

일부 참석자들은 일본의 대륙 진출을 용인하는 대가로 황해 연안의 청국령이나 조선에서 부동항을 획득하자는 교환론을 제기했다. 반면에 비테 재상을 비롯해 오브루체프(Nikolai N. Obruchev) 육군참모총장 등은 일본의 랴오둥반도 점령은 만주에 대한 러시아의 이해를 크게 침해하기 때문에 절대 허용해선 안 된다고 주장했다. 이들은 일본의 랴오둥반도 점령에 대항하기 위해 러시아가 조선에서 부동항을 획득할 경우 영국을 자극해 한반도에서 영-러가 충돌할 가능성을 우려했다.

비테와 오브루체프는 열강과의 협조로 외교적 압력을 가해 일본을 만주에서 몰아내자는 의견을 내놓았다. 이것이 시베리아횡단철도가 완성될 때까지 시간을 벌 수 있는 최선의 방안이라는 의견이었다. 이날 회의는 비테의 제안을 수용해 러시아가 다른 열강과 연합해 일본에 외교 압력을 가한다는 방안이 의결됐다. 러시아는 즉시 영국·프랑스와 접촉해 일본에 대한 간섭에 참여할 것인지 의사를 타진했다.

2월 24일 주일 러시아 공사 히트로보(Mikhail Aleksandrovich Hitrovo)는 무쓰 외상을 방문해 조선의 독립 보장을 요구했다. 일본이 조선의 독립을 침해하면 자국의 한반도 진출 기회를 빼앗는 결과가 되므로 좌시하지 않겠다는 제국주의 방식의 의사 표현이었다. 러시아의 압력에 놀란 무쓰 외상은 2월 26일, 이노우에 주한 공사에게 "러시아에 간섭할 구실을 주는 일이 없도록 하라"라고 주의를 환기시켰다.

2월 27일, 무쓰는 러시아 정부에 조선의 독립을 확고히 보장한다고 약속했다. 이로써 전쟁 기간 내내 일본이 현역 대신이던 이노우에를 주한 공사로 파견해 가며 추진해 온 '조선 보호국화' 목표가 표류하기 시작했다. 러시아의 거친 압박으로 일본의 조선 보호국화 정책에 제동이 걸리자 베베르(Karl Ivanovich Weber) 주한 러시아 공사는 재빨리 이 사실을 민 왕후에게 알렸다. 이때부터 민 왕후를 중심으로 한 반일·친러 행보가 개시됐다.

이 와중에 일본이 랴오둥반도 할양을 요구한 사실이 명확하게 밝혀졌다. 러시아는 일본의 행보가 자국의 극동 진출 핵심 지역인 만주를 위협하는 야욕적인 행동이라고 해석했다(강정일, 「지정학으로 본 러시아제국의 對한반도 정책 (1884~1904)」, 고려대 박사학위 논문, 2013, 198쪽).

삼국간섭의 태동

시모노세키조약 체결이 가까워 오자 러시아는 3월 30일 또다시 특별회의를 소집했다. 이날 참석자들은 일본이 랴오둥반도를 차지하면 자국의 만주 침투 근거를 모두 잃게 된다는 사실을 확실하게 인식했다. 그 결과 "만주에서 러시아의 권익 수호"를 위해 영·프·독 등 열강과 함께 중국 대륙에 대한 일본의 영토 점령을 허용하지 않기로 결정했다.

일본에 대한 국제 간섭을 요구한 러시아의 제안에 가장 먼저 동참을 선언한 나라는 독일이었다. 그동안 독일은 청일전쟁에 대해 "타국에 이익을 주는 행동에 휘말리지 않고, 유럽의 세력 균형에 변화를 가져올 문제에는 참여를 유보"한다는 입장이었다. 그런데 전쟁을 끝내는 과정에서 독일이 삼국간섭에 뛰어든 이유는 무엇이었을까?

1890년 독일에서 비스마르크(Otto Eduard Leopold von Bismarck)가 실각하고 카이저 빌헬름(Wilhelm) 2세가 통치의 전면에 등장했다. 비스마르크 통치 시절 독일은 유럽 중심의 세력 균형 외교(Europapolitik)를 추구했고, 해군력 증강을 자제하면서 극동 영토 획득에도 나서지 않았다.

비스마르크 실각 후 독일은 야심만만한 젊은 황제 빌헬름 2세를 중심으로 '세계 위주의 정책(Weltpolitik)'으로 전환한다. 이것은 세계 곳곳의 분쟁과 갈등에 적극 개입하는 대외 정책이었다. 즉 독일은 유럽 강대국을 넘어 세계 대국으로 도약하고자 한다는 뜻이었다(정상수, 「일본의 한국 강제병합과 강대국들의 대응 1895~1910년」, 『서양사연구』 제42집, 한국서양사연구회, 2010, 111쪽).

빌헬름 2세의 외교를 주도했던 홀슈타인(Holstein)은 1899년 "독일의 세계 정책은 청일전쟁 종결과 더불어 시작됐다. 왜냐하면 전쟁 이후에 유럽 강대국의 마찰과 갈등 범위가 비유럽 지역으로 확대됐기 때문"이라고 설명했다.

비스마르크가 가장 유능한 외교관으로 꼽았던 런던 주재 독일 대사 하츠펠트는 동아시아 문제로 영국과 러-프 동맹이 대립할 것이고, 이때 독일에게 선택권이 주어져 많은 이득을 취할 수 있는 기회가 올 것으로 분석했다. 청일전쟁 종결 과정에서 빌헬름 2세는 러-프 동맹 무력화를 최우선 외교 과제로 선정했다. 독일 정부는 러시아로부터 공동 간섭 참여 제의를 받자 외무성의 동아시아 전문가이자 1874년부터 1892년까지 18년간 주청 공사를 지낸 브란트(Maximillian August von Brandt)에게 의견을 구했다.

브란트는 청국 영토에 대해 정치·군사적으로 가장 큰 이해를 갖고 있는 나라는 러시아이기 때문에 러시아와의 협력이 최선이라고 설명했다. 프랑스가 러시아의 제안을 거절하면 러-프 동맹의 결속력이 약해질 것이고, 독일이 러시아와 공동으로 일본을 압박하면 청국에 도움을 주게 된다. 이를 근거로 청국으로부터 해군 기지나 저탄소를 할양(혹은 조차)할 수 있을 것으로 분석했다.

독일이 러시아 주도의 삼국간섭에 참여할 경우 자국의 동부 국경 쪽에 쏠려 있는 러시아의 관심을 동아시아 쪽으로 유도할 수도 있었다. 빌헬름 2세는 러시아를 중국으로 유인해 장강 유역을 이익권(Sphere of

Interest)으로 삼고 있는 영국과 대립을 조장한다는 원대한 구상을 가동했다(김상수, 「민비시해 사건의 국제적 배경」, 최문형 외, 『명성황후 시해 사건』, 민음사, 1992, 138쪽). 이 구상에는 서쪽에서 독일을 압박하는 프랑스를 러시아와 이간시켜 러-프 동맹을 불구로 만든다는 계략이 숨어 있었다.

독일 정부는 1895년 3월 23일 러시아에 "동아시아에서 열강의 공동개입에 기꺼이 협력하겠다"라고 밝혔다. 독일이 참여 의사를 밝히자 러시아는 킴벌리(John W. Kimberly) 영국 외상에게 일본을 압박하는 데 동참할 것을 요구했다.

영국은 삼국간섭 참여 거부

영국은 장강 유역을 상권으로 확보한 데다, 청국과 조선 세관을 로버트 하트(Robert Hart)와 브라운(John Mcleavy Brown)을 통해 관리하고 있었다. 영국의 전략적 판단은 러시아와 전 세계 곳곳에서 벌이고 있는 그레이트게임(Great Game) 차원에서 이루어졌다. 즉, 일본의 랴오둥반도 점유는 러시아의 동아시아 침략에 쐐기를 박을 수 있는 '신의 한 수'라고 판단했다. 그 결과 영국은 시모노세키강화조약이 체결되기 9일 전인 4월 8일, "우리는 일본에 대한 국제 간섭에 참여하지 않겠다"라고 러시아에 통보했다.

서양 열강의 움직임이 점점 심각해지자 이노우에 주한 공사는 무쓰 외상에게 조선에 대한 간섭 정책을 전면 재검토해야 한다는 의견서를 보냈다. 이것은 자신이 구상했던 '조선의 이집트화' 정책을 중단해야 한다는 뜻이었다.

영국이 불참을 선언하자 러시아는 4월 11일, 극동 문제를 매듭짓기 위해 특별회의를 소집했다. 이날 회의는 개전 초에 열린 1차 회의

(1894년 8월 21일), 1895년 2월 1일의 2차 회의에 이어 세 번째 열린 특별회의였다. 러시아가 세 차례나 특별회의를 열어야 할 정도로 만주는 최고의 관심 지역이었다.

이날 회의는 영국을 제외한 러·프·독 삼국이 간섭을 진행할 것인가, 아니면 일본에게 랴오둥반도를 넘겨주고 그 대가로 조선이나 중국 요지에서 부동항을 획득할 것인가를 최종 결정하기 위한 회의였다. 해군대장이자 니콜라이 2세의 삼촌인 알렉세이(Alexei Alexandrovich) 대공은 일본에 대한 적대 행동은 일본이라는 강적을 영국에 몰아줄 것이라면서 간섭에 반대했다(오타니 다다시, 『청일전쟁』, 2018, 327쪽).

비테 재무상은 알렉세이와는 반대 의견을 제기했다. 그는 "청일전쟁은 시베리아철도 건설이 야기한 결과"이며, 러시아가 랴오둥반도 할양을 묵인하면 일본은 만주로 세력을 확장해 조선의 완전 병합은 물론, 청으로부터 받은 배상금으로 군사력을 강화해 대륙 진출에 나설 것으로 보았다. 그 결과 시베리아횡단철도가 위협받게 될 것으로 진단했다. 비테는 "일본이 타이완과 펑후제도, 남조선을 점령하는 것까지는 양보할 수 있으나 만주를 차지하도록 '행동의 자유'를 주어서는 안 된다"라고 주장했다.

프랑스의 고민

특별회의는 비테의 입장을 수용해 러시아는 일본의 랴오둥반도 할양에 반대하며, 일본이 러시아의 권고를 수용하지 않으면 함대를 동원해 일본을 공격하기로 방침을 정했다. 그리고 영국 대신 프랑스·독일과 삼국간섭을 진행하기로 최종 결정했다.

러시아가 일본을 적으로 돌리고 청나라를 우방으로 삼는 결정을 한 이유는 시베리아횡단철도의 안전을 위해서였다. 시베리아철도 완공과 더불어 만주 진출을 구상하고 있는 러시아는 자신들의 행보에 위협이 되는 일본을 삼국간섭을 통해 중국 본토에서 몰아낸다는 구상을 한 것이다.

새로 취임한 로바노프(Aleksey Lobanov-Rostovsky) 러시아 외상은 프랑스에게 공동 간섭을 제안했다. 프랑스는 대영제국 다음으로 식민지를 많이 확보한 나라였다. 프랑스는 1830년대에 알제리, 1850년대 이후에는 북아프리카 남부 사하라와 인도차이나반도를 식민지로 확보했다. 프랑스 주권이 미치는 영토의 넓이는 현재 프랑스 면적의 20배에 달했다.

아시아 정책에 관한 프랑스의 근본 목표는 식민지로 확보한 인도차이나반도 보호였다. 프랑스는 동맹국 러시아가 한반도와 국경을 맞대고 있었기 때문에 조선 문제에 개입해 인도차이나에 대한 중국의 반격을 야기할 의도는 조금도 없었다. 때문에 한반도 문제는 중립적 관찰자 수준으로 한정했다(장 끌로드 알랭, 「아관파천기의 프랑스 (1896~1897)—프랑스의 국제정치 위상과 대한정책」, 한국정치외교사학회 편, 『명성황후 시해사건과 아관파천기의 국제관계』, 1998, 262쪽).

프랑스는 일본의 랴오둥반도 점령보다는 인도차이나반도와 가까운 타이완 점령에 촉각을 곤두세웠다. 이 와중에 독일이 자신들의 동맹국 러시아와 손잡고 일본 압박에 나서자 프랑스는 난감한 상황에 빠졌다. 1882년 5월 독일·오스트리아·이탈리아 삼국동맹이 성립되면서 유럽에서 고립 위기에 빠진 프랑스는 러시아와 동맹을 맺어 탈출을 시도했다. 프랑스가 러시아에 막대한 차관을 제공한 이유는 러시아에서 유럽 방향으로 철도를 건설해 유사시 러시아가 자국에 군사적 지원을 해주길 기대했기 때문이다.

독일은 러-프 동맹을 무력화하기 위해 러시아의 관심을 동아시아 쪽으로 유도했다. 러시아도 유럽 국가들과의 힘겨운 경쟁보다는 비교적 활동이 자유로운 동아시아 진출을 희망했다. 그 결과 프랑스 차관에 의한 시베리아횡단철도가 탄생하게 됐다. 이 상황에서 프랑스가 일본을 제재하기 위한 간섭에서 발을 빼면 독일의 의도대로 러-프 동맹이 약해질 위험이 있었다. 반대로 간섭에 참여하면 러시아의 동아시아 진출을 부추겨 유럽에서 자신들의 주적主敵인 독일의 세계 정책을 후원하는 결과가 된다.

고심 끝에 프랑스는 러-프 동맹을 와해시키기보다는 러시아의 손을 들어주는 쪽이 더 유리하다고 판단했다. 새로운 통일 국가 독일의 관심을 동아시아로 돌리는 것이 자국의 이익에 부합한다는 현실적 계산도 잊지 않았다. 프랑스는 4월 12일, "우리는 남만주와 뤼순 항을 일본이 할양받는 문제와 직접적인 이해관계는 없으나 러-프 동맹을 고려해 러시아 정부와 행동을 같이하겠다"라고 통보했다.

청일전쟁 전에 러시아·영국·프랑스를 잠재적 침략 세력으로 간주했던 야마가타 아리토모는 승전으로 일본이 획득한 이권을 확보하기 위해서는 서구 열강과의 동맹이 필요하다고 판단했다. 그는 러시아와 동맹을 맺는 것이 일본에 유리하다고 주장했다. 1896년 6월 9일 그가 러시아 황제 니콜라이 2세의 대관식에 참석해 외상 로바노프와 조선 문제에 관한 각서를 교환한 것은 자신이 주장한 러시아 제휴론과 어느 정도 관련이 있는 것으로 보인다(박영준, 「청일전쟁 이후 일본의 대외정책론」, 2008, 266쪽).

"랴오둥반도를 당장 돌려줘라"

일·청 양국 대표가 시모노세키강화조약에 서명한 4월 17일, 러·프·독 삼국은 "일본이 세 나라의 '우호적 조언'을 수용하지 않으면 삼국 공동으로 군사 행동에 돌입하며, 중국 대륙에 파견된 일본군과 일본 본토 간의 해상 수송로를 차단해 중국에 진출해 있는 일본군을 고사시킨다"라는 내용에 합의했다. 삼국간섭이 완성된 것이다.

이날 히트로보 주일 러시아 공사, 구트슈미트(Felix von Gudtschmid) 독일 공사, 아르망(Jules Harmand) 프랑스 공사는 일본 외무성을 방문해 하야시 다다스林董 차관에게 '우호적 조언'이 담긴 각서를 전달했다. 동시에 청국에는 조약 비준을 잠시 늦춰달라고 통보했다.

삼국 공사가 일본에 전달한 '우호적 조언'은 "일본이 랴오둥반도를 점령하면 청의 수도 베이징이 위험에 빠질 뿐만 아니라 조선의 독립을 유명무실하게 만들며, 극동의 영구 평화에 장애가 된다. 따라서 이를 당장 철회하라"라는 살벌한 내용이었다.

러시아의 압력은 말로만 그친 것이 아니다. 치하체프(Nikolai Matveech Chikhachev) 러시아 해군상 대리는 "우리의 태평양함대는 강력하고 사기는 충천해 있다. 대규모 작전을 벌이지 않아도 일본의 해상 수송로는 손쉽게 차단할 수 있다"라고 공개 발언했다. 같은 시각, 나가사키에 정박 중인 러시아 태평양함대 함정들은 "24시간 내에 출동 준비를 하라"라는 긴급 명령을 받았다. 그 즉시 러시아 순양함에 러시아 해군상 티르토프(Pavel Tyrtov) 제독 깃발이 게양됐다.

지중해함대 사령관 마카로프는 니콜라이1세호 전함을 타고 4월 18일 나가사키에 도착했다. 이 밖에도 지중해함대 소속 순양함 나히모프, 코르닐로프, 린다, 라즈보이니크, 태평양함대의 순양함 자비야크도 일본 근해로 몰려왔다. 이 함선들이 4월 후반에 즈푸芝罘에 집결해 일대 무력 시위를 했다. 러시아 해군의 동아시아 집결은 압도적인 인상을 주었다(와다 하루키, 『러일전쟁 1』, 2019, 266쪽).

독일도 소함대를 일본 근해에 파견했고, 프랑스는 동아시아에 배치된 세 척의 전함을 즈푸까지 북진하라고 명령했다.

일본은 삼국 공사의 '우호적 조언'에 경악했다. 삼국간섭은 엄포만 놓는 공갈협박이 아니라, 배후에 병력을 대기시켜 놓고 당장이라도 일본을 향해 포탄을 날릴 수 있는 현실적 위협이었기 때문이다. 삼국의 분위기로 볼 때 일본 정부가 랴오둥반도 반환 요구를 수용하지 않으면 일본에 대한 군사 공격이 감행될 것은 불을 보듯 뻔했다.

일본은 본토 수비 병력까지 쥐어짜 내 즈리 결전과 펑후제도 점령에 투입하는 바람에 본토는 무인지경이었다. 삼국 연합군이 일본 본토를 공격하면 무방비로 당할 수밖에 없었다. 또 본국과 중국 대륙에 진출해 있는 원정군 사이의 해상 수송로가 차단되면 일본군 전체가 적진에 고립될 위험이 있었다.

4월 20일, 마르샬 독일 외상은 아오키 슈조 주독 일본 공사에게 "세계는 결코 일본의 희망이나 명령에 의해 움직이지 않는다. 일본은 뒤순영유에 방해를 받을 것"이라고 경고했다. 독일은 러시아보다 더 강경한 입장을 일본에 전달함으로써 삼국간섭의 배후가 독일이 아닌가 하는 의심이 들 정도였다.

일본, 영·미·이탈리아에 구원 요청

비상이 걸린 일본은 4월 24일, 히로시마 대본영에서 긴급 어전 회의를 열었다. 이토 총리는 일본이 취할 수 있는 입장을 세 가지로 정리해

안건으로 상정했다.

> 제1안, 삼국의 권고를 무시하고 전쟁을 감수한다.
>
> 제2안, 랴오둥반도 문제 해결을 위한 국제 회의를 소집한다.
>
> 제3안, 삼국의 권고를 전면 수용해 랴오둥반도를 자비롭게 반환한다.

이토 총리는 야마가타 아리토모 육군상과 사이고 쓰구미치西鄉從道 해군상에게, 중국에 전 병력이 투입된 상황에서 러·프·독 세 나라와 전쟁이 가능한지에 대한 군부의 솔직한 의견을 물었다. 두 사람은 청일전쟁을 수행하느라 군비는 바닥났고 함대와 전투 병력은 극도로 지쳐 있으며, 현재 상태로는 러시아 한 나라와의 전쟁도 어려운 상태라고 밝혔다. 그 결과 제1안은 군사적 모험이나 다름없고 제3안은 국가 체면상 너무 굴욕적이어서 수용하기 어렵다며 제2안을 채택했다.

다음 날 이토는 마이코舞子에서 요양 중인 무쓰 외상을 방문해 의견을 물었다. 무쓰는 랴오둥반도 문제를 논의하기 위한 국제 회의 소집에는 많은 시일이 필요하며, 회의를 소집해도 열강은 각자의 이해관계를 주장하며 강화 조약을 통째로 파기할 위험이 있다고 문제를 제기했다.

무쓰는 강화 조약 전체를 백지화해서는 안 되며, 간섭을 제기한 세 나라에게는 양보하되 패전한 청에 대해서는 한 발짝도 양보해서는 안 된다는 의견을 냈다. 강화 조약과 삼국간섭 이슈를 분리 대응하자는 제안이었다. 두 사람은 비준서 교환일까지 열흘의 여유가 있으니, 이 기간을 이용해 총력 외교를 전개해 난국을 타개하기로 했다. 이때부터 러·프·독 삼국에 대해서는 권고 철회 혹은 압력을 줄이기 위한 외교를 진행하고, 다른 쪽에서는 영·미·이탈리아와 접촉해 삼국간섭을 무력화하기 위한 공작을 전개했다.

랴오둥반도 할양을 둘러싼 논란은 영국과 러시아 세력이 중국에서 충돌하는 양상으로 전개됐다. 이 점을 깊이 인식한 무쓰 외상은 4월 26일, 주영 공사로 부임한 가토 다카아키加藤高明에게 "만주 동북부와 조선 북부에 대한 러시아의 야심이 명백해졌다. 이를 억누르려 할 경우 일본은 어느 정도까지 영국의 조력을 기대할 수 있는지를 파악하라"라는 훈령을 내렸다. 구리노 신이치로 주미 공사에게는 "삼국간섭은 일본을 또다시 전쟁으로 몰고 갈 것이므로 미국의 우의적인 원조를 요구하라"라고 훈령했다.

세력 균형 외교의 달인으로 평가받는 영국은 삼국간섭에 대한 전략적 측면을 심도 깊게 분석했다. 일본은 '대륙 세력'으로 불리는 러·프·독 삼국의 공동 간섭에 군사·외교적으로 대응할 만한 국력을 갖추지 못했다. 그렇다고 영·미를 주축으로 한 '해양 세력'이 일본과 공동 대응에 나설 만큼 긴밀한 관계도 아니었고, 무력을 동원해 일본을 편들어 줄 정도의 여유나 동기도 없었다(국사편찬위원회, 『한국사 40』, 2003, 17쪽).

일본은 영국이 기대하는 대로 '극동의 헌병'으로 기능하기에는 실력이 부족했다. 그런 자격을 갖추려면 좀 더 시간이 필요했고, 더 많은 군사력 투자가 요구됐다. 영국은 랴오둥반도 할양을 둘러싸고 러시아와 일본이 전쟁을 벌이는 것을 원치 않았다. 그 결과 영국은 4월 29일 일본에 "국외 중립이 영국의 이익이라고 생각하기 때문에 귀국을 원조할 수 없다"라고 통보했다.

영국은 삼국간섭에 불참해 일본에 호의를 보였고, 한편에선 일본의 요구에 중립을 유지해 삼국간섭을 수용하도록 만들었다. 이것이 패권국 영국의 고단수 외교의 진면목이었다. 미국도 일본이 랴오둥반도를 차지하는 것을 돕지 않았고, 그것을 저지하기 위해 일본을 압박하지도 않았다. 미국은 "국외 중립의 원칙에 모순되지 않는 범위 내에서만 원조 가능"이라는 모호한 입장을 유지했다. 당장 일본을 도울 것처럼 나섰던 이탈리아도 영국·미국의 속내를 눈치 채자 슬그머니 발을 뺐다.

랴오둥반도 포기하다

삼국간섭에 대항하기 위해 일본이 조직하려던 영·미·이탈리아 연합 전선이 불발되자 일본은 4월 30일 러·프·독 삼국에 "랴오둥반도의 영구 점령권은 포기한다. 대신 청은 그에 따르는 충분한 보상을 하고, 이를 보장하는 협정이 체결될 때까지 뤼순과 다롄 일대인 진저우청金州廳을 점령하겠다"라고 통고했다. 삼국은 일본 측 제안을 즉각 거부하고 해군을 동원해 일본을 압박했다.

5월 3일, 니시 도쿠지로 주러시아 일본 공사는 "러시아는 일본의 제안에 만족하지 않는다"라고 보고했다. 벼랑 끝에 몰린 이토 총리는 "삼국간섭을 전쟁으로 돌파하자"라는 강경 여론을 잠재우고 5월 4일 각의에서 랴오둥반도의 전면 반환, 일본식 표현으로 '환부還付'를 결정했다. 삼국간섭에 전격적으로 항복을 선언한 것이다.

일본 정부는 삼국간섭 관련 내용을 철저히 보도 통제해 국민은 그런 일이 진행 중인 사실을 알 수 없었다. 랴오둥반도 환부에 대한 공식 발표에 앞서 일본 정부는 야마가타 아리토모 육군상을 뤼순에 파견해 출정 군인을 위로하고 이해와 협조를 구했다. 군인들이 피를 흘려가며 확보한 랴오둥반도를 외교전 패배로 반환하는 것에 대한 군의 반발과 동요를 예방하기 위한 사전 조치였다.

영국이 삼국간섭에서 이탈하자 중국인들은 분노했고, 삼국간섭의 주역인 러시아를 수호천사로 떠받들었다. 1895년 량광兩廣 총독 류쿤이劉坤一는 연로거일聯露拒日 정책을 추진하자는 상소를 올렸다. 리훙장·쩡궈판曾國藩·쭤쭝탕左宗棠과 함께 만칭晩淸 4대 명신으로 불린 장즈둥도 청-러 밀약을 체결해 중국과 러시아가 육·해군을 연합 운용할 것을 주장했다.

시모노세키조약의 비준 발효일은 5월 8일이었다. 타이완에서 일본 할양에 반대하는 원주민 폭동이 발생한 와중에 삼국간섭이 제기되자 청국 정부는 조약 비준을 둘러싸고 찬성파와 반대파로 의견이 갈렸다. 청국 정부는 4월 27일, 주러시아 공사 쉬징청許景澄에게 "러시아가 군함을 랴오둥 해상에 보내 우리를 도와줄 수 있는지, 병력을 동원해 일본을 공격할 수 있는지를 문의하라. 우리는 러시아와 밀약을 원하며, 밀약을 통해 그들의 수고에 보답하겠다는 사실을 밝히라"라고 훈령했다(왕소방, 『중국외교사』, 1997, 302~303쪽).

장즈둥은 이 훈령에 대해 "여우를 끌어들여 호랑이를 막겠다는 전략"이라고 비판하며 그 실현 가능성을 의심했다. 리훙장은 러·프·독 삼국에 긴급 군사 원조를 요청했으나 삼국은 병력이 부족해 도울 수 없다고 거절했다. 그는 5월 2일, 총리아문에 "비준 연기는 불가능하다"라고 알렸다. 조약이 파기되면 더 심각한 문제가 발생할 것을 우려한 청국 정부는 조약 비준을 결정했다.

5월 8일, 일본 전권 이토 미요지와 청국 전권 우팅팡이 즈푸에서 비준서를 교환해 시모노세키조약이 정식 발효됐다. 조약 발효 직후 중국 곳곳에서 격렬한 소요 사태가 발생했다. 리훙장은 이를 기회로 일본 측에 "타이완 양도를 강행하면 불상사가 일어날 수 있으니 시기를 늦추자"라고 제안했다. 일본은 이 제안을 일언지하에 거절했다.

5월 13일, 랴오둥반도의 반환에 관한 조칙과 함께 강화 조약이 공표됐다. 일본 각 신문사들이 호외를 발행해 메이지 천황의 랴오둥반도 환부 조칙을 보도했다. "러시아·프랑스·독일의 권유에 따라 랴오둥반도를 청국에 반환하고 우리의 깊은 뜻과 예절을 세상에 알린다. 이로 인해 일·청 양국의 관계가 전보다 더욱 친밀해질 것이고, 각국 정부와 국민도 짐의 뜻을 이해하리라 믿는다" "이제 대국적으로 생각해 넓고 큰 도량으로 일을 처리해도 제국의 영광과 위엄을 훼손한다고 보지 않는다. 이에 짐은 우방의 충언을 받아들이기로 하고, 정부에 명해 삼국 정부에 이러한 취지로 답하도록 했다"라는 내용을 본 일본 국민들은 그제야 삼국간섭이 있었던 사실을 알게 됐다.

5월 11일 청국의 광서제는 시모노세키조약 비준을 발표하고 "고통스럽지만 실력을 쌓고 하루빨리 개혁에 힘써 자강의 실효를 거두라"라고 성난 민심을 다독였다. 량치차오는 "우리나라가 4,000년의 큰 꿈에서 깨어난 것은 갑오전쟁(청일전쟁) 패배, 타이완 할양, 배상금 이후에 시작됐다"라고 한탄했다. 청국 정부는 랴오둥반도를 반환받았지만, 그것은 '독이 든 성배聖杯'였다. 일본에게서 돌려받은 그 땅을 3년이 지나지 않아 삼국간섭의 주인공 러시아에게 탈취당했기 때문이다.

100여 명의 참전 장교와 병사 항의 자살

일본의 입지는 1878년 오스만과의 전쟁에서 승리한 러시아가 오스만과 체결한 산스테파노조약을 베를린 회의에서 수정당한 러시아의 처지와 비슷했다. 일본은 전쟁에서 승리했지만 동맹국이 없었고, 국제 관계에도 적절히 대응하지 못해 삼국간섭에 무기력하게 굴복했다. 잔뜩 기대에 부풀었던 민심이 일순간 얼어붙었고, 청일전쟁에 참여했던

100여 명의 장교와 사병이 분노에 떨며 자살로 항의했다(강성학, 『시베리아 횡단열차와 사무라이—러일전쟁의 외교와 군사전략』, 고려대학교 출판부, 2000, 142~143쪽).

5월 27일 「니혼신문」은 "백전백승했으면서도 수모를 당한다면, 그 책임은 도대체 누구에게 있는가"라며 외교 당국의 인책 사직을 요구했다. 역사학자 와타나베 슈지로는 "처음부터 랴오둥반도 탈취가 불필요하거나 득이 되지 않는 것으로 판단했다면 군부의 주장이 있었더라도 정부가 이를 배제했어야 한다"라며 이토와 무쓰의 연약 외교를 질타했다.

전쟁에서는 승리했으나 외교전에서 완패한 일본은 천황으로부터 일반 백성에 이르기까지 굴욕감에서 헤어나기 힘들었다. 언론의 빗발치는 항의와 비난, 대중의 분노가 폭발했다. 그들은 오직 힘이 있어야만 정의를 표방할 수 있으며, 국가적 생존과 구원은 군사력과 민족주의를 통해서만 확보될 수 있다는 뼈아픈 교훈을 체득했다.

이때부터 일본 지도자들은 절치부심과 와신상담을 외치며 러시아와의 전쟁, 부국강병, 국력 배양을 주장했다. 그 즉시 일본은 군사력 증강에 돌입했다. 새롭고 보다 나은 장비로 6개 사단의 육군을 증강했고, 해군의 규모도 크게 확장했다. 일본 사회에서 군부의 지위가 크게 높아졌으며, 팽창주의와 국수주의적 극단주의를 표방하는 애국 단체들이 급증했다. 일본인들의 쓰라림과 환멸감은 당시의 유행가 '외교의 노래' 가사에 다음과 같이 나타났다(강성학, 『시베리아 횡단열차와 사무라이』, 2000, 144쪽).

서쪽에는 영국이, 북쪽에는 러시아가 있다네
동포여 조심하라!

겉으로 그들은 조약을 맺는다네
그러나 그들의 가슴속에 무엇이 있는지
우리는 알 수 없다네
국제법이 있는 것은 사실이라네
그러나 때가 오면 기억하라
강자가 약자를 먹어치운다는 것을

도쿠토미 소호는 신영토로 확정된 랴오둥반도를 재빨리 방문하고 있었는데, 환부 조칙에 큰 충격을 받고 "힘이 부족하면 어떠한 정의공도正義公道도 반 푼의 가치도 없다"라고 선언했다. 그는 "랴오둥반도 반환은 나의 거의 모든 일생을 지배했다고 해도 과언이 아니었다. 이 소식을 들은 이후 나는 정신적으로 거의 다른 사람이 됐다"라고 토로했다.

자유주의자였던 도쿠토미는 랴오둥반도 환부를 계기로 제국주의자로 전향했다. 삼국간섭은 대륙낭인 우치다 료헤이內田良平의 일생도 바꿔 놓았다. 조선과 중국 문제에 쏠려 있던 그의 관심은 이때부터 러시아로 바뀌었다.

조선 보호국화도 포기

우치다는 러시아에 복수할 기회를 엿보기 위해 1895년 8월 말 블라디보스토크에 유도장을 열고 활동 거점을 마련했다. 블라디보스토크에는 대륙낭인, 군 첩보원, 석공, 인부 등 수백 명의 일본인이 거주하고 있었다. 우치다는 3년간 그곳에 머물며 일대를 정찰하고 정보 수집 활동을 벌였다.

그의 유도장은 대륙낭인과 첩보원들의 거점이었다. 우치다는 군 첩보원 시바 다다요시椎葉糺義의 활동을 지원했고, 구스모토 마사유키楠本正徹를 간도에 파견해 만주 일대의 정탐 활동을 후원했다. 3개월 후 구스모토는 간도에 대한 다양한 자료와 정보를 수집해 블라디보스토크로 돌아와 보고서를 작성했다. 그는 여행 중 걸린 동상이 악화돼 보고서를 완성하지 못하고 죽었다. 이때 우치다는 러시아의 실체는 동아시아 쪽이 아니라 유럽 쪽에 있다는 사실을 깨닫고 시베리아를 횡단해 수도 상트페테르부르크까지 조사 여행을 떠났다.

삼국간섭을 통해 러시아가 동북아의 핵심 국가로 화려하게 등장하면서 러·일 두 경쟁국은 충돌 궤도에 진입했다. 일본 사회 곳곳에서 팽창주의와 극단적 국가주의를 지향하는 국권주의 단체가 조직됐다. 10년 후 발발한 러일전쟁은 랴오둥반도 반환을 둘러싸고 벌어진 삼국간섭의 감성적·논리적·필연적 귀결이었다.

삼국간섭 이후 일본에서 러시아에 대한 분노와 적개심이 폭발했다. 국가적 치욕을 되풀이하지 않기 위해서는 강력한 군사력을 보유한 제국으로 거듭나야 한다는 공감대가 형성됐다. 이후 일본은 절치부심해 삼국간섭의 주체인 러시아·독일·프랑스에 대한 보복 전략을 장기간에 걸쳐 단계별로 추진해 나갔다.

일본은 1905년 러시아를 상대로 러일전쟁에서 승리했고, 1914년 제1차 세계대전 때는 독일에 선전포고를 하고 산둥반도의 독일 조차지를 공격 점령해 보복했으며, 제2차 세계대전에서 인도차이나반도에 위치한 프랑스 식민지를 공격함으로써 삼국간섭의 패배를 설욕했다(강정일, 「지정학으로 본 러시아제국의 對한반도 정책 (1884~1904)」, 2013, 203~204쪽). 사무라이의 나라답게 일본은 자신들을 모욕한 상대에 확실한 보복을 한 것이다.

일본이 내건 청일전쟁의 명분은 조선이 종주국 청으로부터 독립해야 한다는 것이었다. 이것은 명분이 그렇다는 것이고, 전쟁의 실제 목적은 조선에서 청의 영향력을 제거하고 일본의 지배력을 강화해 보호국으로 삼는 것이었다. 청일전쟁에서 승리했음에도 불구하고 일본은 기대했던 것만큼 조선에 대한 영향력을 강화하지 못했다. 오히려 전후 조선에 대한 일본의 영향력은 줄었고, 일본의 대외 정책은 새로 획득한 타이완을 중심으로 전환을 모색했다(조명철, 「청일·러일전쟁의 전후 처리와 한국 문제」, 2010, 265쪽).

랴오둥반도 문제로 제국주의 세계 질서의 진면목을 절절하게 체험한 일본은 전쟁 기간 중에 제기된 북수남진론에 관심이 집중됐다. 1894년 11월 '타이완 점령 의견서'가 제출됐고, 1895년 시모노세키조약으로 일본은 타이완을 점유했다. 이때부터 탐험가 요코오 도사쿠橫尾東作, 경제인 다구치 우키치田口卯吉 등 민간 차원에서 오세아니아와 동남아시아로의 이민과 자유무역을 개척하자는 남진론이 제기됐다(조관자, 「청일·러일전쟁기의 사상과 동아시아의 변혁」, 2018, 82쪽).

북수남진론에 시큰둥했던 육군 지도부도 타이완을 중심으로 일본의 팽창을 실현해야 한다고 외치기 시작했다(조명철, 「20세기 초 동아시아 국제정세와 일본의 대륙정책」, 『일본역사연구』 제14집, 일본사학회, 2001, 103쪽).

일본은 청일전쟁 후 삼국간섭을 주도한 열강과 대치 국면을 조성하는 것이 부담스러웠다. 때문에 한반도를 통한 대륙 진출에 신중을 기했다. 이 시기 일본의 새로운 팽창 논리로 등장한 것이 북수남진론이었다. 이것은 한마디로 청일전쟁의 결과로 획득한 최초의 식민지인 타이완을 십분 활용해 일본의 대외 팽창을 실현하자는 주장이었다(조명철, 「러일전쟁기 일본 육군의 만주전략」, 『군사軍史』 제51호, 국방부 군사편찬연구소, 2004, 323쪽).

타이완 주민들, 일본 복속 거부

타이완은 풍부한 물산과 자원을 보유하고 있는 중국 연해 최대의 섬이다. 삼국간섭으로 랴오둥반도를 반환하는 국가적 치욕을 당한 일본이었기에 무슨 일이 있어도 타이완만큼은 반드시 영유해야만 했다. 하지만 타이완의 민심이 심상치 않았다. 타이완섬이 밤중에 도둑맞듯이 일본에 할양된다는 소식이 알려지자 유력자들을 중심으로 강력한 저항이 폭발했다.

시모노세키조약 체결 사흘째 되는 날 타이완 주민들은 철시하고 며칠 동안 통곡을 했다. 통곡 소리가 들리지 않는 곳이 없을 정도였다고 한다(왕소방, 『중국외교사』, 1997, 299쪽). 주민 대표들은 타이완 순무巡撫 대리 탕징쑹에게 시모노세키조약에서 타이완 할양을 삭제해 달라고 요청했다. 그들은 "우리는 일본에 복속하지 않을 것을 맹세한다. 영토 할양 조항을 삭제하지 않으면 타이완 주민을 유기하는 것이다. 조정이 인심을 잃으면 어찌 천하를 다스릴 수 있는가"라는 내용을 혈서로 써서 청국 정부에 보냈다.

일본 정부는 5월 10일 가바야마 스케노리 해군 군령부장을 대장으로 진급시켜 타이완총독 겸 군무사령관에 임명했다. 가바야마 총독은 5월 24일 우지나 항을 출항해 다롄만에서 온 근위사단과 합류해 타이완으로 향했다.

일본군이 타이완 점령을 위해 오고 있다는 소식이 알려지자 타이완 유력자들은 5월 25일 타이완민주국의 독립을 선포하고 수도 타이베이臺北 성루에 황색 바탕에 호랑이 그림이 그려진 새 국기인 황호기黃虎旗를 내걸었다. 이날 탕징쑹이 총통에 취임했다.

타이완민주국은 연호를 영청永清으로 정하고 타이완 수비군 부사령관

류융푸劉永福를 대장군에 임명했다. 류융푸는 1873년 12월 흑기군黑旗軍을 지휘해 하노이 교외에서 프랑스군과 전투를 벌여 지휘관 가르니에(Francis Garnier) 대위를 비롯한 수백 명을 사살하는 대승을 거두었다. 1883년 5월에도 사령관 리비에르(Henri Laurent Rivière)를 사살하는 등 프랑스군을 공포에 떨게 한 전설적인 지휘관이었다.

타이완민주국 건국은 주민들의 항일 의지를 결집하는 데 중요한 역할을 했다. 타이완민주국은 서양 열강에 "타이완 독립을 승인하고, 일본과 싸우는 우리를 원조하면 광산과 농지를 조차하겠다"라며 항전 의지를 불태웠다. 이때 독일 정부가 청국에 "타이완 문제를 구실로 일본이 청국을 재침공하면 배상금이 더 늘어날 것이고, 타이완뿐만 아니라 하이난다오海南島와 저우산열도마저 빼앗길 우려가 있으니 타이완 독립 운동을 억압하는 것이 좋다"라고 정중히 권고했다.

청국 정부는 베이징 일대의 안전을 위해 랴오둥반도를 돌려받는 것은 대단히 중요하지만, 국가 존립을 위해 남쪽 변방의 섬 타이완 손실은 불가피하다고 판단했다. 청국 정부는 탕징쑹을 면직하고 타이완에 체류하는 관원들의 본토 귀환을 명했다. 타이완 주민의 저항 운동을 외면한 것이다.

5월 29일 일본군은 아오디澳底에 상륙해 타이베이로 진격했다. 6월 2일 지룽基隆 외항의 일본 함정에서 리징팡 전권대표가 타이완섬 양도 문서에 서명했다. 이로써 타이완은 국제법적으로 일본 영토로 넘어갔다. 시모노세키강화조약에 조인한 사람은 리훙장이요, 타이완을 일본에 넘기는 문서에 서명한 것은 그의 양자 리징팡이었다. 청국 정부는 리훙장 부자에게 수치스러운 문서 서명을 맡겨 그들 부자에게 책임을 떠넘겼다.

타이완 반란 진압 위해 대병력 투입

6월 7일 타이베이가 일본군에게 함락되고, 탕징쑹 총통을 비롯한 타이완민주국 요인들은 본토로 도주했다. 하지만 중남부 일대의 지역 유지와 주민이 봉기했다. 6월 29일, 타이난臺南 관리들은 류융푸를 통령으로 추대하고 남부에서 항전 체제를 구축했다. 주민이 조직한 민병대는 산악 밀림 지대에서 병참선을 공격하는 게릴라 전술로 일본군을 괴롭혔다. 특히 타이베이와 신주新竹 사이에서 민병대의 저항이 격렬했다.

초대 총독 가바야마 스케노리는 주민 저항을 대수롭지 않게 생각했으나 사태는 예상보다 훨씬 심각했다. 민병대 저항에 혼쭐이 난 그는 "타이완은 명의상 제국의 새 영토지만 현재는 전쟁 상태"라면서 병력 증파를 요청했다. 일본 대본영은 7월 14일 랴오둥반도에 주둔 중이던 제2사단 산하 혼성 제4여단을 지룽에 상륙시켰다.

이 병력으로도 고전을 면치 못하자 대본영은 제2사단 잔여 병력과 제4사단 후비보병 28개 중대를 비롯해 공병대, 요새 포병대, 헌병대를 투입했다. 이로써 타이완에는 근위사단과 제2사단, 제4사단의 절반이 동원됐다. 평양 전투에서부터 하이청 공략전까지 수행했던 제1군 규모를 뛰어넘는 7만 6,000명 대병력이 타이완 정글에 투입된 것이다.

8월 6일, 타이완총독부는 항일 투쟁을 제압하기 위해 군정을 시행했고, 점령 정책 수행을 위해 헌병대를 창설했다. 당시 일본 국내의 헌병은 1,100명이었는데, 타이완에는 일본 본토의 두 배에 달하는 2,027명의 헌병이 투입됐다.

일본군에게 민병대나 흑기군보다 더 심각한 공포의 대상은 세균과 풍토병이었다. 일본군은 전투 도중 말라리아에 걸리거나 비위생적인 물을 마시고 이질에 시달렸다. 8월 29일 중부의 장화彰化를 점령한 근위

사단은 무더위와 질병, 주민 저항, 하천 범람 등으로 병력이 절반으로 줄어 전투력을 상실했다.

류융푸가 지휘하는 흑기군은 최신 무기로 무장하고 게릴라전을 벌여 일본군을 혼란에 빠뜨렸다. 하지만 흑기군을 제외한 다른 민병대는 엽총이나 화승총, 죽창이나 청룡도가 고작이었다. 민병대의 사기가 아무리 높아도 근대 무기로 무장한 정예군 대부대를 상대로 지속적인 승리를 기대할 수는 없었다.

일본군이 광산과 공장, 병기고가 집중해 있는 북부 지역을 점령하자 타이완 민병대는 무기와 탄약이 고갈됐다. 일본군은 민병대 주력을 서남부 주요 도시인 타이난에 가두는 데 성공했다. 1895년 10월 19일, 악전고투 끝에 일본군이 타이난을 점령했다. 흑기군 지도자 류융푸는 섬

청일전쟁 당시 일본 측 병력 손실

		1894.7.25~1895.5.30	1895.5.31.~11.30 (타이완 점령 작전)	합계
사상자	전사	736	396	1,132
	부상자	228	57	285
	병사	1,658	10,236	11,894
	변사	25	152	177
	합계	2,647	10,841	13,488
복역 면제자	상이(傷痍)			1,584
	질병			2,174
	형벌			36
	합계			3,794

출처 : 후지무라 미치오, 허남린 옮김, 『청일전쟁』, 도서출판 소화, 1997, 232쪽.

을 탈출했다. 가바야마 총독은 11월 18일 대본영에 "전도全島를 완전히 평정했다"라고 보고했다.

청일전쟁을 시작한 일본군은 성환 전투에서부터 랴오둥반도 점령(1894년 7월 25일~1895년 5월 30일)까지 2,647명의 사상자가 발생했다. 그런데 타이완 점령(1895년 5월 31일~11월 30일) 과정에서 그보다 네 배 정도 많은 총 1만 841명의 사상자가 발생했다. 이 중 전투로 인한 전사자는 396명, 병사자는 1만 236명으로, 병사자가 전사자보다 26배나 많았다. 타이완 병사자 중에는 근위사단장 기타시라카와노미야 요시히사北白川宮能久 친왕, 근위 제2여단장 등 고급 지휘관도 있었다.

청일전쟁 출정 군인 중 입원 가료를 받은 자는 연 17만 명이다. 그 중 중병으로 본국에 후송된 자는 해외 파견자의 3분의 1에 달하는 6만 7,600명이었다(후지무라 미치오, 『청일전쟁』, 1997, 233쪽). 입원 환자 17만 명 가운데 전투에 의한 부상자는 4,519명에 불과했고, 나머지는 급성이질, 말라리아, 콜레라 등 전염병과 비타민 부족에 의한 각기병 환자였다.

타이완 거점으로 푸젠성 침투 준비

1896년 3월 타이완총독부는 군정을 종식하고 민정으로 이행했다. 이후에도 항일 투쟁이 계속되자 타이완총독에는 계속 무관이 임명돼 1919년까지 총독이 군대 지휘권을 행사했다. 타이완 식민 통치는 육군이 장악해 현역 군인을 총독으로 배치하고 강압적인 무단정치를 실시했다.

민정은 내지연장주의를 채택해 타이완 주민의 생활 습관이나 행정 조직을 무시하고 일본 제도를 도입해 통치했다. 주민의 기본적 인권을 인정하지 않았고 참정권도 부여하지 않아 반란이 계속됐다. 반란 진압을 위해 헌병이 투입됐는데, 헌병이 부족하자 1897년부터는 다른 병과를 헌병으로 바꿔 현지에 투입했다.

1898년부터 1902년까지 5년 동안 타이완총독부는 저항 세력 1만 2,000명을 체포·처형했다. 반란 진압을 위한 군사 작전은 타이완 점령 7년이 지난 1903년에 종료됐다. 이후 일본은 토지 조사를 시행해 무주지無主地를 국유화했고, 일본 자본이 진출했다. 1895년 타이완의 사탕수수를 원료로 설탕을 제조하기 위해 타이완에 일본제당주식회사가 설립됐다.

타이완 내부 정세가 안정되자 일본은 대안對岸에 위치한 푸젠성福建省에 근거지를 확보하기 위한 비밀 작전을 개시했다. 1896년 6월 가바야마의 후임으로 타이완총독에 임명된 가쓰라 다로 육군 중장은 랴오둥반도 점유를 외치는 육군 주류 세력의 입장과는 달리 타이완 할양을 주장해 눈길을 끌었다.

그는 랴오둥반도의 전략적 가치를 인정하면서도 유지 비용이나 열강과의 분쟁 가능성 때문에 부정적 입장이었다(조명철, 「의화단사건과 동아시아의 정세 변화」, 2002, 43쪽). 가쓰라 다로는 총독으로 부임하기 전, 3주 동안 이토 총리 및 후에 해군 대신에 오른 사이토 마코토齋藤實 해군 소좌와 동행해 타이완 일대를 시찰했다.

가쓰라는 열강에 의해 중국이 분할되는 상황에서 일본이 수수방관할 수는 없다고 보았다. 이런 정세에 편승해 국력을 신장하기 위해선 조선은 현상 유지 정도로 충분하며, 푸젠 일대를 일본에 귀속시켜야 한다면서 이를 타이완 식민 통치의 목적으로 정했다. 그는 타이완을 중국 남부와 동남아·태평양 진출을 위한 전진 기지로 인식한 것이다.

랴오둥반도 반환 후 일본 대륙 정책의 축이 북수남진으로 옮겨가면서 조선 문제는 외교 순위에서 밀려났다. 이것은 메이지 정부 수립 이후 최초의 일이다(조명철, 「청일·러일전쟁의 전후 처리와 한국 문제」, 2010, 274쪽).

가쓰라의 후임으로 타이완총독에 임명된 고다마 겐타로兒玉源太郎 육군 중장은 타이완 경영 자금을 유치하기 위해 1899년 3월 '타이완사업공채법'을 실시했다. 그는 이 법을 통해 조성된 자금으로 항만과 타이완 종단 철도를 건설했다. 고다마는 이 프로젝트의 목적을 '타이완 방위를 위해서'라고 밝혔지만, 진짜 이유는 타이완에서 푸젠성으로 진출하는 데 필요한 인프라 구축이었다.

고다마 총독은 관제에도 없는 대안계對岸係를 설치해 푸젠성 주요 지역에 일본 학교를 설립하고, 푸저우福州에서 신문을 발행하며, 타이완은행 지점을 설치하는 등의 작업을 통해 일본 세력을 침투시켰다. 일본이 중국 남방 지역에 근거지를 확보하기 위해 조직적으로 움직이자 이 지역에 이권을 갖고 있던 영국이 긴장했다.

샤먼 출병 실패로 북수남진론 좌초

1900년 8월 4일 의화단이 베이징을 공격해 열강 외교관을 살해하고 공사관 지역을 포위하는 등 대혼란이 빚어졌다. 그로부터 열흘 후 샤먼廈門의 일본 사찰 히가시혼간지東本願寺 포교소에 화재가 발생했다. 의화단의 난으로 열강의 간섭이 어려울 것으로 판단한 일본 육·해군은 자국민 보호를 구실로 샤먼을 점령했다.

일본의 행동에 분노한 영국과 미국 등 열강이 강력 항의하자 일본 정부는 북수남진론을 주장하는 타이완총독부의 반대에도 불구하고 곧바로 병력을 철수시켰다. 이 사건은 북수남진 정책이 좌초하는 결정적인 계기가 됐다(조명철, 「청일전쟁기, 열강과 일본의 중국 침탈」, 2010, 487~488쪽).

독일의 자오저우만膠州灣 탈취, 영국의 웨이하이웨이 조차, 러시아의 뤼순·다롄 조차, 프랑스의 광저우廣州 일대 조차는 차관 제공에 대한 대가성 성격이 강했다. 일본의 샤먼 점령은 서구 열강과 달리 대가를 제공하지 않는 노골적 침탈에 가까운 방식이었기에 뜻을 이루지 못했다.

일본은 타이완 영유를 통해 제국주의 클럽에 정식 데뷔했다. 하지만 타이완 식민 통치 과정에서 경험 부족과 미숙한 정책으로 호된 시련을 겪으며 비싼 수업료를 내야 했다. 식민지 획득은 식민 모국 입장에서 보면 원료 및 판매 시장 확보라는 축복이 된다. 이를 위해서는 도로·철도·항만 건설 등 막대한 투자가 요청된다. 게다가 저항하는 원주민을 제압하기 위한 치안 유지비, 반란 진압 비용 등 엄청난 비용이 발생한다.

청일전쟁이 종료된 다음 해인 1896년부터 1903년까지 일본은 타이완에 매년 700만~1,300만 엔, 평균 1,000만 엔 가까운 예산을 투입해야 했다(국사편찬위원회, 『한국사 40』, 2003, 87쪽). 일본 본국 정부 예산의 10퍼센트 가까운 거액이었다.

제6장

패전으로 거덜 난 청나라

청일전쟁은 일본제국 역사상 최초로 대규모 군대를 해외에 파병해 국운을 걸고 벌인 첫 번째 전쟁이었다. 1874년 타이완 침공 사례가 있었지만, 청일전쟁과는 비교가 안 될 정도의 소규모였다. 청일전쟁을 시발로 일본은 50여 년 동안 10~15년 주기로 대전쟁을 벌여 세계 3대 군사 강국으로 부상했다.

중국은 인구, 국토 면적, 국력 면에서 일본과 비교가 안 되는 대국이었다. 한 시절 천하를 호령했던 '천자의 나라'가 일본에게 힘 한번 써보지 못하고 참패했다. 시모노세키강화조약으로 청국이 일본에 제공한 전쟁 배상금은 이자를 제외한 원금이 2억 3,150만 냥이었다. 뿐만 아니라 타이완을 식민지로 빼앗겼고, 웨이하이웨이 해전에서 살아남은 북양함대 군함을 일본에게 빼앗겼다. 일본군이 청군으로부터 노획한 군함, 무기, 탄약, 군수품 등을 금액으로 환산하면 최소 1억 냥이 넘었다.

변법자강운동의 주창자 캉유웨이는 "해군 예산 가운데 철갑선 10여 척을 구입하기로 한 3,000만 냥 예산이 모두 이허위안頤和園 공사에 전용됐다. 이 때문에 1887년 이후에는 철갑선을 구입할 수 없게 됐다. 이것이 일본에 패한 이유"라고 청조를 비난했다.

일본은 경제력에 한계가 있어 장기전을 수행하기 어려웠다. 일본군은 자신들의 약점을 잘 알고 있었기에 속전속결로 큰 승리를 거둔 후 유리한 강화 조건으로 전쟁을 끝냈다. 일본의 약점을 꿰뚫어 본 인물은 청국 해관 총세무사인 영국인 로버트 하트였다. 그는 경제력과 인구에서 우위에 있는 중국이 전쟁을 장기전·지구전으로 끌고 가면 승산이 있다고 조언했다. 청국 정부는 이 전략을 적절히 활용하지 못했고, 열강의 조정과 중재에 매달리다 일을 그르쳤다.

정글의 법칙이 작동하는 국제 질서하에서 약소국에게 외교란 빛 좋은 개살구에 불과했다. 이를 꿰뚫어 본 인물이 청나라 지식인 정관잉鄭觀應이다. 그는 1892년 발표한 『성세위언盛世危言』에서 당시의 국제 관계를 무역전쟁商戰과 군사전쟁兵戰 상태로 인식했다. 정관잉은 만국공법의 보호를 받으려면 부강해야 하는데, 중국은 부강하지 않았기에 만국공법의 보호를 받지 못했다고 주장했다.

클라우제비츠의『전쟁론』을 통한 청일전쟁 분석

1882년부터 1887년까지 독일에서 유학한 다무라 이요조田村怡與造와 군의관 모리 오가이森鷗外는 클라우제비츠의 『전쟁론』을 일본어로 번역 소개했다(박영준, 『제국 일본의 전쟁 (1868~1945)』, 사회평론아카데미, 2020, 111쪽). 클라우제비츠의 『전쟁론』에 의하면 전쟁은 정부가 추구하는 전쟁 목적(정치적 차원), 국민의 열정적 지원(사회적 차원), 사령관 지휘하의 전투 행위(군사적 차원)가 삼위일체를 이루는 것이다.

전쟁에서 승리하려면 삼위일체 요소들의 균형과 시너지 효과가 요구된다. 또 전쟁의 승패는 평화 시에 전쟁 준비를 얼마나 잘했으며 실제

전쟁 수행 과정에서 전략적 원칙을 얼마나 잘 준수했느냐에 달려 있다. 클라우제비츠의 삼위일체론에 입각해 청일전쟁을 평가하면 중국은 군사적 차원뿐만 아니라, 정치적·사회적 차원을 포함하는 3차원 모든 분야에서 심각한 결함을 안고 있었다(강성학, 「용과 사무라이의 결투—중일전쟁의 군사전략적 평가」, 2006, 82쪽).

중국인들은 1840년 아편전쟁 이후 유럽 열강에 군사적으로 굴욕을 당해 왔음에도 불구하고 근대 전쟁의 수행과 전략적 원칙에 무지했고 무관심했다. 이것이 청일전쟁에서 중국이 패배한 근본 원인이다. 승패의 근원을 보다 깊이 추적해 들어가면 가장 먼저 양국 지도부의 리더십이 나타난다.

당시 일본 국가 지도부는 막부를 무너뜨리고 메이지유신을 성공시킨 주인공들이 원로로 포진해 있었다. 네 차례(1·5·7·10대) 총리를 역임하고 헌법을 기초한 이토 히로부미를 비롯해 2대 총리 구로다 기요타카黑田清隆, 3·9대 총리 야마가타 아리토모, 11·13·15대 총리 가쓰라 다로, 12·14대 총리 사이온지 긴모치西園寺公望 등은 천황의 자문에 응하고 총리 추천권을 행사한 '메이지 원로'들이었다.

일본에서 원로란 메이지헌법의 결함을 보완하기 위해 국정 전반에 걸쳐 "천황의 광범위한 기능을 집단적으로 대행하는" 일본 정계의 최고 권력층이었다. 천황은 1892년 이래 내각이 위기를 맞거나, 중요한 내외 정책을 결정할 때 '원로'들에게 자문하는 것을 관례화했다. 이 과정에서 천황의 하문을 받는 사람이 이토, 야마가타, 이노우에 등으로 고정되면서 원로라는 '초헌법적 기관'이 성립됐다. 이들은 어떤 중요한 국무에도 공적으로 개입할 수 있는 권한을 가진 일본 최고 정책 결정자들이었다(최문형, 『한국을 둘러싼 제국주의 열강의 각축』, 2006, 177쪽).

세계 최정상급 인재들이 원로 그룹 형성

원로들은 메이지 천황 시기 국가 운영의 최고 지도부 역할을 담당했다. 이들은 현역에서 은퇴한 뒤에도 정치, 외교, 군사 등 국정 전반에 걸쳐 강력한 영향력을 행사했다. 일본을 이끈 원로들의 면면을 보면 세계 어느 나라와 비교해도 뒤지지 않는 지성, 학식, 세계관을 가진 인물들이었다. 흥미로운 점은 9명의 원로 중 왕실 귀족 가문 출신인 사이온지 긴모치를 제외하면 8명 모두 사쓰마·조슈번 출신이란 사실이다.

청일전쟁 전후 일본을 이끈 원로

이름	출신	생몰연도	원로 호칭 수여일	총리 경력	비고
이토 히로부미 (伊藤博文)	조슈	1841~1909	1889. 11. 1.	1·5·7·10대	최초의 원로
구로다 기요타카 (黑田淸隆)	사쓰마	1840~1900	1889. 11. 1.	2대	
야마가타 아리토모 (山縣有朋)	조슈	1838~1922	1891. 5. 6.	3·9대	
사이고 쓰구미치 (西鄕從道)	사쓰마	1843~1902	1892년(추정)	–	사이고 다카모리의 동생
마쓰카타 마사요시 (松方正義)	사쓰마	1835~1924	1898. 1. 12.	4·6대	
이노우에 가오루 (井上馨)	조슈	1836~1915	1904. 2. 18.	–	
오야마 이와오 (大山巖)	사쓰마	1842~1916	1912. 8. 13.	–	
가쓰라 다로 (桂太郎)	조슈	1848~1913	1912. 8. 13.	11·13·15대	
사이온지 긴모치 (西園寺公望)	왕실 귀족	1849~1940	1912. 12. 21.	12·14대	마지막 원로

청국 지도부는 황실은 만주족이 장악하고 군권 및 행정권은 한족漢族이 쥐고 있어 민족모순이 복잡하게 얽혀 있었다. 황실의 리더십도 함풍제咸豐帝(재위 1850~61)의 후궁 서태후西太后가 반세기 동안 섭정을 하면서 무소불위의 권력을 휘둘러 엉뚱한 인물을 제위에 올리는 등 엉망이 됐다.

서태후는 1856년 함풍제의 아들을 낳았다. 황제가 죽자 당시 6세 된 서태후의 아들이 동치제同治帝(재위 1861~75)로 즉위하면서 서태후가 섭정을 했다. 동치제가 19세의 나이에 죽자 서태후는 제위 계승 원칙을 무시하고 네 살짜리 조카를 양자로 삼아 제위에 올리고 또다시 섭정을 했는데, 그가 광서제光緖帝(재위 1875~1908)다.

만주족 황실 입장에서 볼 때 국가를 보위하기 위해서는 군사력 근대화가 급선무였다. 하지만 군대 지휘관은 한족이었다. 군사력이 강해지면 한족이 만주족 황실에 도전할 위험이 높아진다. 1850년 태평천국 군대가 14년간 장강 일대를 휩쓸었지만 청나라 정규군인 팔기군이 이를 진압하지 못해 망신살이 뻗쳤다.

청군 근대화의 한계

태평천국의 난을 진압한 것은 한족인 쩡궈판이 조직한 상군湘軍과 리훙장이 조직한 회군淮軍이었다. 반란 진압 후 쩡궈판은 만주족 정권에 도전하려 한다는 의심을 받자 은퇴했고, 그의 군대를 물려받은 리훙장이 실력자로 떠올랐다. 리훙장은 청국의 군권을 쥔 북양대신 겸 즈리총독에 임명되자 외세에 대항하기 위해 양무운동을 전개했다.

독일과 영국 등에서 초빙한 장교들이 리훙장의 회군을 중심으로 조직된 북양 육·해군을 훈련시켰고, 무기와 탄약 제조를 위해 서양 기술을 도입해 군수 공장을 설립했다. 서양 서적 번역, 신식 학교 설립, 미국과 유럽에 유학생 파견 등 지대한 노력을 기울였다. 하지만 보수 관료들의 반대와 견제로 양무운동은 체계적으로 추진되지 못했다.

일본이 근대식 군사력 건설을 위해 총력전을 전개할 때 만주족 황실은 리훙장의 사병私兵 성격이 강한 북양 육·해군의 증강을 우려했다. 그 결과 근대식 함대 건설에는 찬성했으나 전력 강화를 위한 추가 군함 구입 비용, 탄약 구입 비용 등을 서태후의 별장 건설비로 전용했다. 북양함대 건설 후 10년 동안 청국은 해군에 대한 신규 투자가 중단됐다. 1891년부터는 함대의 탄약 구입 예산조차 없어 청일전쟁 발발 직전에는 주력 전함인 딩위안·전위안함의 주포탄이 세 발밖에 없었다.

청국 육군도 사정은 비슷했다. 청군 부대 중 근대식 전투력을 갖춘 군대는 리훙장의 회군이 유일했다. 하지만 회군도 서구식 무기로 무장한 것을 제외하면 전술, 교리, 편제 등 모든 면에서 구식 군대 수준에서 벗어나지 못했다. 무엇보다 북양 육군의 가장 큰 약점은 지휘 능력 부족이었다. 중국 지휘관들은 근대 전쟁의 기본 전략·전술 및 무기 사용에 대해 개탄스러울 정도로 무지했다.

전략·전술과 군사 사상도 전근대 수준에서 벗어나지 못했다. 청일전쟁에 임한 청군은 시종일관 수세적 방어로 일관했다. 그 근원은 공격보다 방어가 유리하다는 중국의 군사전략적 전통이다. 태평천국의 난을 진압하는 데 큰 공을 세운 쩡궈판은 방어전의 신봉자였다. 쩡궈판은 "방어자가 전투장의 주인이고 공격자는 객이다. 싸움에서 먼저 쏘는 자가 객이고 나중에 쏘는 자가 주인이다"라고 주장했다(강성학, 「용과 사무라이의 결투—중일전쟁의 군사전략적 평가」, 2006, 68쪽). 이러한 방어 우선 전략은 제자인 리훙장에게 전수됐다.

리훙장은 북양 육·해군을 서양 무기로 무장하고 서양 장교를 교관으로 고용해 조련했다. 항구와 전략 요충지를 요새화했으며, 근대 해군을 창설해 해양 방어 체제를 구축했다. 하지만 그의 군사 전략은 여전히 방어전 우위 사상, 반란군 진압 작전 수준에 머물러 있었다.

군사철학·정보전에서도 일본이 청을 압도

리훙장의 방어 우선 전략은 해전에서 유감없이 발휘됐다. 만약 북양해군이 일본군 수송선단을 차단하는 해상로 봉쇄 작전에 나섰다면 큰 전과를 거둘 수도 있는 상황이었다. 하지만 황해 해전에서 북양함대가 큰 피해를 당하자 리훙장은 딩루창 제독에게 함정 손실이 따르는 함대 결전은 철저히 회피하고 함대의 생존 및 보존을 최우선으로 하라고 명령했다.

클라우제비츠도 방어적 전쟁의 이점을 주장했다. 하지만 그것은 공격의 정점에 도달할 때까지에 국한된 것이었다. 일본군의 선제 기습 공격으로 시작된 전쟁에서 리훙장이 방어 전략을 고수한 탓에 전쟁 주도권은 일본으로 넘어갔다. 일본군은 전투에 유리한 시간과 장소를 자기들 마음대로 정할 수 있게 됐다. 청군은 수적 우세에도 불구하고 전쟁 주도권을 일본에 넘겨준 채 클라우제비츠가 말한 '공격의 정점'을 단 한 번도 형성하지 못한 채 방어에 치중하다 패배했다.

정보전 분야에서도 청나라는 일본의 상대가 되지 않았다. 일본은 육군참모본부를 비롯해 민간 차원에서도 대외 침략 전쟁을 돕기 위한 정탐 및 조사 활동을 벌였다. 민간이 결성한 도쿄지학협회, 동방협회, 식민협회, 동양협회 등은 경쟁적으로 조선과 중국에 첩보 요원을 파견해 체계적인 정탐 활동을 벌였다.

일본이 조선에까지 대거 정보원을 보내 정탐한 이유는 청일·러일전쟁이 발발하면 전투가 벌어질 장소는 조선이라고 예상했기 때문이다.

나아가 조선의 보호국화 혹은 식민 통치에 필요한 기본 지식과 정보를 수집하기 위해서였다.

일본이 조선에 처음으로 밀정을 보낸 시기는 1872년이었다. 일본에서 정한론이 비등하자 일본 정부는 외무대승外務大丞(이사관) 하나부사 요시모토花房義質를 조선에 외교 사절로 파견했다. 이때 군부는 정한론 주창자인 사이고 다카모리西郷隆盛의 심복인 육군 소좌 벳푸 신스케別府晉介를 하나부사의 수행원으로 조선에 보내 정보 수집 활동을 벌였다. 한복을 입고 조선인으로 위장해 두 달 동안 조선을 정탐한 후 귀국한 벳푸는 "조선을 유린하는 데는 일본군 2~3개 대대면 충분하다"라고 보고했다.

1877년 개항장 교섭을 위해 하나부사가 대리공사로 조선에 파견됐다. 하나부사의 수행원으로 함께 온 가이즈 미쓰오海津三雄 공병 중위는 한반도 상황을 탐색한 후 이를 근거로 『병요兵要 조선사정』(1885)과 『조선지지략朝鮮地誌略』(1888)을 간행했다(최혜주, 『정탐—제국 일본, 조선을 엿보다』, 한양대학교 출판부, 2019, 19쪽). 1892년 참모부가 설치되자 가이즈는 조선 전문 참모관에 임명돼 지리지 편찬 자료 수집을 위해 조선 팔도를 정탐했다.

육군 소좌 가지야마 데이스케梶山鼎介는 중국 성징 지방에서 압록강 일대를 정탐해 지세, 하천, 산세, 풍속 등을 자세히 조사했다. 가지야마가 수집한 고급 정보는 일본이 청일·러일전쟁을 치르는 데 요긴하게 이용됐다.

1888년 5월 10일에는 일본 육군 대위 시바야마 나오노리柴山尙則가 주한 일본 공사관 무관으로 부임했다. 그는 조선 깊숙한 지역까지 들어가 산세, 지리, 형세를 정탐했다. 특히 시바야마는 압록강, 대동강, 한강, 낙동강, 두만강의 지세와 도로 사정, 조운과 육로 운반, 한-청 무역 경계지 탐문, 조수 간만 차이에 따른 선박의 통과 여부, 강의 요충지 및 결빙 상태 등을 상세하게 조사했다.

조선·중국을 손금 들여다보듯 파악

1891년 출범한 동방협회는 유사시 일본군의 한반도 상륙과 전쟁 수행을 위해 주요 항만을 조사하는 일에 깊이 개입했다. 해군 수로부 측량과장·수로부장으로 35년간 근무한 해군 중장 기모쓰키 가네유키肝付兼行는 진해만이 중요한 군항이며, 마산포는 한국이나 만주에 일이 생길 때 일본 대부대가 상륙할 지점으로 부산보다 지정학적으로 우수하다고 분석했다. 또 영흥만을 블라디보스토크의 군항에 대항할 만한 해군 근거지로 보았다(최혜주, 「일본 동방협회의 조선 사정 조사 활동과 조선 인식」, 2012, 294~295쪽).

1892년 방곡령 사건 처리를 위해 조선에 출장 온 일본 외무성 통상국장 하라 다카시는 자신이 직접 살펴본 조선 사정과 책에 기록된 내용이 크게 다르다는 사실에 놀랐다. 그는 책에 쓰여 있는 것처럼 조선인이 게으르거나 가난하지 않으며, 풍부한 미곡 산출량으로 볼 때 일본인들이 생각한 것처럼 농토가 척박하지 않다는 사실을 발견했다.

동방협회 간사장 이나가키 만지로稻垣滿次郞는 1893년 부산의 일본인·중국인 거류지를 시찰한 후 원산에서 시베리아로 갔다. 귀로에 다시 함경도·강원도를 거쳐 서울에 와서 조선의 관리와 각국 공사를 만나 조사한 후 귀국했다. 이때의 정탐을 토대로 그는 조선이 '아시아의 오스만'이라고 인식했다. 즉 일본, 지나(중국), 러시아 삼국 사이에 끼여 있는 한반도의 지정학적 위치가 제국의 세력 변동을 야기할 만큼 중요하다고 보았다.

조선의 지질을 최초로 조사한 외국인은 1884년 방한한 독일인 고체(K. C. Gottsche)였다. 뒤를 이어 1885년 일본 공부성 소속 광산 전문가 이토 야지로伊藤彌次郎가 『조선국 광산의 개황』을 발간했다. 이 책에서 이토는 조선의 금·은·철·동·석탄 산지를 지도에 표시해 한눈에 알아볼 수 있게 만들었다.

1886년 대본영은 지질연구소장 고치베 다다쓰케巨智部忠承에게 랴오둥 반도에 대한 지질 조사를 명했다. 그의 조사 결과는 군사 기밀이어서 공개되지 않았다(최혜주, 「일본 동경지학협회의 조사 활동과 조선 인식」, 『한국사연구』 제151호, 한국사연구회, 2010, 251쪽).

일본의 근대 지리학을 대표하는 학자가 고토 분지로小藤文次郎였다. 그는 1900년 8월 하순부터 이듬해 3월 하순까지, 1901년 8월 상순부터 8개월간 등 두 차례 조선의 지질을 조사했다. 이처럼 일본은 군인은 물론 외교관, 언론인, 해당 분야 전문가, 정치가 등을 중국과 조선에 파견해 내정, 문화, 경제 상황, 생활 습속을 철저히 조사했다. 이러한 사전 조사·연구 덕분에 일본군은 조선과 중국을 손금 들여다보듯 하면서 전쟁을 수행했다.

청과 일본은 1860년을 전후로 서양 각국과 통상 조약을 체결하고 근대화에 나섰다. 양국은 서양 제도를 모방해 학교를 설립하고 서양의 명사나 교수 등을 초빙해 근대식 교육을 시작했다. 청나라는 외국어 교육을 위해 베이징에 동문관同文館, 상하이에 광방언관廣方言館, 광저우廣州에 서학관西學館, 톈진에 무비학당武備學堂, 진링金陵에 해군 장교 양성을 위한 수사水師학당을 설치하고 서양 교사를 초빙해 교육을 실시했다.

함풍제의 동생 공친왕恭親王은 서양 전문가를 초빙해 군대를 훈련시키고, 무기 제조 전문가를 초빙해 강남제조소에서 증기선과 기계를 제조했다. 일부 대신들이 "대국이 서양 오랑캐에게 배우는 것이 수치스럽지도 않은가?" 하고 집요하게 방해해 사업을 중단시켰다. 외국에 유학생을 파견하는 일도 한두 번 시행한 후 중지했다.

전쟁 준비 전혀 없었던 청나라

서양 무기 체계의 위력에 감명받은 리훙장은 근대식 무기로 무장하는 데 주력했을 뿐, 그런 무기 체계를 활용한 근대적 전쟁 수행 방법, 즉 서양 군사 제도의 본질이나 정신에는 무관심했다. 리훙장은 북양함대를 건설한 후 영국의 해군 대령 윌리엄 랭(William Metcalfe Lang)을 초빙해 함대를 훈련시켰다. 초빙 당시 직책이 부제독이었던 랭은 고문으로 직책이 바뀌자 사임하고 영국으로 돌아갔다.

리훙장은 랭 대령의 후임으로 프로이센의 육군 엔지니어 폰 하네켄(Constantin von Hanneken)을 기용했다. 폰 하네켄은 포대와 요새 구축 전문가로서 뤼순과 웨이하이웨이 포대를 설계하고 일대를 요새화했으나 함대 전술에는 문외한이었다. 하네켄 외에도 북양함대에는 외국인 고문으로 독일인 엔지니어 알브레히트, 독일 포술 전문가 헤크만, 미국인 항해술 교관 필로 맥기핀, 영국 엔지니어 파비스 등이 근무했다. 해군 출신으로는 영국인 예비역 소위 니컬러스가 있었는데, 그는 중국 해관에서 밀수 단속 업무를 담당하던 인물이었다. 이처럼 해군 전문가가 아닌 사람들이 근무했기 때문에 북양함대는 근대식 해전 훈련이 부족했다(천순천, 『청일전쟁』, 2012, 635~636쪽 참조).

그 결과 청나라 군대는 개전 직전까지 전쟁 준비가 전혀 돼 있지 않았다. 전선에 투입된 병사들은 진법이 무엇인지 몰랐고, 양식은 중간에서 부패한 관리들이 다 착복했으며, 무기에는 이끼와 먼지가 가득했다. 굶주린 병사들은 노략질할 생각만 하고, 적을 만나면 사지를 떨다가 조금이라도 상황이 불리해지면 도주해 민가를 약탈했다.

반면에 일본은 중국인들과는 달리 서양 근대 산업사회의 교육적·법적·철학적 토대를 먼저 수용하지 않으면 서양식 무기는 아무런 쓸모가 없다는 사실을 깨달았다. 일본은 1870년, 천황이 수십 명의 국비 유학생을 선발해 서양에 보내 유명 교사들에게 교육을 받도록 했다. 그 후 해마다 많은 인재가 해외에 유학하고, 서양인 전문가를 초빙해 각 관청의 고문관으로 임명해 근대화를 추진했다. 독일 유학을 다녀온 일본 육군 대장 야마가타 아리토모는 독일의 명장名將 몰트케의 제자다. 일본 정부는 해외에서 유학을 마치고 돌아오면 학문과 재주에 따라 관직에 임명했다. 그 결과 서양 학문에 능통한 자가 100만 명에 이르렀다.

또 나폴레옹이 만든 통상법을 비롯한 국제법을 철저하게 공부했다. 막부를 타도하고 봉건 일본을 메이지유신으로 이끈 사카모토 료마坂本龍馬는 검술로 명성을 날린 사무라이였다. 그는 선박의 주권이 선박 소유국에 있다는 국제법에 매료돼 "작은 일본이 국토를 팽창하려면 선박을 많이 만들어야 한다"라고 주장하며 국제법 신봉자가 됐다.

1871년 일본의 군사력은 육군 1만 4,800명, 함정 14척(1만 2,351톤)에 불과했다. 이때부터 본격적으로 군사력 근대화를 시작해 불과 10년 사이에 폭발적인 군사력 확장을 이루었다. 1888년 6개 진대를 폐지하고 독일 산악포병 사단 편제를 본떠 6개 사단으로 개편했다. 사단은 진대와 달리 담당 지역을 방어하는 것이 아니라 전략 단위로서 자유롭게 행동할 수 있는 기동성을 갖추었다. 이는 명백히 대륙에서의 전투를 염두에 둔 조직 개편이었다(야마다 아키라, 윤현명 옮김, 『일본, 군비 확장의 역사』, 어문학사, 2014, 25쪽).

1893년까지 일본은 육군 7개 사단 12만 병력을 보유했고, 예비군까지 포함하면 전시 동원 가능 병력은 23만 명이었다. 1894년 개전 직전 일본이 보유한 근대식 군함은 총 5만 7,000톤이었다. 일본의 군사비는 1880년대 초반 정부 세출의 20퍼센트 미만이었으나 1890년대에는 30퍼센트를 넘었다(가토 요코, 박영준 옮김, 『근대 일본의 전쟁 논리—정한론에서 태평양전쟁까지』, 태학사, 2003, 73쪽).

메이지 시대 정책 결정자들은 신무기 기술 개발에 민간 기업의 참여를 독려해 군수산업이 다른 산업 부문의 성장을 이끌도록 유도했다. 일본군은 프로이센 군제를 받아들여 징병제에 의한 국민군을 건설해 맹훈련을 거듭한 결과 군기가 엄정했다.

패전으로 거덜 난 청국 재정

건실하게 운영돼 왔던 청나라 재정은 청일전쟁 패전으로 인해 걷잡을 수 없는 위기에 빠졌다. 청국 정부는 1853년부터 청일전쟁 전까지 43회, 총 4,600만 냥의 외국 차관을 도입했다. 이의 상환을 위해 매년 재정 지출의 4.3퍼센트를 투입했다. 청일전쟁 전까지만 해도 청국 정부

열강으로부터 도입한 청일전쟁 비용 차관

일시	차관 명칭	관련국	금액	용도
1894. 9.	상하이 양상(洋商) 차관	영국	45만 냥	전비
1894. 11. 7.	후이펑(滙豐) 차관	영국	163만 파운드(1,000만 냥)	전비
1895. 1. 26.	후이펑(滙豐) 차관	영국	300만 파운드(1,860만 냥)	전비
1895. 6. 20.	루이지(瑞記) 차관	독일	100만 파운드(620만 냥)	전비
1895. 6. 28.	커룽(克隆) 차관	영국	100만 파운드(620만 냥)	전비

출처 : 조명철, 「청일전쟁기, 열강과 일본의 중국 침탈」, 『일본연구』 13, 고려대 일본학연구센터, 2010, 470쪽을 토대로 저자가 작성.

※ 냥은 고평은으로 계산

는 재정적으로 자급 능력이 충분해 외국 차관의 대부분을 상환했다.

청국 정부는 전쟁 발발 후 8개월 사이에 다섯 차례에 걸쳐 1년 예산의 50퍼센트가 넘는 4,000만 냥 이상의 차관을 도입했다. 상환 이자와 차관 도입 시 할인으로 미리 빠져나간 금액을 합치면 총액은 1억 냥으로 늘어난다(조명철, 「청일전쟁기, 열강과 일본의 중국 침탈」, 2010, 470쪽).

제국주의의 민낯

시모노세키조약 협상 과정에서 청국은 열강을 끌어들여 일본의 과욕을 견제하는 과정에서 서양 열강에 신세를 지게 됐다. 열강의 견제가 없었다면 시모노세키강화조약은 훨씬 가혹한 내용으로 귀결되었을 것이고, 빼앗긴 영토도 타이완에 그치지 않았을 것이다. 제국주의 시대에 국가 간 거래에서 약자가 강자에게 신세를 진다는 것은 당장 위기를 회피하는 데는 도움이 될지 몰라도, 그 귀결은 끔찍했다. 청국 정부는 배상금 차관 도입 과정에서 제국주의의 민낯을 적나라하게 체험했다.

시모노세키강화조약으로 인해 청국은 총 2억 3,150만 냥의 배상금을 여덟 차례로 분할해 3년 내에 상환해야 했다. 시모노세키조약을 체결한 지 얼마 지나지 않아 제1차 배상금 지불 기한이 닥쳤다. 당시 청국 정부의 연간 세입은 8,300만~8,400만 냥 정도였다. 청국 정부는 관세 인상으로 국내에서 배상금을 조달하려 했다.

그런데 중국 해관을 장악하고 있던 영국이 이 시도를 방해했다. 영국으로부터 차관을 도입해 해결하라는 무언의 압력이었다. 거액의 차관을 청국에 대출해 줄 경우 그 대가로 이권을 요구할 수 있기 때문이다.

청국 정부는 울며 겨자 먹기로 해관세와 통행세인 이금세釐金稅를 담보로 해외에서 차관을 도입해 상환키로 결정하고 공친왕에게 차관 도입

감독을 맡겼다. 공친왕은 영국인 총세무사 로버트 하트를 앞세워 영국계 후이펑滙豐은행(HSBC)과 차관 도입 협상을 벌였다. 하트는 이미 1895년 3월부터 후이펑은행과 차관 도입을 위한 비밀 상담을 진행해 왔다.

이 소식이 알려지자 러시아, 프랑스, 독일 등 삼국간섭의 당사국에서 난리가 났다. 랴오둥반도를 반환하도록 일본에 압력을 행사한 것은 자기들인데, 삼국간섭에 불참한 영국이 이권을 가로채려 하자 분노가 폭발한 것이다. 사실 청국 정부도 영국에 대한 감정이 극도로 악화돼 있었다.

청일전쟁 전까지 청국의 보호자를 자임했던 영국은 청일전쟁 과정에서 중국과 거리를 두고 일본과 우호 관계를 강화했다. 이렇게 되자 청국 정부는 영국과 연합해 러시아를 물리친다는 연영거아聯英拒俄 노선을 폐기하고 러시아와 연합해 일본을 물리치는 연아거일聯俄拒日 노선으로 전환했다. 하루아침에 러시아 배척拒俄에서 러시아와의 결속聯俄으로 외교 노선을 180도 뒤집은 셈이다.

청국 재정권 탈취 시도한 러시아

발끈한 러시아는 "영국과 차관 도입을 논의하는 것을 이해할 수 없다. 먼저 러시아와 상의하면 서로 우의를 나눌 수 있을 것"이라고 정중하면서도 단호하게 경고했다. 러시아의 경고에 놀란 청국 정부는 "간섭에 참여한 나라들이 불만이 없도록 삼국이 차관을 나눠서 제공해 달라"라고 요청했다.

영국은 후이펑은행 주관으로 연합 차관단을 구성해 청국에 차관을 제공하자고 제안했다. 독일은 이 의견을 지지했으나 러시아·프랑스가 단호히 거절했다. 러시아는 알토란 같은 차관 이권을 다른 나라와 나눌 생각은 조금도 없었지만, 자국의 경제 형편상 거액의 차관을 동원할 능력이 없었다. 러시아는 동맹국인 프랑스 자본을 끌어들여 자금을 마련했다. 러시아가 청국에 대출한 제1차 차관은 러시아은행이 1억 5,000만 프랑, 프랑스 은행이 2억 5,000만 프랑을 부담했다.

1895년 7월 6일 주러시아 청국 공사 쉬징청은 일본에 줄 배상금 마련을 위한 제1차 차관 도입을 위해 러시아의 상트페테르부르크은행 등 4개 은행과 총 4억 프랑(고평은 1억 냥)의 '사리四厘차관합동'을 체결했다(왕소방, 『중국외교사』, 1997, 319쪽). 프랑스·러시아 은행이 추진한 이 차관은 단일 차관으로는 유례를 찾기 힘들 정도의 거액이었다.

러·청 양국은 차관 계약 외에 별도의 '문건'을 작성했다. "기한 내에 차관의 원금과 이자를 상환하지 못할 경우 러시아 정부가 지급 보증을 한다. 이때 중국 정부는 러시아에 세관 수입 외에 또 다른 담보를 제공한다"라는 내용이었다. 이 문건을 통해 러시아는 중국 세관에 대한 통제권을 보유한 영국을 배제하고, 그 권리를 러시아가 탈취하려 했다. 러시아는 중국에서 영국과 본격적인 패권 투쟁을 선언한 것이다.

러시아 신문들은 일제히 러·프 차관으로 새롭게 열릴 동아시아 시대에 대해 러시아 금융계가 환영하고 있다는 기사를 실었다(A. 말로제모프, 석화정 옮김, 『러시아의 동아시아 정책』, 지식산업사, 2002, 114쪽). 이것은 삼국간섭의 공로와 차관 제공을 근거로 청에서 강력한 이권을 확보하라는 무언의 압력이었다.

당시 러시아의 동아시아 정책을 이끈 재무상 비테의 대중對中 전략은 평화적 침투, 즉 군사력을 사용하지 않고 재정과 경제적 역량으로 목적을 달성하는 것이었다. 차관 공여 조약이 체결되자 비테는 1895년 12월 청나라가 차관을 원활하게 상환하도록 러·프 합작으로 러청은행華俄道勝銀行이란 특별은행을 설립했다.

러시아, 북만주 통과 시베리아철도 노선 요구

러청은행 이사회 의장에 우흐톰스키 공작이 임명됐다. 이름은 러청은행이었지만 이사진의 대부분이 러시아인이었고, 운영권은 러시아 정부가 장악했다(김지환, 「제정 러시아의 제국주의와 동방정책의 역사적 고찰」, 『중국학보中國學報』 50, 한국중국학회, 2004, 178쪽). 러청은행은 일반 은행 업무는 물론, 청국의 세금 징수와 국고 업무도 담당했고, 청국 정부로부터 권한을 위임받아 화폐 주조, 청국이 체결한 차관에 대한 이자 지급, 청국 영토 내의 철도 부설 양도권과 전선 가설권 등 폭넓은 권리를 행사했다.

러청은행이 수립한 계획 중 최우선 사업은 중국 둥베이東北 지방을 통과하는 시베리아횡단철도 노선 부설이었다. 청일전쟁이 진행되던 1894~95년 러시아는 북만주를 관통해 만저우리~하얼빈~쑤이펀허를 거쳐 블라디보스토크에 이르는 시베리아횡단철도의 직선 노선을 건설한다는 중대한 결정을 했다. 그들은 이 노선을 동청철도(CER)로 명명했다. 비테는 이 철도가 완성되면 만주 전역에서 러시아의 지위가 확고해질 것으로 생각했다(A. 말로제모프, 『러시아의 동아시아정책』, 2002, 120쪽).

러시아 정부는 1895년 11월부터 이듬해 4월까지 비테의 제안을 근거로 동청철도 건설권을 얻기 위해 청국 정부와 협상을 벌였다. 청국은 러시아의 요구를 단호히 거부했다. 청국 정부의 완강한 저항은 1896년 3월 말 청국 정부에 제공된 1억 냥의 영·독 차관이 그 배경이었는데, 관련 내용은 다음 권에서 자세히 소개될 예정이다.

프랑스도 차관 제공으로 획득한 결정적 찬스를 적극 활용했다. 차관 협상이 진행 중이던 1895년 6월 20일 프랑스는 청국 정부와 중국 서남지역 문호 개방 확대 조약을 체결했다. 이 조약을 통해 프랑스는 베트남과 중국 서남부 각 성 및 개항장 사이의 화물 무역 특권을 부여받았다. 청국 정부는 윈난 국경의 멍냐오猛鳥, 냐오더烏得, 화방化邦, 하당哈當 등을 베트남에게 넘겨주었다. 또 윈난·광시·광둥의 광산 채굴권과, 베트남에 건설 중이거나 계획 중인 철도를 청국 영내로 연장할 수 있는 권리도 획득했다(조명철, 「청일·러일전쟁의 전후 처리와 한국 문제」, 2010, 475쪽).

관련 조약을 통해 중국 남부 3개 성이 프랑스 세력 범위로 넘어가자 이 지역에서 프랑스와 경쟁해 온 영국이 총리아문에 강력 항의했다. 주청 프랑스 공사 제라르(A. Gerard)는 러시아 공사와 연합해 "이 조약이 즉각 실행되지 않으면 러·프 차관 제공을 철회하겠다"라고 위협해 이권을 지켜냈다.

독일은 삼국간섭에 참여했으나 차관 제공 과정에서 러-프 동맹에 철저히 소외당했다. 이때부터 독일은 러-프 동맹에 복수하기 위해 영국과 결탁해 일본 입장을 지지하는 쪽으로 돌아섰다. 차관 문제로 상황이 묘하게 꼬이면서 삼국간섭은 파열음을 내기 시작했다.

독일 외상 마르샬은 구트슈미트 주일 공사에게 다음 훈령이 있을 때까지 랴오둥반도 반환 협의에 참석하지 말라고 지시했다. 이를 간파한 아오키 슈조 주독 일본 공사는 7월 5일, 본국 정부에 "동아시아에서 러·프·독 삼국연합은 화장 처리만 남긴 시신 같은 위력밖에 없다"라고 보고했다.

삼국간섭에 참여한 나라들의 다음 목표는 랴오둥반도를 점령하고 있는 일본군을 하루빨리 철군시키는 것이었다. 비테는 최대한 빠른 시간 내에 철군을 요구했고, 일본은 철군을 질질 끌며 랴오둥반도 반환 조건으로 1억 냥 이상의 배상금을 더 받아내려 했다. 이 와중에 독일의 전열 이탈로 삼국간섭이 균열을 일으키자 일본 정부는 1895년 7월 19일, 랴오둥반도 반환 조건으로 고평은 5,000만 냥(7,500만 엔)을 요구했다.

3천만 냥 더 받고 랴오둥반도 반환

7월 24일 러시아는 독일에게 일본의 5,000만 냥 요구는 부당하다면서 이를 절반으로 깎기 위해 일본에 압력을 가하자고 제안했다. 독일은 "랴오둥반도 같은 전략 요충지의 반환 대가로 5,000만 냥 요구는 정당하다"라며 일본 입장을 지지했다.

독일의 동아시아 외교 전략은 러시아의 관심을 동아시아로 유인해 영국과 대립을 조장하고 러-프 동맹을 불구로 만드는 것이었다. 때문에 적당한 선에서의 타협이 필요했다. 1895년 9월 11일, 러·프·독 삼국은 일본 정부에 "랴오둥반도 반환으로 요구할 배상금은 3,000만 냥(4,500만 엔)을 초과하지 말아야 하며, 3,000만 냥 지불 즉시 철병한다"라는 최종안을 제시했다.

일본 정부는 10월 7일 이를 수락했다. 1895년 11월 8일, 청국 대표 리훙장과 일본 대표 하야시 다다스는 랴오둥반도를 반환하는 랴오난조약遼南條約을 체결했다. 청국 정부는 랴오둥반도를 반환받는 대가로 일본에 3,000만 냥을 추가 제공키로 약속했다. 일본은 12월 27일 랴오둥반도 점령지를 청국에게 양도하고 중국 땅에서 군대를 철수시켰다.

청일전쟁과 관련해 청국 정부가 도입한 차관 총액은 3억 냥 정도였지만, 이자를 포함하면 7억 냥에 이르렀다. 이때부터 청국은 매년 차관 원금과 이자 상환으로 허리가 휠 지경이 됐다. 1899년의 사례를 보면 외채에 따른 원금과 이자 액수가 청조 연간 재정 수입의 25.9퍼센트, 지출의 22.8퍼센트를 차지했다. 청조는 차관 상환을 위해 온갖 방법을 동원해 백성을 수탈했다(왕소방, 『중국외교사』, 1997, 315쪽).

이러한 수탈은 민중 저항을 촉발시켰다. 1895년부터 1900년까지 5년 동안 중국 각지에서 수천 명, 혹은 2만~3만 명 규모의 무장 봉기나 폭동, 민란이 끊임없이 일어났다. 티베트, 광시廣西, 윈난雲南, 구이저우貴州, 쓰촨四川, 간쑤甘肅, 칭하이青海 등지에서는 소수민족이 청조 통치에 저항했다.

1895년 이후 외세 침략의 상징으로 지목된 기독교에 대한 공격이 전국 각지에서 일어나 교회와 성당, 선교사 주택이 공격을 받았다. 이러한 투쟁은 대부분 반청反清 비밀결사 조직이 이끌었다. 민족적 위기에 대한 자각은 외국 침략자에 대한 저항으로 표출돼 반봉건과 반제국주의가 결합되기 시작했다.

삼국간섭은 만주와 조선을 둘러싼 러-일 대립의 출발점이었다. 그전까지 동아시아에 대한 자국의 정책 표출을 삼갔던 러시아가 일본의 랴오둥반도 할양 사태를 맞아 프랑스·독일과 손잡고 직접 개입함으로써 자국의 핵심적 이권 영역을 명백히 드러냈다. 조선 입장에선 청일전쟁 이전까지 세력 균형을 형성했던 중국의 빈자리를 러시아가 메우도록 만든 결정적 촉매제였다(이은주, 「19세기 말 한국 외교정책 모델리티로서의 '균세均勢'와 인아거일 균세전략의 국제정치학적 분석」, 2017, 176쪽).

청일전쟁 이후 러시아는 대외 정책의 우선순위를 동아시아에 두고 조직을 재정비했다. 그동안은 외무부 아시아국에서 극동 문제를 담당했으나 1895년 6월 아시아국을 폐지하고 외상이 직접 처리할 수 있도록 했다. 러시아는 극동의 중요성에 주목하면서 '방호 지대'이자 유라시아 대륙의 주변부인 림랜드(Rimland)에 속하는 만주와 한반도의 가치에 대해 다시금 평가했다. 러시아는 이 지역을 방어하기 위해 해군력을 증강했다. 삼국간섭을 통해 해양국가 일본을 저지한 러시아는 동북아의 핵심 국가로 부상하기 시작했다(강성학, 『시베리아 횡단열차와 사무라이』, 1999, 138~143쪽).

제7장

또다시 러시아와 손잡은 조선

청일전쟁은 일본에겐 축복이었다. 전쟁 직전 영국과 불평등 조약 개정에 성공해 서양 열강과 대등한 관계임을 약속받았고, 전쟁 결과 타이완을 식민지로 획득했다. 후쿠자와 유키치는 "지난 몇 년의 대전쟁으로 국가의 위광을 밝히고 대일본제국의 육중함을 이룬 것이 홀연한 꿈처럼 느껴져 나 홀로 모르는 사이에 울 수밖에 없다"라고 기뻐했다.

청일전쟁에서 연전연승한 일본은 국가적 자부심이 크게 높아졌고, 군인들의 위상은 하늘을 찌를 듯했다. 딸을 갖고 있는 부모들은 그들이 귀족이건 부호건 관리건 상인이건, 군인을 사위로 맞고 싶다는 열망이 가득했다.

일본이 청나라로부터 받은 배상금은 일본 정부 연간 예산의 네 배 정도에 해당하는 거액이었다. 그들은 이 돈을 국가 근대화 작업에 투자했다. 우선 교통·통신 시설 확장에 300만 엔, 일반 재정에 1,200만 엔, 교육 재정으로 1,000만 엔, 재해 대비 예비비로 1,000만 엔을 투자했고, 제철소 건설에도 투입했다.

흥미로운 사실은 배상금 중에서 2,000만 엔을 황실 계정으로 배정한 점이다. 황실 계정에 투입한 액수는 정부의 일반재정 계정에 넣은 1,200만 엔보다 800만 엔이나 많았다. 이 수치는 청일전쟁을 계기로 천황제 절대주의 체제가 확립돼 갔음을 보여주는 사례다(국사편찬위원회, 『한국사 40』, 2003, 86~87쪽).

전쟁 초기 일본 지도부는 대본영을 히로시마로 옮겨 천황이 군대와 함께 선두에 서서 싸운 것으로 선전했다. 천황은 청일전쟁 승리로 인해 일거에 사회 중심축으로 자리매김하는 데 성공했다. 천황은 궁정 깊은 곳에서 정사를 돌보는 신비한 존재가 아니라 연전연승하는 육·해군의 통솔자로 거침없이 등장했다. 청일전쟁은 10년 후 벌어진 러일전쟁과는 그 규모를 비교할 수 없을 정도로 작은 전쟁이었지만, 군국주의와 천황제 이데올로기 확립에 결정적인 역할을 했다(후지무라 미치오, 『청일전쟁』, 1997, 292쪽).

청일전쟁은 군사기술 면에서도 큰 의미가 있는 전쟁이었다. 역사상 최초로 증기선 철갑 함대 간의 결전은 해군 전술에 한 획을 그었다. 황해 해전을 통해 함정이 옆으로 늘어서서 전투하는 횡렬진橫列陣보다 일렬종대로 기동하며 전투하는 단종진單縱陣이 유리하다는 사실이 입증됐다. 일본 해군은 즉각 이를 함대 훈련에 적용했다.

전쟁 목적 달성에 실패한 일본

하지만 전쟁의 직접적인 목적이었던 조선 보호국화는 삼국간섭으로 인해 불발됐다. 청일전쟁을 통해 중국 분할의 방아쇠를 당긴 일본이었지만, 조선을 보호국으로 만들지 못했다는 점에서 전쟁 목적 달성에는 실패했다. 1896년 1월 3일, 「고쿠민신문」이 보도한 "중국을 물리친 후 혼자 힘으로 조선을 장악하지 못하고, 일이 생길 때마다 한 발씩 후퇴한다. 청일전쟁에서 얻은 것이 무엇인가. 조선에서 일본의 지위는 다시금 톈진조약 시대로 되돌아가려 하고 있다"라는 내용이 조선 보호국화에 실패해 낙담한 당시 정황을 잘 설명하고 있다.

서양 열강의 간섭은 랴오둥반도 반환 요구에 그치지 않았다. 5월 4일 미·영·러·독 4개국 공사들은 합동으로 조선 외부대신 김윤식에게 공문을 보내 일본이 조선에서 이권을 독점하는 행위에 대해 항의했다. 그들은 "철도 이권을 일본에게만 허가하는 것은 다른 외국 상인들에게 불이익이 된다"라며 엄중 경고했다.

5월 15일 러시아 외상 로바노프는 니시 도쿠지로 주러시아 일본 공사에게 "일본 정부는 조선의 내정에 극단적으로 간섭하고 있고, 각 관청에는 일본 관리를 배치해 조선 정부를 압박하고 있다. 일본은 광산 채굴권이나 철도 부설권을 포함한 모든 특권을 수중에 넣고 있기 때문에 조선 전국이 불만에 가득 차 있다"라면서 일본 정부를 압박하라고 훈령했다.

청일전쟁 과정에서 일본은 친일 내각을 통해 갑오개혁을 실시해 궁중과 부중府中 즉 내각을 분리시켰다. 그리고 내각에 권력을 집중해 조선 보호국화를 추진함으로써 고종을 "군림하되 통치하지 않는" 허수아비로 만들었다. 이 와중에 일본이 삼국간섭에 굴복해 랴오둥반도를 반환한다는 소식이 들려왔다. 게다가 러시아의 적극적인 개입으로 조선에서 일본의 간섭이 현저하게 줄어들자 고종과 민 왕후는 펄쩍 뛸 듯이 기뻐했다.

이노우에 공사의 압박으로 왕권을 크게 제약당해 실의에 빠졌던 고종 내외는 러시아의 말 한마디에 일본이 랴오둥반도를 반환하는 모습을 보면서 러시아를 "무소불위의 힘을 가진 나라"로 확신했다. 그들은 일본이 비록 청일전쟁에서 승리했지만 러시아의 압력 덕분에 조선 보호국화는 어려울 것으로 예단했다. 고종과 민 왕후는 재빨리 일본을 확실하게 견제할 수 있는 러시아와 손잡고 일본 세력을 물리치는 인아거일책을 꺼내 들었다.

조러수호통상조약의 비밀

고종과 민 왕후의 러시아에 대한 관심이 각별했음을 엿볼 수 있는 증거물이 1884년 조선의 끈질긴 요청에 의해 체결한 조러수호통상조약이다. 이 조약 제8관은 러시아 군함이 조선 항구에 자유롭게 출입하고, 러시아 군함에 대한 조선의 물자 지원 의무를 규정했다. 그런 점에서 군사 동맹에 준하는 성격을 가진 것으로 봐야 한다. 러시아와 조선의 긴밀한 군사 협력 관계 수립은 다른 열강과의 조약에서는 찾아볼 수 없는 내용이었다. 조선이 러시아에 지극한 애정을 갖게 된 이유는 포함외교를 구사했던 미국·프랑스·일본과는 달리 대화로 문제를 해결하려 했기 때문이다.

그보다 더 중요한 이유는 이 무렵 고종의 외교적 판단에 결정적 영향력을 행사한 묄렌도르프의 역할에서 찾을 수 있다. 묄렌도르프를 통한 러시아에 대한 우호적 인식과 신뢰로 인해 러시아와 체결한 수호통상조약은 다른 서구 열강과 맺은 조약보다 훨씬 진전된 내용을 포함하게 됐다. 또 조약 체결 후 두 차례나 조-러 밀약이 추진되었고, 1888년에는 조러육로통상장정을 체결했다. 이처럼 조-러 관계는 다른 서구 제국들과는 확연히 구분되는 긴밀한 관계로 급속히 발전됐다(이은주, 「19세기 말 한국 외교정책 모델리티로서의 '균세均勢'와 인아거일 균세전략의 국제정치학적 분석」, 2017, 169~174쪽).

러시아가 삼국간섭을 주도한 이유는 그들이 조선을 도와주기 위해서가 아니라, 자국의 동아시아 정책이 시모노세키조약에서 드러난 일본의 동아시아 정책 목표와 정면 충돌했기 때문이다. 시베리아횡단철도 건설은 유럽과 동아시아 지역을 철도로 연결해 무역을 늘리고 태평양으로 진출하기 위한 제정 러시아의 총력전이었다.

시베리아횡단철도는 러시아가 국가의 미래를 걸고 추진하는 초대형 프로젝트였기에 모든 국가 정책은 사실상 시베리아철도를 축으로 결정되고 있었다. 때문에 이 프로젝트가 완성될 때까지 러시아는 조선의 현상을 변경하려는 일본의 시도를 막아야 했다.

주한 러시아 공사 베베르는 삼국간섭이 제기되기 전부터 조선에서 일본 견제 분위기를 주도했다. 그는 '한국의 독립 유지'를 위해 조선에 주둔 중인 일본군을 조속히 철퇴시키려 했고, 조선 내에 친러파를 양성했다. 러시아인 고문을 빙용케 해 조선에서 일본의 정치 세력을 견제하려 했고, 이권 획득 분야에서도 일본을 견제할 필요가 있다고 보았다(김종헌, 「청일전쟁 이후 재한 러시아 외교관의 활동에 관한 고찰」, 2009, 275쪽).

고종과 민 왕후는 러시아야말로 청일전쟁에서 승리한 일본을 제어할 수 있는 무소불위의 힘을 가진 나라, 게다가 조선을 침략할 뜻이 없는 친절하고 고마운 존재라고 굳게 믿었다. 그 결과 러시아와의 결속이 자신들의 왕권을 보전할 수 있는 유일한 방안이라고 판단했다. 그렇다면 고종과 민 왕후가 배일排日·친러를 목적으로 한 인아거일책을 본격화한 시기는 언제부터였을까?

고종과 니콜라이 2세의 '은밀한 약속'

삼국간섭 이후 일본이 외교적 고립에서 탈피하기 위해 고심하는 사이, 민 왕후는 이노우에 공사와의 약속을 파기하고 정치 활동을 재개했다. 민 왕후는 대원군이 유배 보냈거나 쫓아낸 민영환, 민영소, 민응식, 민영달 등 민씨 척족 16명을 궁내부 특진관으로 기용했고, 미국인 외교 및 재정고문 르장드르를 궁내부 고문에 재임명했다. 또 왕궁 수비를 담당하는 시위대를 편성해 일본이 공들여 조련한 훈련대를 견제했다.

고종과 민 왕후가 이노우에 공사에게 정면 도전하는 행동을 노골화한 것은 "일본이 조선에서 배타적으로 이권을 독점하는 행위"에 항의하는 미·영·러·독 공사들의 집단행동이 제기된 직후인 5월 10일부터였다.

주한 일본 공사관의 조선통 외교관 스기무라 후카시는 고종과 민 왕후가 일본에 도전한 것은 삼국간섭 직후 고종과 러시아 황제 간에 조선의 국권과 군주권 보호, 내정 불간섭, 민 왕후와 민씨 척족의 안전 보장 등 4개항의 '은밀한 약속'이 성립되었기 때문이라고 분석했다(스기무라 후카시, 「재한고심록在韓苦心錄 1894~1895」, 한상일 역·해설, 『서울에 남겨둔 꿈』, 건국대 출판부, 1993, 225~226쪽).

베베르는 러시아의 동아시아 정책과 정반대로 움직이는 이노우에 공사의 활동을 견제하는 과정에서 열국 공사들과의 연결 고리로 민 왕후를 이용했다. 베베르는 일본의 독주에 불만을 품은 열국 외교관에게 이권을 제공해 환심을 사는 것이 좋다고 민 왕후에게 조언했다. 민 왕후는 '왕권 회복과 조선의 독립 보전'을 위해 베베르의 조언을 적극 수용했다.

인아거일은 고종 내외의 아이디어가 아니라 베베르, 알렌 등과의 합작품이었다. 조선 정부의 인아거일 분위기를 유도하고 힘을 실어준 주인공은 베베르 공사였다. 동시에 한반도에서 각종 이권을 노리던 미국 공사관 서기관 알렌 등 서구 외교관들의 협조도 한몫했다. 왕비가 베베르의 조언에 따라 알렌에게 '노다지 금광'으로 알려진 운산 금광 이권을 제공한 것은 바로 이 무렵이었다(이민원, 『명성황후 시해와 아관파천』, 2002, 251~252쪽). 베베르가 민 왕후를 통해 운산 금광 이권을 미국 기업가에게 넘겨준 결과, 알렌은 베베르가 주도한 반일 운동에 적극 가담했다.

박영효 등이 이노우에의 압력에 반발해 독자 노선을 가려 한 것이나, 민 왕후가 인아거일을 모색할 수 있었던 것은 러시아의 동아시아 정책이라는 맥락에서 베베르 등이 유도하고, 이해가 부합한 알렌 등에 의해 가능했다(이민원, 「삼국간섭 직후 민비의 인아거일책과 그 성격—러시아의 대한 방침과 관련하여」, 『청대사림淸大史林』 제6호, 청주대학 사학회, 1994, 124~125쪽).

민 왕후는 베베르에게 밀사를 보내 러시아의 지원을 요청했다. 베베르는 일본과의 충돌을 피하기 위해 조심스럽게 행동했다. 그는 조선 정부가 채용한 미국인 고문 르장드르를 조종해 왕실의 안전을 위해 연로척왜聯露斥倭 정책을 추진하도록 유도했다. 민 왕후는 르장드르의 조언에 따라 베베르와 국정을 상담했고, 고종은 상하이에서 김옥균을 암살한 프랑스 유학파 홍종우를 통해 러시아에 군대를 파견해 달라고 호소했다.

고종은 러시아와 두 차례 밀약을 추진하다가 영국의 거문도 점령 사태를 야기했고, 폐위 위기에 몰리는 등 곤욕을 치렀다. 그로부터 불과 10년 후 고종이 또다시 러시아와 손잡으면서 한반도에서 본격적인 러-일 대립이라는 풍파가 일기 시작했다. 고종과 민 왕후는 일본이라는 늑대를 물리치기 위해 그보다 훨씬 더 사나운 맹수를 안방에 불러들인 셈이다.

삼국간섭으로 러시아와 함께 프랑스의 영향력도 확대됐다. 고종은 홍계훈, 이경직, 이재순, 이학균, 이범진 등 측근을 프랑스 선교사 뮈텔(Gustave-Charles-Marie Mutel) 주교에게 보내 도움을 요청했다. 뮈텔 주교와 자주 접촉한 사람은 훈련대 연대장 홍계훈이었다. 그는 임오군란 당시 왕후를 창덕궁에서 탈출시켜 출세 가도를 달렸으며, 경군을 지휘해 전라도에서 농민 봉기를 진압하는 데 실패하자 청군 파병을 요청해 청일전쟁을 일으킨 인물이다.

하지만 일본을 충격에 빠뜨렸던 삼국간섭의 파장은 오래가지 않았다. 배상금 차관 이권에서 소외당한 독일이 삼국간섭에서 이탈해 일본을 지원하면서 일본은 외교적 고립에서 벗어날 수 있었다. 일본은 삼국간섭의 압력에 굴복해 랴오둥반도를 반환했지만, 열강에 무조건 항복하는 형식이 아니라 3,000만 냥의 보상금을 받는 조건으로 돌려주었다.

뿐만 아니라 청나라에 대해서는 한 치의 양보도 없이 전승국으로서의 권리를 행사했다. 청나라는 시모노세키조약 제1조의 규정대로 "완전하고도 전면적인 조선의 독립"을 인정하고 한반도에서 손을 떼고 물러났다. 결과적으로 삼국간섭으로 인해 일본의 국제적 지위는 조금도 손상되지 않았다. 고종과 민 왕후는 삼국간섭에서 독일이 이탈하여 일본을 지원하는 입장으로 선회하는 등의 난마처럼 얽혀 돌아가는 국제 정세의 핵심 본질을 알지 못했다.

고종과 민 왕후는 베베르 공사의 조언에 따라 "왕권 회복과 조선 독립 보전"을 위해 첫째, 이준용을 체포해 대원군파 제거, 둘째, 김홍집 내각을 물리치고 박정양 내각 출범, 셋째, 친일 성향의 박영효 축출, 넷째, 시위대를 편성해 일본군이 훈련시킨 훈련대 해산, 다섯째, 민영준과 이범진 등 척족 세력과 친러파 등용 같은 과격한 인아거일 행동에 돌입했다(이민원, 『명성왕후 시해와 아관파천』, 2002, 45쪽).

고종은 내각에 의해 약화되었던 왕권 회복을 위해 '궁내부 관제'를 반포하고 왕실에 충성을 맹세한 신진 관료들을 궁내부에 대거 포진시켰다. 고종과 민 왕후의 정치적 영향력 강화 작업을 수행한 인물은 궁내부 협판 이범진이었다.

이범진은 흥선대원군 집권기에 포도대장으로서 천주교도를 혹독하게 탄압해 '낙동 염라'로 불린 이경하의 서자다. 이경하 집안은 여흥 민씨와 혈연관계로 얽혀 있어 이범진은 서얼 신분이었지만 민씨 세도 치하에서 과거에 급제해 1882년 개화 정책 추진 기구인 통리기무아문 주사 등을 역임했다.

갑신정변 마지막 날, 그는 궁중에서 당직 근무를 하던 중 청군과 일본군 사이에 교전이 벌어지자 민 왕후를 들쳐 업고 동대문 밖 노원의 각심사로 피신했다. 환궁 후 이범진은 민 왕후를 구해 준 공으로 국왕 부부의 신임을 받으며 '천운川雲'이란 호까지 하사받고 친러파의 거두가 됐다(오영섭, 「을미사변 이전 이범진의 정치활동」, 『한국독립운동사연구』 25, 독립기념관 한국독립운동연구소, 2005, 39~44쪽).

이범진은 중궁전을 무시로 드나들며 국왕 부처의 수족 역할을 했다. 이범진은 용맹했으나 학문 수준이 낮아 동시대 개화파들은 이범진을 "무식하고 타락한 무뢰배에 가까운 인물"이라고 혹평했다(이광린, 「유길준의 영문 서한」, 『개화파와 개화사상 연구』, 일조각, 1989, 234쪽).

고종은 6월 25일, "작년 7월부터 시작된 경장(갑오개혁)은 본인의 자유의지가 아니라, 일본의 위협과 강압으로 친일파가 시행한 것이므로 칙령이나 재가를 전면 철회한다"라는 교지를 내렸다. 이로써 이노우에 공사가 6개월간 심혈을 기울여 추진했던 갑오개혁은 순식간에 무너져 출발점으로 되돌아갔다.

1895년 6월 26일 고종은 박영효가 제기한, 왕실 수비 병력을 훈련대로 교체하려는 것은 자신의 뜻이 아니라고 밝혀 내각과 정면 충돌했다. 이 일로 총리대신 박정양이 사표를 제출했다. 일본은 이런 사태가 벌어진 것은 왕비가 민씨 세력을 회복시키기 위해 남몰래 사람을 보내 러시아 공사와 내통한 결과라고 분석했다(김종헌, 「청일전쟁 이후 재한 러시아 외교관의 활동에 관한 고찰」, 2009, 276~277쪽).

베베르는 6월 25일과 28일, "조선 국왕은 국가 재조직을 원하지만 매우 힘든 상황이다. 국왕은 개혁을 통해 실권을 장악해 조선을 병탄하려는 일본을 물리치기 위해 러시아가 중재에 나서줄 것을 간절히 바라고 있다"라고 본국 정부에 보고했다. 이 보고에 대해 러시아 황제 니콜라이 2세는 "일본인에 의한 조선 강탈은 일본의 랴오둥반도 점령보다 우리에게 더욱 중요한 사안"이라고 답했다.

고종의 강공으로 사임이 불가피해진 박영효는 민 왕후 폐위 계획을 세워 상황 반전을 모색했으나 반역 음모 혐의로 또다시 일본으로 망명했다. 이제 한반도에서 일본의 영향력을 견제하는 역할은 중국에서 러시아로 대체됐다.

한반도에서 러시아의 영향력이 급속히 높아졌고, 조선에 대한 일본의 통제력은 기대하기 힘들게 됐다. 조선과 중국에서 러시아의 영향력이 높아지자, 영국과 미국은 러시아 견제를 위해 일본과 결속했다. 알렌이 러시아의 배일 행동에 동참한 것은 일본 친화적인 정책을 수행하는 본국 정부의 뜻이 아니라 개인적 돌출 행위였다.

조선에 대한 러시아의 영향력이 점점 강화되자 무쓰 외상은 러시아가 조선을 차지해 황해를 제압할 경우 영국이 좌시하지 않을 것으로 보았다. 무쓰는 이토 총리에게 영국 주도하에 열강 공동으로 조선 독립을 약속하는 방안을 제안했다. 이 방안은 조선을 보호국으로 삼는다는 전쟁 목표를 근본적으로 폐기하는 중대 사안이어서 일본 정부가 쉽게 결정하지 못했다.

이렇게 되자 무쓰 외상은 5월 22일, 대조선 정책을 세 가지로 정리해 이토 총리에게 제출했다.

제1안은 열강의 의사와 관계없이 기존 방침(조선 보호국화)을 속행하는 방안이었다. 이 안을 선택하면 러시아와의 충돌은 피할 수 없게 된다.

제2안은 일본이 영국의 협조를 받아 러시아의 한반도 진출을 막는 방안이었다. 이 안은 영국과의 동맹을 염두에 둬야 하는데, 영국이 자신들의 동맹 파트너로 인정할 정도의 국력을 일본이 보유하지 못해 현실화될 가능성은 높지 않았다.

제3안은 일본이 조선에 대한 내정 간섭을 중지하고 러-일 협상 가능성을 남겨두는 방안이었다. 즉 그럴듯한 명분을 내세워 조선에서 손을 떼자는 제안이었다.

일본, 조선 정책 결정 못 하고 우왕좌왕

무쓰 외상은 1·2안은 불가능하니 제3안이 현실적이라고 판단했다. 5월 25일 소집된 각의는 무쓰의 제안을 검토한 후 무쓰 외상의 뜻과는 달리 제2안, 즉 영-일 동맹 안을 채택했다. 5월 26일 열린 어전 회의에서 영-일 동맹은 사안이 워낙 중대해 결론을 내지 못하고 "후에 다시 결정한다"라는 어정쩡한 상태로 끝났다.

상황이 복잡하게 꼬여가자 외무차관 하야시 다다스는 5월 28일 「지지신보」에 익명으로 기고한 '외교의 대방침을 결정하라'라는 칼럼에서

"영국과 동맹을 체결해 제2안을 하루빨리 추진하자"라고 주장했다. 며칠 후 영국 신문 「스펙테이터(The Spectator)」는 이 칼럼에 화답하듯 "영국이 동양 시장을 확보하고 인도를 유지하기 위한 유일한 방법은 일본과 공수동맹共守同盟을 체결하는 것"이라고 보도했다.

이런 모습을 보면 당장 영-일 동맹에 대한 기대감이 높아질 것처럼 생각되지만, 시선을 조선으로 돌리면 문제가 간단하지 않았다. 영국 입장에서 볼 때 조선은 러시아와의 전쟁을 각오하면서까지 지켜야 할 이권이 걸려 있는 나라가 아니었다. 때문에 「스펙테이터」 신문은 "러시아의 남하 목적이 조선에서 부동항을 획득하는 것 한 가지라면 영국이 이를 반대할 필요는 없다"라고 주장했다.

일본 정부는 이 기사를 심층 분석한 후 영국에 확고한 이권을 제공하지 않는 한 영-일 동맹을 체결해 러시아의 조선 진출을 봉쇄하기는 현실적으로 어렵다고 판단했다. 주체적 입장에서 조선 정책을 수행할 수 없게 된 일본 각의는 6월 4일, "조선에 대한 적극적 간섭을 중지하고, 조선을 자립시킨다"라는 '타동他動의 방침'을 결정했다.

이날 결의를 액면 그대로 해석하면 일본은 조선을 포기하지도 않고 보호국화하지도 않으며, 철도·전신 조약도 강력하게 실행하지 않으면서 모든 사안은 정세 변화의 흐름에 맡긴다는 뜻이었다. 이날의 모호한 결정으로 인해 일본은 중대한 실책을 연발하게 된다.

삼국간섭으로 인해 급변하는 한반도 정세에 대처하려면 그에 적응하기 위한 발 빠른 대응책이 필요했다. 5월 19일 이노우에 공사는 정책 협의를 위한 일시 귀국을 신청했다. 무쓰 외상은 5월 22일 이토 총리에게 새로운 조선 정책을 추진하기 위해 이노우에 공사를 퇴진시키고 후임으로 새 인물을 임명할 것을 요청했다. 5월 23일, 무쓰는 이노우에 공사에게 휴가 귀국령 대신 "언제라도 주한 공사에서 사퇴할 수 있도록 준비하라"라는 해임 권고를 보냈다.

이노우에 공사 귀국

이 무렵 민 왕후와 내부대신 박영효는 이노우에의 충고를 무시하고 알렌의 지원을 받아 친일 색채가 강했던 제2차 김홍집 내각을 무너뜨렸다. 그리고 박정양, 이범진, 이완용 등 정동파(친미·친러파) 중심으로 제3차 김홍집 내각을 조직해 인아·친미를 통한 거일책을 준비했다.

일본 정부는 5월 31일, 이노우에 공사에게 귀국을 지시했다. 귀국 인사를 위해 고종과 민 왕후를 알현한 이노우에는 박영효가 위험인물이니 조심하라고 당부했다. 6월 7일 이노우에가 쫓기듯 귀국하는 모습을 본 고종과 민 왕후는 삼국간섭의 위력에 놀란 이노우에가 조선 보호국화 정책에 대한 실패를 자인하고 사임하는 것으로 자의적으로 해석했다.

이노우에는 이때부터 7월 14일까지 도쿄에 머물며 일본이 조선에서 취해야 할 정책 구상과 후임자 물색에 나섰다. 이 시기는 독일이 삼국간섭에서 이탈해 일본이 외교적 고립에서 벗어난 시기와 일치한다. 고종과 민 왕후는 독일의 이탈로 삼국간섭이 파탄 난 사실, 독일이 일본을 지원해 상황 반전이 이루어지고 있는 열강의 적나라한 국익 우선 외교를 전혀 눈치 채지 못했다.

이 과정에서 일본은 러시아를 끌어들여 격렬한 거일 정책을 추진하는 몸통인 민 왕후를 어떤 식으로든 처리해야 한다고 판단했다. 이노우에 공사가 도쿄에 머물던 기간에 일본 정부는 민 왕후 처리와 관련된 정책을 결정한 것으로 추정된다.

7월 1일, 이노우에는 일본 각의에 조선에 대한 정책 의견서를 제출했다. 주요 내용은 청국으로부터 받게 될 전쟁 배상금 중 500만~600만 엔을 조선 국왕과 정부에 기부금 형식의 차관으로 제공하자는 방안이었다. 이 안이 실행되면 조선과 일본의 유대를 강화해 러시아의 간섭을 차단할 수 있고, 일본이 조선에 제공한 300만 엔 차관을 상환받을 수 있으며, 차관을 담보로 조선의 철도와 해관 관할권 장악이 가능할 것으로 보았다. 이노우에는 기부금으로 포장된 정치적 뇌물을 미끼로 민 왕후의 인아거일책을 차단하자고 제안한 것이다.

이 안건이 논의되기 직전, 두 가지 중대한 사건이 발생했다. 첫째는 7월 5일 주독 일본 공사 아오키 슈조가 "삼국간섭은 이제 화장 처리만 남긴 시신과 같다"라고 보고한 것이었다. 삼국간섭에서 독일이 이탈하면서 간섭의 강도가 현저히 약해지자 일본은 한시름 놓고 조선 문제에 집중할 수 있는 여유를 갖게 됐다.

둘째는 민 왕후와 김홍집의 계략으로 박영효가 실각해 7월 7일 일본으로 탈출하는 정변이 발생했다. 박영효의 몰락, 민씨 척족의 궁내부 특진관 임명, 르장드르의 궁내 고문 재임명, 시위대 편성 및 훈련대장에 홍계훈을 임명한 조치는 민 왕후의 노골적인 일본 세력 몰아내기 작전이었다.

박영효 실각 소식을 접한 이노우에 공사는 조선 문제가 외교적 설득으로는 해결이 불가능한 상태로 악화됐다는 사실을 깨달았다. 이노우에는 서울의 스기무라 대리공사에게 "박영효를 보호하기 위해 어떤 운동도 하지 말 것, 왕후를 궁지에 몰린 쥐처럼 몰아대지 말 것"이라는 전훈을 보냈다.

조선 정세가 급변하자 일본 정부는 7월 11일 각의를 열어 이노우에가 제출한 7월 1일 자 의견서를 검토했다. 그 결과 이미 제공한 300만 엔 차관의 상환 기간을 5년에서 20년으로 연장하기로 결정했다. 이노우에가 제안한 '기부금을 통한 민 왕후 매수' 안건은 기부금 액수를 300만 엔으로 감액하고, 조만간 열리게 될 의회의 협조를 받아 집행하기로 결정했다.

이어 조선 문제를 무단적 방법(폭력 수단 동원)으로 해결할 것인가, 아니면 문치적 방법(외교적 수단)을 취할 것인가를 논의했으나 결론을 내리지 못한 상태에서 이노우에를 귀임시켰다. 이 와중에 외교적 해결책을 선호했던 무쓰 외상이 격무로 인해 폐결핵이 악화됐다. 천황은 청일전쟁 외교를 이끈 그의 공로를 인정해 외상직을 유지한 채 특별 휴가를 주어 오이소에서 요양하게 했다.

1895년 6월 5일 문부상 사이온지 긴모치가 외상 임시대리를 겸직했다. 고도의 외교력이 요구되는 위기 상황에서 무쓰 외상의 부재는 폭력을 동원한 왕비 시해라는 미증유의 폭거를 일으키는 빌미가 된다.

본국 정부 정책과 다르게 행동한 미·러 외교관들

당시 미국의 동아시아 정책은 '우유에 젖은 토스트'처럼 유연했다. 그레셤 미국 국무장관은 1894년 6월 22일, 실 주한 미국 공사에게 "조선의 평화와 질서 유지를 위해 가능한 모든 노력을 다하라"라는 각서를 보냈다. 반면에 그레셤의 후임으로 임명된 올니(Richard B. Olney) 국무장관은 미국과 일본의 친선이 동아시아의 안정을 가져올 것으로 굳게 믿었다.

디트로이트 공립고등학교 교장과 교육 감독관을 역임한 교육자 출신인 실 공사는 본국 정부 동아시아 정책의 핵심을 이해하지 못한 채 개인적 판단에 의해 주재국 외교를 추진했다. 그 결과 실 공사와 알렌 서기관은 일본의 조선 지배를 저지하기 위해 민 왕후의 인아거일책을 열심히 지원했다.

이러한 조선 주재 미국 외교관들의 일본 견제 행동은 본국 정부 입장과 배치되는 일탈 행위였다. 미국 국무차관보 에이디(Alvey A. Adee)는 실 공사가 일본을 비난하고, 조선 정부를 동정하는 행보를 거듭하자 "귀하가 일본에 대한 비난을 계속하는 바람에 서울의 미국인에 대한 위협이 크게 늘었다"라는 경고를 보냈다.

본국 정부의 외교 방침과 배치되는 주재국 외교관의 일탈 행위는, 정도의 차이는 있지만 러시아도 비슷했다. 러시아는 1891년 착공한 시베리아횡단철도를 1905년까지 완공한다는 목표로 건설 작업을 추진했다. 1896년에는 리훙장과의 회담을 통해 숙원이던 동청철도 부설권을 획득했다. 그 결과 1897년 치타에서 만저우리~하얼빈~쑤이펀허를 거쳐 블라디보스토크로 연결되는 길이 1,540킬로미터의 동청철도 건설이 시작됐다.

1898년에는 관동주關東州 조차 조약 추가 협정에 의해 하얼빈에서 창춘長春~선양瀋陽을 거쳐 뤼순·다롄으로 이어지는 길이 1,050킬로미터의 동청철도 남만주지선과, 이것을 압록강까지 연결하는 철도 부설권도 획득했다(김원수, 「청일전쟁 및 삼국간섭과 러시아의 조선정책」, 『한국정치외교사논총』 제36집 2호, 한국정치외교사학회, 2015, 51쪽).

이어서 바이칼 우회 노선 건설이 결정돼 1899년 착공하기로 했다. 일련의 공사가 완공되면 런던이나 파리에서 블라디보스토크까지 바닷길로 6주가 걸리던 기간을 10일 정도로 단축할 수 있을 것으로 기대를 모았다.

자국의 미래가 걸린 대역사를 차질 없이 추진하기 위해 러시아는 일본이 만주의 러시아 이권을 침해하지 않는 한 한반도를 둘러싸고 일본과 충돌하는 일을 피해야 했다. 이러한 외교 방침에 의해 러시아 정부는 조선 주재 공사를 교체하기로 결정했다.

민 왕후의 거대한 착각

그동안 학계 일각에서는 민 왕후의 인아거일책이 삼국간섭에 굴복한 일본의 약점을 파고들어 실행한 기민하고 빈틈없는 외교였다고 긍정적으로 평가하는 시각이 존재했다. 하지만 고종과 민 왕후는 조선에서 관심을 퇴거한 미국과 러시아의 동아시아 정책 목표를 이해하지 못했다.

민 왕후는 조선이 '거일'을 단행해도 좋을 만큼 '인아'와 '친미'가 확고하게 이루어져 있다고 확신했다. 주한 러시아 공사 베베르와 그가 데리고 온 손탁(Marie Antoinette Sontag)의 세련된 친절, 베베르 부부의 따뜻한 배려, 그리고 "왕실은 계속 보호받게 될 것"이라는 러시아 공사의 확약을 왕후는 철석같이 믿었다(최문형, 『한국을 둘러싼 제국주의 열강의 각축』, 2006, 164쪽).

러시아 정부가 베베르 공사를 서울에 부임시키면서 내린 훈령은 "러시아에 대한 조선 정부의 신뢰를 강화할 것, 조선 정부를 설득하기 위해 국왕 및 대신들과 개인적 친분 관계를 형성할 것"이었다(김종헌, 「슈페이예르와 러시아 공사 베베르의 조선 내 외교활동 (1884~1894)」, 『대동문화연구』 제61집, 성균관대학교 대동문화연구원, 2008, 147~148쪽).

이 훈령에 의해 베베르는 서양 외교관으로서의 드높은 매너와 품위, 우아한 언행으로 고종과 민 왕후의 관심을 사로잡았다. 베베르는 고종의 개인 고문 역할을 마다하지 않았고, 조선을 방문하는 러시아인들 중 일정 직급 이상 인물들이 매번 고종을 알현하도록 기회를 마련했다.

니콜라이 2세 황제의 매부인 알렉산드르 미하일로비치(Alexander Mikhailovich) 대공이 조선을 방문해 왕궁을 예방하자 고종은 러시아 황족의 방한에 감격해 만찬장에서 세 차례나 건배를 제의하며 "러시아가 조선의 문명화를 적극 지원할 것을 믿으며, 러시아와 가장 긴밀한 관계를 유지할 것"이라는 성명을 발표했다.

베베르는 이런 조치를 통해 러시아가 조선에 관심과 배려를 베풀고 있음을 상기시킴으로써 러시아에 대한 조선 정부의 신뢰를 공고하게 만드는 동시에, 러시아의 국력을 은근히 과시했다(김종헌, 「슈페이예르와 러시아 공사 베베르의 조선 내 외교활동 (1884~1894)」, 2008, 155쪽).

하지만 고종과 민 왕후의 러시아에 대한 호감은 거대한 착각이었다. 미국과 러시아 정부는 단 한 번도 외교 문서를 통해 공식으로 조선 보호를 보장한 사실이 없었다. 국왕 부부는 그저 조선 주재 미·러 외교관의 입에 발린 허언을 그들 정부의 공식 입장이라고 굳게 믿었다. 민 왕후의 거일은 인아와 친미가 전제돼야 가능한데, 이 부분에서 결정적인 하자가 발생한 것이다.

고종과 민 왕후가 인아거일이라는 소용돌이에 그처럼 쉽게 빠져든 이유는 무엇일까? 저자는 손탁의 활동을 예의주시해야 한다고 생각한다. 손탁은 베베르의 인척으로 알려졌지만, 사실은 베베르 공사 부인의 남동생인 마아크(Maaek)의 부인이 손탁의 여동생이다(이순우, 『손탁호텔』, 하늘재, 2012, 164쪽). 베베르 입장에서 보면 처남의 처형이었으니 인척 관계라고 말하기도 쑥스러운 관계다.

프랑스 알자스로렌의 시골 마을 출신인 손탁은 프로이센-프랑스 전쟁으로 그곳이 독일 영토로 할양되면서 독일 국적을 갖게 됐다. 손탁은 서울에 도착했을 때 32세였고, 155센티미터의 아담한 체구였다. 부드러운 눈매와 온화한 풍모에 영·독·프·러 등 4개 언어에 능통했고, 곧 바로 한국어를 익혀 한국어로 의사소통이 가능했다.

손탁이 조선에서 한 역할은?

내한 경위조차 불분명한 데다 조선에서 활동한 수많은 외국인들과 달리 손탁은 특별한 경력이나 이력조차 알 수 없다. 이러한 정체불명의 여성이 베베르의 주선으로 조선 궁내부 외인접대계 촉탁으로 25년간 근무하면서 구한말 외교계를 주름잡은 덕에 풍운의 여걸, 서울 외교단의 꽃, 정치적 마돈나로 알려졌다(김원모, 「미스 손탁과 손탁호텔」, 『향토서울』 제56호, 서울특별시사편찬위원회, 1996, 187쪽).

그녀가 한국에서 활동한 기간은 주한 미국 공사관 무급 의사 겸 선교사로 부임해 21년간 외교관으로 활동했던 알렌의 기록을 뛰어넘는 외국인 최장기 체한 기록이다. 일정한 직업이 없었던 손탁은 베베르 공사의 자녀 교육과 가사를 돌보며 러시아 공사관에서 거주했다. 얼마 후 베베르의 소개로 궁내부 외국인 접대 업무 촉탁으로 들어가 왕실에서 외국인을 위한 각종 연회를 주관하게 됐다. 주한 외교관 및 외국 귀빈을 위한 리셉션을 개최할 경우 손탁은 특유의 프랑스 요리 솜씨를 유감없이 발휘해 귀빈들의 구미를 사로잡았다(김원모, 「미스 손탁과 손탁호텔」, 1996, 178쪽).

고종은 임오군란(1882), 갑신정변(1884) 등 잇따른 난리를 겪은 창덕궁을 떠나 1885년 2월 3일 경복궁으로 거처를 옮겼다. 고종은 경복궁 건청궁을 신궁으로 단장하면서 손탁에게 실내 장식을 서양식으로 꾸미게 했다. 손탁은 수라상을 차리는 주방과 식기류, 집기와 가구를 서양식으로 바꾸었다. 국왕의 침전에 침대를 들였으며, 바닥에 양탄자를 까는

손탁이 서울에서 개업한 손탁호텔 © 국립민속박물관

등 건청궁 분위기를 서구풍으로 혁신했다.

손탁은 뛰어난 한국어 솜씨로 왕비에게 밤마다 서양 각국의 문화와 습관, 풍속과 역사를 소개하면서 전폭적인 신뢰를 얻었다. 왕실과 러시아 공사관, 베베르 공사와 조선 정부 간의 비밀 연락은 손탁이 담당했다. 때문에 사실상 손탁은 러시아 공사관의 대변인 역할을 수행하고 있었다 해도 과언은 아니다(김원모, 「미스 손탁과 손탁호텔」, 1996, 179~181쪽).

청일전쟁에서 승리한 일본이 김홍집 친일 정부를 출범시키자 손탁은 러시아 공사관과 제휴해 일본 세력을 견제하는 배일 운동에 착수했다. 민 왕후를 중심으로 한 인아거일책을 배후에서 주도하고 조종한 인물이 손탁이었다. 구마모토 출신 낭인으로 조선에 와서 민 왕후 시해 사건에 가담하고, 52년간 언론인·역사학자로서 조선 역사책을 여러 권 펴낸 기쿠치 겐조菊池謙讓는 "러시아 일류의 외교 정략은 먼저 손탁에 의해 제일보를 내딛게 됐다"라고 지적했다(菊池謙讓, 『朝鮮雜記』 卷2, 鷄鳴社, 1931, 102쪽).

베베르 공사가 멕시코로 전임이 결정되고 후임 공사 슈페예르가 부임하자 손탁은 더 이상 러시아 공사관에 기거하기 어렵게 됐다. 소식을 들은 고종은 손탁의 그동안 노고에 보답하기 위해 월산대군 사저였던 경운궁(현재의 덕수궁) 부속 건물인 수옥헌(중명전)을 손탁의 사저로 배정했다. 이 건물은 서양에서 온 선교사들이 거주하던 곳이다.

손탁은 고종이 하사한 한옥을 서구풍으로 개조해 조선에서 활동하는 서양인의 사교 중심지로 만들었다. 손탁의 사저가 위치한 정동에는 미국을 비롯해 영국, 러시아, 프랑스, 독일, 이탈리아, 벨기에 등의 공관이 위치했고, 외국인 선교사 등 여러 외국인이 거주하고 있었다. 때문에 치외법권이 보장된 특수 지역으로 인식됐다. 이곳을 중심으로 왕권 수호를 위한 배일적 정치 단체인 정동구락부가 결성됐다.

인아거일의 몸통은 손탁

서울에 주재하는 구미 외교관들의 친목 단체인 외교관구락부 회원들도 손탁의 사저를 중심으로 활동했다. 당시 서울에는 서양인을 위한 양식당이 없었기에 서양인들이 일과를 끝내고 손탁 사저로 모이면서 그곳이 정치의 중심지 역할을 하게 됐다.

손탁이 휴가를 갔을 때 그녀의 업무를 대행한 엠마 크뢰벨(Emma Kroebel)은 "고위직 남성들과 풍성한 식탁에 초대받기를 즐기는 젊은 외교관들은 손탁 양의 초청에 기꺼이 응했다. 잘 차려진 온갖 요리들, 술잔에 가득 넘치는 값비싼 포도주, 하바나 담배, 프랑스산 샴페인 등을 마다할 이유가 없었기 때문"이라고 기록했다. 손탁은 이 과정에서 자연스럽게 정동구락부 회원들과 어울렸을 뿐만 아니라, 이들의 활동비를 궁내부로부터 지급받아 전달하는 업무를 수행했다(김원모, 「손탁의 친러·배일운동」, 『개화기 한미교섭관계사』, 단국대학교 출판부, 2003, 721쪽).

손탁의 사저는 러시아 세력의 아성이 됐다. 손탁은 사저 일부를 외국인에게 임대했는데, 프랑스 영사 르페브르(G. Lefevre), 탁지부 고문으로 내한한 러시아인 알렉세예프(Karl Alexeieff) 같은 사람들이 이곳에 장기 체류했다.

정동구락부 구성원

친미파	이완용	주미 조선 공사관 참찬관 (1887)
	박정양	초대 주미 조선전권공사 (1887)
	이하영	주미 서리공사 (1888~89)
	이채연	주미 서리공사 (1890~93)
	이상재	주미 조선 공사관원 (1887)
	정경원	시카고 만국박람회 출품대원 (1893)
	윤웅렬	윤치호의 아버지
	윤치호	미국유학생 (1888~93)
	이윤용	이완용의 백형, 경무사
	민상호	미국유학생 (1887~88)
	현흥택	견미 조선보빙사 수원 (1883)
친러파	이범진	주미 조선전권공사 (1896)
	민영환	주러 특명전권공사 (1896)
	이학균	러시아 공사관 인물
	김홍륙	러시아 공사관 통역관

출처 : 김원모, 「미스 손탁과 손탁호텔」, 『향토서울』 제56호, 서울특별시사편찬위원회, 1996, 185~186쪽.

손탁은 국왕과 왕비의 측근으로 활동했고, 여러 언어에 능통해 외국과의 교섭에서 통역을 맡기도 했다. 덕분에 손탁은 조선 정부의 극비 정보를 누구보다 빨리 입수할 수 있었다. 손탁에 대한 일본 측 기록을 보면 "용모는 그다지 뛰어나지 않으나 재주가 있어, 시종 궁중에 출입하며 왕비는 말할 것도 없고 국왕에게까지도 안내 없이 근접하는 것이 가능할 정도로 중요한 인물이었다. 왕실과 외국인 간의 연락은 물론, 운동비(기밀비 혹은 비자금)의 중간 전달에 이르기까지 그녀의 손을 거치지 않는 것이 없었다"라고 한다(小松綠, 『明治史實 外交秘話』, 中外商業新報社, 1927, 377~382쪽).

손탁을 통해 고종의 비자금을 받아 간 사람은 「대한매일신보」 사장 베델(Ernest Thomas Bethell), 헤이그 특사 헐버트(Homer Bezaleel Hulbert), 한성전기회사 사장 콜브란(C. H. Collbran) 등이었다. 임오군란 직후 청나라가 파견한 독일인 묄렌도르프가 조선 외교협판 및 해관장을 역임하면서 독일 정부의 지령을 받아 간첩 역할을 한 사실은 제4권(『영국·러시아 그레이트게임의 파장』, 261쪽)에서 소개한 바 있다. 손탁이 조선에서 수행한 역할을 엄밀하게 표현하면 러시아가 조선 왕실에 침투시킨 비밀 정보원, 스파이나 다름없었다.

고종과 민 왕후는 미·러 공사의 본국 정부 입장과는 배치되는 감언이설과 손탁의 나긋나긋한 조언에 힘입어 조선에서 일본을 퇴출시키려는 인아거일 정책을 격렬하게 추진했다. 왕비의 눈에는 엄청난 희생을 치르며 획득한 랴오둥반도와 같은 전략적 요충지를 러시아의 위압에 못 이겨 속절없이 청에 돌려준 일본의 곤경만 보였다. 그 결과 "일본의 조선 지배는 더 이상 어려울 것"으로 착각하고 일본의 '조선 보호국화 정책'에 정면으로 반기를 들었다(최문형, 『명성황후 시해의 진실을 밝힌다』,

지식산업사, 2001, 147쪽).

친러파 중심으로 개국기원절 준비위원회 출범

일본이 민 왕후의 인아거일책을 더 이상 방치할 수 없다고 판단한 사건이 1895년 9월 4일 개국기원절에 벌어졌다. 조선 왕실은 개국기원절을 기념하기 위해 관료 47명이 참여하는 준비위원회를 구성했다. 이 무렵 민 왕후는 러시아의 전폭적인 지원을 예상해 평소의 신중한 태도를 버리고 노골적인 반일 행동을 서슴지 않았다.

따라서 개국기원절 행사는 러시아의 후원을 받는 왕실의 정치적 영향력 확대를 보여주기 위해 의도적으로 확대됐다. 왕실 주도하에 거창한 행사를 치름으로써 일본의 후원을 받아 성립된 김홍집 내각을 약화시킨다는 의도였다.

개국기원절 준비위원회 사무부총재에 임명된 궁내부협판 이범진은 준비위원회 위원 47명 중 41명을 궁내부 관료로 채웠다. 이때 임명된 최영하와 주석면은 후에 이범진과 함께 춘생문 사건에 가담했고, 이학균은 을미사변 후 이범진과 함께 러시아 공사관에 숨었다. 현흥택과 이명상은 러시아 공사관과 긴밀한 관계를 유지했던 친러파 인물이다(김영수, 『미쩰의 시기—을미사변과 아관파천』, 2013, 176~177쪽).

외국인도 준비위원으로 위촉됐는데, 르장드르는 사무장이라는 명예위원으로 외국인 접대를 담당했다. 손탁은 음식 및 식탁 담당, 1890년부터 1904년까지 조선(대한제국)에서 일했던 러시아 건축기사 사바틴(Afanasy Ivanovich Seredin-Sabatin)은 식장의 장식을 총괄했다.

사바틴은 묄렌도르프와 친분이 있던 상하이 주재 오스트리아 총영사 하스(Hass)가 조선 해관 직원으로 추천해 조선에 왔다. 조선 해관에 근무하던 사바틴은 1888년 5월 경복궁에 지은 최초의 서양식 건물인 건청궁 관문각 공사 감독을 하며 건축사 업무를 시작했다. 그 후 덕수궁 정관헌, 중명전, 독립문, 손탁호텔 등 유럽 양식의 건물을 지을 때 참여했다.

후에 주러시아 공사로 활동한 친러파 이범진. © 경향신문

청일전쟁 발발 직전인 1894년 7월 23일 일본군이 경복궁을 점령하는 전대미문의 사건이 벌어졌다. 이때 뜨거운 경험을 했던 고종은 조선을 보호국화하려는 일본의 영향력이 점점 강화되자 불안감을 느꼈다. 고종은 베베르와 실 공사의 조언에 따라 일본인들의 활동에 대비하기 위해 미국인 퇴역 장성 윌리엄 다이 장군과 닌스테드 대령, 러시아인 건축기사 사바틴 등 서양인 세 명을 경복궁에 상주하는 국왕 경호원으로 채용했다.

서양인 국왕 경호원은 항상 궁내에 체류하면서 국왕 부처를 밀착 경호했다. 사바틴은 1894년 9월부터 경복궁 근처에 살면서 경복궁에 1주일에 네 번, 저녁 7시에 출근해 아침에 퇴근하는 생활을 했다(김영수, 「세레진 사바찐의 하루」, 『역사비평』, 2010년 여름(통권 91호), 329~362쪽).

갑오개혁파 퇴출 작전

개국기원절 준비위원회는 친일 성향으로 분류된 외부 교섭국장 박준우가 사무장, 궁내부 영선사장 박용화가 사무위원으로 참여했다. 준비위원회 회의가 열렸을 때 사무장 박준우가 일본과의 외교 관계를 고려해 식탁 시중을 들기 위한 일본인을 초청하자는 의견을 제기했다.

일본인 초청 문제가 제기되자 왕비의 총애를 한몸에 받고 있던 손탁이 박준우를 원색적으로 비난했다. 그녀는 발언 도중 침까지 뱉었고, 르장드르는 손탁의 발언에 맞장구를 쳤다. 이때 사바틴은 일본 외교관과 연대하고 있던 조선 관료들이 민 왕후에 강한 적개심을 가진 사실을 알게 됐다.

이날 사건은 일종의 해프닝이었지만, 사바틴은 이처럼 사소한 사건들이 쌓여 거대한 정치적 음모의 도화선이 되지나 않을까 우려했다. 그의 우려는 한 달 후 민 왕후 시해 사건으로 폭발했고, 사바틴은 사건 현장에서 일본인들의 범행을 목격한 증인이 됐다.

1895년 9월 4일 오후 3시, 조선 왕조 504년을 기념하는 개국기원절 행사가 성대히 열렸다. 국왕 부처가 주한 외교 사절단을 접견했다. 오후 8시, 조선 왕실과 정부가 온갖 정성을 다해 준비한 만찬과 연회가 경회루에서 열렸다. 축하연은 밤 12시가 넘어서야 끝났다. 행사가 끝난 후 고종은 실무를 담당한 궁내부 관료들의 품계를 올려주었다.

개국기원절 행사가 끝나자마자 고종은 갑오개혁을 전면 폐기하고 재정, 법률, 내각, 군대 등에 대한 대대적인 조직 개편을 시도했다. 주한 일본 공사관과 연계돼 있던 친일 성향의 정치 세력을 제거하고, 궁내부를 통해 자신의 권력 기반을 다져나갔다. 궁내부는 1895년 16개 부서로 출범했으나 1903년 11월에는 전체 28개 부서로 확대됐다(김영수, 『미쩰의 시기—을미사변과 아관파천』, 2013, 152쪽).

고종은 서얼 출신 이범진을 앞세워 서북 지역 출신 차별 정책에 의해 중앙 정계에서 철저히 소외당했던 함경도 출신을 궁내부에 발탁해 왕권 강화를 시도했다. 정조 대에서 철종 대까지 홍문관원弘文館員 후보자를 선발하는 도당록都堂錄에 기록된 인물의 거주지별 분포를 보면 이 기간에 함경도 출신 문과 급제자 86명 중 도당록에 든 인물은 한 명도 없었다. 이것은 조선 후기 함경도 출신이 중앙 관직에서 철저히 소외당했음을 시사하는 것이다(남지대, 「중앙 정치세력의 형성 구조」, 한국역사연구회, 『조선정치사 (上)』, 청년사, 1990, 158쪽).

아관파천 이후에도 고종은 함경도 출신을 왕실 주변에 포진시켰는데 내장사장 이용익, 시종원 시종 강홍대, 궁내부 번역관 유진율, 원수부 군무국원 이동휘, 해삼위(블라디보스토크) 통상사무관 권동수 등이 그 주인공이다.

이어 친일 관료 인적 청산에 나섰다. 김가진을 농상공부대신에서 해임하고 후임에 궁내부 핵심 인물 이범진을 임명했으며, 내부협판 유길준을 의주관찰사로 임명해 중앙 정계에서 추방했다. 이어 일본 장교에 의해 조련된 훈련대를 해체하기 위해 민 왕후의 총애를 받고 있던 홍계훈을 훈련대 연대장에 임명했다.

고종은 9월 20일, 갑오개혁 당시 개화파 내각이 도입한 간편한 관복을 개혁 이전의 구식으로 환원하는 칙령을 공표했다. 흥미로운 사실은 칙령 일련번호가 이미 100호를 넘은 상황에서 구제 관복으로 환원하는 칙령을 새삼스럽게 '칙령 제1호'로 발표한 점이다. 이것은 친일 개화파 내각의 내정 개혁을 백지화한다는 상징성을 과시하기 위한 조치였다.

베베르와 민 왕후의 밀약

일본 공사관 내의 조선 정보통인 스기무라 서기관은 고종과 민 왕후가 추진한 일련의 사건에는 러시아가 배후에서 영향력을 행사하고 있다는 사실을 파악했다. 1895년 7월 박영효를 실각시킬 때도 국왕 부처와 베베르 공사 사이에 밀담이 오간 사실 역시 탐지해 냈다. 스기무라가 입수한 정보에 의하면 베베르 공사는 궁내부 고문 르장드르를 통해 민 왕후와 고종에게 다음과 같은 의견을 은밀히 전달했다.

> 첫째, 왕비와 민씨 척족 세력은 일체이며, 민씨 세력과 일본은 결코 양립할 수 없다.
>
> 둘째, 조선과 일본은 인접국이라 해도 그 사이에 대해大海가 있어 조선과 러시아처럼 육지로 이어진 것과는 다르다. 지형상으로 볼 때 조선은 일본보다 러시아와 밀착해야 한다.
>
> 셋째, 러시아는 세계 최강국으로서 일본과 비교할 수 없다. 올봄 랴오둥반도 반환에서 그 사실을 충분히 확인했을 것이다.
>
> 넷째, 러시아는 조선의 독립을 방해하지 않으며, 내정 간섭도 좋아하지 않는다. 러시아에 의지해 보호를 청하면 조선은 지극히 안전하다. 러시아는 전제군주 국가이므로 그 예에 따라 충분히 군권君權을 보호할 수 있다.

민 왕후는 조선의 왕권을 보호해 주겠다는 베베르의 약속을 굳게 믿었다. 또 서양인 세 명이 궁궐에 머물며 왕실을 경호하고 있다는 사실을 지나치게 신뢰했다. 하지만 베베르의 약속은 국가 간의 조약을 통한 국제 협약이 아닌, 주재국 공사의 개인 입장에 불과했다. 미국과 러시아의 변덕스런 동아시아 정책, 독일의 이탈로 인한 삼국간섭의 붕괴라는 변수를 감안할 때 고종과 민 왕후가 추진한 인아거일은 문제의 핵심 본질을 전혀 파악하지 못한 채 돌격을 감행한 착각과 환상의 외교였다.

제8장

미우라 공사, 서울에 오다

날벼락이나 다름없는 삼국간섭으로 인해 일본의 한반도 정책은 걷잡을 수 없는 혼란에 빠졌다. 러시아의 일사불란한 조선 침투로 청일전쟁의 목적을 완전히 상실할 위기에 처하자 언론이 가장 먼저 문제를 제기했다. 「지유신문自由新聞」은 열강 대립의 초점이 발칸반도에서 동아시아로 이동하는 현상에 주목했다. 그 결과 러시아가 부산 혹은 원산을 점령하고, 영국은 이에 대항해 중국의 저우산열도나 거문도를 점령할 가능성이 있다고 보도했다.

상황이 이렇게 전개되면 조선을 보호국화하기 위해 전쟁까지 치른 일본의 국제적 지위는 어떻게 될 것인가? 이를 우려한 「지유신문」은 "일본은 조선의 보호국화를 포기하고 퇴각하든가, 아니면 원산·부산에 병력을 증강하고 절영도(현재의 부산 영도)에 군항을 설치해 영·러의 조선 분할 경쟁에 대응해야 한다"라면서 일본 정부는 양단간에 결단을 내리라고 주장했다.

삼국간섭의 충격파에서 헤어나지 못한 일본 정부는 "조선에 대한 적극적 간섭을 중지하고 자립시킨다"라는 결의를 통해 조선 보호국화 목표를 포기하려 했다. 이렇게 되자 서울에 체류하는 일본 낭인들은 "일청전쟁으로 조선 반도에서 흉포한 지나(청국) 세력을 물리쳤더니 그보다 더 무서운 러시아를 불러들이는 헛수고를 하고 말았다"라면서 분노했다. 그들의 분노를 잠재우기 위해서는 특단의 대책이 필요했다.

조선 보호국화 정책의 주인공은 이노우에 가오루였다. 그의 구상이 물거품이 됐으니 일본 정계의 거물이 조선 공사로 근무해야 할 명분이 사라졌다. 일본 정부는 1895년 8월 17일, 이노우에 공사의 해임 및 귀국을 결정했다. 격랑이 일고 있는 중대한 시기에 주한 공사 교체를 결정한 것은 일본의 고질병 중의 하나인 외교 라인과 군부의 대립도 무시할 수 없는 요인이었다.

삼국간섭의 여파로 러시아가 한반도로 격렬하게 세력을 확장하자 일본 외무성은 이 기회에 외교 분쟁이 빈발하는 조선에서 완전히 손을 떼자는 '청산론'을 내놓았다. 반면에 군부는 대륙으로 향하는 교두보로서의 가치가 있고 일본 군인들의 피로 확보한 조선을 결코 포기할 수 없다는 '고수론'이 대세였다.

시모노세키강화조약으로 청일전쟁이 종료되면서 전쟁 중 일본군이 점거한 조선 전신선 반환과 조선 주둔 일본군 철수가 주된 관심사로 등장했다. 조만간 러시아와의 전쟁을 염두에 두고 있던 일본 군부는 전신선과 일본군 조선 주둔을 자신들의 숙원 사업으로 여겼다.

일본 군부의 눈 밖에 난 이노우에

이노우에 공사는 청일전쟁을 위해 일본군이 가설한 경부·경인 군용 전신선을 20만 엔에 조선 정부에 양도하고, 경의·경원 전신선은 조선 정부에 반환해야 한다는 입장을 밝혔다. 이 안이 실행되면 전신선 보호를 위한 일본군의 조선 주둔 명분이 사라지게 된다. 군부는 이노우에의 방안을 도저히 수용할 수 없다면서 불만을 표출했다. 전신선 문제로 외교 라인과 군부 의견이 첨예하게 부딪치자 일본 정부는 이노우에의 후임자 인선에 나섰다.

이와쿠라 사절단의 일원이었던 문부성 관리 다나카 후지마로田中不二麿가 적임자로 거론됐다. 다나카 후보의 등장은 조선 문제를 문치적 방법으로 해결하려는 의미가 담긴 것이었다. 이 와중에 예비역 육군 중장 미우라 고로三浦梧樓가 주한 공사로 전격 발탁됐다. 미우라는 다카스기 신사쿠高杉晉作, 기도 다카요시木戸孝允로 이어지는 조슈 파벌의 직계 인물이었다. 그는 재야의 국수주의자, 대외 강경론자, 우익 낭인 인사들과 교류하며 우익 군부 세력의 거두로서 '무단武斷적 선장禪將' '급진파의 대표'로 상징됐다.

게다가 이토 히로부미나 야마가타 아리토모와는 오랜 친구이자 애증의 관계로 연결된 인물이다. 그는 대외 강경파 단체를 통해 10년 이상 박영효를 원조해 왔다. 조슈 출신이었지만 조슈·사쓰마 파벌이 주도하는 번벌藩閥 전제정치에 비판적이었고, 야마가타가 주도하는 군비 확장 노선에도 반대했다. 육군 중장을 끝으로 군에서 물러난 것은 조슈 파벌의 실력자 이토와 야마가타에게 반기를 들었기 때문이다. 어쨌거나 한반도를 둘러싼 정세가 난마처럼 얽힌 상황에서 미우라의 등장은 군부의 뜻이 강력하게 반영된 인선이었다.

미우라 고로를 조선의 역사 무대에 등장시킨 인물은 귀족원(상원에 해당) 의원 다니 간조谷干城였다(김문자, 김승일 옮김, 『명성황후 시해와 일본인』, 태학사, 2011, 124~127쪽 참조). 다니 간조는 사이고 다카모리가 반란을 일으킨 서남전쟁西南戰爭 때 구마모토 성을 수비한 구마모토 진대熊本鎭臺 사령관으로 정부군 승리에 결정적으로 기여했다. 그는 야마가타 아리토모의 군비 확장 노선을 비판하는 프랑스파 4장군 중 한 명이었다. 다니 간조와 함께 야마가타를 비판하다 군복을 벗은 사람이 미우라 고로였다.

다니 간조는 1895년 7월 5일, 이토 총리에게 이노우에 주한 공사의 간섭 정책을 우려하면서 자기와 가까운 미우라 고로를 주한 공사로 천거했다. 그는 미우라가 심리의 학을 터득하고 있으며, 인품의 높이와 지조가 있는 인물이고, 박영효와도 친한 사이이며, 일견 쓸모없어 보이지만 뜻밖에 요긴하게 쓰일 사람이라면서 "미우라를 주한 공사로 임명하는 것이 일본을 위해 바람직한 일"이라고 밝혔다.

그는 또 자신의 측근이자 조선 문제 전문가인 시바 시로柴四郎를 미우라의 손발로서 보좌하도록 함께 보내는 것이 좋겠다고 건의했다. 다니 간조는 서남전쟁 때 별동대를 조직해 참전한 시바 시로와 만났다. 시바 시로의 출중한 재능을 발견한 다니 간조는 사비를 털어 시바를 미국에 유학 보내 공부를 시켰다.

시바는 하버드대학과 펜실베이니아대학에서 경제학 박사 학위를 취득하고 귀국했다. 이때 제1차 이토 내각의 농상무대신으로 재임 중이던 다니 간조는 시바를 자신의 비서관으로 채용했다. 시바 시로는 도카이 산시東海散士라는 필명으로 발표한 『가인의 기우佳人之奇遇』란 정치소설이 크게 성공해 필명을 날렸다. 1880년대부터는 김옥균·박영효와도 친하게 지내며 조선 문제에 대한 안목을 가지게 됐다.

시바는 1892년 제3대 의회 선거에서 후쿠시마현에서 당선했고, 그 후 8선 의원으로 정계에서 영향력을 행사한 일본 유수의 지성인이었다.

1894년 8월, 일본에 망명해 있던 박영효가 귀국하자 시바는 9월 조선으로 가서 박영효의 복귀를 위해 일했고, 그 후 박영효는 내부대신에 임명됐다. 1895년 5월, 박영효가 러시아에 접근하고 있다는 소문을 들은 시바는 구마모토국권당 수령인 삿사 도모후사佐佐友房와 함께 조선에 와서 박영효와 많은 이야기를 나누었다. 시바 일행은 6월 하순 일본으로 돌아왔고, 그 직후 박영효가 실각해 일본으로 망명해 왔다.

『러일전쟁』의 저자 와다 하루키和田春樹는 재차 망명해 온 박영효가 시바에게 고종과 민 왕후, 그들의 배후에 있는 러시아에 대한 대립 감정을 전했으며, 박영효의 설명을 들은 시바는 현 상황을 방관하면 일본이 조선을 잃을 우려가 있다는 생각에서 근본 대책을 수립할 결심을 했을 것으로 추측했다. 시바는 미우라에게 주한 공사를 맡으라고 설득했고, 미우라가 이에 동의하자 다니 간조에게 부탁해 이토 총리에게 미우라를 추천했을 것으로 보았다(와다 하루키, 『러일전쟁 1』, 2019, 283~284쪽).

미우라 고로를 조선 공사로 보내다니…

조선을 러시아로부터 떼어내기 위해서는 타협과 협상, 주고받기를 능사로 해야 하는 상황에서 통제 불능의 육군 중장 출신을 조선 공사로 보낸다니…. 폐결핵으로 건강이 악화돼 요양 중이던 무쓰 외상은 외교 경험이 전혀 없는 데다가 독선적이며 고집이 세고 저돌적인 성격의 소유자인 미우라의 주한 공사 임명에 큰 충격을 받았다.

무쓰는 미우라의 주한 공사 임명 불가론을 폈지만, 조슈 파벌의 압력에 눌려 뜻을 접었다. 그로부터 10년 후 한국 병탄을 전후해 통감·총독으로 부임한 이토 히로부미, 소네 아라스케曾禰荒助, 데라우치 마사타케寺內正毅, 하세가와 요시미치長谷川好道는 조슈번 출신이었다. 조선의 식민지화는 조슈 파벌의 작품이었고, 조선은 조슈 파벌의 전리품이었다는 뜻이다.

이노우에는 강화도조약 체결 당시 전권 부대표였고, 제물포조약 및

미우라 고로.

한성조약 체결 때 특파전권대사를 맡는 등 조선 문제에 관한 한 일본 내에서 자타가 인정하는 최고 정책 결정권자였다. 게다가 이토 히로부미 총리와 절친 관계로 제1차 이토 내각에서 외상, 제2차 이토 내각에서 내무상을 역임하는 등 일본 정계의 실세 중 한 사람이었다. 그가 조선 주재 공사로 부임했을 때 일본에서는 "조선 문제는 이노우에에게 백지 위임됐다"라는 말이 파다하게 나돌았다.

조선 전문가 이노우에는 7월 2일까지만 해도 자신의 후임은 민 왕후와의 교제에 능한 인물이 좋겠다는 의견이었다. 그런데 박영효 실각 등 조선에서 정치적 격변이 일어나자 돌연 태도를 바꿔 자신과는 성향이 전혀 다른 무단파 미우라 고로를 추천했다.

이노우에가 갑자기 태도를 바꾼 이유는 인아거일 정책으로 일본에 모욕을 가한 고종과 민 왕후에게 '확실한 교훈'을 전하기 위해서였던 것으로 추측된다. 러시아를 조선에서 퇴출시키려면 전쟁을 해야 하는데, 그럴 준비가 전혀 돼 있지 않았다. 당장 일본이 취할 수 있는 방안은 협상을 통해 러시아의 조선 지배를 저지하거나, 비상수단을 동원해 조선과 러시아의 연결 고리인 민 왕후를 제거하거나 둘 중 하나였다.

이처럼 절체절명의 시기에 이토와 이노우에 등 문치파의 거물들이 자신들과 성향이 정반대인 미우라를 주한 공사로 내세운 것은 조선 문제를 '무단적 방법'으로 해결하겠다는 간접화법이 아니었을까?

예상치 못한 인사에 당황한 사람은 미우라 자신이었다. 그는 조선 공사를 제안받자 "나는 몸을 융마지간戎馬之間(전쟁)에 내던져 외교술을 모를 뿐 아니라, 오랫동안 한직에 있어 세계 열강 정치의 추세에도 어둡다. 안으로는 한국의 대개혁을 부담하고 밖으로는 열강의 외교가와 더불어 경쟁을 각오해야 하니 그 임무가 중대하다. 스스로 한심함을 금할 수 없다"라며 고사했다.

거듭된 간청에 못 이겨 조선 공사직을 수락한 미우라는 조선 문제와 관련해 일본 정부에 정책 의견서를 제출했다.

첫째, 일본이 조선을 독점 지배한다.
둘째, 구미 열강과 공동 보호한다.
셋째, 러시아와 분할 점령한다.

세 가지 방안 중 확실한 정부 방침이 무엇인지를 물었다. 그는 "나는 난국을 헤치고 목숨을 조선에 바칠 결심"이라면서, 위험 부담이 크더라도 첫째 안을 선택하는 것이 좋겠다고 밝혔다.

하지만 일본 정부는 삼국간섭의 충격파로 '조선 보호국화 정책'을 포기한 후 조선 문제를 어떤 전략으로 추진할 것인지 갈피를 못 잡고 표류했다. 그 결과 러시아와 맞서 싸울 정도로 군비를 갖추기 전까지는 현상을 유지하되, 시류에 따라 임기응변으로 대응한다는 입장이었다.

일본 정부의 모호한 태도에 실망했는지, 아니면 자신이 조선에서 수행해야 할 임무가 역사에 길이 남을 악역이란 사실을 감지했기 때문인지는 몰라도 미우라는 7월 17일, "나침반 없이 항해를 강행할 수는 없지 않은가"라며 조선 공사직을 거절하고 아타미熱海 별장으로 돌아갔다.

세 명의 거물급 낭인을 조선에 데려와

문제가 복잡하게 꼬이자 임지인 서울에 도착해 있던 이노우에 가오루는 "그대가 곤란하다고 망설이면 아무도 맡을 사람이 없다. 국가를 위해 그대가 나설 때다"라는 급보를 날렸다. 이번에는 죽마고우인 야마가타 아리토모가 나섰다. 그는 "그대가 질문한 3대 정책은 사안이 워낙 중대해 심사숙고할 필요가 있다. 조만간 조선 정책이 결정될 것이니 하루빨리 조선에 부임하라"라고 재촉했다.

미우라는 "정부 방침이 없는 상태에서 조선에 부임하는 이상, 내 마음대로 임기응변할 수밖에 없지 않은가"라고 하자 미우라의 일 처리 방식을 누구보다 잘 알고 있던 야마가타는 미우라에게 자유의사에 따라 일을 처리해도 좋다는 입장을 밝혔다. 그제야 미우라는 주한 공사직을 수락했다.

1895년 7월 22일 주한 전권공사로 내정된 미우라에게 '조선국 주차' 명령이 내려진 것은 8월 17일이었다. 그는 임지로 출발하기 전 아타미 별장에서 다니 간조가 추천한 시바 시로와 조선 문제 전문가로 알려진 낭인 다케다 한시, 쓰키나리 히카루月成光 등과 만났다. 미우라는 부임할 때 이들 세 명을 막료로 데리고 왔다(이종각, 『미야모토 소위, 명성황후를 찌르다』, 메디치미디어, 2015, 24쪽).

다케다 한시는 세상에 나서길 꺼리며 고목처럼 좌선에 전념하는 수행법을 기본으로 삼는 불교 조동종 승려였다. 그는 이주회가 갑신정변 후 일본에 망명했을 때 도쿄에서 알게 됐는데, 1889년 포교를 위해 조선에 파견돼 와서 금호도에서 이주회를 만났다. 다케다는 이주회와 동업으로 해산물과 소를 일본에 수출하는 사업을 했으나 별 성과를 거두지는 못했다. 1894년 동학 농민 봉기가 일어나자 다케다는 덴유쿄天佑俠

를 결성해 농민군과 접촉하려 했다.

미우라 고로가 '조선 전문가'로 데려온 시바 시로

쓰키나리는 겐요샤玄洋社 핵심 멤버로, 오쿠마 시게노부大隈重信 외상 폭탄 테러 사건에 가담했다가 구속된 바 있는 테러리스트였다.

시바 시로가 미우라와 함께 조선에 가게 됐다는 소식을 들은 다니 간조는 무쓰 외상에게 시바의 조선행 여비 지원을 부탁했다. 무쓰는 외무성 기밀비에서 1,000엔을 시바 시로의 여비로 제공했다.

조선 문제와 관련해 미우라가 전권을 가지고 자유의사에 따라 처리할 수 있는 권한을 부여받을 즈음, 민 왕후의 인아거일 정책은 노골화돼 조선에서 일본의 지위는 점점 더 어려운 상황으로 몰려가고 있었다. 일본이 국운을 걸고 전쟁을 해서 조선에서 중국을 몰아내자 러시아라는 강적이 안방을 차지하는 황당한 상황이 연출된 것이다.

일본은 다양한 정보 라인을 통해 러시아를 조선에 끌어들여 상황을 꼬이게 만든 주인공은 민 왕후라는 사실을 알아냈다. 그들은 이제 조선과 러시아의 연결 고리인 민 왕후를 어떤 식으로든 처리해야 하는 단계로 접어들었음을 직감했다. 이처럼 긴박한 시기에 주한 공사를 맡게 된 미우라는 자신이 조선에서 수행해야 할 역할과 사명이 무엇인지는 눈 감고도 이해할 줄 아는 사나이였다.

민 왕후 회유 작전 개시

이노우에 공사는 새로운 한반도 정책을 가지고 서울에 도착했다. 그는 귀임 인사를 위해 7월 25일 국왕과 민 왕후를 알현할 때 값비싼 선물을 헌상했다. 8월 5일에는 이노우에 단독으로 다섯 시간 동안 고종을 알현해 "앞으로 조선 왕실에 반역자가 나타나면 일본 정부는 병력을 동원해 왕실을 보호하기로 했다"라고 밝혔다.

이어서 이노우에는 일본 정부가 조선 왕실의 재정난을 타개하기 위해 이미 제공한 차관 300만 엔은 상환 기간을 5년에서 20년으로 연장한다고 밝혔다. 이와는 별도로 국왕에게 300만 엔의 기부금을 제공하기로 했으며, 곧 열리게 될 임시 의회에서 최종 결정될 예정이라는 사실도 알렸다.

이노우에는 1884년 조러수호통상조약 체결 이후부터 러시아와 긴밀한 우호 관계를 유지해 온 고종과 민 왕후를 일본 편으로 끌어당기는 전략으로 선회해 두 사람의 환심을 사는 데 성공했다. 비숍 여사는 민 왕후가 이노우에의 기부금 발언을 믿고 일본의 호의에 방심해 시해 사건이라는 비극을 맞게 됐다고 지적했다. 결과적으로 기부금 제공 카드는 왕비 제거를 위한 일종의 연막작전이었다는 의혹을 지우기 힘들다.

며칠 후 이노우에 공사는 고종에게 '17개조 개혁안'을 제출했다. 이 개혁안 제13조는 민 왕후가 정치 일선에 복귀해 고종과 함께 국정에 참여할 것, 과거 비리로 대원군과 신정부에 의해 투옥되었던 민씨 척족을 특별 사면 복권한다는 내용이었다. 또 민영준과 민영익 등 왕비 척족을 1년간 일본 유학 후 요직에 기용한다고 돼 있었다. 이것은 1894년 10월 자신이 주한 공사 부임 직후 강제했던 '조선내정개혁 20개조'를 정반대로 뒤집는 내용이었다.

이노우에는 자기 손으로 정치 개입을 봉쇄했던 민 왕후와 민씨 척족의 복권을 약속했다. 일본이 출범시킨 갑오개혁 정부가 1894년 7월 23일부터 1년여 추진해 온 탐학 관료 척결을 통한 인간 본위 개혁을 무너뜨리고 수구 정치로의 복귀를 선언한 것이다. 이로써 갑오개혁은 결정적인 위기를 맞게 됐다.

일본의 새 정책에 고무된 고종은 8월 22일, 부패·비리 혐의로 권력에서 쫓겨난 전직 관료 270여 명을 사면했다. 이 조치 덕분에 민영준, 민형식, 민영주, 민병석, 민응식, 민영순 등 민씨 척족을 비롯해 민 왕후 계열의 탐학 관료인 조병식, 김세기, 이용태, 김문현, 이용직, 조필영, 조병갑, 김창렬, 조인승 등이 대거 정치판에 복귀했다.

이때 사면 복권된 인물 중 조병갑, 이용태, 김문현을 주목할 필요가 있다. 이들은 1894년 동학 농민 봉기를 촉발해 동아시아 근대사를 피로 물들인 악질 지방관 3인방이었다. 동학 농민 봉기를 촉발한 죄로 파직당한 조병갑은 고금도로 유배당했다가 1년 만에 사면을 받았고, 1898년에는 법부 민사국장, 고등재판소 판사에 임명됐다. 조병갑은 고등재판소 판사로서 1898년 5월 30일 동학의 2대 교주 최시형에게 사형 판결을 내렸다.

민씨 척족의 수령급 거물 민영익은 고종이 추진하던 제2차 조-러 밀약 내용을 위안스카이袁世凱에게 밀고한 후 홍콩으로 도주했다. 그는 망명지에서 최고급 호텔 스위트룸을 통째로 빌려 호화로운 망명 생활을 즐겼다. 이때 사면령이 내려지자 민 왕후의 지시를 받고 9월 24일 귀국했고, 민 왕후가 시해되기 하루 전날인 10월 7일 궁내부대신에 임명됐다.

교동에 유배됐던 대원군 손자 이준용도 사면을 받고 풀려났다. 12월 26일 일본 정부는 왕권에 도전할 가능성이 있는 이준용을 '일본 유학' 명목으로 해외 추방해 12년간 해외를 떠돌게 했다. 그의 귀국이 허락된 것은 일본 통감 이토 히로부미가 고종을 폐위하고 아들을 순종 황제로 등극시킨 지 이틀 후인 1907년 7월 20일이었다.

고종은 8월 25일 민씨 척족과 근왕적 정동파를 중심으로 김홍집·박정양 연립 내각을 출범시켰다. 이런 모습을 본 민 왕후는 일본이 자기를 적극 지지하는 것으로 착각해 일본에 대한 경계를 늦추었다.

외교 관례 무시하고 두 명의 공사 서울 주차

요양 중이던 무쓰 무네미쓰는 외상 대리 사이온지 긴모치에게 "이노우에의 귀국 일정이 확정되기 전에 미우라를 조선에 부임시켜서는 안 된다"라고 신신당부했다. 미우라는 8월 23일 도쿄를 출발해 9월 1일 서울에 부임하면서 무쓰의 의견은 간단히 무시됐다. 이틀 후인 9월 3일, 미우라와 이노우에는 고종을 알현해 신임장 및 해임장을 봉정함으로써 신·구 공사 교대를 마쳤다.

이노우에는 9월 17일까지 무려 17일 동안 인수인계를 앞세워 미우라와 공동 근무하며 새로 구성된 김홍집·박정양 내각과 300만 엔 차관 상환 기간을 20년으로 연장하는 협상을 마무리했다. 하지만 이노우에가 약속한 '기부금 300만 엔' 건은 일이 복잡하게 꼬였다.

이 무렵 이토 내각은 삼국간섭으로 랴오둥반도를 반환한 일 때문에 심각한 정치적 위기를 맞았다. 이 와중에 임시 의회가 열리면 반정부 세력의 활동이 폭발할 것을 우려한 일본 각의는 임시 의회를 열지 않기로 결의했다. 사이온지 외상 대리는 9월 4일 "두 명의 공사가 주차하는 것은 예규에도 없는 일이고 외국의 압력이 제기될 우려가 있다. 가을에 의회가 열리지 않게 돼서 조선 정부에 기부금 300만 엔 공여를 보장할 수 없으니 이노우에는 최대한 빨리 귀국하라"라는 훈령을 보냈다.

이노우에는 9월 5일, 사이온지에게 "기부금 300만 엔 공여가 실행 불가능하게 되면 국왕과 왕비가 우리 정부를 신용하지 않아 조선을 내버리는 결과가 된다. 서울 정계는 엄청난 혼란과 격동이 일어날 것"이라는 전문을 보냈다. 스기무라 서기관은 기부금 300만 엔이 일본 임시 의회의 의결을 받지 못해 불발되자 "고종과 민 왕후는 마치 꿈에서 깨어난 것처럼 일본에 대한 기대가 식었다"라고 본국 정부에 보고했다.

주한 일본 공사관의 전임·후임 공사가 업무 인수인계를 핑계로 서울에서 합동 근무를 하고 있던 9월 11일, 일본 정부는 주일 3국 공사와 랴오둥반도 반환 보상금 협상을 벌였다. 히트로보 러시아 공사는 일본이 요구한 보상금 5,000만 냥은 너무 많으니 3,000만 냥으로 줄이고, 보상금 지급과 동시에 랴오둥반도에서 철병하라는 각서를 제시했다.

일본은 독일이 삼국간섭 대열에서 이탈했기 때문에 협상을 서두를 이유가 없었다. 랴오둥반도 반환 협상 과정에서 노출된 러·프·독 삼국 간의 결속력 약화는 일본 정부에 민 왕후를 시해할 수 있는 충분한 구실을 제공했다(김상수, 「민비 시해 사건의 국제적 배경」, 최문형 외, 『명성황후 시해 사건』, 1992, 167쪽).

본국 정부의 독촉을 받은 이노우에는 9월 17일 서울을 떠났고, 인천에서 나흘을 더 체류한 후 9월 21일 일본행 선박에 올랐다. 을미사변이 일어나기 2주일 전이었다.

미우라가 마주한 서울 상황은 친러파의 권력 장악과 기부금 300만 엔을 통한 왕실 매수 실패 등의 여파로 최악의 국면이었다. 그는 자신과 함께 서울에 온 시바 시로, 다케다 한시, 쓰키나리 히카루 등 세 명의 '조선 문제 전문가'를 통해 서울의 낭인 그룹과 연결됐다. 미우라 공사의 정치고문을 맡게 된 시바 시로는 미국 유학 인연을 동원해 외교고문 르장드르와 교제했다. 또 조선에서 활동하는 낭인들을 지휘하는 역할을 맡았다.

서울 낭인 세력과 손잡은 미우라

당시 서울에서 암약한 대표적인 낭인은 「한성신보漢城新報」 사장 아다치 겐조安達謙藏였다. 구마모토국권당 소속으로 조선에 건너온 그는 1894년 부산에서 「조선시보朝鮮時報」를 발행했다. 청일전쟁이 발발하자 서울로 올라와 1894년 11월 서울에서 「한성신보」를 창간했다.

한성신보사는 겉모습은 평범한 신문사였지만, 일본 외무성 기밀비와 주한 일본 공사관 보조금으로 운영되는 첩보 기관이었다. 신문사 창업 및 경영 자금은 전액 일본 공사관이 부담했고, 사장 아다치 겐조와 공사관 사이의 연락은 일본 공사관 통역관 고쿠분 쇼타로가 담당했다.

아다치는 주필 구니토모 시게아키國友重章, 편집장 고바야카와 히데오小早川秀雄, 편집원 사사키 다다시佐佐木正, 회계 우시지마 히데오牛島秀雄 등 주요 스태프를 구마모토국권당 인사들로 채용했다.

서울시 예장동과 회현동 1가 남산 기슭에는 일본 공사관과 영사관, 경찰서, 우체국 출장소, 직원 관사 등이 밀집해 있었다. 일본인들은 임진왜란 때 이 일대에 왜군이 주둔했다는 뜻에서 왜성대倭城臺라 불렀다. 서울의 일본인 거류지인 남산 기슭에 있는 신문사 사옥은 조선 양반의 저택을 매입해 마련했다. 건물 내부가 700~800평 정도로 넓어 신문사 업무는 물론, 수십 명의 직원이 모두 이 건물에 기거했다. 말하자면 「한성신보」는 조선 낭인들의 서울 활동 거점이었다.

이 밖에도 겐요샤의 후지 가쓰아키藤勝顯와 동학 농민군을 지원하기 위해 결성된 무장 단체 덴유쿄의 오자키 마사요시大崎正吉, 오카모토 류노스케 등이 서울에 체류하고 있었다. 조선 낭인들은 "동아시아를 구하고 조선을 구할 수 있는 유일한 길은 민비를 죽이는 것이다"라며 "민비를 죽여라! 민비를 매장하라!"라는 살벌한 구호를 외치고 다녔다(葛生能久.

『東亞先覺志士記傳 (上)』, 黑龍會, 522쪽).

「한성신보」 사장 아다치 겐조.

1895년 3월 일본 정부는 조선에서의 일본어 교육을 위해 서울에 을미의숙을 설립했다. 4월에 요사노 뎃칸與謝野鐵幹이 이 학교 교사로 부임하자 주한 일본 영사관의 영사관보 호리구치 구마이치堀口九萬一가 찾아가 민 왕후 암살을 모의했다. 이때부터 요사노 뎃칸은 왕후 시해에 가담하게 됐고, 1896년 2월에는 러시아 공사관으로 피신해 있던 고종을 납치하려는 계획에도 연루됐다.

일본 낭인들은 미우라와 친교를 맺고 있거나, 막료로 동행한 시바·다케다·스키나리와 깊게 연결된 자들이었다. 미우라는 낭인들과는 인간관계뿐만 아니라 대외론을 포함한 사상과 행동 양식에 있어 궤를 같이하는 인물이었다(국사편찬위원회, 『한국사 41』, 2003, 31쪽).

왕후 시해 계획은 이노우에가 조선을 떠난 직후부터 미우라 공사에 의해 은밀하게 추진됐다. 하지만 미우라 공사가 20일이라는 짧은 기간에 왕후 시해의 불가피성을 인식하고 그 방향으로 정책을 수립해 독자적으로 세부 계획을 세웠다는 것은 이해하기 어렵다(최문형, 『한국을 둘러싼 제국주의 열강의 각축』, 2006, 176쪽).

이 점으로 미루어 볼 때 왕후 시해의 몸통은 전임 공사 이노우에 가오루였고, 미우라는 이노우에의 정책을 시행한 종범從犯, 혹은 현지 책임자라고 보는 것이 타당하다. 이런 추측은 상하이에서 발행되는 영어 신문 「노스차이나 헤럴드(North China Herald)」가 "왕후 시해의 주범은 이노우에 가오루"(1895년 11월 21일 자)라고 적시한 것으로 증명된다.

"아무래도 한번은 여우 사냥을…"

미우라와 함께 내한한 시바와 다케다는 이주회와 자주 만났고, 영사관보 호리구치 구마이치와 오카모토가 대원군을 여러 차례 찾아가 은밀한 대화를 나누었다. 이러한 접촉이 무엇을 의미하는 것이었는지는 10월 초가 되면서 구체화하기 시작했다. 이노우에가 조선을 떠난 지 며칠 후인 9월 21일, 「한성신보」 사장 아다치 겐조가 미우라 공사와 저녁 식사를 함께했다. 이때 미우라는 아다치 사장에게 술을 권하면서 "아무래도 한번은 '여우 사냥'을 해야 할 것 같다. 자네 밑에 젊은 녀석들이 몇 명이나 있는가?"라고 물었다.

그 순간 아다치는 머릿속에 섬광 같이 번쩍이는 무언가를 느꼈다. 아다치는 "신문 경영을 위해 데려온 자들이라 대체로 얌전한 자들밖에 없다. 힘깨나 쓰는 녀석들이 필요하다면 암호 전보 한 통으로 고향에서 필요한 애들을 언제든 부를 수 있다"라고 답했다. 미우라는 "그럴 필요는 없다. 이것은 절대 비밀"이라고 말했다.

여기서 주의 깊게 살펴야 할 점은 조선에서 국사에 대한 최종 책임자는 누가 뭐래도 국왕이란 사실이다. 러시아를 끌어들여 일본을 물리치는 인아거일책을 민 왕후가 주도한 것으로 알려졌지만, 최종 의사 결정은 고종의 책임에 속한다. 그런데 일본은 왜 고종이 아닌 민 왕후를 목표로 삼았을까?

민 왕후는 1884년 중반부터 내외 문제 결정을 좌지우지하다시피 했다. 그 결과 열강과의 외교 등 왕후의 대외 정책은 조선을 대표하게 돼서 최고 통치자가 고종인지 왕비인지 분간하기가 쉽지 않았다(이배용, 「개화기 명성황후 민비의 정치적 역할」, 『국사학논총』 제66집, 1995, 62쪽).

민 왕후는 교묘한 방법으로 외교와 통치에 개입했다. 예를 들어 외국 공사나 특사가 국왕을 알현한 후에는 늘 왕세자 알현이 준비돼 있었다. 왕세자 알현은 조선의 대내외 정치에 막강한 영향력을 행사하고 있던 왕후가 외국 사절을 인견하기 위해 일상적으로 사용하던 방법이었다(김종헌, 「슈페이예르와 러시아 공사 베베르의 조선 내 외교활동 (1884~1894)」, 2008, 133쪽).

민 왕후가 러시아를 끌어들여引俄 청과 일본을 배척하려 할 때마다 청과 일본은 대원군을 앞세워 민 왕후를 견제했다. 이것이 대원군과 민 왕후 대결의 큰 줄기였다. 따라서 대원군과 민 왕후의 대결은 큰 틀에서 청·일과 민 왕후의 대결로 봐야 한다(최문형, 『명성황후 시해의 진실을 밝힌다』, 2001, 15쪽).

구한말 조선에서 취재 활동을 했던 영국 「데일리메일」 기자 프리데릭 매켄지(Frederick Arthur MacKenzie)는 "민비는 여전히 국왕에 대해 엄청난 영향력을 행사했고 국왕은 매사에 왕비의 충고를 따랐다. 민비는 한국의 사실상의 지배자였다"라고 기록했다(프리데릭 A. 매켄지, 신복룡 역주, 『한국의 독립운동』, 집문당, 1999, 51쪽).

조선의 국권 회복 운동에 적극 협력했던 헐버트 선교사도 "서울의 정세에 대해 지극히 보수적이었던 사람들까지도 어떠한 조치를 취해 민비의 엄청난 세력을 영원히 견제해야 하며, 사태를 요령껏 처리해 그로 하여금 더 이상 국정에 간섭하지 못하도록 만들어야 한다는 생각을 가졌었다는 표현이 더 적절할는지도 모른다"라고 썼다(호머 헐버트, 신복룡 역주, 『대한제국 멸망사』, 집문당, 1999, 173쪽).

민 왕후를 최초로 만난 서양인은 1883년 1월 초 푸트(Lucius Q. Foote) 주한 미국 공사와 함께 입국한 그의 부인 로즈 푸트(Rose F. Foote) 여사였다. 당시 왕후의 나이는 32세였다. 푸트 여사의 눈에 비친 왕후는 뛰어난 침착성(masterful poise), 언제나 무엇인가를 탐색하려는 듯한 눈빛(searching eyes)을 지닌 총명한 여인이었다.

1895년 시해 직전에 왕후와 만난 비숍 여사는 "당시 왕후는 40세가 넘은 여인으로 몸이 가늘고 미인이었다. 검고 윤이 나는 머리카락에다 피부는 진주 가루를 사용해서 창백했다. 눈은 차갑고 날카로웠으며 그것은 그녀가 훌륭한 지성의 소유자임을 나타내주는 것이었다"라는 인상기를 남겼다.

언더우드 선교사의 부인 릴리어스 호튼 언더우드(Lillas Horton Underwood) 여사는 미국 북장로교 선교부가 광혜원에 제2대 부인과 과장으로 파송한 의료 선교사였다. 민 왕후의 시의侍醫로 활동하는 과정에서 민 왕후는 릴리어스에게 한복과 미술품 등을 하사했다. 그중 일부는 미국 시카고 필드 박물관에 소장돼 있다(엘리자베스 언더우드, 변창욱 옮김, 『언더우드 후손이 쓴 한국의 선교 역사 1884~1934』, 도서출판 케노시스, 2013, 97쪽).

국왕은 인형, 왕비는 인형을 갖고 노는 사람

언더우드 여사는 민 왕후의 인상에 대해 "좀 창백하고 마른 얼굴에 생김새가 날카로웠고 사람을 꿰뚫어 보는 듯한 총명한 눈을 갖고 있었다. 첫눈에 아름답다는 인상을 받지는 못했지만, 그 얼굴에서 힘과 지성, 그리고 강한 개성을 읽을 수 있었다. … 그녀는 미묘하면서도 유능한 외교관이었다. 대화 중에 자신을 반대하는 자들의 허점을 찌르는 재치를 계속 발휘했다"라는 기록을 남겼다.

왕후를 알현했던 서양 여성들의 평을 요약하면 총명하고 훌륭한 지성을 소유한 유능한 외교관으로서 조선 외교를 주도했다는 것이다. 그처럼 영민했던 민 왕후가 영-러 그레이트게임이라는 국제 정세를 이해하지 못하고 조선에 러시아를 끌어들인 것이 비극이었다.

제1차 조-러 밀약(1885)이 중간에 공개되자 영국이 거문도를 점령했고, 제2차 조-러 밀약(1886)은 민영익이 위안스카이에게 밀고하는 바람에 고종이 폐위 위기에 몰렸다. 영국을 대신해 러시아 남진 저지 임무를 맡게 된 일본은 청나라와 국운을 건 전쟁까지 치러가며 가까스로 한반도 지배권을 확보했다. 그런데 러시아의 한마디에 일본이 랴오둥반도를 전격 반환하는 모습을 지켜본 민 왕후는 또다시 러시아를 조선에 끌어들여 일본 세력을 내치는 정책을 격렬하게 추진했다.

민 왕후는 외세 가운데 일본 견제에 누구보다 입장이 확고했다. 하지만 러시아의 침략성에 대한 경계는 소홀했다. 이런 이유 때문인지 유길준은 민 왕후를 "세계에서 가장 나쁜 여성"이라고 혹평했다(정용화, 『문명의 정치사상—유길준과 근대한국』, 문학과지성사, 2004, 93쪽). 심지어 그는 "국왕은 일개 인형이고 왕비는 그 인형을 갖고 노는 사람"이라면서 민 왕후를 잉글랜드 여왕 메리 1세, 프랑스혁명을 불러온 마리 앙투아네트보다 더 사악한 여성이라고 비판했다.

일본인들도 고종을 민 왕후의 손바닥에서 놀아나는 손오공 정도로 평했다. 미우라 공사는 민 왕후를 "여성으로서는 드물게 재능을 갖춘 호걸과 같은 인물이며, 사실상의 조선 국왕은 민 왕후"라면서 다음과 같이 평했다.

> 나도 가끔 궁정에 갔지만 조선에선 부인이 남자를 만날 수 없게 돼 있으므로, 왕비는 나 같은 사람들도 만날 수 없었다. 처음 한두 번은 국왕의 의자 뒤에서 무언가 소리가 나는 것 같았는데, 그것은 왕비의 소리였다. 왕비는 국왕 의자 뒤의 발을 열고 그곳으로부터

입을 열어 국왕에게 무언가 지시를 하고 있어, 사실상의 조선 국왕은 이 왕비라고 해도 좋을 것이다. (이종각, 『미야모토 소위, 명성황후를 찌르다』, 2015, 240~241쪽)

국왕이 왕비의 조언을 받아 외국 공사와 대화를 나누는 모습은 이노우에 가오루의 알현 장면에서도 발견된다. 이노우에 공사는 고종을 면담할 때 늘 내알현內謁見, 즉 신하가 배석하지 않은 상태에서 국왕과 직접 대화했고, 알현 시간은 5시간 이상이었다. 이노우에의 고종 알현기는 고쿠류카이가 펴낸 자료에 다음과 같이 소개돼 있다.

이노우에 공사 재임 중에도 동 공사가 이 태왕(고종)을 알현할 때는 언제나 발 뒤쪽에 있는 방에 민비가 있어 여러 가지로 국왕에게 주의, 충언을 하고 있었는데 드디어는 발을 두세 치 열어 얼굴을 절반 정도 내밀고 담화를 하게 됐다. … 그 우아한 자세 안에 무한한 권모술수를 숨기고 소위 암탉이 새벽에 우는 일을 맡았다는 말처럼, 즉 아내가 남편의 할 일을 가로막아 자기 마음대로 해서 동아東亞의 대국을 그르치려 하고 있었던 것이다. (葛生能久, 『東亞先覺志士記傳 (上)』, 521~522쪽; 이종각, 『미야모토 소위, 명성황후를 찌르다』, 2015, 239~240쪽에서 인용)

(민 왕후가) 이 태왕(고종)의 총애를 한 몸에 독차지하게 된 뒤부터는 매사 국정에 참견해 그녀는 늘 이 태왕 뒤쪽의 발 뒤에 숨어 왕과 신하들과의 정사를 논하는 데는 물론, 외국 사신을 접견하는 경우에도 발 뒤에서 작은 목소리로 왕에게 이런저런 의견을 제시

해 정치상의 기밀은 말할 것도 없고 국사에 관한 만반의 일을 자세하게 알고 있어 이 태왕을 괴뢰로 만들고, 그녀 자신의 의사대로 정치를 지배하지 않으면 안 되었던 것이다. (葛生能久, 『東亞先覺志士記傳 (上)』, 519~521쪽; 이종각, 『미야모토 소위, 명성황후를 찌르다』, 2015, 239쪽에서 인용)

일본의 일급 지식인들이 왕비 시해 앞장

민 왕후 시해를 주도한 사람들은 대부분 일본 내에서도 손꼽히는 일급 지식인이었다. 일본 공사관 무관 겸 조선 군부 고문 구스노세 유키히코楠瀨幸彦 중좌(중령에 해당)는 경성 주재 일본군 중 최상급자였다. 그는 조선 정부의 군사고문을 맡아 동학 농민군 토벌 작전을 지휘했다. 그는 시바 시로의 동생 시바 고로柴五郎와 육사 동기생이다.

영사관보 호리구치 구마이치는 도쿄제국대학 법학부에 수석 입학한 재사才士로, 1894년 일본 최초의 외교관 시험에 합격해 외무성에 들어갔다. 민 왕후 시해 사건에 가담한 혐의로 정직 처분을 받았다가 복직해 뉴욕 총영사, 브라질·스웨덴 공사를 지내게 된다.

시바 시로처럼 미국 명문대 유학생 출신이며 청일전쟁 종군기자로 일하고 후에 역사서 집필가로 명성을 날린 기쿠치 겐조 등은 완력을 휘두르는 무뢰한이 아니라 고도의 지적 훈련을 받은 지식인들이었다.

9월 15일, 미우라는 고종에게 "폐하의 부르심이 없으면 일 년 내내 앉아서 서울의 풍월을 즐길 것입니다. 본 공사는 부처를 믿고 불교 경전을 베껴 쓰는 것이 취미입니다. 『관음경觀音經』의 일부를 필사해 왕후 폐하에게 보여드리겠습니다" 하고 상주했다.

그는 정치적 발언을 삼가고 공사관에서 불경을 외며 지냈다. 미우라

민 왕후 시해에 가담한 주한 일본영사관 영사관보 호리구치 구마이치(왼쪽), 기쿠치 겐조(오른쪽). ©『韓半島』(京城韓半島社, 1906)

공사의 수도승 같은 모습을 본 서울 주재 외교관들은 그에게 '염불 공사'라는 별명을 지어주었다. 하지만 그의 행동은 조선 정부의 경계심을 무너뜨리기 위한 철저한 위장술이었다. 그는 관저에서 불경이나 외고 『관음경』을 필사하며 세월을 보내는 척하면서 비밀리에 왕후 시해를 위한 작전 계획 수립에 돌입했다.

을미사변과 관련해 예의주시해야 할 인물이 일본 공사관 무관 구스노세 유키히코 중좌다(구스노세 관련 부분은 이종각, 『미야모토 소위, 명성황후를 찌르다』, 2015, 30~33쪽; 김문자, 『명성황후 시해와 일본인』, 2011, 237~259쪽 참조). 그는 일본 육사 3기 출신으로, 포병과를 수석으로 졸업하고 프랑스에 4년간 유학한 뒤 참모본부에 근무했으며, 육군대학 교관을 지냈다.

그는 대위 시절 독일에 유학했는데, 이때 일본 육군의 '떠오르는 별' 가와카미 소로쿠 소장이 독일 참모본부를 연구하기 위해 독일 유학을 왔다. 가와카미는 독일에 유학 중이던 구스노세, 이지치 고스케伊地知幸介, 다무라 이요조, 후쿠시마 야스마사福島安正 등 청년 장교들과 인맥을 형성한다.

1889년 3월 가와카미는 참모본부 차장에 취임했는데, 그 즉시 독일 유학파 장교들을 참모본부로 불러들여 구스노세와 다무라는 제1국, 이지치는 제2국, 후쿠시마는 편찬과장에 임명했다. 청일전쟁 당시 육군참모총장은 황족이 담당하는 전통에 의해 아키히토 친왕이 맡았고, 가와카미는 참모차장으로 전쟁을 총지휘해 압승을 거두었다. 이때 독일 유학파 구스노세, 이지치, 다무라, 후쿠시마가 가와카미의 핵심 참모진으로 맹활약했다.

일본의 제안으로 조직한 훈련대

가와카미는 1894년 12월 6일 자신이 아끼던 후배 구스노세를 주한 일본 공사관 무관으로 보냈다. 구스노세는 이노우에 공사를 통해 고종에게 근위병 설치를 건의했다. 이 건의를 받은 고종은 국왕 칙령으로 중앙군인 통위영, 장위영, 총어사, 경리사, 호위청을 폐지하고 1895년 1월 17일 군부대신 조희연 주도로 훈련대를 창설했다. 훈련대 창설은 전적으로 구스노세가 구상한 근위병 설치안에 따른 작품이었다.

청일전쟁이 끝난 후에도 일본은 제5사단 산하 후비보병 제18대대 소속 600여 명을 경성수비대로 서울에 주둔시켰다. 대대장은 우마야하라 쓰토무馬屋原務本였다. 2월 12일 훈련대 제1대대(500명)가 창설돼 경성수비대 소속 일본군 장교가 교관에 임명됐다. 2월 23일 구스노세는 조선 군부 고문에 임명됐고, 같은 날 훈련대 제2대대(500명)가 창설됐다.

1895년 4~5월 군부대신 조희연이 신태휴를 훈련대 대장에 임명하려

하자 일본과 손잡고 있던 박영효가 반대했다. 신태휴는 갑신정변 때 개화당과 일본군 공격에 앞장섰고, 제2차 조-러 밀약이 폭로돼 위안스카이가 고종을 폐위하려 할 때 깊이 관여했던 인물이었기 때문이다. 5월 17일 박영효는 고종에게 건의해 조희연을 군부대신에서 해임하고 그 후임으로 자신의 심복 이주회를 앉혔다.

박영효는 구스노세의 지원을 받아 훈련대를 6개 대대로 늘려 주요 도시에 배치하고, 훈련대 사관양성소 설치 등 군제 개혁을 추진했다. 이와 함께 지방 군제 개혁도 추진해 6월 18일 8도 감영과 함경북도 경성에 설치했던 안무영按撫營과, 수도 방위를 위해 개성·강화·광주·수원에 설치했던 유수부留守府를 폐지했다. 6월 29일에는 지방군을 해산하고, 7월 1일에는 봉수군을 폐지했다.

구스노세가 박영효를 앞세워 추진해 온 훈련대 강화 작업은 러시아의 방해로 브레이크가 걸렸다. 6월 25일 내부대신 박영효는 고종에게 왕궁 호위 부대를 일본 교관의 훈련을 받아 창설된 훈련대로 교체할 것을 건의했다. 러시아와 손잡고 인아거일 정책을 추진하던 고종과 민 왕후는 박영효의 이 건의를 단호하게 거절했다.

고종은 7월 7일 박영효에게 역모 혐의를 뒤집어씌워 실각시켰고, 박영효는 부하 이규완·신응희 등과 함께 일본으로 망명했다. 7월 17일에는 일본의 도움을 받아 근위병으로 조직한 훈련대의 존재를 무시하고 왕실 경호를 위한 시위대(500명)를 별도로 창설했다. 시위대 훈련은 미국인 퇴역 장군 다이에게 맡겼으며 시위대 연대장에 현흥택, 제1대대장 이학균, 제2대대장 김진호 등 고종 친위 세력을 임명했다. 이로써 박영효가 추진해 왔던 군제 개혁은 하루아침에 파탄이 났다.

고종은 시위대를 출범시킨 날 훈련대 제1, 제2대대를 묶어 연대를 편성하고 민 왕후가 총애하는 홍계훈을 훈련대 연대장에 임명했다. 일본 공사관은 이러한 조치는 훈련대에서 친일 색채를 탈색시키고 여차하면 훈련대를 해산해 친일 세력의 무력 기반을 와해시키려는 것으로 해석했다. 민 왕후는 훈련대 해산의 빌미를 만들기 위해 경무청 소속 순검을 동원해 훈련대 병사들과 충돌을 일으키도록 사주했다.

경성수비대 지휘권 요구한 미우라 공사

미우라가 서울에 부임하자 일본 군부는 구스노세와 뜻이 잘 통하는 사람들로 경성수비대 장교진을 교체했다. 동학 농민군 토벌 작전에서 혁혁한 전공을 세운 경성수비대의 토박이 중대장 이시모리 요시나오石森吉猶 대위를 제1중대장에서 대대본부로 이동시켰다. 또 고이노보리 이쿠후미鯉登行文 대위, 다카마쓰 데스타로高松鐵太郎 대위와 하사관 5명을 경성수비대에 파견했다. 그 결과 9월 1일 미우라 고로가 서울에 부임했을 때 경성수비대 장교 진영은 다음 페이지 표와 같이 짜여졌다(이종각, 『미야모토 소위, 명성황후를 찌르다』, 2015, 33쪽).

이들 전원이 조선 훈련대 교관으로 임명돼 10월 8일 왕비 시해 사건에 동원된다. 미우라 고로의 부임과 동시에 구스노세 중좌의 지휘 체계를 강화한 것은 일본 군부가 미우라를 조선 공사로 보낸 것과 직결되는 중요한 이슈다.

서울에 주둔한 경성수비대의 지휘권은 인천의 남부병참감 다카이 노리요시高井敬義가 보유하고 있었다. 경복궁 난입 및 민 왕후 제거 작전을 위해서는 궁궐을 경비하고 있는 시위대 제압이 중요한 과제였다. 이를 위해서는 경성수비대를 동원해야 하는데, 주재국 공사가 군대를 지휘하려면 본국 정부의 허가가 필요했다.

미우라 공사는 9월 17일, 대본영의 가와카미 소로쿠 육군참모차장에게 "동학군 잔당 소탕 목적"으로 경성수비대 지휘권을 조선 공사에게 일임해 줄 것과, 그 취지를 외상을 거쳐 자기에게 알려달라는 전문을 보냈다. 일본 외상의 지휘 감독을 받는 주한 공사가 외상을 무시하고 대본영 앞으로 현역 군부대 지휘권을 요구하는 등 제멋대로 행동하자 사이온지 외상 대리는 격노했다.

그러거나 말거나 가와카미 참모차장은 10월 5일 미우라 공사의 요청을 승인하는 공문을 이토 총리에게 보냈고, 이토 총리는 이를 수용했다. 그 결과 미우라 공사는 조선 주둔 일본군의 지휘·동원 권한을 확보했다. 군문을 떠난 외교관에게 군부대 지휘권을 부여한 것은 대단히 이례적인 사건이다. 이것이 민 왕후 시해를 위한 경복궁 침입 사흘 전에 벌어진 일이다.

을미사변 당시 일본군 경성수비대 중대장급 이상 장교 명단

직위		성명	계급	나이
조선국 공사관부 무관 겸 조선국 군부 고문		구스노세 유키히코(楠瀨幸彦)	포병중좌	36
후비보병 독립 제18대대	대대장	우마야하라 쓰토무(馬屋原務本)	보병소좌	47
	대대부 중대장	이시모리 요시나오(石森吉猶)	보병대위	37
	대대부 중대장	다카마쓰 데스타로(高松鐵太郎)	보병대위	41
	대대부 중대장	고이노보리 이쿠후미(鯉登行文)	보병대위	34
	제3중대장	마키 마사스케(馬來政輔)	예비육군 보병대위	47
	제2중대장	무라이 우소(村井右宗)	예비육군 보병대위	46
	제1중대장	후지토 요조(藤戶與三)	후비육군 보병대위	46

대본영은 조선에 주둔하고 있는 후비보병 독립제18대대를 철수시키고 보병 1개 대대(4개 중대)와 헌병 250명을 조선에 파견해 서울 및 지방 경비와 부산~의주 간 한반도 종단 전신선 수비를 담당토록 한다는 방침을 세웠다. 이와 관련된 외교 교섭을 미우라 공사에게 위임했다. 러시아의 압력이 날로 가중되는 상황에서 일본 군부의 요구 사항이 무리 없이 실현될 수 있을 것인가가 초미의 관심사였다.

미우라 공사는 군부의 숙원 사업인 "조선 전신선 계속 확보와 전신선 보호를 위한 일본군의 조선 계속 주둔"을 위한 활동을 개시했다.

제9장

작전명 '여우 사냥'

1895년 9월 28일.

미우라 공사는 전신선 확보를 위한 업무 협의를 위해 조선 군부 고문 구스노세, 남부병참감 다카이 노리요시 대좌 등을 소집했다. 이날 회의에서 전신선 수비와 지방 경비를 위해 일본군이 계속 주둔하려면 국제법적 근거가 있어야 하며, 이를 위해 조선 정부의 '의뢰서'가 필요하다는 점이 제기됐다.

고종과 민 왕후가 러시아와 손잡고 인아거일책을 결사적으로 추진하고 있는 상황에서 일본군 주둔에 필요한 의뢰서를 정상적인 방법으로 얻어내는 일은 불가능했다. 결국 특단의 대책이 요구됐다.

10월 1일 미우라 공사는 스기무라 서기관과 삼국간섭 이후 조선에서 약화된 일본의 영향력을 회복하는 방안을 논의했다. 이날 미우라 공사는 "현 상태를 방치하면 눈을 멀뚱히 뜬 채로 조선을 러시아에 빼앗기게 될 것"이라면서 중대 결심을 한다.

미우라의 최초 계획은 조선인을 앞세워 왕후를 시해하는 것이었다. 하지만 조선인 자객들은 시해 대상이 왕비라는 사실을 알면 거부할 가

민 왕후 시해에 행동대로 참여한 일본 낭인들.

능성이 있다고 판단해 일본 낭인을 이용하기로 했다. 낭인을 동원한 것은 이들이 민간인이어서 혹시 복잡한 문제가 발생하더라도 일본 정부에 불똥이 튀지 않도록 하는 안전 조치였다. 미우라는 「한성신보」 사장 아다치 겐조에게 휘하 낭인을 동원해 '여우 사냥'의 전위를 맡아달라고 협조를 구했다.

일본은 메이지유신 이후 해외 이민을 억제하다가 1885년 이를 철폐했다. 1890년 전후에는 해외 식민의 필요성이 대두되면서 본격적으로 식민지 획득 경쟁에 나서게 된다. 이를 부추긴 것이 도쿄지학협회(1879), 동방협회(1891), 식민협회(1893), 대만협회(1898, 동양협회 전신), 동아동문회(1898) 등의 민간단체였다. 이 단체들은 군인들의 정탐과 병행해 조선 안내서를 간행하거나 조사 단체를 만들어 해외 사정을 조사 연구하는 활동을 시작했다(최혜주, 「일본 동방협회의 조선 사정 조사 활동과 조선 인식」, 2012, 281~282쪽). 한성신보사 직원들은 그런 활동을 하는 첨병들이었다.

훈련대 해산 정보 일본에 알린 우범선

문제는 한성신보사가 일본 정부 자금으로 운영되는 첩보 기관이고, 조선 정부의 고문관으로 활동하는 일본인은 일본 정부와 긴밀한 연계를 맺고 있는 사람이 대부분이었다는 점이다. 일본 정부가 낭인을 '민간인'이라고 우겨도 왕비 시해의 책임에서 벗어날 수 없는 명백한 한계를 안고 있었다.

이 무렵 경성수비대에 미야모토 다케타로宮本竹太郎라는 나이 많은 소위가 근무하고 있었다. 그는 하사관으로 10여 년 근무한 후 36세 되던 1894년 10월 14일에 뒤늦게 소위로 임관했다. 임관 직후인 11월 초, 소속 부대가 동학 농민군 토벌을 위해 조선에 파견됐다. 미야모토 소위는 조선 관군과 합동으로 충청·전라도 일대에서 4개월간 동학군 토벌 작전을 수행한 후 1895년 2월 28일 서울로 귀대했다.

그 후 조선 훈련대가 조직되자 미야모토 소위는 훈련대 교관으로 파견돼 훈련대 제2대대장 우범선과 가까운 관계가 됐다. 무인 가문에서 태어난 우범선은 1876년 무과에 급제해 군문에 들어섰다. 1881년 일본인 교관의 훈련을 받은 별기군에 소속되면서 그는 개화 세력과 인맥을 형성하게 된다. 1894년 청일전쟁 직후 개화파가 집권하자 군국기무처 요원으로 발탁돼 갑오개혁을 추진했으며, 1895년 훈련대가 창설되면서 대대장에 임명됐다.

9월 27일 우범선이 미야모토 소위를 급히 찾아와 "열흘 이내에 훈련대가 해산되고 장교는 모두 형벌에 처할 것이라고 한다. 일본으로 망명하고 싶은데 도와달라"라고 요청했다. '훈련대 해산'이란 특급 정보는 즉시 미우라 공사에게 보고됐다. 미우라는 훈련대가 해산되면 그들은 국왕과 민 왕후에게 강한 적대감을 갖게 될 것이며, 이를 잘 이용하면

민 왕후를 직접 시해한 사람은 일본군 장교 미야모토 소위임을 사료를 통해 밝혀낸 이종각의 저서. © 메디치 미디어

1882년 임오군란과 비슷한 쿠데타를 일으킬 수 있는 절호의 기회라고 판단했다.

"훈련대를 조종하고 왕비의 정적政敵인 대원군을 앞세워 궁중의 간신을 제거하고 국정을 바로잡는다는 명분으로 쿠데타를 일으킨다. 적개심에 불타는 훈련대가 경복궁에 난입해 왕비를 시해하고 반러·친일 정권을 수립한다. 이때 치안 유지를 명분으로 일본군이 경복궁을 점령하고 국왕을 압박해 전신선 확보와 일본군 주둔 문제를 일거에 해결한다. 왕비 살해는 조선인 병사들이 담당하는 것이 좋지만, 어쩔 수 없을 경우 조선에서 활동하는 일본 낭인들이 시행한다."

미우라 공사는 이런 구상하에 10월 3일 상세한 작전 계획을 세우기 위한 극비 회의를 소집했다. 장소는 일본 공사관 지하 밀실, 참석자는 미우라 공사와 일등서기관 스기무라 후카시, 조선 궁내부 및 군부 고문관 오카모토 류노스케, 영사관보 호리구치 구마이치, 공사관 무관 구스노세 중좌였다.

왕후 시해 작전 계획 결정

이날 첩보 공작 전문가인 해군 소좌 니로 도키스케新納時亮가 주한 일본 공사관 배속 무관으로 파견됐다. 그는 웨이하이웨이 공략전 때 현지에서 딩루창 제독의 자결 정보를 대본영에 가장 먼저 알린 베테랑 첩보 장교다. 미우라 공사는 비밀 유지를 위해 니로 소좌와 우치다 사다쓰치 일등영사를 배제했다. 우치다는 도쿄제국대학 법학부 출신의 전도유망한 엘리트 외교관이었다. 그를 배제한 이유는 직속상관인 공사에게도 바른말을 자주 하는 강직한 성격이었기 때문이다.

10월 3일 극비 회의에서 '여우 사냥'의 세부 작전 계획이 다음과 같이 결정됐다.

> 첫째, 왕후 시해는 일본 낭인이 담당하며, 흥선대원군과 조선인 훈련대의 반란으로 꾸민다. 대원군 포섭은 오카모토가 담당한다.
>
> 둘째, 일본인 가담자는 낭인 자객, 경성수비대 군인, 일본 공사관 순사로 구성한다. 낭인 자객 동원은 「한성신보」 사장 아다치 겐조가 담당한다.
>
> 셋째, 경성수비대와 순사, 조선 훈련대 동원은 일본 공사관이 담당한다. 구스노세 유키히코가 왕후 시해 작업에 참여한다.
>
> 넷째, 거사는 10월 10일 새벽에 시행한다.

이날 결정된 작전 계획에 따라 아다치 겐조는 조선에서 활동하던 구마모토 및 후쿠오카 출신 낭인 30여 명과 「한성신보」 주필 구니토모 시게아키, 편집장 고바야카와 히데오, 기자로 활동하던 히라야마 이와히코平山岩彦, 기쿠치 겐조 등을 동원했다.

조선 훈련대의 엄호 및 경복궁 시위대와의 전투는 경성수비대가 담당하며, 훈련대가 대원군의 입궐 및 옹립을 맡기로 했다. 혼란을 틈타 일본 낭인들을 투입해 왕후를 시해한다는 시나리오가 완성됐다. 작전을 원활히 진행하기 위해 미우라 공사는 전 군부협판 이주회, 훈련대 대대장 우범선·이두황·이진호 등 조선 무관들을 포섭했다.

와다 하루키는 이러한 작전 계획이 이웃 나라 조선을 지나치게 모멸하는 것이었고, 일본이라는 나라 깊숙한 곳에 도사린 질병의 표출이었다고 지적한다. 이런 행동을 공사관이 나서서 실행한다는 것이 국제사회에서 허용될 리가 없었고, 러시아를 비롯한 각국에서 비판을 받아 궁지에 몰리면 어떻게 할 도리가 없었을 터인데 미우라는 그런 생각을 하지도 않았다고 비판했다(와다 하루키, 『러일전쟁 1』, 2019, 290쪽).

사례에서 보듯 민 왕후 시해에는 조선인 다수가 참여했다. 이 일에 가담했던 권동진이 「동아일보」 인터뷰에서 밝힌 내용에 의하면 개혁파 관계자는 거의 다 참가했다고 한다. 내각 총리대신 김홍집도 관련 내용을 사전에 인지했을 가능성이 높으며, 개화당 세력은 왕후를 암살하기 위한 목적이 아니라 정권 교체를 목적으로 거사에 참여했다고 회고했다. 그들은 대원군이 정권을 장악하면 민 왕후를 폐하고 사약을 내린다는 독자적인 계획을 갖고 있었다는 것이다('한말 정객의 회고담', 「동아일보」 1930년 1월 29일).

1896년 아관파천에 성공한 후 고종은 이 사건에 대한 재조사를 지시했다. 이때 고종은 왕후 시해에 가담한 조선 측 핵심 인물로 김홍집, 유길준, 조희연, 정병하 등 개화파 관료 네 명을 지목하고 "네 명의 역적이 외국 군사를 끌어들였으며, 훈련대를 몰래 사주했다"라고 발언했다.

이 밖에도 권동진, 정난교, 이주회, 조희문, 유혁로, 구연수 등 일본 육군 도야마학교戶山學校 유학생 출신이 가담했다. 김옥균은 서재필을 비롯해 14명의 생도를 육군 도야마학교에 유학을 보냈는데, 이들은 귀국해 전원이 개화당으로 활동하던 중 일부는 갑신정변 쿠데타 때 살해당했고 살아남은 사람들이 민 왕후 시해에 가담한 것이다.

일본 공사관원에게도 작전 계획 숨겨

일본 공사관에서 극비 회의가 열린 10월 3일, 훈련대 제2대대 군인 10명과 경무청 소속 순사들이 충돌했다. 사건을 보고받은 미우라 공사는 민 왕후가 훈련대 해산 구실을 찾기 위해 경무청과 짜고 벌인 일로 판단했다. 그는 즉시 사이온지 외상 대리에게 "러시아파로 불리는 자들이 러시아 공사와 사전 모의해 순사와의 쟁투를 구실 삼아 훈련대를 해산하고 총리대신 이하 10여 명을 살해한 후 민비 당(즉 러시아 당) 정부로 만들기 위한 비밀 계획을 세웠다"라고 보고했다.

같은 날 니로 해군 소좌는 직속상관인 이토 스케유키 제독에게 「경성(서울) 목하의 형세」라는 정보 보고서를 보냈다. 이 보고서에서 니로는 "이노우에 공사는 귀국하고 미우라 공사가 이를 대신했으며, 대한對韓 정책은 전혀 달라진 것이 없다. 이노우에 공사가 열심히 주장한 간섭주의(조선 보호국화 정책)에 대해 미우라 공사는 아직 조선국 사정을 깊이 알지 못하기 때문에 손을 놓고 관찰하고 있는 것 같음"이라고 분석했다.

이것은 첩보 전문가답지 않은 엉성한 분석이었다. 미우라는 친러 정책의 몸통 민 왕후를 제거하고 조선에 친일 내각을 수립하기 위한 작전 계획을 극비리에 추진하고 있었다. 니로 소좌는 미우라 공사가 일본 경성수비대와 조선 훈련대 등 3개 대대 병력, 일본 영사관 소속 순사, 서울의 낭인 등을 동원 중인 사실을 까맣게 모르고 있었다.

조선 공사에서 물러나 귀국한 이노우에는 1895년 10월 4일, 어니스트 사토(Ernest Mason Satow) 주일 영국 공사와 만나 "조선은 개혁이 불가능한 나라다. 조만간 조선에서 동학과 같은 사태가 또다시 발생할 가능성이 있다. 조만간 일본군을 동원할 필요성이 있다"라고 말했다. 을미사변은 그로부터 나흘 후 발생했다.

미우라 공사는 10월 5일 대본영으로부터 경성수비대 지휘권을 위임받았다. 현지 외교 책임자인 공사에게 현지 주둔군의 지휘권을 넘겨주는 결정에 이토 총리와 육군상 오야마 이와오가 동의했다. 미우라 공사에게 군대 지휘권을 허가한 것은 거사를 위한 마지막 문제가 해결되었음을 의미했다.

일본 경성수비대도 동원

현역 군대가 동원됐으니 작전계획서가 만들어졌을 것이 분명한데, 그 실체는 발견되지 않았다. 을미사변에 동원된 일본군의 역할을 간접적으로 확인할 수 있는 사료는 이들이 히로시마로 송환돼 군법회의에 회부됐을 때 나온 '제5사단 군법회의 판결서'다. 판결서를 통해 확인된 일본군 지휘관의 임무는 다음과 같다(「군법회의 판결서」, 308~310쪽; 이종각, 『미야모토 소위, 명성황후를 찌르다』, 2015, 36~38쪽 참조).

> ① 대원군이 조선의 폐정을 바로잡기 위해 조만간 훈련대를 이끌고 입궐할 계획이 있다. 일본 수비대(경성수비대)는 대원군을 원조하고 순검 또는 시위대와 충돌할 때 이를 진압하며, 궁성 문을 경비해 외국인을 제외한 사람의 통행을 금지한다.

② 경성수비대 제1중대는 대원군을 맞이하기 위해 공덕리를 향해 출발할 것. 제2중대는 궁성 배후의 궐문을 수비할 것. 제3중대 일부는 공사를 호위하고 나머지 병력은 광화문 및 그 양측 문을 경비할 것.

③ 이시모리 대위(대대부 중대장)와 다카마쓰 대위(대대부 중대장)는 조선 훈련대 제2대대에 부속해 그들을 감시할 것.

④ 고이노보리 대위(대대부 중대장)는 광화문에서 훈련대와 시위대 사이의 진압과 선무 및 광화문 수비를 맡을 것.

⑤ 훈련대 제1대대도 거사에 참여하는데, 이 부대를 궁성 북면 수비에 할당함.

⑥ 무라이 대위(제2중대장)는 그 중대의 지휘를 고참 소대장에게 맡기고 훈련대 제1대대의 동작을 감시할 것. 공사의 부탁을 받아 수비대 제2중대로 하여금 사다리(경복궁 담을 타고 넘는 데 사용—저자 주)를 준비시킬 것.

일본 측 계획에 의하면 무력 배경은 경성수비대가 맡고, 현장에서 왕비 시해는 사복을 입은 일본 낭인이 담당토록 했다. 「한성신보」는 사변 직후 대원군과 조선 훈련대가 모의한 사건으로 보도하기로 했다. '직접 행동'을 담당한 민간인은 단순한 낭인배가 아니라 서울 주재 일본 공사관원과 조선 정부의 일본인 고문, 영사관부 순사, 「한성신보」 기자 등이었다. 여기에 정복 차림의 일본 장교가 가세하기로 했다.

미우라 공사는 사건 이틀 전인 10월 6일, 경성수비대 대대장 우마야하라 쓰토무 소좌에게 "조만간 훈련대를 이끌고 경복궁에 입궐한다. 대원군 입궐의 결과 왕후 폐하의 폐제廢除도 있을 수 있다"라고 통보했다.

미우라 공사의 지시를 받은 우마야하라 대대장은 휘하 중대장에게 공사의 명령을 전달했다.

이날 스기무라 서기관은 훈련대 해산에 반대하는 조희연, 권형진, 이두황 등을 만나 정변에 대해 상세히 논의했다. 그 후 스기무라는 미우라 공사에게 훈련대 제2대대장 우범선이 정변에 적극 가담할 것이라고 보고했다. 10월 7일, 스기무라 서기관은 총리대신 김홍집에게 10월 10일 쿠데타가 일어날 것이란 사실을 미리 알리고 협조를 당부했다.

을미사변은 1894년 7월 23일 청일전쟁 개전 직전에 자행된 일본군의 경복궁 점령과 거의 비슷한 양상으로 진행됐다. 차이라면 작전의 주목적이 경복궁을 점령하고 고종을 포로로 잡는 '신병 확보'에서 1년 후에는 '왕후 시해'로 바뀌었을 뿐이다.

미우라 공사는 '여우 사냥'이라는 암호명으로 위장한 왕후 시해 계획의 성패는 왕후의 정적인 대원군 이용 여부에 달렸다고 판단했다. 미우라는 대원군을 포섭하기 위해 9월 하순 영사관보 호리구치, 9월 30일에는 일본 공사관 통역으로 활동하던 낭인 스즈키 준켄鈴木順見, 10월 1일에는 영사관 경부 와타나베 다카지로渡邊鷹次郎와 조선 궁내부 및 군부 고문 오카모토 류노스케를 공덕리 대원군 별장인 아소당我笑堂에 보냈다.

또다시 대원군 포섭에 나서다

이 무렵 대원군 포섭 책임자 오카모토 류노스케는 일본 중의원에 출마하기 위해 귀국을 준비하고 있었다. 미우라 공사는 오카모토의 귀국을 간곡하게 만류하고 대원군 포섭 공작을 맡겼다. 오카모토는 한학에 능한 영사관보 호리구치 구마이치와 함께 아소당을 여러 차례 예방해 대원군의 의중을 탐색했다.

일본은 1894년 7월 23일 새벽, 대원군을 설득해 친일 괴뢰 정권을 조직하고 그를 수뇌로 옹립했다. 그러나 대원군의 비협조로 소기의 성과를 달성하지 못하자 대원군을 실각시킨 바 있다. 한 번 실패를 경험하고도 또다시 대원군을 이용하려 한 이유는 무엇일까?

우치다 영사의 보고서에 의하면 당시 일본 정부의 대한對韓 정략상 왕후를 제거하지 않고는 도저히 내정 개혁이 불가능하며, 수개월 내에 일본 세력이 조선에서 퇴출될 것으로 판단했다. 왕후 제거에는 그의 천적天敵인 대원군을 이용하는 길 외에 다른 방도를 찾을 수 없었다.

오카모토는 10월 5일 귀국 인사 명목으로 공덕리 별장을 방문해 관련 계획을 설명하고 대원군의 협조를 간곡히 부탁했다. 대원군은 "나는 이미 노년에 접어들어 어떤 욕심도 없다"라며 고사했다. 하지만 이 자리에 참석했던 아들 이재면과 총애했던 손자 이준용이 끈질기게 권유해 마침내 참여를 결정했다고 한다(박종근, 『청일전쟁과 조선』, 1989, 260~262쪽).

협상이 순조롭게 마무리된 뒤 오카모토는 대원군에게 귀국 인사를 올리고 인천으로 떠났다는 것이 일본 측 주장이다. 미우라 공사는 조선 정부의 감시망을 속이기 위해 오카모토와 조선의 군부 고문 구스노세 중좌가 귀국한다고 속여 거창하게 송별연까지 치른 다음 10월 5일 관민의 배웅을 받으면서 서울을 떠나 인천으로 향했다.

경성 주재 일본군 중 최상급자인 구스노세까지 위장 귀국시킨 것은 일본군이 별다른 움직임이 없음을 보여주기 위한 일종의 쇼였다. 두 사람은 귀국을 위해 인천에서 배를 기다리는 것처럼 대기하고 있다가 거사 직전 극비리에 서울로 돌아왔다. 힐리어 주한 영국 총영사는 고종과 대신들이 이처럼 위험한 상황에 대해 고집스러울 정도로 무지한 상태였다고 기록했다.

미우라는 훈련대 해산을 이용해 대원군과 훈련대가 쿠데타를 일으킨 혼란 과정에서 왕비가 시해당한 것으로 위장하려 했다. 사전에 훈련대 해산의 빌미를 만들기 위해 10월 6일 저녁 훈련대가 경무청을 습격했다. 훈련대와 경무청 순사들 간에 충돌 사건이 발생하자 고종은 조선 훈련대 해산을 결정했다.

이 극비 정보는 조선의 군부대신 안경수에 의해 일본 공사관으로 새나갔다. 10월 7일 오전 9시, 안경수가 미우라 공사에게 "풍문으로 나돌던 조선 훈련대가 내일 해산될 것"이라고 급보를 알렸다. 잠시 후 우범선이 미우라에게 같은 내용을 보고했다.

랴오둥반도 반환 보상금 결정되자…

이날 오후 2시, 일본 정부는 주한 일본 공사관에 "랴오둥반도 반환에 대한 보상금 3,000만 냥을 일본이 수락함으로써 러·프·독 삼국과의 대립 요인이 완전히 제거됐다"라는 전문을 보냈다. 일본은 랴오둥반도를 반환하는 대가로 보상금 5,000만 냥을 요구했는데, 러시아가 액수를 3,000만 냥으로 줄이라고 압력을 넣자 일본이 거부하고 시간을 끌다가 이날 "보상금 3,000만 냥" 제안을 수락한 것이다.

일본이 삼국간섭의 압력으로부터 완전하게 벗어난 사실을 확인한 미우라 공사는 '여우 사냥' 계획을 최종 결심한다. 그는 조선 정부가 훈련대를 해산하기 전에 거사를 단행하기로 했다. 그 즉시 스기무라 서기관에게 "10월 10일로 예정돼 있던 거사일을 이틀 앞당겨 8일 새벽에 단행한다"라고 지시했다. 스기무라는 귀국을 가장해 인천에 대기 중이던 오카모토와 구스노세에게 서울로 귀환하라는 급전을 보냈다.

오후 4시경, 거사에 투입될 일본군 경성수비대, 경찰(순사), 낭인 등 주요 지휘관들이 소집됐다. 미우라 공사는 동원 태세와 행동 지침을 점검한 후 다음과 같이 최종 명령을 내렸다.

"오카모토는 인천을 출발해 10월 8일 새벽 1시까지 마포에 도착한다. 통역관 스즈키 준켄과 검객 스즈키 시게모토鈴木重元는 마포에서 오카모토를 마중해 공덕리로 출발한다. 영사관보 호리구치는 영사관 경찰서장 오기와라 히데지로荻原秀次郎 경부警部를 통해 '입궐방략서入闕方略書'를 받아서 용산에서 오카모토를 영접하라. 수비대장 우마야하라는 조선 훈련대를 총지휘한다. 훈련대 2대대의 일부는 공덕리에 파견해 대원군을 호위하고, 나머지는 서울 성곽 안팎에서 기다렸다가 대원군을 호위한다. 훈련대 1대대는 경복궁 밖에서 궁궐을 수비하는 척하다가 대원군이 도착하면 함께 입궐한다. 통역관 아사야마 겐조는 이주회를 포함한 대원군 세력을 이용해 대원군 저택을 수비하는 순검을 제압한다."

10월 7일 저녁, 광화문 앞의 일본군 경성수비대 대대본부에서는 각 중대장이 소집돼 비밀 작전 회의가 열렸다. 이때 미야모토 소위가 우범선을 데리고 와서 함께 대책을 논의했다. 스기무라 서기관은 「한성신보」 사장 아다치 겐조에게 일본 낭인이 대원군을 수행할 때 조선 사람 복장으로 위장할 것, 경복궁에 침입한 후 외국인이 눈치 채지 못하도록 날이 새기 전에 거사를 마치고 퇴궐할 것 등을 지시했다.

「노스차이나 헤럴드」는 "이미 사건 발생 4~5일 전부터 조만간 모종의 절박한 사건이 발생할 것이라는 소문이 서울에 나돌고 있었다"라고 보도했다(1895년 10월 18일). 하지만 궁궐은 평소처럼 조용했다. 이날 서양인 당직자는 사바틴과 미국인 다이 장군이었다.

국왕 경호 업무를 맡게 된 러시아 건축기사 사바틴은 10년 이상 조선

민 왕후 시해 사건 현장에 있었던 미국인 윌리엄 다이 장군. 다이 장군은 연무공원에서 수석교관을 지냈으며, 경복궁 시위대를 지휘하던 중 을미사변 현장을 목격했다.

에서 생활하면서 서울과 인천에 거주하는 다양한 외국인들과 친구처럼 사귀었다. 10월 7일 저녁 7시 30분, 사바틴은 경복궁으로 출근하던 중 평소 알고 지내던 중국인을 만났다. 그는 사바틴에게 "오늘 밤에는 궁궐에 출근하지 말라"라고 했다. 그는 이날 아침에도 궁궐에서 퇴근한 사바틴을 찾아와 "오늘 밤 경복궁에서 불상사가 발생할 것"이라고 경고한 바 있다.

중국인의 말을 들은 사바틴은 오늘 밤에 어떤 음모가 실행될 가능성이 있으며, 그 음모의 핵심은 해산하기로 결정된 조선 훈련대일 것으로 추측했다. 그 전날 밤 훈련대 병사들이 궁궐 앞에서 훈련대 해산에 반대하는 시위를 벌였기 때문이다. 불길한 예감에도 불구하고 사바틴은 자신의 임무 수행을 위해 경복궁으로 출근했다. 밤이 깊어도 아무런 조짐도 보이지 않자 사바틴은 안심하고 숙소인 협길당으로 가서 잠을 청했다.

낭인 부대 출동

일본 낭인들은 두 패로 나뉘었다. 제1조는 공덕리에서 대원군을 옹위해 궁궐로 난입하는 무리였다. 대장은 아다치 겐조(「한성신보」 사장), 부장은 삿사 도모후사, 객장은 구마모토 출신의 농군 다나카 겐도田中賢道였다. 이들은 칼과 총으로 무장하고 「한성신보」 사무실에 모였다. 제1조 대원 30명은 밤 10시 한성신보사를 출발해 용산으로 이동한 뒤 밤

12시쯤 인천에서 오는 오카모토와 합류해 대원군 별장으로 이동했다.

제2조 대장은 구니토모 시게아키(「한성신보」 주필), 부장은 야마다 레쓰모리山田烈盛(「닛폰신문日本新聞」 특파원)가 맡았다. 이들은 시바 시로가 숙소로 사용하는 진고개의 파성관巴城館에 모여 있다가 추성문을 통해 건청궁으로 난입하는 임무를 부여받았다. 자신들을 '낭인 결사대'라고 부른 제2조 대원들은 저녁부터 자정까지 대기하는 동안 기생을 불러다 놓고 술을 마셔 취한 상태에서 궁궐에 난입했다.

조선 훈련대 동원은 전 군부대신 조희연과 훈련대 제2대대장 우범선이 맡았다. 조희연은 훈련대 2대대 장교들을 설득해 정변에 참여시켰고, 이범래 지휘 아래 1대대 병력 일부를 춘생문에 대기시켰다. 나머지는 경복궁 주변 경계를 지시했다.

영사관 경찰서장 오기와라는 미우라 공사의 명령에 따라 영사관 순사 6명을 지휘해 사복으로 갈아입고 칼로 무장한 다음 용산의 일본인 자택으로 이동했다. 이곳에서, 인천에서 출발한 오카모토 류노스케가 도착하기를 기다렸다가 오카모토와 함께 아소당으로 가서 대원군을 옹위해 경복궁으로 입궐하기로 예정돼 있었다.

이날 저녁 7시, 남산 기슭의 일본 영사관에서는 우치다 일등영사가 주재하는 신임 공사 환영 만찬회가 열렸다. 우치다는 전날 스기무라·히오키 두 서기관, 구사카베 외교관보, 고쿠분 통역관, 그리고 도쿄제국대학 법학과 4년 후배인 호리구치 영사관보에게 안내장을 보냈다. 스기무라와 고쿠분 통역관은 선약이 있어 참석하지 못한다고 알렸고, 다른 사람은 참석 가능하다고 해서 환영 만찬회가 열린 것이다.

그런데 약속 시간이 돼도 호리구치가 나타나지 않았다. 자택에 사람을 보내 확인하니 저녁에 오기와라 경부와 말을 타고 외출해 돌아오지 않았다고 했다. 미우라 공사는 아무 일도 없다는 듯 만찬회에 참석한 후 밤 9시 30분쯤 관저로 돌아갔다. 우치다 영사가 침실에 들어가 쉬고 있을 때 미우라 공사로부터 메모가 왔다. 오늘 만찬을 준비한 우치다 부부에 대한 감사의 인사와 함께 "호리구치는 내가 먼 곳으로 심부름을 보내 오늘 만찬에 참석하지 못했다. 자세한 사항은 내일 아침에 이야기하자"라고 적혀 있었다.

조선 훈련대 출동

10월 7일 밤, 조선 훈련대 제2대대장 우범선과 일본군 교관들은 야간 훈련을 명분으로 1개 소대만을 남기고 병사들에게 실탄을 휴대시켜 출동했다. 야간 훈련은 일본 교관의 지휘에 따라 군부의 앞 또는 추성문 앞, 동소문 밖, 훈련원 등에서 실시된 적이 있었다. 훈련을 위해 부대가 출동하려면 직속상관인 홍계훈 연대장에게 보고해야 했으나 우범선은 이를 무시했다.

귀국을 위장해 인천에서 대기하던 중 급보를 받고 밤 10시쯤 서울로 달려온 구스노세 중좌는 조선 군부 고문부의 일본인 직원 12명을 비상 소집했다. 구스노세는 이들에게 총과 실탄 30발씩을 분배해 무장시켰다. 1명은 고문부 경비로 남겨두고 나머지 11명은 구스노세 중좌가 인솔해 경성수비대 본부로 이동했다.

이날 밤늦게 인천에서 대기 중이던 오카모토가 용산에 도착했다. 호리구치는 '입궐방략서'를 오카모토에게 주었다. 방략서에 의하면 오카모토, 오기와라 경부를 비롯한 일본 순사 6명, 아다치 겐조가 이끄는 낭인 부대가 공덕리에서 대원군을 호위해 남대문에서 일본군 경성수비대와 합류하도록 계획돼 있었다.

오카모토가 낭인과 순사 일행을 인솔해 공덕리에 도착한 시각은 10월 8일 새벽 1시쯤이었다. 미우라 공사의 연락을 받고 온 전 군부협판 이주회와 훈련대 간부 이진호, 구연수 등이 길 안내를 담당했다. 아소당 주변에 일본 공사관원, 고문관, 순사, 기자 등 60여 명이 모여들었다.

그들 행색은 양복을 입은 사람, 큰 칼을 어깨에 멘 사람, 허리에 칼을 늘어뜨린 사람, 칼이 든 지팡이를 쥔 사람, 권총으로 무장한 사람, 가벼운 차림에 짚신을 신거나 양복에 조리를 신은 사람 등 다양했다. 아소당에 도착한 낭인들이 담을 넘어 들어가 대문을 열자 일행은 저택 안으로 진입했다. 그들은 궁중에서 감시원으로 파견한 순검을 기습해 무장을 해제한 후 창고에 가두었다. 이주회는 순검의 제복과 모자를 빼앗아 일본 순사들에게 입혀 신분을 위장했다.

오카모토와 호리구치가 통역 스즈키 준켄과 함께 대원군 침실로 들어가 잠자고 있던 대원군을 깨웠다. 대원군 아들 이재면, 손자 이준용도 함께 불려왔다. 오카모토는 대원군에게 입궐할 때가 왔음을 설명했다. 오카모토의 간절한 설득에도 불구하고 대원군은 미동도 하지 않았다. 이미 1년 전인 1894년 7월 23일, 일본인들에게 끌려 나가 친일 괴뢰 정부의 수장으로 이용당한 대원군이었다. 바로 눈앞에 있는 오카모토가 그날 새벽 자신을 설득했던 장본인 아닌가.

대원군이 완강하게 저항하며 움직이려 하지 않자 낭인배들이 억지로 대원군을 끌어내 가마에 태운 다음 왕궁으로 향했다. 대원군은 자신의 의사와는 관계없이 완력에 의해 끌려 나간 것이다. 뮈텔 주교의 일기(1895년 10월 15일)에 의하면 민 왕후 시해 사건이 벌어진 날 새벽 "검은 옷을 입은 일본 자객이 대원군 거처에 침입했고, 대원군은 그들에게 오랫동안 저항했다. 일본 자객은 대원군을 강하게 재촉했고, 폭력적 사태로 번질 것을 우려한 대원군이 가마에 올랐다"라고 기록했다(뮈텔, 편집부 역주, 『뮈텔 주교 일기 1 (1890~1895)』, 한국교회사연구소, 1998, 385쪽).

대원군을 납치해 가마에 태운 일행이 아소당을 출발한 시각은 새벽 3시쯤. 오카모토는 낭인을 지휘하기 위해 먼저 출발해 새벽 4시 30분경 추성문에 도착했다. 5시에 그는 낭인들을 지휘해 건청궁에 침입했다.

대원군 일행은 아현동 고개를 넘어 일본군 경성수비대와 합류하기로 돼 있었다. 하지만 그곳에 수비대는 없었다. 영사관보 호리구치와 오기와라가 말을 타고 일본군을 찾아 나선 끝에 수비대가 길을 잘못 들어 서대문 쪽에서 대기 중인 사실을 확인했다. 대원군 가마는 서대문 한성부청(현재의 서대문경찰서) 근처에서 우범선의 훈련대 2대대, 일본군 수비대 1중대와 만났다.

이때부터 낭인들이 대원군 가마를 에워쌌고, 그 앞뒤에 조선 훈련대를 배치했다. 야간 훈련이라고 속이고 출동한 훈련대 병사들이 도망가지 못하도록 앞뒤에서 일본군 수비대가 훈련대를 에워싸는 형태로 진형을 배치했다. 대열은 한성부청에서 정동과 경희궁을 거쳐 광화문 경성수비대 병영까지 쉬지 않고 달렸다.

경복궁 포위한 일본군과 조선 훈련대

이미 일본군 수비대 제2, 제3중대가 경복궁을 포위하고 있었다. 먼동이 터 오르면서 거리의 행인들이 일본인들의 행동을 지켜보았다. 대원군이 아소당에서 완강히 저항하며 시간을 지체하는 바람에 야음을 틈타 거사를 실행하려던 작전 계획이 꼬여버렸다. 왕후를 시해하고 철수했어야 할 시각에 부대가 광화문 앞에 도착한 것이다.

대포를 끌고 온 훈련대 일부 병력이 궁궐 동북쪽 춘생문을 둘러쌌고,

훈련대 일부와 일본 수비대가 광화문 앞에 정렬했다. 경복궁 난입 병력은 일본 경성수비대 3개 중대 600명, 조선 훈련대 2개 대대 800여 명, 그리고 2개 조로 구성된 일본 낭인 부대였다.

이날 새벽 경복궁 경비 책임자는 시위대 연대장 현흥택이었다. 그는 궁궐 담장을 순찰하고 돌아온 군관으로부터 200여 명의 일본군이 광화문 앞 삼군부로 들어갔다는 보고를 받았다. 시위대 병사를 광화문 쪽에 보내 확인한 결과 이 내용이 사실임이 확인됐다. 하지만 별다른 움직임이 없자 그는 일상적인 움직임으로 판단하고 다이 장군에게 보고하지 않았다.

10월 8일 새벽 3시경, 조선 훈련대 연대장 홍계훈 부령副領(현재의 중령급)은 일본군과 훈련대가 궁궐에 접근했다는 보고를 받았다. 홍계훈은 춘생문으로 달려가 자기의 명령 없이 불법적으로 출동한 훈련대에 해산을 명령했다. 반란에 가담한 훈련대는 "당신은 우리 지휘관이 아니다. 우리에게 명령을 내릴 수 있는 사람은 일본 교관"이라고 항명했다.

사태가 심상치 않자 현장에서 물러난 홍계훈은 시위대 제1대대장 이학균 참령參領(현재의 소령급)에게 광화문 상황을 점검하라고 지시했다. 그는 대궐 서북쪽 추성문에 일본군과 일본 민간인이 몰려 있다는 보고를 받았다.

10월 8일 새벽 4시.

사바틴은 시위대 제1대대장 이학균 참령의 다급한 소리에 잠에서 깼다. 이학균은 사바틴에게 200여 명의 조선 훈련대가 4~5명의 일본 교관 지휘 아래 춘생문을 둘러쌌고, 50~60명의 일본인이 추성문 성벽에 숨어 있다고 알렸다. 그 즉시 이학균은 북쪽의 작은 문인 계무문으로 가서 망원경으로 정찰한 결과 서북쪽 성벽을 따라 움직이는 12명의 그

림자를 확인했다.

그는 보고를 위해 고종이 거주하는 장안당長安堂으로 달려갔다. 홍계훈은 근정전에서 건청궁으로 향하는 길목에 병력을 배치하고 병사들에게 "내가 아닌 누구의 명령도 따르지 말라"라고 지시했다. 사바틴은 다이 장군과 함께 경복궁 당직실로 향했다. 이날 당직사령은 시위대 2대대장 김진호 참령이었는데, 그는 당직실에 없었다.

새벽 4시 30분, 다이 장군과 사바틴은 춘생문으로 갔다. 사바틴은 그곳에서 300여 명의 훈련대 병사를 목격했다. 이때 훈련대의 한 병사가 대문을 열라고 외치는 소리를 들었다. 사태가 심상치 않자 두 사람은 서둘러 당직실로 돌아갔다. 일부 시위대 장교와 병사들은 초조하고 불안한 기색이 역력했다.

고종은 일본군이 궁궐을 포위했다는 보고를 받자 이범진에게 미국·러시아 공사관에 도움을 요청하라고 명했다. 이범진은 일본군을 피해 4~5미터 담을 넘어 궁궐을 탈출했다. 그는 미국 공사관과 러시아 공사관을 찾아가 경복궁이 일본군에 포위되었음을 알리고 구원을 요청했다.

10월 8일 새벽 5시.

새벽의 적막을 깨고 한 발의 총성이 울렸다. 경성수비대장 우마야하라 쓰토무 소좌는 추성문을 공격하기 직전, 사기를 북돋우려고 큰 소리로 연설했다.

"일본 정부는 조선의 정치를 계도하기 위해 청국과 싸우면서 조선의 독립을 확고히 하고 동양의 대국을 보전하려고 노력했다. 지금 왕비가 조선 정부의 권리를 전단해 조선이 망하게 돼서 일본도 보전하기 어렵게 됐다. 일본이 보전할 수 없으면 청국 역시 존립하기 어렵고, 청국이 사라지면 동양의 대세도 무너진다. 왕비는 조선 500년 종사의 죄인이며, 일본제국의 죄인이다. 정녕 동양 제국의 죄인이다."

홍계훈 쓰러지다

연설이 끝난 직후 일본군이 성벽을 타고 넘어가자 추성문 위병은 총과 탄환을 버리고 도망쳤다. 다이 장군은 계무문 안쪽에 있던 시위대 300여 명을 동원해 고종의 침실인 장안당으로 들어가는 필성문 일대에 수비진을 형성했다. 침입자들이 위협사격을 가하자 사바틴은 필성문 안쪽에 숨었고, 다이는 서양인 숙소로 향하는 쪽문으로 피신했다.

경복궁 정문인 광화문 앞에 대기하던 일본군 경성수비대 제3중대는 사다리를 담에 걸치고 병사 몇 명이 성벽 위로 올라갔다. 밧줄을 타고 내려간 병사들이 광화문을 지키고 있던 시위대 병사들을 쫓아낸 후 빗장을 열었다. 광화문이 열리자 일본군과 낭인들이 소총을 발사하고 함성을 지르며 돌격했다. 광화문을 지키던 시위대 7~8명이 총에 맞아 전사했다.

대원군 가마를 호위해 온 무리가 활짝 열린 광화문 안으로 들어섰다. 일행은 근정전 앞에서 병력을 둘로 나누었다. 제1진(일본군 경성수비대와 조선 훈련대)은 구스노세의 지휘로 광화문에서 신무문으로 향하는 길을 따라 진격했다. 제2진(낭인 및 대원군을 호위해 온 일본군 제1중대)은 근정전 오른쪽을 통해 향원정 쪽으로 달려갔다.

신무문으로 향하던 제1진은 시위대와 충돌해서 총격전을 벌였다. 100여 발의 요란한 총성이 울렸다. 시위대는 조선 훈련대가 일본군에 가담한 것을 보고 사기가 꺾였다. 이때 구스노세 중좌가 칼을 빼 들고 시위대 진영으로 돌격해 홍계훈의 어깨를 칼로 내리쳐 쓰러뜨렸다. 우범선이 쓰러진 홍계훈을 향해 총격을 가했다.

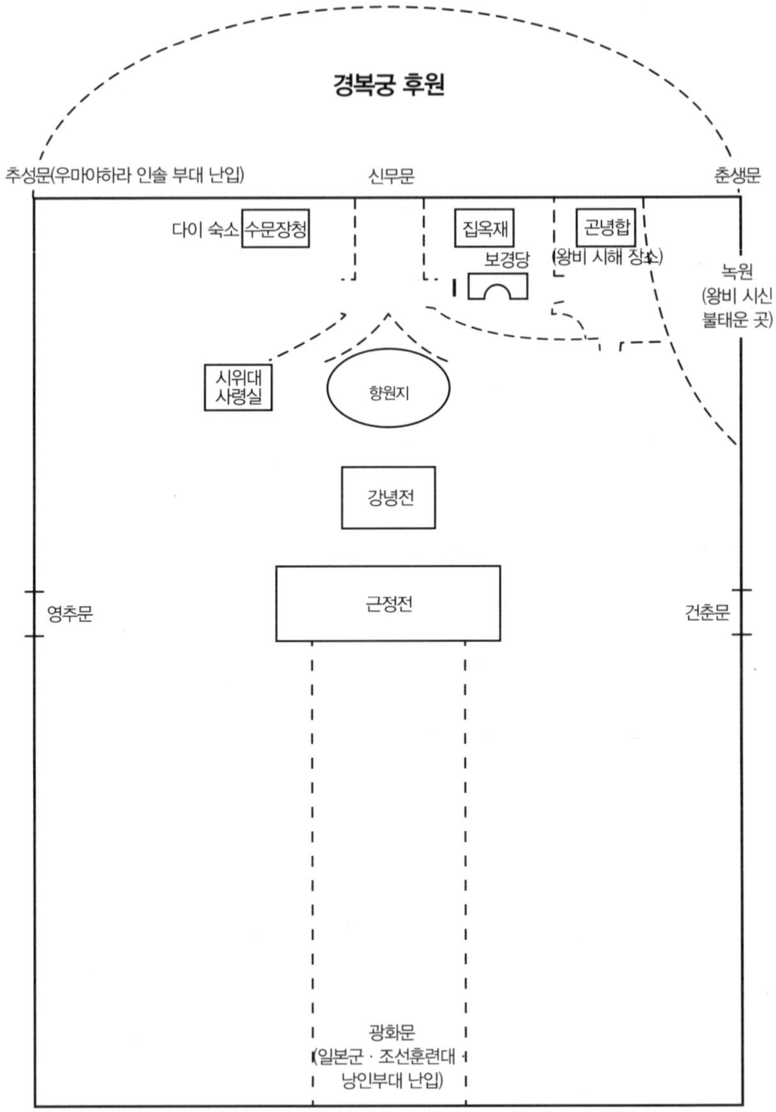

일본군의 경복궁 침입도
출처 : 이민원, 『명성황후 시해와 아관파천』, 국학자료원, 81쪽.

사건 직후 서울을 방문한 비숍 여사는 홍계훈이 일본 장교의 칼에 피습된 후 여덟 발의 총탄에 맞아 치명상을 입었다고 기록했다. 어깨와 복부에 큰 상처를 입은 홍계훈은 후송돼 치료를 받았으나 출혈이 심해 사망했다. 지휘관이 무참하게 쓰러지자 시위대 병사들은 총검을 버리고 도주했다. 경복궁 안쪽의 문은 일본 영사관 순사들이 가지고 온 사다리로 담장을 넘어가 연 다음 밀고 들어갔다.

아다치 겐조가 지휘하는 낭인 부대는 대원군이 탄 가마를 태광전에 내려놓은 후 근정전 뒤에서 샛길을 통해 건청궁으로 돌진했다. 대원군은 이때부터 사건이 끝날 때까지 일본군에 의해 활동이 봉쇄됐다. 대원군이 입궐한 직후 궁성 근처와 서울 장안 곳곳에 "지금 궁궐로 들어가 대군주를 모시고 사악한 무리를 몰아내 유신의 대업을 성취한다"라는 교시문이 내걸렸다. 이 문건은 대원군과 상의도 없이 스기무라 서기관이 만든 것이다.

시위대 병사들은 달아났지만, 연대장 현흥택은 홀로 분투하다 일본군에게 체포됐다. 사바틴은 궁정 관료와 수비대 병사, 시종 등 300여 명과 함께 건청궁 쪽으로 도주했다.

건청궁의 비극

고종은 1873년 민 왕후의 코치를 받아 아버지 흥선대원군을 몰아내고 친정을 선언했다. 그 직후 정부와 상의도 없이 비밀리에 내탕금으로 궁궐 안 가장 깊숙한 곳에 건청궁을 신축했다. 고종은 이 건물의 건립 목적을 조선 왕조 역대 국왕의 어진御眞(초상화)을 모시기 위해서라고 밝혔지만, 실제로는 을미사변이 일어나기 전까지 고종과 민 왕후의 거처로 사용됐다.

온갖 무리수를 두어가며 경복궁이 중건된 지 불과 1년 후에 또다시 거창한 궁궐 신축에 나서자 대신들은 공사를 중지할 것을 상소했다. 고종은 반대를 물리치고 공사를 강행했다. 이 건물은 대원군으로부터 자립하겠다는 의지를 보여주기 위한 정치적 목적이 있었기 때문이다.

건청궁은 일반 사대부 저택과 비슷하게 안채와 사랑채로 구분된 건축 양식이 특징이었다. 사랑채인 장안당은 고종의 침전, 안채인 곤녕합坤寧閤은 왕비의 침전이었고, 부속 건물인 복수당 등이 배치돼 있었다. 장안당은 1887년 에디슨전기회사가 발전기를 설치해 한국 최초로 전깃불을 밝힌 곳으로 유명세를 탔다. 곤녕합은 '땅이 편안하다'라는 뜻인데, 1895년 10월 8일 새벽에 이곳은 전혀 편안하지 않았다.

마침 건청궁 내부에는 그곳으로 피해 있던 사바틴이 있어 낭인들의 행동을 목격하는 증인이 됐다. 사바틴은 후에, 건청궁에 난입한 세력은 조선 훈련대 40여 명, 일본군 5명, 일본도로 무장한 낭인 25명 정도라고 증언했다. 조선 훈련대가 사건 현장에 있었다는 사실은 현장을 목격한 사바틴의 증언을 통해서 알려졌다. 일부 연구자들은 사바틴이 목격한 것은 조선 훈련대가 아니라 조선군 복장으로 위장한 일본인일 가능성을 제기했다(이민원, 「민비 시해의 배경과 구도」, 최문형 외, 『명성황후 시해 사건』, 1992, 105쪽).

경복궁에서 일본군과 사복 차림의 일본인이 흉포한 행위를 자행한 것은 새벽 5시를 조금 넘은 시각에서 6시 직전까지 약 35~45분 정도였다. 사건 현장에 있었던 다이 장군, 사바틴, 현흥택의 증언과 진술에 의하면 시해 현장은 양복 차림의 일본인(오카모토 류노스케)이 총지휘했으며, 일본군 장교의 지휘 아래 일본군이 출입문을 봉쇄했다. 일본군 장교와 사복 차림의 영사 경찰, 일본 공사관원 등은 왕비 시해를 담당했고,

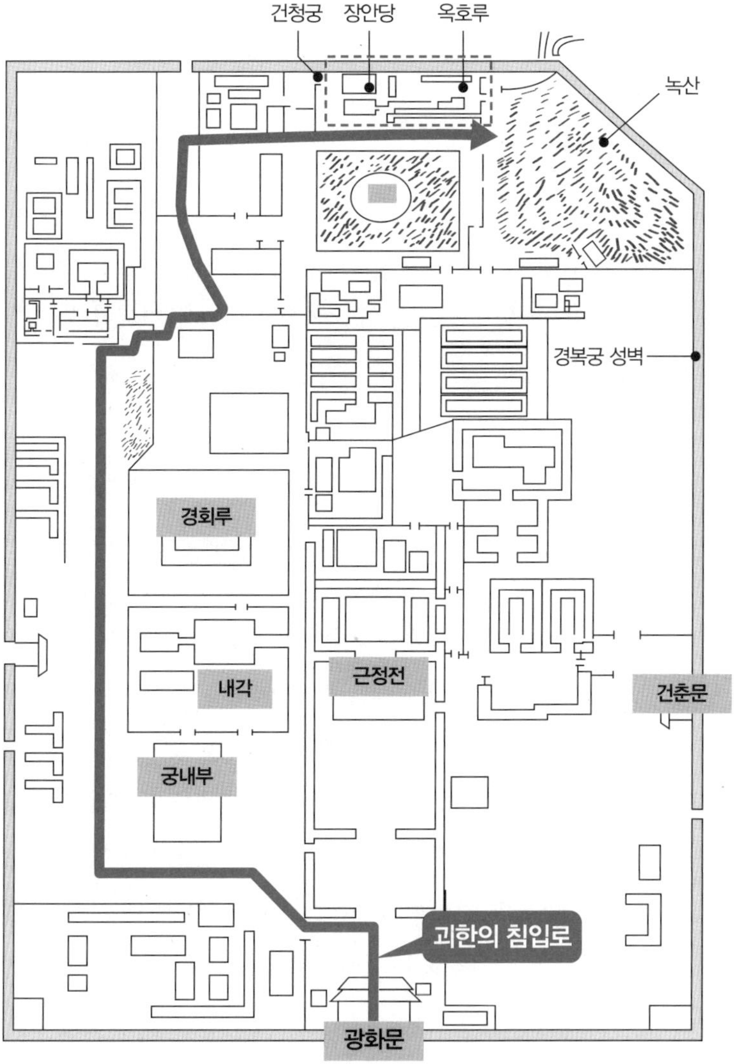

을미사변 발생 2개월여 뒤에 우치다 사다쓰치 일본 영사가 작성한 왕비 살해 현장도. 광화문으로 들어가 건청궁까지 이르는 침입 경로와 시해의 주요 현장이 표시돼 있다.

「한성신보」 직원들도 범행에 가담했다고 한다. 목격자들의 증언과 진술을 통해 사건을 추적해 본다.

현장 목격자 사바틴의 증언

일본도와 권총으로 무장한 일본 낭인 부대가 건청궁 안으로 난입하자 우범선은 훈련대 병사들을 풀어 건청궁을 포위했다. 양복 차림에 긴 칼을 차고 단검을 빼 든 오카모토 류노스케가 현장을 지휘했다. 오카모토 옆에는 통역관 스즈키 준켄, 영사관 경부 오기와라 히데지로, 「한성신보」 주필 구니토모, 삿사 도모후사 등이 있었다.

낭인들은 오카모토의 지휘 아래 일본도를 빼 들고 방마다 들쑤시고 다니면서 왕비를 찾으려 혈안이 됐다. 낭인 중 왕비의 용모를 식별할 수 있는 자는 없었다. 낭인들은 문을 비틀어 열고 난입해, 울부짖으며 도망치는 여성을 붙잡아 왕비라고 생각되는 여성 세 명을 살육했다.

살해한 여성의 사체와 체포한 여성들의 얼굴을 조사했는데, 나이가 젊어 사전에 설명 들었던 왕비의 나이와는 맞지 않았다. 「한성신보」 주필 구니토모 시게아키는 한 여성을 붙잡아 머리채를 휘어잡고 실내에서 툇마루까지 끌고 나와 칼로 가슴을 겨눈 채 "왕비는 어디에 있느냐?" "언제 어디로 도망갔느냐?"라고 캐물었다. 일본어를 모르는 여성은 울면서 살려달라고 애걸했다. 호리구치 영사관보가 "그런 잔학한 행동을 해서는 안 된다"라고 제지했지만, 그들은 폭행을 멈추지 않았다.

사건 현장에 있던 사바틴은 이 자리에 있다간 무슨 험한 꼴을 당할지 모르겠다 싶어 일본 장교에게 영어로 자신의 신분을 밝히고 호위를 요청했다. 이 장교는 영어를 알아듣지 못해 사바틴이 일본어로 더듬거렸으나 대화가 불가능했다. 이때 사바틴은 낭인들이 궁녀의 머리채를 잡아끌고 나와 발로 걷어차는 모습을 목격했다. 궁녀들이 왕비의 소재를 말하지 않자 낭인들은 10~12명의 궁녀를 180센티미터 높이의 창문 밖으로 집어 던졌다. 바닥에 떨어진 궁녀는 아무런 움직임도 보이지 않았다.

낭인들이 이번에는 사바틴을 붙잡고 "왕비가 있는 곳을 대라"라고 위협했다. 사바틴은 "왕비 얼굴을 한 번도 본 적이 없다. 나는 외국인이고 남자이기 때문에 처소도 모른다"라고 설명했다. 공포감에 사로잡힌 사바틴은 단검을 차고 있는 오카모토에게 영어로 신변 보호를 요청했다. 오카모토는 "당신의 이름과 직업이 무엇인가?" 하고 물었다. 사바틴은 러시아 건축사이자 서양 경호원이라고 신분을 밝혔다.

러시아인을 살해하면 심각한 외교적 파장이 일어날 것으로 판단한 오카모토는 "당신은 안전하다. 여기 가만히 서 있어라"라고 말했다. 사바틴은 경호원을 붙여줄 것을 요구했다. 오카모토는 조선 병사 두 명에게 사바틴의 옆에 서 있으라고 명령했다. 사바틴은 그 상태로 15분 정도 마당 구석에서 난리 장면을 목격했다.

시위대 병사들이 도망가고 혼자 남아 있던 다이 장군도 낭인들의 폭행 장면을 목격했다. 다이 장군의 모습을 발견한 일본군 장교는 호리구치 영사관보에게 "서양인을 이곳에서 퇴거시키는 것이 귀관의 임무다. 저자를 다른 곳으로 내보내라"라고 외쳤다. 호리구치가 다이 장군에게 "빨리 이곳을 떠나라"라고 요구했다. 다이는 "나는 미국인이다. 일본인의 명령에 따를 수 없다"라면서 거부했다.

구니토모의 옆에는 「한성신보」 편집장 고바야카와 히데오가 있었다. 고바야카와가 건청궁에 도착했을 때 실내에서 처참한 여자의 비명이 들렸다. 병사와 낭인들이 날뛰고, 장지문을 열어놓은 방에는 고종이 여러 명의 환관에게 둘러싸인 채 앉아 있었다. 얼마 후 흰옷 입은 여성 여러 명이 새파랗게 질려 와들와들 떨면서 몰려나왔다. 그중에는 옷에 피가 흥건히 묻은 세자빈이 있었다.

곤녕합에 숨은 민 왕후

고종은 아무리 난폭한 자들이라 해도 국왕과 왕비의 침전만은 침범하지 못할 것으로 예상하고 왕후를 곤녕합으로 보내 궁녀 옷을 입고 궁녀들 사이에 숨어 있도록 했다. 하지만 일본인 폭도들은 국왕과 왕비의 침전을 서슴없이 짓밟았다. 자객들은 괴성을 지르며 광기에 휩싸여 곤녕합의 이 방 저 방을 날뛰고 다녔지만, 그들 중 왕후의 얼굴을 알고 있는 사람은 없었다.

낭인들은 시위대 연대장 현흥택을 내실로 끌고 와서 왕비의 소재를 말하라고 협박했다. 현흥택이 "너희가 죽인다고 해도 왕비가 어디 있는지 말할 수 없다"라고 하자 고종의 방으로 끌고 가 고종 앞에서 왕비가 어디 있는지를 추궁했다. 낭인들은 무단 침입을 꾸짖는 고종을 강제로 주저앉혔으며, 이 과정에서 국왕의 옷이 찢어졌다.

낭인 중 한 명은 고종의 어깨를 잡아끌고 다녔고, 옆방에서 권총을 발사하는 자도 있었다. 왕세자도 다른 방에서 머리채를 휘둘리는 통에 관이 벗겨지고 칼등으로 목덜미를 얻어맞아 기절했다. 곧 의식을 회복한 왕세자는 고종에게 달려갔다. 낭인들은 세자빈에게 칼을 겨누고 왕후가 있는 곳을 대라고 협박했다.

우치다 영사가 사건 후에 작성한 보고서에는 이 장면의 정황이 약간 다르게 기록돼 있다.

이곳(국왕 거실)에는 국왕을 비롯해 세자궁도 역시 계셨습니다.

민 왕후가 시해된 건청궁 내부 개요도.

모두가 심한 공포에 떨고 있었는데, 오기와라(영사관 경부)는 즉시 국왕이 계시는 곳으로 나아가, "안심하십시오"라고 전하고 미쳐 날뛰는 장사 패에게 두 팔을 크게 벌리고 큰대자 모양을 하며 "이곳은 국왕 폐하의 침전이다. 들어가서는 안 된다"라고 소리치면서 난입을 제지했는데, 미리 대원군으로부터 국왕 및 세자만은 반드시 목숨을 구해 달라는 의뢰가 있어서 일동 이의 없이 그 자리를 물러났습니다. 국왕과 세자는 몸을 떨면서 오기와라의 양팔을 붙잡고 계속 보호를 부탁했습니다. (「우치다 보고서」, 이종각, 『미야모토 소위, 명성황후를 찌르다』, 2015, 279쪽).

건청궁 내부에는 "왕비를 놓쳐서는 안 된다"라며 길길이 날뛰는 일본 민간인 120여 명, 일본 군대와 조선 훈련대가 종횡으로 뛰어다녔다. 툇마루 아래까지 기어들어 가 왕비를 찾는 자도 있었고, 궁녀 머리채를 움켜쥐고 시퍼런 칼날을 가슴에 들이댄 채 일본어로 "왕비는 어디 있느냐?" 하고 고래고래 소리를 지르며 위협하는 자도 있었다. 일본어를 모르는 궁녀들은 큰소리로 울부짖으며 "모른다"라고 답할 뿐이었다.

왕비 시해당하다

모두가 혈안이 돼서 난리판이 벌어진 사이에 날이 훤히 밝았다. 이때 궁내부대신 이경직이 곤녕합으로 들어가는 문을 가로막고 나서자 일본군 소위 미야모토 다케타로가 권총을 쏘아 쓰러뜨렸다. 이경직이 피투성이가 된 채 버둥대며 일행을 방해하자 「한성신보」 기자 히라야마 이와히코가 칼로 두 팔과 허리를 베어 죽였다.

낭인과 일본 군인들이 왕후와 궁녀, 상궁이 머물고 있던 방에 난입했다. 왕후와 궁녀들은 "왕후는 여기 없다"라고 대답했다. 누가 왕후인지 확인하던 중 궁녀들 사이에 숨어 있던 한 여성이 도망치자 그를 쫓아가 마룻바닥에 내동댕이친 다음 가슴을 발로 세 번 짓밟고 칼로 찔러 시해했다.

이리저리 끌려다니며 왕비의 소재를 추궁당하던 현흥택은 일본인들이 함성을 지르는 소리를 들었다. 일본인들은 현흥택을 놓아두고 내실로 달려갔다. 현흥택은 곤녕합에 왕비로 보이는 부인이 죽은 채 누워 있는 모습을 보았다. 그는 즉시 일본인들에 의해 그곳에서 쫓겨났다.

훈련대 제2대대장 우범선은 시해 현장에 불려가 칼에 맞아 쓰러진 여성의 모습을 보았다. 여성은 하늘을 향한 채 쓰러져 "후우, 후우" 하며 가쁜 숨을 내쉬고 있었다. 우범선은 쓰러진 여성이 민 왕후임을 확인해 주었다. 해군 군의 출신으로 조선 경무청 촉탁의사로 고용된 사세 구마테쓰佐瀨熊鐵가 수건으로 상처 난 곳의 크기가 얼마나 되는지를 쟀다. 왕비는 두 손으로 얼굴을 가렸고, 곧 숨이 끊어졌다.

시해범들은 왕후의 신분을 확인한 후 오기와라 경부의 지시에 따라 증거 인멸 작업을 시작했다. 우범선은 훈련대 중대장 윤석우를 불러 시신을 행각 아래 긴 의자 위로 옮기고, 마루 위의 핏자국도 닦아 없애라고 명령했다. 우범선은 시신을 인유문 밖 녹원으로 옮겨 태우라고 지시했다.

훈련대원들은 왕후의 시신을 문짝 위에 얹어 이불로 덮은 다음 건청궁 동쪽 녹원 숲속으로 운반했다. 그리고 장작더미 위에 올려놓고 석유를 뿌린 다음 소각했다. 타다 남은 유골은 우범선이 궁궐을 순시하다 발견해 연못(향원지)에 넣으려고 했으나 훈련대 중대장 윤석우가 이를 수습해 오운각 서봉 아래에 매장했다. 유골을 매장한 윤석우는 후에 법부협판 이주회, 일본어 통역관 박선 등과 함께 반역 혹은 불경죄로 몰려 친일 내각에 의해 사형에 처해졌다(한영우, 『명성황후와 대한제국』, 효형출판, 2001, 58쪽).

현흥택은 일본인들이 근처의 동쪽 숲에서 살해된 왕비의 시신을 불태우고 있다는 이야기를 듣고 현장에 달려가 보았다. 그는 타고 있는 시신의 옷자락이 왕비의 것임을 발견했다. 우치다 영사의 보고서에 의하면 왕비의 시신을 소각하기 전에 왕비 허리에 달린 주머니를 뒤졌더니 러시아 황제에게 주한 러시아 공사 베베르의 유임을 의뢰하는 왕비의 자필로 된 편지 두 통이 발견됐다고 한다. 오기와라는 이것을 조선어 통역 스즈키에게 건넸다. 편지 두 통은 우치다가 본국 정부에 증거물로 제출했다.

시신 처리가 끝나자 구스노세 중좌, 우마야하라 경성수비대장은 낭인과 일본 병사들을 집합시킨 후 "왕비를 모셔 가려고 수색했지만 끝내 발견하지 못했다. 아마 광주 방면으로 탈출했을 것이다. 다른 사람이 물으면 이런 취지로 답해야 한다"라고 훈시했다.

왕후의 죽음에는 농상공부협판 정병하의 배신도 한몫했다. 미천한 신분으로 유대치 문하에서 개화파로 성장해 민 왕후의 총애를 받았던 정병하는 전날 밤 궁궐 숙직을 하게 됐다. 궁궐이 소란해지자 왕후는 정병하에게 바깥 상황을 물었다. 정병하는 "일본 군인이 궁궐에 들어오더라도 국왕을 보호할 것이므로 걱정할 것 없다"라고 거짓 보고했다. 왕후는 정병하의 말을 듣고 방심하고 있다가 변을 당한 것이다.

비운의 왕비 민씨는 44세의 나이에 파란만장한 생을 마감했다. 황현은 "왕후는 기민하고 권모술수가 많았는데, 정치에 간여한 20년 동안 점차 망국에 이르게 하더니 마침내 천고에 없던 변을 당했다"라는 기록을 남겼다.

왕후를 직접 시해한 자는 일본군 소위

그렇다면 왕후를 직접 시해한 자는 누구였을까? 관련 사료를 통해 역사적 사실을 추적해 본다.

당시 곤녕합에 난입한 자 중에 시해 후보자로 지목될 만한 사람은 다카하시 겐지, 나카무라 다테오, 후지 가쓰아키, 「한성신보」 주필 구니토모 시게아키 등 낭인과 현역 군인으로는 경성수비대 소위 미야모토 다케타로, 특무조장(하사관) 마키 도라쿠마牧虎熊 등이었다. 사건 직후인 10월 8일 우치다 영사는 외무차관 하라 다카시에게 보낸 사신私信에서 "왕후를 살해한 자는 우리 수비대의 어느 육군 소위로서, 그 사체는 오기와라 경부가 한국인에게 명해 다른 곳으로 운반해 즉시 불을 질러버리는 등 매우 난폭한 소행을 저질렀습니다"라고 보고했다.

우치다가 언급한 '우리 수비대의 어느 소위'는 미야모토가 유일하다. 우치다의 보고를 근거로 한다면 미야모토 소위는 왕후를 보호하려던 궁내부대신 이경직을 권총으로 쏜 후 방에 난입해 왕후를 시해한 것이다.

사건 발생 한 달 후 우치다 영사는 미우라 공사 등 사건 관련자들이 재판을 받던 히로시마 지방재판소의 구사노草野 검사정(검사장에 해당)에게 "왕비는 먼저 우리 육군 사관의 칼에 맞고, 그다음에 나카무라도 하수下手(왕비를 시해했다는 뜻)했는데, 그때 나카무라는 잘못해서 사관의 칼날 끝에 오른손이 닿아 부상을 입었음"(『일한외교사료 (5)』, 153쪽; 이종각, 『미야모토 소위, 명성황후를 찌르다』, 2015, 97쪽)이라는 전문을 보냈다.

관련 사료를 토대로 상황을 재구성하면 다음과 같다. 곤녕합에 난입한 미야모토 소위, 특무조장 마키, 낭인 나카무라가 궁녀들 사이에 숨어 있다가 도망치는 민 왕후를 발견했다. 그들은 왕후를 마룻바닥에 내동댕이친 다음 가슴을 발로 세 번 짓밟은 후 미야모토 소위가 칼로 찔러 시해했는데, 이때 나카무라는 미야모토의 칼에 의해 오른손에 상처를 입었다. 이어 나카무라가 두 번째로 시해했다.

삿사 도모후사는 왕비의 몸에 달려 있던 향주머니와 귀중품을 빼앗았고, 다른 난입자도 왕비의 방에서 각종 물품을 강탈했다. 일설에는 왕비를 끌어내 두세 곳 칼로 상처를 입히고 발가벗겨 국부 검사를 했다는 주장까지 제기됐다.

여러 명의 장교와 낭인 가운데 하필이면 미야모토 소위가 조선의 왕비 시해 임무를 맡은 이유는 무엇이었을까?

미우라 공사는 10대 후반, 고향인 조슈번에서 다카스기 신사쿠가 창설한 근대식 군대인 기병대에 몸담은 이래 전쟁터에서 잔뼈가 굵은 무인이었다. 그는 사안의 중대성을 고려해 상당한 실전 경험이 있으며 임무 수행 후 무덤에 갈 때까지 비밀 유지가 가능한 '입이 무거운 인물'을 물색하던 중 자신과 동향인 미야모토 소위를 발견했다.

미우라 공사, 우마야하라 경성수비대 대대장, 미야모토 소위는 메이지 정부에서 막강한 영향력을 행사하던 조슈번 출신이다. 자신과 동향이라는 지연地緣, 10여 년에 걸친 군 경력, 동학군 토벌에 참여했던 실전 경험. 이것이 미야모토가 악역을 담당할 주인공으로 선정된 이유였을 것으로 추측된다.

"내가 왕후를 죽였다"라는 자 속출

우치다는 서울 영사관 책임자이자 영사 판사 자격으로 을미사변 발생 사흘 뒤인 10월 11일부터 관련자 조사에 착수했다. 이때부터 1896년 7월 이임 때까지 관련자 신문, 본국과의 연락 등 사건 수습의 핵심 역할을 담당했다. 그는 사건 전모를 조사한 후 1895년 11월 5일 일본 외무성에 「메이지 28년 10월 8일 조선 왕성 사변 상세보고의 건」(일명 「우치다 보고서」)을 제출했다.

그는 왕후를 직접 시해한 범인이 일본 육군 소위였다는 사실을 최초로 밝혔다. 하지만 그는 이 사실을 하라 다카시 차관에게 보낸 사신에서만 언급했을 뿐, 죽을 때까지 시해범에 대한 구체적인 인적사항은 은폐했다. 이유는 시해범이 일본 현역 장교라는 사실이 드러나면 국제적 비난이 거세져 곤경에 처할 것이라는 직업 외교관으로서의 의무감 때문이 아니었을까.

상황이 이렇게 흘러가자 경복궁에 난입했던 낭인들은 저마다 "내가 왕비를 살해한 주인공"이라고 무용담을 부풀리기 시작했다. 그 대표적 인물이 조선의 법부 고문부 서기생으로 호시 도루 휘하에서 활동했던 다카하시 겐지다.

우치다 보고서에 의하면 사건 전날인 10월 7일, 자유당계 낭인 다나카 겐도, 나카무라 다테오, 후지 가쓰아키가 다카하시를 찾아와 "오늘 밤 드디어 왕궁으로 들어가 일을 벌이게 됐으니 자네도 크게 분발해 달라"라는 요청을 받았다. 다카하시는 곤녕합에서 맹활약했고, 사건 직후 곧바로 스승인 호시 도루에 달려가 자초지종을 설명하자 호시는 "수고했다"라고 격려했다고 한다.

사건 발생 30년 후 다카하시 겐지는 자신이 조선 왕후를 칼로 베었다면서 시해 당시의 정황을 다음과 같이 진술했다.

> 나카무라 다테오, 후지 가쓰아키와 함께 국왕의 제지를 누르고 안으로 들어갔다. 왕비 방에 들어가자 궁녀 20~30명이 모여 있었다. 궁녀를 한 사람 한 사람 밀치고 이불 아래를 보니 옷차림은 궁녀와 같으나 귀인의 풍모를 갖추고 있었다. 이 사람이 왕비라고 생각했다. 머리채를 쥐고 끌어냈지만, 그 태도는 조금도 흐트러지는 바가 없었다. 나는 단칼로 내리쳤다. 나카무라가 머리채를 잡고 있었으므로 그의 손을 조금 베었다. 머리를 내리쳤으므로 일격에 쓰러져 죽고 말았다.

다카하시와 함께 행동했던 후지 가쓰아키도 자신이 직접 왕비를 시해했다고 주장했다. 나카무라가 곤녕합 내실에 피신해 있던 왕비를 찾아내 칼을 휘둘렀으며, 뒤따라 달려간 자신이 두 번째로 베어 숨을 끊

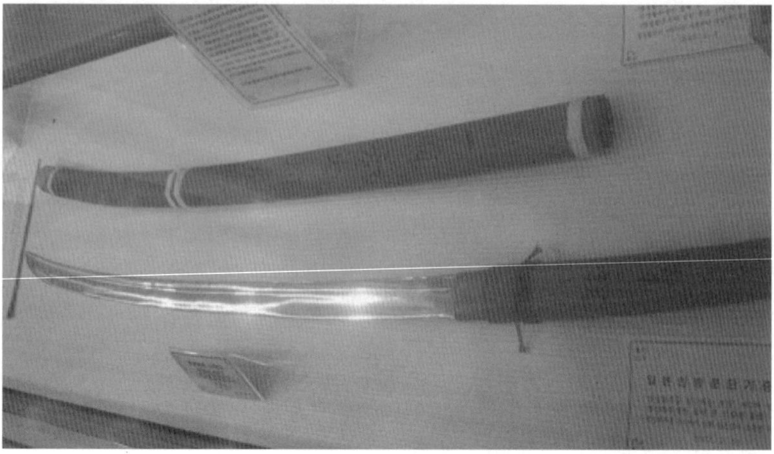

낭인 후지 가쓰아키가 민 왕후 시해 때 사용했다고 주장한 일본도. © 국민일보

었다고 주장했다. 그는 사건 발생 13년 후인 1908년 2월, 고향인 후쿠오카의 구시다신사櫛田神社에 자신이 조선 왕비를 벨 때 사용했다는 일본도를 기증했다.

에도시대 유명한 장인이 만들었다는 일본도는 칼날 길이가 90센티미터로, 칼집에는 '늙은 여우를 단칼에 베다一瞬電光刺老狐'라는 글씨가 새겨져 있다. 후지는 민 왕후 시해를 기념해 이 글씨를 새겼다고 주장했다. 경기도 여주의 명성황후 생가 기념관에는 이 일본도의 모조품이 전시돼 있다.

영국 기자 매켄지는 왕후 시해범은 오카모토 류노스케라고 주장했다. 너도나도 자기가 왕후를 시해했다고 나선 이유는 현역 군인이 왕비를 시해한 사실을 은폐하기 위해 낭인들이 "내가 왕비를 직접 죽였다"라고 떠벌리는 것을 묵인한 결과다.

러시아에 의지해야 안전해진다고 믿은 왕비

곤녕합에서 난리가 벌어질 때 사바틴은 오카모토에게 자신이 궁궐에서 나갈 수 있도록 호위 군인을 붙여달라고 부탁했다. 오카모토는 조선 병사에게 사바틴을 궁궐 밖으로 데리고 나가라고 명했다. 그 길로 사바틴은 관문각을 거쳐 장안당을 지나면서 일본군과 조선 관료들을 목격했다. 8~10명의 일본 장교가 100~150명의 일본군을 지휘하고 있었다.

사바틴은 조선 관료들이 장안당에 집결해 있는 것을 보면서 고종이 그곳에 있을 것으로 추측했다. 그는 장안당을 지나 6시에 광화문을 빠져나왔다. 사바틴은 그길로 정동의 러시아 공사관으로 달려가 베베르 공사에게 자신이 궁에서 목격한 장면을 보고했다.

러시아 육군 중장 겸 연해주 군무지사 운테르베르게르는 33년간 동아시아에 근무한 극동 전문가다. 그는 삼국간섭 직후 조선 정부로부터 지원 요청을 받자 "조선 왕비는 조선의 행복이 전적으로 러시아의 우호와 보호에 달려 있다고 굳게 확신했으며, 자신의 생명이 다하는 순간까지 이 믿음을 갖고 있었고, 누구 앞에서도 자신의 뜻을 감추지 않았다"라고 밝혔다. 그리하여 일본은 조선 왕비를 살해하기로 하고 어려움 없이 그 목적을 이루었다고 보았다(이항준, 「청일전쟁 전후 러시아 연해주 군무지사 운떼르베르게르의 동아시아에 대한 정책적 입장」, 『이화사학연구』 제49집, 이화사학연구소, 2014, 51쪽).

민 왕후가 시해된 후 고도로 복잡한 국제 외교는 고종과 무기력한 신하들이 맡게 됐다. 이것이 조선의 비극이었다.

제10장

왕비 시해 그 후

1895년 10월 8일 새벽.

아다치 겐조 「한성신보」 사장의 부인 유키코는 전날 저녁 남편으로부터 "오늘 밤 궁궐로 쳐들어갈 일이 있다"라는 말을 듣고 뜬눈으로 밤을 지새웠다. 새벽 무렵 북쪽 먼 곳에서 함성이 두 번, 그 후 콩 볶는 듯한 총소리가 들렸다. 놀라서 북쪽 창문을 열었더니 새벽안개가 자욱하고 사방이 희미했다. 궁궐로 짐작되는 곳을 바라보고 있는데 또다시 고함과 총소리가 울렸다.

미우라 공사는 전날 저녁 우치다 영사가 베푼 부임 환영 만찬에 참석하고 귀가해 잠시 눈을 붙였다. 새벽에 일어난 그는 스기무라 서기관, 고쿠분 쇼타로 통역관과 포도주를 마시던 중 광화문 일대에서 나는 총소리를 들었다. 잠시 후 시바 시로와 전령 사토 게이타佐藤敬太가 공사관에 도착해 현지 상황을 보고했다. 두 사람으로부터 왕궁 침입에 성공했다는 사실을 확인한 미우라는 스기무라 서기관, 고쿠분 통역관과 함께 경복궁으로 향했다.

한바탕 난리를 치른 고종은 건청궁 장안당에서 일본 공사관에 사자를 보내 미우라 공사의 입궐을 요구했다. 미우라 공사가 경복궁에 입궐한 시각은 새벽 6시 5분경이었다. 경복궁에 도착한 스기무라는 궁궐에 있던 일본 낭인들에게 빨리 돌아가라고 명령했다. 요란한 발포 소리에 놀라 경복궁 앞에 모여든 군중들이 지켜보는 가운데 피를 뒤집어쓴 채 일본도로 무장한 낭인들이 대열을 지어 나오는 모습을 궁궐로 달려온 외국 공사들이 목격했다.

미우라 공사가 고종을 알현한 시각은 오전 7시경이었다. 그러니까 입궐에서 알현까지는 40~50분간의 공백이 있었다. 그동안 미우라는 사건 현장을 직접 찾아가 왕비의 시신을 확인하고 그 처리를 지시하는 등 마무리 작업을 지휘한 것으로 추정된다(최문형 외, 『명성황후 시해사건』, 1992, 25쪽). 증거 인멸 작업을 끝낸 미우라는 그제야 고종과 대원군을 알현했다.

미우라 공사와 스기무라 서기관, 낭인 지휘관 아다치 겐조가 고종을 알현하는 자리에는 흥선대원군도 들어와 고종 옆에 앉았다. 미우라는 대원군과 협의해 친일 성향의 김홍집 내각을 구성했다.

왕비 시해 직후 제4차 김홍집 내각 출범

이날 개각에서 해임된 사람은 친미·친러 성향의 학부대신 이완용, 농상공부대신 이범진, 군부대신 안경수, 경무사 이윤용 등이었다. 반면에 친일 성향의 조희연이 군부대신에, 정병하 농상공부협판이 대신 서리에, 법부대신 서광범이 학부대신 서리 겸임, 권형진이 경무사에, 유길준이 내부대신, 대원군의 장남 이재면이 궁내부대신, 김종한이 궁내부협판에 임명됐다. 총리대신 김홍집, 외부대신 김윤식, 내부대신 박정양은 유임됐다(이광린, 『한국사강좌 5: 근대편』, 일조각, 1993, 370~371쪽).

이날 개각에서 새로 임명된 사람들의 면면은 1894년 7월 오토리 공사가 내정 개혁을 추진해 정부를 개조할 때와 동일한 인물들이었다. 내각 구성원을 1년 전 상황으로 되돌린 것이 제4차 김홍집 내각의 특징이다. 이들은 모두 왕후 시해를 방조 혹은 묵인한 사람들이었다. 미우라는 '왕궁 습격'이라는 오토리 공사의 강경책과 '내정 개혁'이라는 이노우에 공사의 정략을 그대로 답습한 셈이다.

미우라는 고종에게 "국정에 간섭하고 정치를 어지럽힌 왕후 민씨를 폐비해 서인으로 낮춘다"라는 칙서에 서명할 것을 요구했고, 고종은 이를 수락할 수밖에 없었다. 그것은 고종으로서는 평생 잊지 못할 굴욕이었다. 이어서 시위대를 축출한 훈련대가 왕궁 경비를 맡게 됐다. 이로써 일본이 대원군을 앞세워 조종한 쿠데타가 실현됐다.

미우라는 친일 정권에 압력을 넣어 "일본인은 살해와 난폭의 거동에는 조금도 참여하지 않았다"라는 증명을 받아냈다. 외부대신 김윤식은 미우라 공사에게 서한을 보내 '왕비 사건은 불만을 품고 있는 훈련대의 소원訴冤'이라고 왜곡했다. 또 훗날 발표한 『속음청사續陰晴史』 수기에도 왕비 시해 사건은 단지 '훈련대의 입주立奏'라고 왜곡했을 뿐, 일본군의 침략 행위에 대해서는 전혀 기록이 없다(신국주, 「명성황후 시해사건에 대한 재평가」, 한국정치외교사학회 편, 『명성황후 시해사건과 아관파천기의 국제관계』, 1998, 33쪽)

우치다 영사는 왕궁 방면에서 울리는 요란한 총소리에 놀라 잠에서 깼다. 전날 순검과 조선 훈련대 사이에 충돌이 벌어졌는데, 싸움이 계속되다가 총까지 발사한 것 아닌가 하는 생각이 들었다. 총기까지 동원돼 싸운다면 심상치 않은 일이 분명했다. 정황 파악을 위해 오기와라 경부 집으로 갔으나 그는 부재중이었다. 호리구치 영사관보 역시 집에 없었다.

오기와라와 같은 집에 기거하고 있던 서기생에게 두 사람의 행방을 물었더니 "오늘 새벽 대원군의 입궐에 맞춰 두 사람이 수행해 왕궁에 들어갔다"라고 설명했다. 이상한 생각이 들어 영사관 순사를 점검한 결과 오기와라 경부를 수행해 자리를 비운 자가 여러 명이었다.

심상치 않은 일이 발생했음을 직감한 우치다는 미우라 공사에게 보고하기 위해 공사관으로 갔다. 공사도, 스기무라 서기관도 부재중이었다. 그는 공사관 배속 무관인 니로 도키스케 해군 소좌 집으로 갔는데, 일본인 두 명이 니로에게 보고를 하고 있었다. 한 명은 미우라 공사의 정치고문 시바 시로였고, 다른 한 명은 구마모토 출신 낭인 사토 게이타였다.

사토는 미우라 공사에게 "일본군의 궁궐 침입"을 보고한 후 니로의 숙소로 가서 정황을 설명한 것이다. 우치다 영사는 사토로부터 전날 밤 낭인들과 함께 공덕리에 가서 대원군을 옹립해 왕궁으로 들어갔으며, 이를 미우라 공사에게 보고하러 왔다는 설명을 들었다.

일본 공사관 해군 무관이 왕비 시해 최초 보고

오전 6시 32분.

니로 소좌는 낭인 사토 게이타에게 상황 설명을 들은 직후 직속상관인 대본영의 해군 군령부장 이토 스케유키 제독에게 "지금 조선 훈련대가 대원군을 추대하고 고함을 지르며 대궐로 쳐들어감"이라는 극비 전문을 타전했다. 연합함대 사령장관이었던 이토 스케유키는 시모노세키 조약이 체결된 후인 5월 11일, 타이완총독으로 부임한 가바야마 스케노리를 대신해 해군 군령부장에 취임했다.

니로 소좌의 보고를 통해 조선 왕궁에서 비상사태가 벌어진 사실을 알게 된 육군 참모본부는 즉시 서울의 구스노세 육군 중좌에게 사실 확인을 명령했다. 구스노세는 오전 8시 50분, 대본영에 다음과 같이 보고했다.

> 오늘 아침 5시 대원군이 간신을 제거한다고 칭하며 훈련대 제2대대를 인솔해 왕궁에 들어감. 사소한 저항이 있었지만 국왕에 가까이 갔는데, 그 시각은 5시 50분이었음. 미우라 공사는 6시 5분에 왕궁으로 들어갔음. 훈련대 연대장 홍계훈은 전사했다고 함.

현장 지휘자로서 사건의 전모를 가장 정확하게 알고 있는 일본군 현지 최고 지휘관이 일본군 및 낭인 부대가 경복궁에 난입해 왕비를 시해한 사실을 은폐하고 엉뚱한 내용만 보고한 것이다.

오전 8시 무렵, 오기와라 경부를 수행해 경복궁에 난입했던 영사관 소속 순사들이 복귀했다. 가벼운 상처를 입은 자도 있었고, 옷에 피가 묻은 자, 칼이 부러진 자 등 분위기가 살벌했다. 피범벅이 된 낭인들이 공사관으로 돌아와 니로 소좌에게 "왕비를 살해했다"라고 보고했다.

좀 더 정확한 정황이 파악되자 니로 소좌는 오전 9시 20분 이토 스케유키 제독 앞으로 "국왕은 무사하고 왕비는 살해당하셨다고 함"이라는 제2보를 긴급 타전했다. 이것이 일본 정부에 조선 왕후 피살을 최초로 알린 보고가 됐다. 두 차례에 걸친 니로의 극비 전문 내용은 이토 총리와 육군 대신 오야마 이와오, 외상 대리 사이온지에게 보고됐다.

일본 정부는 10월 19일 민 왕후 시해 관련 특급 정보를 본국 정부에 가장 먼저 보고한 니로 소좌에게 '청일전쟁에서의 공로' 명목으로 공로 4급 금치金鵄 훈장과 쌍광욱일장雙光旭日章 훈장을 수여했다. 금치 훈장을 받은 덕분에 그는 죽을 때까지 일본 정부로부터 매년 연금 500엔을 지급받았다.

조선 왕비 시해 정보는 메이지 천황에게도 즉각 보고됐다. 시종무관으로부터 보고를 받은 천황은 미간을 찌푸리며 "미우라 고로는 한번 마음먹으면 그것을 단행하는 것을 주저하지 않는 자"라고 말했다. 이후 사건 관련 주요 사항은 빠짐없이 메이지 천황에게 보고됐다.

경복궁에 입궐해 민 왕후의 시신 소각까지 확인하고 공사관으로 돌아온 미우라 공사는 오전 11시에 직속상관인 사이온지 외상 대리에게 첫 전문을 발송했다. 이 보고에서 미우라는 "이번 소요에 우리 경성수비대는 왕궁을 호위해 진압에 힘썼기 때문에 훈련대와 시위대 간의 충돌은 극히 경미하고, 불과 두 발의 포성을 들었을 정도로 즉시 진정되었으며… 국왕과 왕세자는 모두 평안하시나 왕비의 소재는 아직 확실치 않음"이라고 허위 보고를 했다.

이 전문은 오후 1시 30분 사이온지 외상 대리에게 보고됐다. 대본영으로부터 조선 왕비 피살 소식을 통보받은 사이온지는 주한 공사관으로부터 아무런 보고가 없자 오후 1시, "오늘 아침 대원군이 훈련대를 이끌고 왕궁에 들어갔는데, 왕비는 시해당하셨을 것이라는 그곳 공사관 부속 무관으로부터 참모본부에 전보가 있었음. 관련 사실에 대해 지급 전보로 보고하기 바람. 또 일본인이 이 사건에 가담했는지도 보고하기 바람"이라는 긴급 훈령을 보냈다.

오후 3시 30분, 미우라 공사는 사이온지에게 "왕비의 소재는 아직 자세히 알지 못하나 아마도 살해당하셨을 것임. 일본인이 이에 가담했는지는 조사 중임"이라고 또다시 허위 보고를 했다. 이어 그는 "표면상 조선인들이 일으킨 사건이지만 이면으로는 일본인이 가담했고, 본인이 묵인한 사건"이라고 밝혔다. 미우라는 사이온지에게 을미사변을 일으킨 이유를 다음과 같이 보고했다.

> 궁중 세력이 날로 강해져서 완전히 정부를 압도했고, 관제를 무시하고 재정을 문란하게 했다. 궁중 세력이 러시아에 보호를 의뢰하는 친서를 보내는 등 왕비가 항상 타국에 의존하려는 경향이 있어 왕비에 대한 일본인의 불만이 이 사건으로 표출된 것이다.

우치다 영사, 미우라의 소행임을 파악

우치다 영사는 공사관으로 복귀한 미우라 공사를 면담해 사건 정황 및 선후책을 물었다. 미우라는 우치다에게 "조선 정부의 일은 대원군이 모든 책임을 지기로 했다. 대원군과 평소 교류가 있는 일본인이 대원군의 요청에 응해 수행한 것으로 한다. 부득이하면 그중 몇 명을 중형에 처하고, 나머지 20명 정도를 추방한다. 본 사건에 관계한 장사(낭인) 중 일부가 어떤 중형에 처해지더라도 이의 없다. 이곳에 있는 우리나라 사람인 신문 통신원 등은 공사의 뜻을 받들어 본 사건에 관해 통신 방법을 협의해 결정했다"(『주한일본공사관기록 (8)』, 1895년 11월 7일)라고 설명했다.

우치다 영사는 주한 공사 및 공사관원, 주한 일본군이 관련된 사실이 외국인의 귀에 들어가면 어떻게 할 것인지를 질문했다. 미우라 공사는 "우리 관리가 관계한 사실에 대해서는 당사자는 물론 다른 관계자들도 엄중히 비밀을 지키도록 하되, 설사 법정에서 심문을 받게 되더라도 결코 입 밖에 내지 않도록 단속해 둘 작정"이라고 답했다. 도쿄제국대학 법학부 출신의 우치다는 이 말을 듣자 "미우라 고로의 지능 정도는 17세의 저능 소녀와 같은 것이 아닐까?" 하고 생각했다(김문자, 『명성황후 시해와 일본인』, 2011, 115쪽).

영사관 소속원들이 귀환하자 우치다는 호리구치 및 오기와라 경부에게 자세한 정황을 보고하라고 명했다. 그 결과 이 사건은 미우라 공사의 사전 계획에 의해 발생했음을 알게 됐다. 사건 전모를 파악한 우치다 영사는 정식 보고에 앞서 본국 외무차관 하라 다카시에게 개인 서신으로, 살해당한 부녀 중 한 명은 왕비이며 이를 살해한 자는 일본 수비대의 육군 소위라는 사실, 왕비의 사체는 다른 곳으로 운반해 불태우는 등 난폭한 소행을 저질렀다는 내용을 보고했다.

우치다는 편지 끝부분에 "이런 사실은 공문으로 보고드리는 것이 타당하지 않아 극비리에 사신으로 보고드리는 바입니다. 부디 열람하신 후 태워주시기 바랍니다"라고 끝맺었다. 하라 다카시는 1896년 주한 공사를 역임하고 외무차관, 중의원을 거쳐 1918년 평민 출신으로 첫 총리에 오른 입지전적 인물이다. 그는 우치다 영사가 부탁한 문제의 극비 서신을 소각하지 않고 보관했다.

하라는 총리 재임 중이던 1921년 도쿄 역에서 국수주의 단체 자객에게 암살당했다. 그가 재임 중 남긴 방대한 문서와 편지는 이와테현岩手縣 모리오카시盛岡市의 생가에 보관하고 있다가 사망 후 63년이 지난 1984년 『하라 다카시 관계 문서』란 제목으로 출간됐다. 이 문서집을 통해 거의 한 세기 만에 "조선 왕비를 시해한 범인은 일본 육군 소위"라는 우치다 영사의 편지가 세상에 알려지게 됐다.

10월 8일 새벽, 사건 현장에서 빠져나온 사바틴은 주한 러시아 공사관으로 가서 베베르 공사에게 자신이 목격한 사건 정황을 상세하게 증언했다. 이 과정에서 그는 일본인들이 민 왕후를 시해하는 현장을 직접 목격하지는 못했다고 증언했다. 그는 을미사변 관련 보고서까지 작성했는데, 증언과 보고서에서 자신이 목격한 인물의 이름을 구체적으로 언급하지 않았다.

실 주한 미국 공사는 10월 초, 2주일간의 휴가를 가면서 공사 업무를 알렌 서기관에게 위임했다. 사건 당일 새벽 알렌 대리공사는 요란한 총소리에 놀라 잠에서 깼다. 이때 전 궁내부 대신 이범진이 달려와 급히 입궐하라는 고종의 명을 전했다. 알렌은 입궐 도중 베베르 러시아 공사에게 들렀다. 사바틴으로부터 상세한 정황을 설명 들은 베베르 주한 러시아 공사는 때마침 공사관을 방문한 알렌과 함께 경복궁에 입궐했다. 그들은 경복궁 성벽 부근에서 어지러운 옷차림에 칼로 무장한 채 흉악한 표정을 짓고 있는 30여 명의 일본 낭인 무리를 목격했다.

미우라, "일본군은 관계없다" 허위 진술

사건 현장을 목격한 다이 장군과 사바틴을 대동한 두 사람은 고종을 알현하지 못하고 거의 두 시간이나 대기했다. 그들은 고종의 명을 기다릴 수 없다고 판단하고 직접 안으로 밀고 들어갔다. 공포에 질려 있던 고종은 두 외교관을 보자 안도의 숨을 내쉬었다. 그곳에는 미우라 공사와 대원군이 함께 있었다.

베베르와 알렌은 고종을 위로한 후 어전에서 물러나와 을미사변의 진상과 관련해 미우라 공사와 설전을 벌였다. 미우라 공사는 다이와 사바틴 등이 일본군 개입 사실을 증언했음에도 불구하고 "일본군이 관계하지 않았다"라고 강력하게 부인했다. 베베르 공사는 을미사변에 관한 미우라 공사의 공식 입장을 듣기 위해 이날 오후 3시 30분 주한 외교단 회의 소집을 제안했고, 미우라가 이에 합의했다(외교단 회의 관련 부분은 김영수, 『미젤의 시기—을미사변과 아관파천』, 2013, 114~119쪽 참조).

일본 공사관에서 열린 외교단 회의는 미우라 공사와 스기무라 서기관을 비롯해 베베르 러시아 공사, 알렌 미국 대리공사, 힐리어 영국 총영사, 크린(Ferdinard Krien) 독일 영사, 르페브르 프랑스 영사가 참석했다. 미우라 공사는 사건의 핵심 본질은 철저히 감춘 채 조선 훈련대 병사들이 대원군을 추대해서 일을 벌였다고 위증했다.

베베르는 목격자의 진술을 근거로 "일본군이 대원군을 궁궐로 호위했고, 칼로 무장한 일본인 50~60명이 개입했다"라고 주장했다. 또 일본인이 왕비의 거처에 침입해 궁녀를 학살한 사실을 지적하고, 왕비 거처에 일본인 장교가 최소 두 명 있었으며 일본인 한 명이 왕비의 거처에서 모든 과정을 지휘했다면서 미우라 공사를 강력하게 추궁했다.

궁지에 몰린 미우라는 경복궁에 있던 일본인은 "칼을 소지할 수 있도록 허가된, 일본 수비대 장교의 하인이나 심부름꾼이 궁궐 내로 주인을 수행했을 가능성이 있다"라고 둘러댔다. 다른 외교관들도 "오늘 사건에 일본군이 동원됐고, 이에 대한 철저한 진상 규명이 필요하다"라며 베베르 공사를 지지했다. 미우라는 "지금 베베르 공사가 언급한 사실은 우리 수비대 지휘관의 보고에는 없는 일이지만 조사 대상이 될 것"이라고 밝혔다.

베베르 공사는 외교단 회의가 끝난 후 본국 정부에 다음과 같은 보고서를 타전했다.

> 우리는 세계사에 전례가 없는 범죄적인 사실과 마주하고 있다. 평상시에 타국 국민이 자국의 군대, 그리고 아마도 공사관의 비호 아래, 아니 더 나아가 그 지도하에 대거 왕궁에 난입해 왕비를 살해하고 그 유체를 소각한다. 그리고 더욱이 일련의 추악한 살인과

> 폭행을 저지른 뒤 많은 사람들이 둘러싸고 보는 가운데 자기들이 저지른 짓을 뻔뻔스럽게 부정한다. 이런 일은 여태까지 한 번도 본 적이 없다.

일본, 사바틴 회유 공작

베베르는 외교단 회의에서 현장의 유일한 서양인 목격자가 사바틴이란 사실을 공개했다. 미우라 공사는 사바틴을 비롯해 다이 장군이 사건 현장에서 더 많은 사실을 목격했을 가능성을 우려하기 시작했다.

일본인들이 왕후를 시해한 시각과 사바틴의 이동 시간을 감안할 때 사바틴은 곤녕합에 머물러 있는 동안 일본인들이 왕후를 시해하는 장면을 목격했을 가능성이 있다. 그런데도 사바틴은 자신이 목격한 전체 상황을 끝까지 발설하지 않았고, 사건 현장에서 자신을 보호해 준 사람이 오카모토였다는 사실에 대해서도 밝히지 않았다.

주한 일본 공사관과 김홍집 내각은 왕후 시해 사건을 은폐하고 목격자들의 증언을 막기 위해 다이 장군과 사바틴에 대한 회유와 협박을 강력하게 시도했다. 10월 9일 내부대신 유길준은 사바틴에게 조선 내부 고문을 맡아달라고 제안했다. 일본 공사관은 러시아 공사관에 스기무라 서기관을 파견해 사바틴의 증언을 확인하겠다고 제안했다. 현장을 목격한 현흥택과 궁녀들도 생명의 위협을 느껴 미국 공사관으로 피신했다.

사바틴은 자신이 위협당하고 있으며, 언제 무슨 일을 당할지 모른다는 공포감에 사로잡혀 조선을 떠나기로 했다. 사바틴은 제물포에서 러시아 포함 카레이츠호를 타고 10월 11일 즈푸에 도착했다. 그는 이곳의 러시아 부영사 침첸코와 면담했고, 호텔에 틀어박혀 을미사변 관련 보고서를 작성했다.

다이 장군으로부터 왕비 시해 상황을 청취한 알렌은 상세한 정황 보고서를 작성해 도쿄의 미국 공사관을 통해 국무부에 보냈다. 당시의 주일 미국 공사 에드윈 던(Edwin Dun)은 일본의 근대화를 적극 찬양하는 친일 성향의 인물이었다. 던은 알렌의 보고 내용은 자기가 알고 있는 사실과 다르며 과장됐다고 본국에 보고했다.

베베르 공사는 사바틴의 증언과 보고서를 토대로 로바노프 외상에게 15장 분량의 장문의 보고서를 보냈다. 이 보고서가 주목받은 이유는 주한 외국 공사의 보고서 중 가장 상세하게 을미사변을 기록했기 때문이다. 보고서는 15장 분량의 본문, 현장의 생생한 증언을 담고 있는 11개의 부록, 경복궁에 대한 상세한 1개의 지도 등으로 구성됐다(김영수, 「서울 주재 러시아 공사 베베르의 외교활동과 한국정책—1898년 이전과 이후 한국의 변화를 중심으로」, 『서울과 역사』 제94호, 서울역사편찬원, 2016, 10쪽).

주한 영국 총영사 힐리어도 주요 목격자 네 명의 증언을 통해 민 왕후 시해 정황을 조사했다. 힐리어가 증언을 청취한 목격자는 ① 왕비가 일본인 시해범의 칼에 피살되는 현장을 목격한 궁녀, ② 왕비의 시신을 목격한 나이 든 왕비의 여시의女侍醫, ③ 왕비로 보이는 시신을 목격한 시위대 장교 현흥택, ④ 일본인 시해범들이 왕비의 시신을 화장하는 것을 목격한 궁중 하인이었다. 힐리어는 이들의 증언을 바탕으로 베이징 주재 영국 공사 오코너(Nicholas Roderick O'Conor)에게 다음과 같은 보고서를 보냈다.

건청궁의 앞뒷문을 통해 일본군의 엄호 아래 침입해 들어온 민간 복장의 일본인들은 한 무리의 (조선군 복장을 한) 군인들과 함께 일본군 장교와 사병들이 경비를 서주었다. 그들은 곧바로 왕비의 처소로 가서 몇몇은 왕과 왕태자(세자)의 측근 인물들을 붙잡았고, 다른 자들은 왕비의 침실로 향했다. 궁내부대신 이경직은 서둘러 왕비에게 급보를 알렸고, 왕비와 궁녀들이 잠자리에서 뛰쳐나와 달아나 숨으려 하던 순간이었다. 그때 시해범들이 달려 들어오자 궁내부대신은 왕비를 보호하고자 그의 두 팔을 벌려 왕비의 앞을 가로막아 섰다.

하지만 그의 보호 행위는 살해범들에게 (왕비를 식별케 하는) 단서를 제공했다. 궁내부대신은 그들의 칼날에 양 팔목을 잘리는 등 중상을 입고 쓰러져 피를 흘리며 죽었다. 왕비는 뜰 아래로 뛰어나갔지만 붙잡혀 넘어뜨려졌고, 살해범은 여러 차례 왕비의 가슴을 내리 짓밟으며 칼로 거듭 왕비를 찔렀다.

분명히 실수가 없도록 해치우기 위해 왕비와 용모가 비슷한 여러 궁녀도 살해되고 있었는데, 그때 여시의가 앞으로 나서 손수건으로 왕비의 어안御顔을 가렸다. 한둘의 시신이 숲에서 불태워졌지만, 나머지 시신은 궁궐 밖으로 옮겨졌다. (이민원, 「민비 시해의 배경과 구도」, 최문형 외, 『명성황후 시해 사건』, 1992, 109~110쪽)

일본 정부, 고무라 주타로 서울 급파

사건 발생 직후 일본 언론도 관련 내용을 보도하기 시작했다. 일본 언론은 민 왕후 시해 사건을 니콜라이 2세 황태자가 습격을 당한 오쓰大津 사건(1891)이나 청일전쟁 종전 협상을 진행하던 리훙장 피격 사건(1895)과 같은 비중으로 보도했다. 러시아 황제 니콜라이 2세는 을미사변을 일본이 러시아에 도전한 사건이라면서 예의주시하기 시작했다.

일본 지도부에서는 조선 정책을 추진하는 과정에서 신중하고 공작적 접근법을 우선하는 문치파와, 강경하고 급진적인 방법에 의존하려는 무단파가 대립했다. 복잡 미묘하게 얽혀 있는 한반도의 국제 관계를 염두에 두면서 신중하게 접근하는 방식을 선호한 문치파의 대표 인물은 이토 히로부미, 무쓰 무네미쓰, 사이온지 긴모치 등 개명론자나 정당정치가, 외교 라인 인사들이었다. 이들은 조선에 친일 개화 정권을 수립하고 이들을 괴뢰화해 목적을 달성하려 했다.

반면에 무단파는 문치파의 방식을 연약외교라고 비판하면서 조선에서 사건이 발생할 때마다 무력 사용을 주장했다. 정한론의 주인공 사이고 다카모리를 위시해 야마가타 아리토모, 가쓰라 다로, 데라우치 마사타케 등 군벌, 국수주의자, 아시아주의자 등이 그 대표다.

두 세력의 노선 차이가 큰 것처럼 보이지만, 실상은 조선 침략의 방법과 시기를 둘러싼 방식의 차이일 뿐, 조선에 대한 일본의 식민 지배라는 목적은 동일했다. 때문에 그들은 문치적 정략을 사용하다 여의치 않으면 무단적 방법을 동원하거나, 무단적 방법으로 일을 벌인 후 문치적

을미사변 수습을 위한 일본 특사단

외무성	고무라 주타로 정무국장 외 2명
사법성	안도 검사 외 3명
해군성	이슈인 고로 대좌, 야스하라 소좌
육군성	다무라 이요조 중좌, 와타나베 소좌, 하라다 데루타로(原田輝太郎) 소좌 외 1명
헌병	가게야마 대위 외 하사관 19명

출처 : 김문자, 김승일 옮김, 『명성황후 시해와 일본인』, 태학사, 2011, 216쪽.

으로 사태를 해결하는 식으로 조선 문제를 자기들 유리한 방식으로 요리해 나갔다. 을미사변이 그 전형에 해당한다.

10월 9일 오후 이토 총리는 내각의 각 대신과 야마가타 아리토모 대장, 이노우에 가오루 전 조선 공사, 가와카미 소로쿠 참모차장, 고다마 겐타로 소장, 야마모토 곤베에山本權兵衛 등을 소집해 조선 문제와 관련한 수뇌 회의를 열었다. 이날 회의에서 참석자들은 사건의 중대성을 감안하여 조선에 특사를 급파해 수습하기로 결정했다.

다음 날인 10월 10일 오전 11시, 사이온지 외상이 메이지 천황에게 조선 사태에 대해 보고했다. 같은 날 오후 이토 총리가 외무성을 방문해 하라 차관과 밀담을 나누었다. 이런 과정을 거쳐 외무성 정무국장 고무라 주타로를 대표로 한 특사단이 구성됐고, 20명의 헌병대가 특사단을 호위했다. 일본 정부는 특사단장 고무라에게 "범죄자의 죄적罪蹟은 가능한 한 밝혀야 하지만 그 구역은 가능한 축소할 것을 필요로 한다"라고 훈령했다(『日本外交文書』 28-1, 문서번호 367 事變調査ノ爲メ小村政務局長渡韓ニ際シテノ內訓案). 사건을 축소하라는 지시를 한 것이다.

사건 은폐 가담한 우치다 영사

특사단 요원에 포함된 다무라 이요조는 가와카미 소로쿠 참모차장과 함께 독일 유학을 한 그의 심복 중 한 명이다. 그는 왕비 시해 사건을 지휘한 구스노세와도 친분이 두터웠다. 가와카미는 자신의 심복을 골라서 조선에 보낸 것이다. 흥미로운 점은 일본 특사단에 포함된 인물들의 행적이다. 러일전쟁 무렵 고무라는 외상, 인천 영사관보였던 야마자 엔지로山座圓次郎는 외무성 정무국장, 이슈인 고로는 해군 군령부장, 다무라 이요조는 육군참모차장이 돼서 러일전쟁을 주도했다.

일본 외무성은 서울 주재 우치다 영사에게 "사건 조사를 위해 고무라 주타로 정무국장이 서울에 도착할 때까지 되도록 온건한 수단을 취해 후일 번거롭고 귀찮은 일이 생기지 않도록 주의하라"라는 훈령을 보냈다(「우치다 보고서」, 이종각, 『미야모토 소위, 명성황후를 찌르다』, 2015, 286쪽).

외무성이 우치다에게 훈령을 보낸 이유가 있다. 미우라 공사는 특사단이 서울에 도착하기 전에 증거 인멸을 위해 관계자들을 조선에서 퇴거시키려 했다. 미우라는 우치다 영사에게 "책임은 내가 질 것이니 즉시 관계자들에게 퇴거 명령을 내려라"라고 독촉했다. 하지만 우치다 영사는 상관의 부당한 명령에 설설 기는 스타일이 아니었다.

그는 "본국 정부의 훈령을 기다리지 않고 이들을 퇴거시키면 외교상 회복하기 힘든 상황이 초래될 우려가 있다"라면서 "나는 관계 기관의 훈령을 기다릴 것이며, 이로 인해 좋지 않은 일이 발생하면 그 책임은 전적으로 본인이 질 것"이라면서 미우라 공사의 명령을 거부했다. 일본 외무성은 번거롭고 귀찮은 일이 생기지 않도록 하기 위해 우치다 영사에게 간접적으로 주의를 준 것이다.

이 훈령이 주효했는지 우치다는 10월 11일 하라 다카시 차관에게 "미우라 공사와 면담한 후 공사관원, 영사관원, 수비대 외에 20~30명 정도 관련자를 처벌하고 끝내는 방향으로 오늘부터 심문에 착수하니 그렇게 아시기 바란다"라고 보고했다.

시해 사건 발생 사흘 후인 10월 11일, 베베르는 알렌과 함께 경복궁을 방문했다. 이때 대원군의 장남 이재면은 감시자들의 눈을 피해 "일본 정규군이 10월 8일 아침 아버님과 나를 궁궐로 옹위해 왔고, 그 무리에 끌려 우리가 도착했을 때는 이미 흉포한 행위가 극도에 달해 있었다"라는 사실을 은밀히 알려주었다. 사건 당일 미우라가 궁내부대신으로 임명된 자신에게 사실을 발설하지 말라고 협박했다는 설명도 덧붙였다.

미우라 공사의 허위 증언과 일본군의 만행을 확인한 각국 대표는 10월 13일, 일본 공사를 제외한 채 외교단 모임을 갖고 대책을 논의했다. 이 과정에서 미우라가 사건 현장에 있던 사바틴과 다이 장군 등에게 사건 은폐를 위해 압력을 가한 사실이 밝혀졌다.

일본 내에서도 비판 여론이 들끓었다. 일본의 대표적 지성인으로 추앙받던 후쿠자와 유키치는 "사건 진상을 철저히 규명하고 연루자를 엄벌에 처하라"라고 촉구하는 글을 발표했다.

조선 법부 고문 호시 도루 급거 귀국

시해 사건 발생 6일 후인 10월 14일, 미우라 공사는 "사건 정황을 본국 정부에 보고해야 한다"라며 조선 정부의 법부 고문 호시 도루를 도쿄에 급파했다. 호시를 일본으로 보낸 이유는 그가 자유당계 낭인인 다카하시 겐지, 다나카 겐도, 나카무라 다테오, 후지 가쓰아키를 지휘 조종해 왕비 시해에 직간접으로 연루된 인물이었기 때문이다.

호시는 인천에서 일본 군용선 오와리尾張호를 타고 출발해 17일 도쿄에 도착했다. 그 즉시 호시는 이토 총리 자택을 방문해 조선 왕비 시해 사건의 전모를 상세히 보고했다. 미우라 공사는 호시를 통해 이토 총리에게 다음과 같은 서면 보고서를 제출했다.

> 우리 세력을 유지하고 당초의 목적(조선 독력 지배)을 달성하기 위해 부득불 이렇게(왕후 시해) 하게 된바, 그 전후 사정을 잘 알아주시기 바랍니다. … 요컨대 이번 사건은 20년 이래의 화근을 단절해 정부의 기초를 공고히 할 수 있는 단초를 열 것이라고 본관은

> 확신하고 있는바, 비록 그 행동이 좀 과격한 점이 있었다고 해도 외교상의 곤란을 극복하면 우리의 대한對韓 정략은 이로써 확립될 것으로 생각합니다. … 요컨대 이번 사건은 그 방법이 다소 졸렬해 남루함을 감출 수가 없다는 비방은 면하기 어렵다 하더라도, 본시부터 만부득이한 출발로써 능히 그 목적을 달성한 것이 사실이라, 이렇게 얻은 과실은 끝까지 상실하지 않도록 힘써 주시기 바랍니다. (『일한외교사료 (5)』 88~90쪽; 이종각, 『미야모토 소위, 명성황후를 찌르다』, 2015, 56쪽)

호시 도루가 도망치듯 조선을 떠날 때 그가 탄 군용선에는 전봉준의 마지막 모습을 촬영한 사진사 무라카미 덴신村上天眞과 대본영 소속 우편전신서기 두 명도 탑승객 명단에 들어 있었다. 무라카미 덴신은 청일전쟁 종군 사진기자로 조선에 건너와 일본군을 따라 평양 전투에 종군했다. 평양 전투가 끝난 후 잠시 귀국했던 그는 1893년 6월 창간된 자유당계 신문인 「메자마시신문」(「아사히신문」의 전신)의 특파 사진기자로 1894년 11월 다시 조선에 왔다.

청일전쟁이 끝나자 그는 일본 공사관이 있던 남산에서 생영관生影館이란 사진관을 경영했다. 그는 민 왕후의 사진을 촬영해 경복궁을 침입한 낭인 및 일본군에게 제공한 것이 아닌가 하는 의혹이 제기된 인물이다. 조선을 떠난 지 1년 반 후인 1897년 5월 다시 조선에 나타난 무라카미는 남산에서 천진당天眞堂이란 사진관을 열어 사업이 번창했다.

왕비 시해 사건 직후 김홍집 내각은 왕세자와 고종을 분리시켜 서로 다른 곳에 거주하도록 했다. 고종은 '대군주 폐하'라는 존칭을 받고 '조칙'을 내렸지만, 자신의 의지로 내린 조칙은 하나도 없었다. 조선 정부는 왕비 시해 사건에 대한 수사에 착수하지 못했다. 치외법권에 의해 조선 정부는 일본인 용의자에 대한 체포·신문이 불가능했기 때문이다. 게다가 제4차 김홍집 내각은 일본의 의지로 성립돼 일본에 종속된 상태였기에 제대로 수사를 할 의지를 찾아보기 힘들었다.

김홍집 내각은 범인 수사는커녕 10월 10일, "왕후가 훈련대 해산을 강행하는 바람에 훈련대가 봉기했으며, 사변이 발발하자 임오군란 때처럼 국왕을 떠나 어디론가 도피해 숨었을 뿐만 아니라, 국정에 간여하는 등의 죄를 물어 서인으로 강등한다"라는 고종 명의의 폐후廢后 조칙을 발표했다.

폐비 조칙 둘러싼 논란

왕비 시해 직후 고종은 미우라의 협박에 의해 "국정에 간섭하고 정치를 어지럽힌 왕후 민씨를 폐비해 서인으로 낮춘다"라는 칙서에 서명을 강요당한 바 있다. 김홍집을 비롯해 김윤식, 조희연, 서광범, 정병하 등이 서명해 이날 발표된 폐후 조칙은 고종의 재가를 받지 않은 가짜였다.

폐후 조칙에 대한 서명을 요구받은 대신 중 탁지부대신이자 고종의 이종사촌인 심상훈 한 사람만 "나라의 원수를 갚지 않으면 벼슬하지 않겠다"라며 사직하고 낙향했다. 이 일로 심상훈은 후에 고종의 신임을 얻었다. 내부대신 박정양은 이날 결석해 서명하지 않았는데, 조칙에 자신의 서명이 들어 있자 항의 사직을 했다.

일본인에 의한 왕후 시해 사건으로 조선 민중의 반일 기운이 부글부글 끓는 와중에 폐후 조칙이 발표되자 불에 기름을 부은 것처럼 반일 의병 운동이 폭발했다. 왕태자(세자)가 이 조치에 반발해 "태자위를 내놓겠다"라며 격렬하게 저항하자 김홍집 내각은 다음 날인 10월 11일

폐후 조칙을 폐기하고 "왕태자의 지극한 효성과 정리를 고려해 폐서인 민씨에게 빈호嬪號를 특별히 하사한다"라고 발표를 번복했다. 왕후를 서인으로 강등시켰다가 하루 만에 후궁에 해당하는 빈嬪으로 승격시킨 것이다.

10월 12일 왕비 민씨의 폐비와 관련해 서양 외교단의 국왕 알현이 있었다. 이날 고종은 "이런 어려운 시기에 왕비는 나를 두고 어디론가 떠났다. 그녀를 찾으려 했으나 찾을 수 없다. 그녀는 돌아오지 않고 있으며 … 그녀가 더 이상 왕비라는 높은 직책을 지니기에 부적합하다"라며 폐비 내용을 언급했다. 그런데 자신의 발언을 통역관이 통역 중일 때 다른 이들의 눈을 피하기 위해 한 걸음 뒤로 물러나 몸짓을 이용해 자신의 불만, 그리고 자기가 언급한 것이 자신의 뜻이 아님을 보여주려 했다(김종헌, 「청일전쟁 이후 재한 러시아 외교관의 활동에 관한 고찰」, 2009, 280~281쪽).

이런 모습을 본 알렌은 "폐서인 조칙은 대군주께서 친히 내리신 것으로 인정할 수 없다"라고 선언하고 외교단 회의를 열어 폐서인 조칙은 일본의 시해 은폐 기도라고 고발하는 공동성명을 채택했다.

10월 14일 왕후를 새로 간택하라는 지시가 내려졌다. 이것도 고종의 의사와는 관계없이 김홍집 내각이 민심을 회유하기 위해 제멋대로 발표한 것이다. 고종은 1919년 사망할 때까지 새 왕비를 들이지 않았다. 이날 우치다 영사는 오카모토 류노스케와 시바 시로 등 왕비 시해 사건에 가담한 일본인 21명에게 '퇴한退韓 처분'을 내렸다.

미우라 공사 해임

대원군은 침묵을 지켰고, 미우라 공사는 왕후 시해 사건을 조선 훈련대의 반란으로 호도하는 공작을 폈다. 미우라는 사건 현장을 목격했거나, 그 부근에 있었던 다이 장군, 러시아 건축기사 사바틴, 시위대 장교 현흥택, 몇몇 궁녀의 증언으로 사건 전모가 백일하에 드러났음에도 불구하고 일본 공사관과 일본군의 개입 사실을 은폐하기 위해 총력전을 전개했다.

미우라는 막료인 쓰키나리 히카루에게 낭인 중에서 중형을 각오하고 끝까지 책임질 수 있는 자들을 물색하게 했다. 대원군이 일본인 장사를 고용했고 낭인들이 이에 부화뇌동해 왕비를 살해했다고 위장 진술하기 위해서였다. 거짓 자백을 위한 희생양으로 후지 가쓰아키를 동원했다(葛生能久, 『東亞先覺志士記傳 (上)』, 537쪽).

뿐만 아니라 미우라는 조선 정부로부터 왕비 시해 사건과 관련해 일본이 관여한 사실이 없다는 거짓 증명까지 받아냈다. 군부대신 조희연은 미우라 공사가 시키는 대로 증언을 해서 사건을 오도했다.

10월 15일 왕비의 국상이 발표됐다. 암매장된 유해 일부가 이날 수습돼 곤녕합에 안치됐다. 10월 19일 유해는 빈전殯殿(상여가 나갈 때까지 왕이나 왕비의 관을 모시던 곳)인 태원전으로 옮겨졌다. 이후 고종은 수시로 태원전을 찾았다(신명호, 「을미사변 후 고종의 국모 복수와 군주전제론」, 『동북아문화연구』 제19집, 동북아시아문화학회, 2009, 10쪽).

왕비 국상이 발표된 이날 일본 외무성 정무국장 고무라 주타로가 서울에 도착해 사건 수습을 위한 활동을 개시했다. 하지만 극도로 악화된 상황을 돌이키기는 역부족이었다. 베베르 공사는 그동안 수집한 각종 증언과 증거를 제시하며 일본 측을 몰아붙였다. 일본인 무관설을 고집하던 미우라는 궁지에 몰리자 "일본인이 대원군 호위에는 참가했다"라고 한 발 물러섰고, 결국 일본인이 시해에 가담한 사실을 시인했다.

알렌도 사건을 파헤친 끝에 본국 정부에 "사건 지휘자는 일본인이고, 암살자들도 민간인 옷을 입은 일본인이며, 이 사건에 일본 공사관원이 관여된 것은 의문의 여지가 없다. 미우라 공사가 관여했다는 증거도 부인할 수 없을 만큼 명백하다"라고 보고했다. 알렌 서기관의 활약으로 미우라 공사가 사건에 개입된 정황증거가 드러나자 베베르 러시아 공사는 10월 17일 조선 외부를 방문, "살인자와 살인 교사자는 재판에 회부돼야 하며, 10월 8일 이후 임명된 각료(제4차 김홍집 내각)와는 상대할 생각이 없다"라고 선언했다.

더 이상 버틸 수 없게 된 일본 정부는 사건 발생 열흘 만인 10월 17일, 미우라 공사를 해임하고 고무라를 후임에 임명했다. 이어 미우라를 비롯한 관련자 48명 전원을 본국으로 소환해 재판에 회부하기로 했다. 신임 경성수비대장에 임명된 다무라 중좌는 같은 날 사건 관련자 중 현역 장교인 구스노세 중좌, 경성수비대장 우마야하라 소좌를 비롯한 8명의 장교를 본국으로 송환했다.

10월 21일 전임 주한 공사 이노우에 가오루가 왕실 문안사問安使로 내한해 고무라 공사를 측면 지원했다.

사건 관련자 전원 히로시마에 수감

우치다 영사는 사건 관련자 중 민간인 21명에게 퇴한 처분을 내렸다. 이들은 10월 20일 인천에서 일본 선박 편으로 귀국했고, 전원이 히로시마 우지나 항에 도착한 즉시 수감됐다. 10월 23일에는 주한 공사에서 해임된 미우라와 8명의 장교, 뒤늦게 퇴한 명령을 받은 낭인 3명이 히로시마로 호송됐다. 현역 군인들은 귀국 즉시 히로시마 헌병대에 구속된 후 군사재판에 회부됐다. 일본 정부는 왕비 시해 사건 관련자 전원을 조선에서 빼내 히로시마에 수감해 놓음으로써 더 이상 진실이 드러나지 않도록 봉쇄한 셈이다.

미우라의 표현처럼 "그 방법이 다소 졸렬해 남루함을 감출 수 없었던" 사건을 은폐하기 위해 일본 정부는 총력전을 전개했다. 우선 미우라는 공사관원과 경성수비대, 낭인들에게 사건 관련 내용을 절대 발설하지 말라고 엄중 단속했다. 그는 관련자들에게 "이번 사건을 형법으로 다스린다면 작년의 오토리 게이스케 공사의 왕궁 점령 사건도 물어야 하는데, 작년 사건은 불문에 부치고 금년 사건만 처분한다는 것은 이상한 일이다. 이번은 왕비가 살해당했기 때문에 재판을 받는 정도의 일이 있을지 모르나 무죄가 틀림없다"라고 안심시켰다.

사이온지 긴모치 외상 대리는 우치다 영사가 외무성 이외에 히로시마 지방재판소에도 보고서를 제출하자 "재판소의 문의가 있어도 직무상 알게 된 기밀은 다른 기관에는 알리지 말라"라고 경고했다.

히로시마 감옥에 수감된 미우라 고로는 조사에 성실히 응하지 않았다. 그는 "각료들이 와서 이 사건의 전말을 들어야 한다. 그 결과 나에게 죄가 있다면 달게 받겠다. 한마디도 듣지 않고 밤도둑 취급을 해서 검역소에 끌고 가고 목욕탕에 집어넣는 짓을 하고 있으니 정말 괘씸하다"라며 항거했다.

경성수비대 장교 8명이 히로시마 헌병대에 수감돼 조사를 받는 중에도 민 왕후를 직접 시해한 미야모토 소위와 특무조장 마키는 계속 서울에서 근무하다가 11월 18일 귀국했다. 그들은 히로시마 헌병대에서 사흘간 참고인 조사를 받은 후 1895년 12월 30일 자로 소집 해제돼 귀향했다.

일본 정부는 미우라 전직 공사를 비롯해 외교관과 공무원, 민간인

48명을 조선 왕후 시해 사건과 관련해 재판에 회부했다. 이들의 출신지를 보면 구마모토 출신이 21명으로 절반에 가깝다. 구마모토 사람들이 대거 왕비 시해에 가담한 이유는 「한성신보」 사장 아다치 겐조의 권유로 구마모토국권당 인사들이 서울에 와서 낭인으로 활동하고 있었기 때문이다.

사건 발생 보름 정도가 지난 1895년 10월 22일, 우치다 영사는 경복궁에 들어가 범행 현장을 확인했다. 이때 그는 왕후의 시신을 소각한 장소도 조사했는데, 그 직후 하라 다카시 외무차관에게 "이때까지 타다 남은 장작 등이 널려 있었고, 주변에는 무언가를 파묻은 것 같은 흔적이 남아 있었다"라는 내용을 보고했다.

러시아는 일본 공격, 미·영은 일본 편들어

조선 주재 외교관들을 통해 조선 왕비 시해 사건은 세계 각국에 알려졌고, 미국·영국·러시아 등은 이 사건이 "야만적인 살인 행위"라며 일본을 비난했다. 하지만 조선에 대한 관심 퇴거 전략을 수행 중이던 미국은 건성으로 일본을 비난한 후 곧바로 일본에 대한 '우호적 중립'을 선언했다.

영국은 이 무렵 베네수엘라와 아르메니아, 남아프리카공화국 트랜스발에서 발생한 위기 수습에 온 정신이 쏠려 있었다. 영국은 왕비 시해 사건보다 러시아가 조선에 조사단을 파견해 부산과 원산 일대를 조사하는 일에 더 큰 관심을 보였다.

미국이 조선에 대한 철저한 중립·비간섭 정책을 펼친 이유는 1895년 조선과의 무역액이 20만 달러에 불과하여 대외 무역에서 조선이 차지하는 비중이 지극히 낮았기 때문이다. 게다가 스페인과의 전쟁에서 승리한 덕에 미국은 쿠바, 필리핀, 푸에르토리코, 괌 등 해외 영토를 병합할 기회가 찾아왔다. 그들은 새로운 영토를 개척하는 데 정신이 없었다(최종석, 「미국과 고종황제의 1896년 아관파천」, 한국정치외교사학회 편, 『명성황후 시해사건과 아관파천기의 국제관계』, 1998, 281~283쪽).

민 왕후 시해에 적극적인 관심을 보인 나라는 러시아였다. 러시아는 이번 사건을, 삼국간섭으로 한반도에 대한 러시아의 영향력이 점점 확대되는 것을 막기 위해 일본 측이 작심하고 벌인 일대 사변으로 판단했다. 베베르 주한 러시아 공사는 일본의 만행이 '한반도에 대한 영향력 유지'라는 자국 외교 정책과 정면 배치되었기 때문에 적극적으로 사건에 매달렸다.

10월 25일 조선 주재 외교단 회의가 열렸다. 참석자는 휴가를 마치고 귀임한 미국의 실 공사를 비롯해 고무라(일), 베베르(러), 힐리어(영), 크린(독), 르페브르(불) 등 여섯 명이었다. 이날 회의에서 베베르는 조선의 상황을 을미사변 이전 상태로 복원할 것을 주장했다.

베베르는 김홍집 내각 해산, 국왕을 감시 중인 훈련대 해산, 국왕의 안전 보장을 요구했고, 을미사변 이후 권력 변동을 인정하지 않겠다고 발언했다. 왕비가 시해된 날 오전 일본의 압력으로 출범시킨 제4차 김홍집 내각을 부정한 것이다.

조선에 주둔하고 있던 일본군 경성수비대는 을미사변에 가담한 부담감 때문에 바짝 엎드려 있었다. 일본군의 활동이 자유롭지 못하자 주한 일본 공사관은 김홍집 내각을 보호하기 위해 조희연이 훈련대를 지휘할 수 있도록 물심양면으로 지원했다. 왕후 시해 직후 임명된 조희연과 권형진은 군대와 경찰을 장악하고 국왕을 건청궁에 연금시켰다.

을미사변 이전까지 러시아의 한반도 정책은 시베리아횡단철도 완공 때까지 어떠한 변화도 유발하지 않도록 현상 유지를 한다는 것이었다.

이를 위해 1895년 5월 러시아 외상 로바노프는 주러시아 일본 공사에게 일본이 조선 내정에 개입하지 말 것을 엄중 경고했다. 7월에는 주일 러시아 공사 히트로보가 일본 정부에 "명실상부한 조선 독립을 약속한 성명에 근거해 행동할 것"을 권고했다.

이런 경고와 권고에도 불구하고 일본이 군대와 외교관, 경찰과 낭인을 동원해 조선 왕비를 시해하는 도발을 하자 러시아 육군 중장 운테르베르게르는 "이 범죄의 추악성을 표현할 수 있는 그 어떤 단어도 존재하지 않는다"라고 직설적으로 경고했다. 하지만 을미사변으로 인해 말로만 떠드는 경고로는 한반도를 향한 일본의 야심을 제어하기 힘들다는 사실이 밝혀졌다.

민 왕후 시해는 술 취한 낭인들의 우발적인 시해가 아니라, 한반도 지배권을 놓고 벌인 일본과 러시아의 국익이 걸린 승부였다. 러시아와 일본이 한반도 지배를 둘러싸고 각축을 벌이는 와중에 서로가 전면전을 벌일 수 없는 형편에서 일본이 러시아와 조선 왕실의 연결 고리인 민 왕후를 제거한 것이다.

서양 열강, 적당한 타협

윌리엄 랭거(William Langer) 하버드대학 교수는 민 왕후 시해 사건과 관련해 "일본은 도저히 변명할 여지가 없는 사건을 저지름으로써 러시아 스스로 이룩할 수 있는 것보다 더욱 효과적으로 한반도에서 러시아의 지위를 유리하게 만들어 주었다"라고 지적했다. 주독 공사와 주영 공사를 마치고 일본 외상에 오른 아오키 슈조는 "일본은 다리 뻗고 편히 잠잘 수 없는 처지에 놓이게 됐으며, 반면에 러시아는 조선에서 가장 큰 영향력을 떨칠 수 있는 국가로 등장했다"라고 토로했다.

1895년 11월 5일 실(미), 베베르(러), 힐리어(영) 등 주한 외교관 세 명은 일본 공사관을 방문해 비공식 외교단 회의를 열었다. 이날 실 공사는 국왕이 궁궐을 경호하는 병사들과 군부대신, 국왕을 위협하는 무모한 관리들의 통제하에 있어 자유로운 행동이 불가능하다고 문제를 제기했다. 그는 고무라 주타로 신임 공사에게 고종의 안전과 질서 회복을 위해 군부대신 조희연의 파면과 즉각 체포를 주장했다.

이날 외교단 회의는 "고종의 신변 안전을 위해 새로운 수비대를 조직하면 일본군은 조선에서 철수한다"라는 안에 합의했다. 관련 내용을 보고받은 사이온지 외상 대리는 "조선에서 일본군이 철수하는 것은 위험을 심화시키는 행위"라며 열강의 외교적 합의에 의한 일본군 철수를 승인하지 않았다. 이렇게 되자 베베르 공사는 정국 수습을 위해 대원군의 사택 유폐, 10월 8일 이전 질서 회복(제4차 김홍집 내각 취소), 을미사변 관련 처벌자 명단 공개 등을 요구했다.

일본 정부는 자신들이 이 사건과 무관하다는 사실을 홍보하기 위해 필사적인 외교 공세를 펼쳤다. 내각 서기관장과 「도쿄니치니치신문」 사장을 겸하고 있던 이토 미요지는 이토 히로부미 총리의 재가를 얻어 기밀비 6,000엔을 받아 「뉴욕 헤럴드」 특파원 코커릴(John A. Cockerill)을 매수하는 등 해외 언론 무마 작업을 벌였다. 특히 러시아를 설득하기 위한 일본의 노력은 가히 필사적이었다.

이런 노력이 주효했는지 영·미 정부는 일본과의 외교 관계를 우선적으로 고려하기 시작했다. 을미사변의 소용돌이로 인해 한반도에서 일본 세력이 위기에 처하고 러시아가 세력을 확대하는 것은 영국이나 미국이 전혀 원치 않는 구도였다. 때문에 양국은 러시아 견제를 위해 일본을 수렁에서 건져내는 정책을 마련했다. 영·미 정부는 서울에 주재하는 자국 외교관에게 "왕비 시해와 관련한 모든 행동을 자제하라"라는 훈령을 내렸다.

실 공사가 주한 외교관들과 함께 민 왕후 시해에 일본이 관련된 사실을 밝히려 하자, 올니 미국 국무장관은 1895년 11월 11일 실 공사에게 조선 문제에 대한 불개입 정책을 천명한 외교훈령 64호를 보내면서 "서구 열강 외교관과 제휴해 조선의 내정에 대한 개입은 귀하의 임무에 어긋난 행위다. 미국인과 그 이익을 보호하는 데 모든 노력을 기울이기 바란다"라고 경고했다.

서양 외교관들은 일본의 만행을 뿌리 뽑겠다고 큰소리쳤지만, 이후 실 공사를 비롯해 알렌, 힐리어 등은 침묵했다. 그 결과 왕비 시해 사건의 명령자가 현지 공사인 미우라가 아니라 그보다 상층부 인사였음을 입증할 기회가 사라졌다. 덕분에 왕비 시해와 관련해 일본을 비난하는 여론이 잠시 일었을 뿐, 조선을 둘러싼 국제 환경은 정반대 기류로 움직였다.

일본 정부는 자신들이 왕비 시해에 개입된 사실을 철저히 부정하고, 대원군을 을미사변의 주범으로 몰아 퇴임시키는 협상 카드를 준비했다. 영국은 이러한 일본 입장을 적극 지지했다. 고무라 공사는 1895년 11월 총리대신 김홍집에게 군부대신 조희연과 경무사 권형진 면직, 대원군 은퇴, 폐위된 왕비 복위, 을미사변 가담자 처벌 등 네 가지를 요구했다. 그는 "조선 정부가 지금처럼 하는 일 없이 허송세월하면 타국의 간섭에 의해 이 문제를 처리하게 될 것"이라고 협박했다.

이주회를 범인으로 몰아 처형

김홍집 내각은 이에 굴복해 11월 26일 왕후를 복위시켰고, 시해에 가담한 군부대신 조희연과 경무사 권형진을 파면했다. 대원군은 정계에서 은퇴했고, 이준용은 유학 명목으로 일본에 망명했다. 12월 1일 왕후가 시해된 지 55일 만에 왕후 사망 사실과 국상이 공표됐다. 왕비의 사망을 발표했을 뿐 시해의 원흉인 일본인에 대해서는 어떤 언급도 없었다.

김홍집 내각은 이주회를 사건 총책임자로, 훈련대 부위(중대장) 윤석우를 사건 장본인으로, 무명의 박선을 직접 시해자로 날조하고 이들 세 명을 12월 30일 사형에 처해 사건을 마무리했다(국사편찬위원회, 『한국사 41』, 2003, 42쪽). 실 공사는 이 조치에 만족했고, 힐리어 영국 총영사도 "이를 통해 평화와 안전, 국왕이 근심으로부터 벗어나길 바란다"라고 발언했다.

이주회는 갑신정변과 관련해 일본으로 망명했을 때 고쿠류카이 회원으로 입회했다. 그가 귀국하자 고쿠류카이는 모든 역량을 동원해 이주회를 조선 군부협판에 올리는 데 성공했다. 이주회는 민 왕후를 죽여야 나라가 살고 조선과 일본의 협력 관계를 유지할 수 있다고 믿었다. 그 결과 민 왕후 시해 사건에 개입한 조선인 총책을 자처했다. 일본 낭인들이 경복궁에 난입해 왕비를 시해한 것은 이주회 같은 내부 인사의 적극적인 지원이 있었기에 가능했다.

처형된 이주회의 시신은 산중에 버려졌다. 한일병합 후 송병준의 사위이자 이주회의 부하였던 구연수(총독부 경무관)가 이주회의 처와 아들을 서울로 불러들여 생활을 돌봐주었다. 1929년 산속에 버려졌던 이주회의 유골이 수습됐다. 일본에서 미우라를 중심으로 고쿠류카이가 모금을 해서 서울 용산의 일본 사찰 서룡사 국사대에 이주회의 무덤을 만들고 추도 법회를 열었다. 이주회 시신을 안장할 때 고쿠류카이 조직원들이 대거 참석했다고 한다('일본 자객도 살리고 역사 왜곡까지 도왔다', 「시사저널」 2009년 9월 8일).

제11장

단발령에 저항, 의병 봉기

을미사변으로 코너에 몰렸다가 영·미 정부의 지원 사격으로 간신히 위기에서 벗어난 일본은 분위기 반전을 위한 획기적 전기가 필요했다. 그들은 훈련대 지휘관에게 책임을 뒤집어씌워 부대를 해산해 난국 타개의 불쏘시개로 삼기로 했다. 이를 위해 조선 정부에 압력을 넣어 훈련대 해산을 요구했다.

1895년 10월 30일, 조선 정부는 훈련대를 전격 해산하고 왕궁 시위대와 훈련대를 통합해 중앙군은 친위대, 지방군은 진위대로 개편했다. 친위대는 서울에 2개 대대, 진위대는 평양과 전주에 각각 1개 대대씩 주둔시켰다. 훈련대 제1대대장 이두황과 제2대대장 우범선은 파직되었고, 이범래와 이진호가 신설된 친위대 제1, 제2대대장으로 임명됐다(박종근, 『청일전쟁과 조선』, 1989, 374쪽).

을미사변 직후부터 김홍집 내각은 경복궁을 철통같이 포위해 고종은 건청궁에 유폐되다시피 했다. 고종은 정무 친재권親裁權을 친일 내각에 빼앗기고 명목상의 군주로 전락했다. 그는 일본인이나 일본과 결탁한 친일 관료들에게 독살당하지나 않을까 공포감에 사로잡혀 캔으로 된

연유와 내실에서 만든 달걀 이외에는 아무것도 먹지 않았다.

미국·러시아 공사관과 고종의 시의侍醫 에비슨(Oliver R. Avison)을 비롯해 언더우드(Horace Grant Underwood) 부부, 게일(James Scarth Gale), 아펜젤러(Henry G. Appenzeller), 헐버트(Homer B. Hulbert) 등이 구원자로 나섰다. 고종의 부탁을 받은 실 공사의 주선으로 미국 선교사들은 매일 왕궁을 드나들며 자기 집에서 조리한 음식을 주석 상자에 넣고 자물쇠로 잠근 후 언더우드가 건청궁으로 운반해 고종에게 제공했다. 러시아 공사관도 손탁이 마련한 서양요리를 같은 방법으로 고종에게 제공했다. 고종은 외국인들이 제공하는 음식은 안심하고 먹었다.

밤에는 선교사 두 명이 짝을 지어 고종의 서재 겸 집무실에서 권총을 소지하고 미국인 군사고문 다이 장군과 함께 보초를 섰다. 밤중에 고종이 악몽을 꾸거나 공포가 엄습하면 "양인洋人 없느냐?" 하고 고함을 쳤다.

고종은 대원군파인 궁내부대신 이재면과 친일적 통역 및 시종의 감시를 받아가며 외국인을 알현했다(릴리어스 호톤 언더우드, 김철 엮음, 『상투잡이와 함께 보낸 15년 세월』, 뿌리깊은나무, 1984, 142~144쪽). 당시 고종의 모습에 대해 게일은 "국왕이 처한 처참한 모습은 보기에도 딱했다. 그는 흐느껴 울면서 곤전坤殿(왕비)은 일본 사람이 학살했다고 호소하고 어느 누가 이 비참한 곤경에 처한 자기를 구원해 주랴, 국모 참살의 원수를 갚아주는 사람에게 자기의 머리를 깎아 신발을 만들어 주겠노라고 뇌이고 있다"라고 전했다.

어린아이처럼 알렌에게 매달린 고종

고종은 "어린아이가 아버지에게 매달리듯" 미국 공사관 서기관 알렌에게 의지했다(김원모, 「알렌의 한국 독립안보운동(1903)」, 『알렌의 일기』, 단국대학교 출판부, 1991, 354쪽). 조선 정부 고문으로 활동했던 샌즈(William F. Sands)는 "알렌만큼 한국의 왕과 국민의 신임을 얻었던 외교관은 없었다. 다른 외교관들이 감언이설로 속이고 위협했지만, 왕이 충고와 위안을 위해 의지했던 사람은 알렌이었다"라고 밝혔다(W. F. 샌즈, 신복룡 역주, 『조선비망록』, 집문당, 1999, 57쪽).

을미사변 후 기존의 영어 통역관을 불신한 고종은 실 공사에게 새 통역을 구해 달라고 요청했다. 실 공사는 언더우드를 추천했다. 이때부터 언더우드는 궁궐을 드나들며 고종을 수시로 만날 수 있어 통역관 이상의 역할을 했다(류대영, 『개화기 조선과 미국 선교사』, 한국기독교역사연구소, 2007, 292~295쪽, 306쪽). 고종은 언더우드의 손을 부여잡고 눈물을 흘리면서 자신을 구출해 달라는 작은 쪽지(밀지)를 쥐여주었다.

고종은 을미사변 후 여러 차례 베베르 공사에게도 러시아의 지원을 요청했다. 1895년 11월 20일 베베르는 고종이 러시아 황제 니콜라이 2세에게 보내는 편지를 전달받았다. "왕비 시해 이후 배신자들에게 둘러싸인 본인은 단 하루도 생명의 위협을 느끼지 않은 적이 없으며, 새로운 쿠데타가 발생하지 않을까 걱정하지 않은 날이 없다. 전적인 신뢰로 폐하께 부탁드리건대, 베베르에게 전권을 하사해 군사력으로 과인을 보호해 달라"라는 내용이었다.

베베르는 을미사변을 체험하면서 일본에 대한 외교적 항의는 한계가 있음을 느끼고 강압적 방법을 통한 현상 타파가 필요하다고 판단했다. 이런 베베르의 생각은 1896년 2월 고종의 아관파천으로 현실화됐다.

고종은 갑오개혁으로 크게 약화된 궁내부의 위상을 높이기 위해 궁내부 특진관을 신설하고 민영환, 민영규, 조병세 등 민씨 척족과 노론계 대신을 임명했다. 그리고 국왕에 대한 충성심이 강한 청안군 이재순을 궁내부대신에, 고종의 이종사촌이자 죽마고우였던 심상훈을 탁지부대신에, 이윤용을 경무사에 임명했다.

왕실 종친 이재순은 임오군란 때 오위도총부 부총관으로 재직했다. 이때 민 왕후가 장호원으로 탈출하는 것을 도와 고종과 민 왕후의 신임을 받았다. 이후 사헌부 대사헌, 형조판서 등을 역임했고, 삼국간섭 후에는 궁내부 시종원경으로 임명됐다. 이재순은 심상훈, 윤웅렬, 임최수, 윤이병, 홍병진(홍계훈의 종손), 이도철, 정일영 등을 궁내부에 포진시켰다.

심상훈은 임오군란, 갑신정변, 갑오경장 등 정치적 격변 때마다 왕권을 보호한 고종의 정치적 분신이었다. 고종은 또 이범진, 민상호, 현흥택 등 자신의 측근을 궁내부에 대거 기용했다. 이들은 궁내부를 중심으로 각종 정치적 사건이 벌어질 때마다 고종의 의사를 충실히 대변하는 역할을 맡았다. 이재순을 중심으로 뭉친 궁내부 인맥이 경복궁에서 친일파의 감시를 받고 있는 고종을 왕궁 밖으로 탈출시켜 친일 내각을 타도하고 새 정권을 수립하기 위해 추진한 거사가 춘생문 사건이다.

프랑스에도 구원 호소

임최수는 외국 공사관의 후원을 받아 고종을 궁궐 밖으로 탈출시키기 위해 윤치호의 부친 윤웅렬을 설득했다. 또 뮈텔 주교를 여러 차례 방문해 프랑스군 1,000여 명을 조선에 파병해 국왕을 구출해 달라고 호소했다. 뮈텔 주교가 프랑스 군함과 군대 동원이 어렵다고 거절하자 임최수는 1895년 9월 6일, 프랑스 공사관과 교구청 방비 명목으로 약간의 군대를 서울로 출동시킨 후 뮈텔 주교가 이 군대를 거느리고 알현해 대궐 수비를 맡아줄 것을 재차 요청했다.

고종은 9월 14일 뮈텔 주교가 입궐했을 때 귓속말로 프랑스군이 언

뮈텔 주교. 고종은 뮈텔 주교에게 프랑스군을 조선에 파병하여 궁궐 수비를 맡아줄 것을 여러 차례 요청했다.

제 자신을 구원해 줄 것인가를 묻는 등 크게 기대했지만, 뮈텔 주교가 할 수 있는 일이라곤 자신이 조선인에게 들은 내용을 프랑스 정부에 전달하는 것뿐이었다.

프랑스로부터 아무런 반응이 없자 고종은 9월 중순 힐리어 영국 총영사에게 밀사를 보내 궁궐 탈출을 위한 영국군 동원을 요청했다. 고종의 노력은 일본과의 외교적 마찰을 피하려는 구미 열강의 불개입주의적 외교 정책으로 인해 별다른 실효를 거두지 못했다(오영섭, 「고종과 춘생문 사건」, 『향토서울』 제68집, 서울특별시사편찬위원회, 2006, 200~201쪽).

외국의 지원마저 기대할 수 없게 되자 친위군을 동원해 고종을 구출하고 친일 내각을 타도하는 정변이 비밀리에 추진됐다. 이범진은 민 왕후의 뜻을 받들어 김홍집과 유길준 등 개화파 인사 10여 명을 죽이고 민영준을 내각 수반으로 해서 정부를 개편하려 했다. 이 계획은 을미사변으로 실행되지 못했다(『주한일본공사관기록 7』, 왕비 시해 사건과 수습 경위, 미우라 공사가 사이온지 외무대신에게 보낸 서한, 212~213쪽).

이 무렵 전국 곳곳에서 동학 농민군 잔당들이 소란을 일으켰다. 동학군이 위력을 떨친 곳은 황해도 소래 일대였다. 1894년 10월부터 7개월간 이곳에서 선교 활동을 하며 동학군과 함께 지낸 매켄지(William John McKenzie) 선교사는 자신의 체험기를 일기로 남겼다(엘리자베스 매컬리, 유영식 옮김, 『케이프 브레톤에서 소래까지—윌리엄 존 매켄지 선교사의 생애와 황해도 선교기』, 대한기독교서회, 2002).

매켄지 선교사의 기록에 의하면 소래 일대의 동학군은 대부분 무식하고 난폭한 무리였다. 그들은 부지런히 농사지어 먹고살 생각은 하지 않고 백성들이 지어놓은 농산물을 포악하게 약탈했다(매켄지의 동학 관련 부분은 엘리자베스 매컬리, 『케이프 브레톤에서 소래까지』, 2002, 128~170쪽 참조). 12월이 되자 동학군의 행위가 더욱 대담하고 포악해졌다. 그들은 아무런 망설임 없이 사람을 죽였고, 지극히 사소한 일에도 트집을 잡아 폭력을 일삼았다.

동학군은 총칼이 아니라 신비한 요술을 부려 적을 물리친다고 주장했다. "우리는 절대 병들지 않으며, 총알이 날아오다가 물로 변해 버리기 때문에 총에 맞지 않는다"라는 식이었다. 동학군을 진압하기 위해 일본군이 왔다. 12월 7~8일 교전이 벌어져 일본군이 대포를 쏘자 동학군은 혼비백산해 총을 버리고 도주했다.

동학군은 시골 마을로 들어가 닥치는 대로 약탈했고, 관군도 동학군과 똑같은 행위를 자행했다. 큰길가 집들은 사람이 살지 않아 텅텅 비었고, 마당엔 잡초가 무성했다. 동학과 관군 및 일본군 사이에 끼인 조선 백성들은 맷돌 사이에 끼여 갈려버릴 곡식의 신세, 그 이상도 이하도 아니었다.

춘생문 작전 계획 줄줄 유출

고종을 경복궁에서 탈출시키려는 계획은 강원도 일대에서 의병이 봉기하면서 구체화됐다. 김홍집 내각은 의병 진압을 위해 친위대 병력 절반을 강원도로 파견했다. 근왕 세력은 이 기회를 이용해 친일 개화파 정부를 전복하기 위한 거사를 추진했다.

궁내부 시종원경 이재순은 임최수를 통해 을미사변 직후 친위대로 통폐합된 구 시위대 장교들과 접촉해 이덕순·홍진길(중대장), 김진호(대대장) 등을 행동대로 포섭했다. 한편에선 홍계훈의 누이인 홍 상궁을 통해 고종에게 국왕 구출 계획을 알리고 승인을 요청했다. 고종은 "궁성을 보호하고 흉도들을 살해하라"라는 비밀 서한을 내렸다.

국왕 구출을 위한 주력 부대는 구 시위대 병력이었다. 이들의 지휘자는 평양 진위대 대대장을 역임했던 이도철과 임최수였다. 이 밖에 이재순, 이충구, 안경수 등이 11월 중순 세부 계획을 완성했다(춘생문 사건 계획 관련 부분은 김영수, 『미쩰의 시기—을미사변과 아관파천』, 2013, 160~168쪽 참조).

국왕 구출을 위한 작전 계획은 손탁의 사저에서 세부 사항이 확정됐다. 춘생문 사건에는 이재순이 끌어들인 궁내부 관료의 절반 정도가 가담했다. 또 정동파 관료 이범진·이윤용·이완용·윤웅렬·윤치호, 친위대 장교 남만리·이규홍, 경기와 충청 등 5도 의병이 지원에 나섰다.

하지만 춘생문 사건은 모의 단계부터 일본에 간파될 정도로 보안이 허술한 상태에서 추진되었기 때문에 실패가 예견된 사건이었다(오영섭, 「고종과 춘생문 사건」, 2006, 186쪽). 곳곳에서 정보가 누설돼 장안에는 "외교 사절과 궁내부 관원들이 국왕을 탈출시키려는 계획이 추진되고 있다"라는 소문이 나돌았다. 이런 내용이 일본 신문에까지 보도될 정도였다.

11월 중순, 주한 일본 공사관 무관 다무라 이요조 중좌는 일본 참모본부에 "구 시위대 대대장이 조선 장사들을 모아 국왕을 러시아 공사관으로 탈출시킨다는 밀서를 국왕에게 보냈고, 국왕은 이를 허락한다는 답장을 보냈다"라는 정보를 보고했다. 일본 공사관은 구체적인 정보를 파악하고 사태의 추이를 예의 주시했다. 정보가 새 나가 실패할 것이 분명했던 이 사건은 어느 면에서는 일본 공사관 측이 유도하고 조작한 흔적도 없지 않다(이민원, 『명성왕후 시해와 아관파천』, 2002, 112쪽).

9월 하순부터 이범진 등이 군사를 거느리고 궁궐로 돌격할 것이란 소문이 나돌았기 때문에 일본과 친일 개화파는 궁성 경비를 강화했다. 군부대신 조희연과 경무사 권형진은 첩자를 풀어 이범진을 감시했다. 이범진은 친위대 대대장 이진호와 비밀 접촉해 거사에 참여시켰다. 이진호는 다이 장군에게서 군사 교육을 받았고, 이경하로부터 은혜를 입은 사람이어서 믿을 수 있는 인물이라고 안심했다. 고종은 이진호에게 거사 시간에 맞춰 춘생문 개방 임무를 맡겼다.

하지만 친위대 대대장 이진호는 심약한 기회주의자였다. 쿠데타가 실패하면 역적으로 몰려 멸문지화를 당할 것을 우려한 이진호는 관련 내용을 김홍집 내각에 밀고했다. 고무라 주타로 공사도 11월 27일 4시경, 이범진이 28일 자정에 군대를 거느리고 춘생문으로 돌입할 것이란 정확한 정보를 입수했다(오영섭, 「고종과 춘생문 사건」, 2006, 212~213쪽).

경복궁 북쪽의 신무문을 나서면 후원이 나오는데, 후원 동쪽의 협문이 춘생문이다. 이 무렵 고종은 경복궁 후원 근처인 건청궁에 유폐돼 있었다. 쿠데타군이 건청궁에 쉽게 접근할 수 있는 진입로가 춘생문이었다. 11월 27일 밤 김홍집 내각은 궁궐을 수비하는 친위대에 비상경계령을 내리고 완전 무장을 한 채 대기했다.

배신자 밀고로 춘생문 돌입 실패

11월 27일 심야에 쿠데타 지휘자들이 훈련원에 모여 고종을 동소문 밖으로 탈출시킬 것을 결의했다. 이들은 암호로 가운데 '중中'과 마음 '심心' 자를 따서 '중심'으로 삼았다. 이도철이 선발대 800명을 지휘했고, 김재풍과 윤웅렬은 100여 명의 의병을 후발대로 삼아 지휘했다. 김재풍은 의병 300명을 사대문 곳곳에 매복시켰다.

각국 공사관에도 병력 지원을 요청해 일본 수비대의 움직임을 저지하기로 했다. 이범진과 이윤용이 베베르 공사와 접촉했고, 윤치호는 미국 공사관 요원들과 협의했다. 윤치호는 실 공사와 베베르 공사에게 경복궁에 입궐해 고종을 보호해 달라고 요청했다. 그 결과 윤치호와 함께 힐리어 영국 총영사, 실 미국 공사와 알렌 서기관, 선교사 언더우드, 미국 군함 요크타운(Yorktown)호 함장 폴저(W. M. V. Folger)와 중위 스티븐(Steven), 베베르 러시아 공사, 소코브닌 대위, 러시아 공사관 서기관 슈테인(E. F. Shtein) 등이 입궐했다. 춘생문 사건에 가담한 외국인들은 자국 정부로부터 조선 문제에 개입하지 말라는 훈령을 받았기 때문에 개인 자격으로 거사에 참여했다.

알렌은 비상사태에 대비해 언더우드, 에비슨, 헐버트를 연발 권총으로 무장시킨 후 고종에 대한 밀착 경호 임무를 부여했다. 이들은 미국 공사 명함을 가지고 경복궁에 입궐해 고종의 침전으로 직행해서 국왕을 밀착 경호하기로 했다. 경복궁 내의 경호는 다이 장군의 시위대가 일본군의 내침에 대비해 비상경계를 강화했다. 닌스테드는 장교 숙소에서 대기하면서 거사에 적극 협조했다(김원모, 「미스 손탁과 손탁호텔」, 1996, 193쪽).

총대장 겸 돌격대장 이도철의 지휘 아래 근왕군 지도부, 이범진이 모집한 자객 40여 명, 임최수가 규합한 800여 명의 구 시위대 병력이 훈련대를 출발해 11월 28일 새벽 1시경 춘생문 앞에 집결했다. 이들은 미리 정해진 대로 총 세 발을 연이어 쏘고 안에서 이진호가 성문을 열기를 기다렸다.

성문이 열리지 않자 구 시위대 병사들은 성문을 열라고 고함을 치다가 200여 명이 함성을 지르며 춘생문과 북장문을 공격했다. 이범래가 지휘하는 궁궐 수비대가 이들을 격퇴하고 10여 명을 체포했다. 군부대신 어윤중이 성루에 올라가 구 시위대 병사들에게 "반란군은 병영으로 복귀하라"라고 호령했다. 약속과 달리 성문이 굳게 닫힌 상황에서 공격을 받자 구 시위대 병사들은 이도철을 생포해 바친 다음 항복하거나 현장에서 탈출했다.

다이, 언더우드, 르장드르, 아펜젤러, 에비슨, 닌스테드 등 외국인 여섯 명은 궁궐 근처에서 초조하게 총소리가 울리기를 기다렸다. 새벽에 세 발의 총소리가 들리자 이들은 궁전 문 앞으로 쇄도했다. 하지만 언더우드만 궁전 안으로 진입하는 데 성공했을 뿐 다른 사람들은 병사들에게 붙들려 구치됐다.

쿠데타 관련자 미·러 공사관으로 탈출

쿠데타군이 춘생문 진입에 실패하자 언더우드는 사건 관련자들을 미·러 공사관과 자신의 집 등으로 피신시켰다. 이완용, 이윤용, 윤치호 등은 미국 공사관으로 도피했다. 실 공사는 주모자들을 미국 군함에 태워 상하이로 탈출시키려 했다. 이 사실을 보고받은 미국 국무부는 실 공사에게 긴급 전문을 보내 정치적 사건에 개입하지 말라고 경고했다 (류대영, 『초기 미국 선교사 연구』, 한국기독교역사연구소, 2013, 107~108쪽).

언더우드 자택으로 피신했던 윤웅렬은 외국인으로 변장하고 러시아 군인들과 함께 제물포로 이동해 러시아 군함을 타고 상하이로 탈출했다. 미처 피신하지 못한 33명은 모반 혐의로 혹독한 고문을 받은 후 특별법원에 넘겨져 임최수·이도철은 교형, 이민굉·이충구·전우기·노홍규는 종신 유배형 등에 처해졌다.

국왕 구출 작전 실패를 누구보다 애통해한 사람은 손탁이었다. 거사 당일 뮈텔 주교는 자신의 일기에 "르페브르 씨가 부재중이라 러시아 공사관에 들르다. 맨 먼저 손탁 양이 내게 다가와 대뜸 자신의 실망을 알려준다. 일(춘생문 사건)이 성사되지 못한 것이다. 참으로 안된 일이다. 여기에는 음모가 있었던 모양이다"라고 기록했다(뮈텔, 『뮈텔 주교 일기 1 (1890~1895)』, 1998, 420쪽).

서울 주재 미국 외교관들이 올니 장관으로부터 외교훈령 64호를 통해 "조선 문제에 대한 불개입 정책"을 경고받았음에도 불구하고 알렌이 춘생문 사건에 개입한 이유가 있었다. 이노우에 일본 공사가 미우라로 교체되기 직전인 1895년 9월 초, 알렌 서기관은 암살 위협설로 인해 공포에 떨고 있는 민 왕후와 이노우에 공사의 상면을 주선한 일이 있었다. 이 자리에서 이노우에는 "왕실의 안녕을 절대 보장한다"라고 언명했다. 알렌과 민 왕후는 일본 공사의 이 약속을 액면 그대로 믿었다(김원모, 「미스 손탁과 손탁호텔」, 1996, 195쪽).

한 달 후 이노우에의 약속이 속임수였다는 사실이 드러났다. 민 왕후가 사전에 위험을 감지했다면 임오군란 때처럼 안전한 곳으로 피신했을 것이다. 알렌은 자기가 주선한 만남에서 이노우에의 "왕실 안녕 보장" 약속에 왕비가 안심했고 그 결과 왕비가 시해됐다는 죄책감을 안고 있었다. 이 때문에 알렌은 본국 정부의 경고를 무릅쓰고, 자신을 아껴주고 큰 이권까지 제공해 준 국왕과 왕비에 대한 보은을 위해 춘생문 사건에 적극 개입한 것이다.

여러 차례의 경고에도 불구하고 미국 외교관이 조선 내정에 개입하자 미국 국무부는 실 공사를 소환하고 알렌을 후임 공사로 임명했다.

근왕 성향의 반일 세력이 가담한 춘생문 사건은 고종 세력이 왕비 시해의 원수를 갚고 조선의 독립과 고종의 군주권 수호를 위해 궐기한 항일 운동이었다. 하지만 그것은 친일 개화파를 타도하기 위해 벌인 외세 의존적 정치 운동이라는 점에서 조선의 국가적 자주성을 훼손하는 한계를 보였다(오영섭, 「고종과 춘생문 사건」, 2006, 216~217쪽).

춘생문 사건 실패 후 고종은 궁궐에서 가장 외진 서북쪽 건물로 옮겨져 더욱 엄중한 감시를 받았다. 국왕의 권위마저 짓밟은 김홍집 내각의 가혹한 정국 운영은 결국 석 달 후 아관파천이라는 미증유의 사건을 초래하게 된다.

구미 외교관들이 춘생문 사건에 깊이 개입한 사실을 파악한 일본 정부는 "서양 외교관들의 국왕 탈취 사건"으로 선전하면서 이 거사에는 다이 장군, 미국 선교사 세 명, 알렌 서기관 등이 관련됐다고 비난했다. 일본에서 발행되는 영어 신문 「저팬 메일(Japan Mail)」은 춘생문 사건 주모자는 언더우드라고 거명하면서 미국 관련설을 대대적으로 보도했다.

일본 언론은 서양 외교관이 현장에 나타났던 점을 문제 삼아 "일본 외교관이나 다른 나라 외교관이나 조선에서 하는 짓은 마찬가지"라는 식으로 보도했다. 일본은 이 사건을 통해 왕비 시해로 인한 국제 여론을 반전시키고 조선 내 구미 외교관들의 반일 행동에 쐐기를 박으려 했다. 그런 시도는 실제로 상당한 성과를 거두었다(『윤치호일기』 1895년 12월 9일).

춘생문 사건을 을미사변 관련자 석방에 이용

일본은 춘생문 사건을 이용해 을미사변을 성토하던 서양 외교관의 입에 재갈을 물리는 데 성공했다. 한편에서는 이 사건을 을미사변 관련자들의 석방에 이용했다. 1896년 1월 14일 오전 9시, 히로시마 제5사단 사령부에서 조선 왕비 시해 사건에 관련된 일본군 지휘관들의 판결을 위한 군법회의가 열렸다. 판사장인 오시마 육군 소장은 "각 피고가 이를 이행한 것은 그 명령이 어디까지나 정당하다고 믿었기 때문이며, 군인이 명령에 따른 것은 죄가 되지 않는다"라며 경성수비대 장교 8명에게 무죄를 선고했다.

그로부터 6일 후인 1월 20일 히로시마 재판소의 예심판사는 미우라 전 주한 공사 등 민간인 관련자 48명에게 증거 불충분을 이유로 전원 면소 처분했다. 의기양양해진 미우라는 "나의 행위가 옳은가 그른가, 그것은 다만 하늘만이 알고 있을 것"이라고 큰소리쳤다. 미우라가 석방돼 상경할 때 그를 태운 기차가 지나가는 각 역마다 사람들이 몰려나와 만세를 부르며 환영했다. 미우라가 도쿄에 도착하자 메이지 천황의 시종이 숙소로 찾아가 안부를 물었다.

왕비 시해에 가담했던 일본군 8명, 민간인 48명 전원이 무죄 석방됐다. 이후 그들은 출세 가도를 달렸다. 낭인을 총지휘한 「한성신보」 사장 아다치 겐조는 정치에 입문한 뒤 중의원 14선을 기록해 '선거의 신神'으로 불렸다. 그는 가토 다카아키 내각과 제1차 와카쓰키 레이지로若槻禮次郎 내각에서 체신대신, 하마구치 오사치濱口雄幸 내각에서 내무대신에 올랐다.

경성수비대를 지휘한 구스노세 유키히코는 1896년 1월 14일 대본영에 복귀했다가, 4월 15일 타이완총독부 군무국 육군부 제1과장에 임명됐다. 러일전쟁 때는 제2군 병참감, 펑톈 대회전에서는 중포대 사령관으로 활약했다. 1906년 4월, 청일·러일전쟁의 공적으로 공로 3급 금치훈장과 훈2등 욱일중광장旭日重光章을 받았다. 1913년 6월 제1차 야마모토 곤베에山本權兵衛 내각에서 육군대신에 올랐다.

조선통 외교관으로 명성을 날렸던 스기무라 후카시는 타이완총독부에서 근무하다가 1899년 외무성 통상국장에 임명됐다. 1904년 일본인의 남미 이민 사업을 위해 주브라질 공사로 임명됐고, 브라질 공사로 재임 중이던 1906년 현지에서 병사했다. 그의 장남 스기무라 요타로杉村陽太郎도 대를 이어 외교관이 됐다. 그는 1927년 국제연맹 사무차장에 선임됐다.

국제연맹이 일본의 만주국 건국을 반대하자 일본은 국제연맹을 탈퇴했다. 스기무라 요타로는 이때 국제연맹 사무차장에서 사퇴하고 1934년 주이탈리아 대사를 역임했다. 아버지의 유전인자를 물려받은 탓인지 스기무라 요타로는 일본 외무성을 대표하는 첩보원으로 명성을 떨쳤다. 1932년 아버지 스기무라 후카시의 회고록 『재한고심록在韓苦心錄』을 출간했다.

우치다 사다쓰치는 1896년 7월까지 주한 서울 영사관 일등영사로 근무하면서 을미사변 뒤처리를 담당했다. 그는 을미사변을 "역사상 고금을 통틀어 미증유의 흉악한 사건"이라고 본국 외무성에 보고할 정도로 민 왕후 시해에 대해 비판적이었다. 이후 뉴욕 총영사, 브라질 공사, 스웨덴 공사를 거쳐 터키 대사를 끝으로 1924년 외교관에서 은퇴했다.

1910년, 그는 도쿄도 시부야구 난페이다이南平臺에 서양식 건물과 순 일본식 건물을 융합한 6각형 탑 형태의 저택을 지었다. 건물 설계는 미국인 건축가 가디너(James McDonald Gardiner)가 맡았는데, 간토關東 대지진 때도 손상되지 않았고 도쿄 대공습 때도 살아남았다. 1942년 우치다가 사망하자 후손은 이 저택을 시에 기증했다. 이 건물은 메이지와 다이쇼 시대 외교관의 생활상을 엿볼 수 있는 중요 문화재로 지정됐고, 1997년부터 '외교관의 집'으로 일반에 공개되고 있다.

을미사변 관련자 승승장구

우치다 영사의 부하였던 호리구치 구마이치 영사관보는 우치다와 같은 도쿄제국대학 법학부 출신이다. 그는 우치다와는 달리 민 왕후 시해에 적극 참여했다. 호리구치의 아들이 저명한 불문학자 호리구치 다이가쿠堀口大學다. 그는 자신의 아버지를 "우리 집안의 수치"라고 말했다.

호시 도루는 조선 법부 고문으로 활동했으며, 건청궁에 난입해 궁녀 살해 등 악행을 저지른 자유당계 낭인의 지휘자였다. 사건 직후 급거 귀국한 호시는 다시는 조선에 나타나지 않았다. 1896년 4월 일본 외무성은 호시를 주이탈리아 공사로 임명했는데, 그는 "일등국 공사가 아니면 수락할 수 없다"라며 부임을 거부했다. 난감해진 외무성은 구리노 신이치로 주미 공사를 주이탈리아 공사로 보내고 호시를 주미 공사로 임명했다.

민 왕후를 직접 시해한 미야모토 다케타로 소위는 히로시마로 소환돼 사흘간 참고인 조사를 받고 소집 해제돼 귀향했다. 그로부터 1년 9개월 후인 1897년 9월 27일, 미야모토는 육군 헌병소위로 재소집됐다. 당시 39세라는 나이를 감안할 때 이례적인 일이었다. 병과가 보병에서 헌병으로 바뀐 그는 일본의 식민 지배에 저항하는 항일 게릴라 투쟁이 벌어지는 타이완에 파견됐다.

미야모토는 헌병소위로 재소집된 지 석 달 후인 12월 30일, 타이완 저항 세력과의 전투에서 전사했다. 청일전쟁 참전 군인 중 전투 과정에서 전사한 군인들은 모두 야스쿠니신사에 위패가 만들어졌다. 그런데 야스쿠니신사에 합사된 위패 중 미야모토 소위의 이름은 없다. 『미야모토 소위, 명성황후를 찌르다』의 저자 이종각은 이웃 나라 왕비를 살해한 자를 야스쿠니신사에 합사한 사실이 밝혀지면 국내외적으로 큰 물의를 빚을 가능성을 우려해 누락시켰을 것으로 추정했다(이종각, 『미야모토 소위, 명성황후를 찌르다』, 2015, 180~181쪽).

민 왕후 시해 사건과 관련해 미국 북감리회 선교사 올링거(F. Ohlinger) 부부가 발간했던 한국 최초의 영문 잡지 「코리언 리포지터리(Korean Repository)」는 "이제 한국과 일본 사이에는 불신과 편견, 그리고 민비의 진한 주홍빛 피가 흐르는 건널 수 없는 심연이 가로놓이게 됐다"라고 보도했다. 이 사건은 한국인에게 영원히 지워지지 않을 일본인에 대한 적개심과 원한의 감정을 심어주었다는 것이다.

김홍집 내각, 을미개혁 추진

민 왕후 시해와 폐위 사실이 세상에 알려지면서 민심이 걷잡을 수 없이 악화됐다. 서양인들의 도움을 받아 경복궁에 유폐된 고종을 구출하려던 춘생문 사건마저 실패하자 일본은 김홍집 내각을 몰아붙여 개혁 드라이브를 걸었다. 이때 추진된 을미개혁은 오랜 기간 사용해 왔던 음력을 양력으로 변경하고 1896년 1월부터 독자적인 연호인 건양建陽을 도입하는 것을 비롯해 군제 개편, 종두법 보급, 우체사 설치 등이었다.

오랜 관습을 하루아침에 뒤집는 개혁은 필연적으로 수구 세력의 저항을 불러왔다. 가장 심각한 사회적 파장을 몰고 온 것은 의관을 서양식으로 간소화하는 복제 개정(변복령)과 단발령이었다.

메이지유신 이후 일본은 서양을 배우기 위해 혈안이 돼 있었다. 1871년 12월 구미 12개국 시찰에 나섰던 이와쿠라岩倉 사절단은 서양의 발전된 문물을 보고 처음에는 놀라고, 그다음에는 취하고, 마지막에는 미쳐버렸다(정의, 「근대 일본의 서구숭배와 국수주의—메이지유신부터 청일전쟁까지를 중심으로」, 2014, 287쪽). 서양 문명에 심취해 서양과 똑같은 나라를 동양에 만들려 했던 일본이었기에 개화 과정에서 천황이 문명개화의 추진자로서 가장 먼저 단발하고, 우유를 마시고, 양복을 입고, 소고기를 먹는 등 솔선수범의 모습을 보였다.

일본에서는 1872년 태양력을 채택하고 단발령과 함께 서양식 간편복을 착용하는 변복령이 내려졌다. 일본 군인과 경찰이 양복을 착용하면서 일본인의 사무라이식 상투도 자연스럽게 폐기됐다. 주요 대신과 고위 관리들이 앞장서서 단발하자 변화에 민감한 일본인들은 상투의 불편함을 깨닫게 됐다. 일반 국민은 군말 없이 뒤를 따라 문명개화의 모범을 보였다(이민원, 「조선말의 단발령과 일본의 대한 정략」, 『조선 시대의 사회와 사상』, 조선사회연구회, 1998, 277쪽).

청나라에서는 1911년 신해혁명 당시 250여 년 중국인들에게 강제해왔던 변발 풍습이 공식 폐기됐다. 변발은 만주족 정복 왕조가 등장하면서 강요된 것이고, 명나라의 두발 양식은 조선인의 상투와 비슷했다. 청나라에서 단발령이 내려져 변발이 폐기될 당시 일부 만주족 인사들의 반발이 없었던 것은 아니지만, 그렇다고 조선에서처럼 전국이 혼란에 빠질 정도의 상황이 연출되지는 않았다(이민원, 「조선말의 단발령과 일본의 대한 정략」, 1998, 275~278쪽).

조선에 부임한 서양 외교관이나 선교사들은 기회가 날 때마다 상투를 자르고 단발을 해서 근대화의 길로 나아갈 것을 권했다. 개화 정부가 발표한 단발의 이유는 "위생에 이롭고 작업에 편리하기 때문"이었다. 수백 년 문화적 전통으로 이어왔던 상투와 망건을 제거하고 서양식 헤어스타일로 바꾸는 단발령은 여러 가지 면에서 충분히 타당성이 있는 정책이었다.

개화 정부에 참여한 인사 중에는 유학, 공무, 망명 등의 이유로 해외 체류 경험이 있는 사람들이 많았다. 그들은 해외에서 생활하면서 상투 틀고 갓 쓰고 도포 자락 휘날리며 다니는 것이 시대에 뒤떨어진 방식임을 체험했다. 따라서 위생과 청결, 생활의 편리함 등으로 인해 근대화를 지향하는 조선에서 단발은 시행이 불가피하다고 보았다. 구한말 해외 유학파의 한 사람이었던 윤치호는 1885년 1월 8일 상하이에서 신학문을 공부하면서 상투를 자르고 양복을 입었다.

고종, 일본 강압으로 단발

주자성리학자들이 상투를 중요시한 이유는 그것이 문명의 상징이요 단발은 야만의 표적이라 믿었기 때문이다(박성수, 『독립운동사연구』, 창작과비평사, 1980, 37쪽). 그들은 "인간의 신체와 터럭과 살갗은 부모에게 물려받은 것이니 훼손하지 않는 것이 효의 시작"이라고 확신했다.

남자로 태어난 조선인들은 혼인하거나 관례를 거쳐 성인이 되면 머리를 길러 상투를 트는 것이 인륜의 기본이요 문화적 자존심으로 여겼다. 이런 가치관이 확고하게 뿌리내린 조선에서 하루아침에 상투를 자르라는 법령의 공포는 소중화 문명국 조선을 야만국 오랑캐 신분으로 추락시키는 청천벽력이나 다름없었다.

개화파 고위 대신 김홍집·어윤중도 강제적인 단발령에는 적극 반대했다. 이 와중에 고종은 자신의 상투를 잘라 단발령의 시동을 걸었다. 강화도조약 시절부터 개화사상의 물을 먹은 고종이었지만, 그가 자의로 단발을 한 것은 아니었다. 일본군이 궁성을 포위하고 대포를 궁에 조준한 다음 "상투를 자르지 않는 자는 죽인다"라고 겁박하자 국왕은 길게 탄식하며 농상공부대신 정병하에게 "네가 내 머리칼을 자르라"라고 명했다. 정병하가 국왕의 머리칼을 잘랐고, 유길준이 태자(후에 순종)

의 머리칼을 잘랐다(이민원, 「조선의 단발령과 을미의병」, 『의암학 연구』 창간호, 2002, 46쪽).

힐리어 주한 영국 총영사는 "훈련대 장교 3인이 칼을 빼 들고 내각에 들어가 관리들의 단발을 강요했으며, 이들은 전 군부대신의 사주와 일본 공사관의 승인 아래 행동하고 있다"라고 본국 정부에 보고했다. 훈련대 장교란 우범선과 이두황 등이었다. 이들은 을미사변 직후 군부대신에 임명된 조희연의 지시에 따라 행동했다. 조희연은 일본 공사의 명에 따라 움직이는 존재였다.

사례에서 보듯 단발령은 김홍집 내각이 원해서 채택한 사안이 아니었다. 사정이 이러했으니 정부의 처사가 서울 사람들에게 의아하게 비친 것은 당연했다(이민원, 「조선의 단발령과 을미의병」, 2002, 47쪽). 이 무렵 조선에 와서 활동했던 비숍 여사는 "사실상 구금 상태에 있던 왕이 단발령에 서명하도록 강요받았다"라고 밝혔다(이사벨라 버드 비숍, 이인화 역주, 『한국과 그 이웃 나라들』, 살림, 1996, 351쪽).

고종이 강제로 '단발을 당한' 사실은 고종의 시의로 궁중을 출입했던 선교사 에비슨을 통해서도 확인된다. 고종은 단발을 한 다음 날 에비슨에게 "보시오. 그들이 우리 모두를 중으로 만들어놓았소"라고 하소연했다. 에비슨은 이 말이야말로 "폐하께서 쓸 수 있는 가장 모멸적인 말"이라고 기록했다(올리버 에비슨, 에비슨기념사업회 옮김, 『구한말 비록』, 대구대학교 출판부, 1986, 148쪽).

조선 시대 삭발한 불승들은 사회적으로 천민 대접을 받았고, 서울 도성 출입조차 허락받지 못했다. 고종이 내뱉은 한마디는 강제로 단발을 당한 처지에서 자괴감과 자기 모멸감에 빠져 있는 것으로 비쳐졌다(임희국, 「1890년대 조선의 사회·정치적 상황에 대한 내한來韓 선교사들의 이해—동학 농민운동과 단발령을 중심으로」, 『선교와 신학』 제23집, 장로회신학대학교 세계선교연구원, 2009, 198쪽).

단발에 항의해 자살자 속출

국왕과 세자에 이어 조정 대신들도 단발을 시행한 후 김홍집 내각은 단발령을 공포했다. 이날부터 정부 각 부처의 고위 관료를 비롯해 하급 관료와 군인, 순검 등 정부 소속원들이 먼저 상투를 잘랐다. 관원들이 가위를 들고 서울 거리나 사대문, 사소문 등 도성을 출입하는 성문 등에서 백성들의 상투를 강제로 잘랐다. 내부대신 유길준도 직접 거리에 나가 백성들의 단발 과정을 지도 감독했다.

길 가다 강제로 잘린 상투를 종이에 싸 들고 통곡하는 자, 땅을 치며 통곡하는 자, 이제는 고향에 돌아갈 수 없게 됐다고 엉엉 우는 자 등 서울 장안은 충격에 휩싸여 정신적 공황 상태였다. 집 바깥으로 나가면 상투를 잘릴까 봐 아예 집 안에 꼭꼭 숨어 있는 자들도 적지 않았다(이이화, 『오백년 왕국의 종말』, 한길사, 2007, 64쪽).

단발 참여가 저조하자 조정에서는 체두관剃頭官을 민가에 파견해 마구잡이로 상투를 잘랐다. 을미개혁, 그중에서도 단발령은 조선의 역사와 문화적 배경을 고려하지 않았고, 또 왕후를 살해한 일본이 친일 정권을 앞세워 급진적으로 추진하는 바람에 반일 감정을 폭발시켰다. 김홍집 내각에 대한 반감이 부글부글 끓던 차에 왕비가 시해된 지 불과 두 달 후 왜인과 개화파가 대군주 폐하의 머리에 칼을 들이댔다는 소문이 퍼지면서 곡성이 하늘을 진동하고 사람들이 분노에 못 이겨 이를 갈았다.

판서를 지낸 이인심과 이봉환 등은 단발령에 항의해 자결했고, 학부대신 이도재는 단발령에 항의해 대신 직을 사임하고 낙향했다. 두 아들의 상투가 잘리자 모욕감을 견디지 못한 그 아버지가 자살했다. 상투 잘린 남자들만 극단적 선택을 한 것이 아니다. 유학자 정여창의 후손인 정순철에게 시집간 창녕 조씨 부인은 남편이 할아버지 밥상머리에서 상투를 자르겠으니 허락해 달라고 말하는 걸 듣고 그럴 수는 없다며 식칼로 자기 목을 찔렀다.

이순신의 후예인 보은현감 이규백의 부인 창녕 성씨는 남편에게 단발을 거부하고 귀향할 것을 요구했다가 거절당하자 목매 죽었다. 그녀가 남긴 유서는 그 후 명문가에서 여인네들을 가르치는 교재가 됐다고 한다(강준만, 『한국 근대사 산책 2』, 인물과사상사, 2007, 338쪽).

그렇다면 민 왕후 시해 때도 잠잠했던 유생들이 단발령 앞에서는 왜 목숨 걸고 저항했을까? 상투를 튼다는 의미의 속발束髮은 중화 세계를 지탱하는 사상적 핵심인 유교적 규범의 상징이었다. 조선은 주자성리학적 윤리강상이 일반 백성에까지 깊이 파고들어 굳건한 뿌리를 내리고 있었다. 이런 사회에서 단발에 대한 저항은 단순한 보건 위생이나 청결, 생활의 편리 따위로는 잴 수 없는, '중화 문물의 고수'라는 문명사적 차원에서 이해돼야 하는 중대사였다.

송시열-이항로의 학통을 잇는 화서학파의 적자嫡子 최익현과 유인석 같은 주자성리학 원리주의자들이 상투를 중시한 이유는 "중국에서 오랜 옛날부터 중요시한 제도였기 때문"이다. 또 공자가 "인간의 신체와 터럭과 살갗은 부모에게 물려받은 것이니 손상하지 않는 것이 효의 시작"이라고 가르쳤기 때문이다.

상투란 인류와 짐승을 가르는 선명한 징표

유인석에게 상투란 인류와 짐승을 가르는 선명한 징표였다. 그에게 단발이란 "상투를 자르는 즉시 인간은 짐승으로 변해 인류가 멸망하는 날"이자 "소중화 문명을 짐승의 처지로 전락시키는 장례식"으로 인식됐다. 최익현도 "차라리 목을 끊고 죽을지언정 머리를 깎고 살 수는 없다는 내 뜻은 이미 결정됐다"(최익현, 「유소遺疏」, 『면암집』, 민족문화추진회, 1984, 240쪽)라고 절규했다.

이들과는 달리 신문물을 적극 받아들이려는 개화 지지파와 기독교인들은 서양식 조발은 낡아빠진 구습과 단절하는 기회라며 기꺼이 참여했다. 그들은 외세나 친일 권력의 강요가 아니라 자발적으로 단발을 시행했다. 상투 대신 머리를 짧게 자르고 근대화된 세계 문화를 수용하는 사람들이 늘기 시작했다. 단발로 인해 의복도 빠르게 양복화했다.

반면에 지방에서는 사정이 전혀 달랐다. 단발령 회오리가 몰아치던 때에 러시아 참모본부 소속의 카르네프 육군 대령을 책임자로 하는 러시아군 탐험대가 부산에 상륙했다. 그들은 한가롭게 조선을 여행한 무리가 아니라, 일본과의 충돌에 대비해 조선 지형을 정찰하고 물산을 조사하며 민심 동향을 살피기 위해 파견된 사람들이었다.

1896년 1월 러시아 탐험대가 여주에 도착했을 때, 러시아 군인들이 조선 사람 상투를 자르러 온다는 소문이 퍼져 주민 대다수가 도망쳤다. 러시아 탐험대는 여주 일대에 대한 정보 수집을 위해 농가 구석에 숨어 있는 조선 사람을 불러냈다. 그는 무릎을 꿇고 "제발 내 머리칼을 자르지 말아달라"라고 애원했다. 조선 주민들은 "우리는 500년 이상 상투를 틀어왔다. 지금 상투를 자르라는 명령은 최후의 날이 왔음을 뜻한다"라며 저항했다(카르네프 외 4인, A. 이르계바예브·김정화 옮김, 『내가 본 조선, 조선인—러시아 장교 조선 여행기』, 가야넷, 2003, 68~73쪽).

러시아 탐험대는 경남 사천에서 군수 손휘로와 대화했다. 카르네프가 군수에게 "단발에 심각한 의미를 부여하는 것은 논리적이지 않다"라고 지적하자 군수는 "우리 조상들은 500년간 상투를 지켜왔다. 상투를 자르느니 죽는 게 낫다"라고 응수했다(카르네프 외 4인, 『내가 본 조선, 조선인』, 2003, 140쪽).

수천 년 사용해 왔던 음력 대신 듣도 보도 못한 태양력을 써야 하고 강제로 상투를 잘린 백성들은 이를 친일 앞잡이들이 머리 모양이 아니라 소중화의 혼과 정신을 통째로 일본식으로 바꾸려는 시도로 의심했다. 그들은 개화파가 실시한 근대적 개혁을 '일본화'와 같은 의미로 해석했다. 이에 따라 조선에서 문명개화는 큰 저항에 직면했다.

여기서 중요하게 살펴야 할 점이 있다. 왕비 시해로 민심이 흉흉한 상황에서 일본이 조선인의 상투와 복식을 표적으로 삼아 개혁 드라이브를 건 이유는 무엇인가 하는 점이다. 일본이 조선의 단발령과 복제 개정에 직접 개입한 중요한 의미가 있었다. 에비슨 선교사는 조선인의 상투에는 전통문화 의식과 민족 정체성이 결집돼 있으므로 이것을 자르면 정신도 없앨 수 있어 원활한 지배가 가능하다고 보았다.

단발령의 상업적 목적

경제적 차원에서 보면 일본산 면제품의 판로 확대라는 목적이 숨어 있었다. 산업화 과정에서 방적업이 크게 발달한 일본은 조선을 자국 상품 판매 시장으로 확보하는 것에 사활을 걸었다. 청일전쟁을 통해 일본은 중국 상인을 퇴출시키고 조선에서 면제품 시장을 확보했다. 이런 점에서 청일전쟁은 경제적 위기를 타개하기 위해 시도된 것이라는 주장도 있을 정도다(박종근, 『청일전쟁과 조선』, 1989, 338~392쪽).

일본은 오사카와 고베 등지에서 생산한 자국산 면포와 면사를 조선에 수출하고, 여기서 얻은 수익으로 일본에 필요한 식량과 금본위제 시행에 필요한 금 확보에 나섰다. 청일전쟁 이후 조선과 일본 사이에 '미면米綿 교환 체제'가 형성된 것이다.

미면 교환 체제하에서 상업적 이익을 얻기 위해 일본인들이 대거 조선에 진출했다. 1893년 12월 서울 거주 일본인은 981명이었다. 2년여 후인 1896년 1월 조선에 진출한 일본인은 서울 1,829명, 인천 4,119명, 원산 903명, 부산 4,393명 등 총 1만 1,247명이었다. 일본 언론은 "일본 상인은 조선으로 돌격하라"라고 선동했다(이민원, 「조선의 단발령과 을미의병」, 2002, 56~57쪽).

「호치신문報知新聞」은 조선에서 단발령 시행으로 일시에 번창하게 된 업종은 일본인 이발소와 양복점, 구두와 모자 가게, 기타 양복의 부속품 판매점이며 바지 벨트, 셔츠, 거즈, 소매장식, 멜빵, 궐련초, 시계 등에 대한 수요가 급증하고 있다고 보도했다(1896년 2월 2일). 일본 사람들이 이런 제품을 조선에 공급해 사업 기회를 잡으라는 주장이었다.

일상日商이 몰려와 조선의 상권을 장악하자 열강이 바짝 긴장했다. 힐리어 주한 영국 총영사는 단발과 변복 후 일본인들이 조선에 대량으로 의류와 기성복을 수출하게 되었으며, 일본에 의해 조선 관료들이 양복을 착용하게 될 것이라고 보고했다. 인천 주재 영국 부영사 윌킨슨(W. H. Wilkinson)도 주청 영국 공사 오코너에게 "일본의 제안으로 한국인의 의례복이나 평상복을 검은 색깔로 바꾸려 하는데, 이 조치는 흰색 영국산 면제품 판매에 막대한 영향을 미칠 것"이라고 보고했다.

이런 보고를 접한 오코너는 힐리어에게 "조선 시장에서 영국산 제품을 몰아내려 한다면 일본은 영국의 호의를 얻기 어려울 것이고, 조선 내 일본의 활동이 영국의 반대에 직면할 것임을 일본 공사관에 비공식

적으로 통보하라"라고 지시했다.

단발령 이후 서울의 경제 상황은 극히 침체한 반면 진고개 일본 양복점, 구두점, 모자점, 양복 부속품점은 경기가 어찌나 좋았던지 양복은 본래 가격의 두 배 이상, 구두와 양복 부속품은 5퍼센트 이상 가격이 폭등했다. 모자는 흑색 야마타카山高 모자가 가장 잘 팔려 품절 소동이 벌어졌다. 또 일본 사람들만 가던 이발소에 한국인이 쇄도했다(이경미, 「19세기 개항 이후 한·일 복식 제도 비교」, 서울대학교 석사학위 논문, 1999, 80쪽 참조).

일본이 단발령을 통해 이루려 했던 또 하나의 중요한 목적이 있었다. 일본은 청일전쟁 종료 후에도 경성수비대를 서울에 계속 주둔시켰다. 전쟁이 끝나 일본군의 조선 주둔 명분이 사라졌으므로 외국 공사들은 일본군 철수 문제를 계속 제기했다. 이 와중에 단발령이 강제되자 이에 저항하는 의병 봉기가 폭발했다. 1896년 1월 12일 강원도 원주, 1월 16일에는 충청도 홍주에서 의병이 봉기했다.

조선에서 내란을 부추겨라!

단발령을 둘러싸고 유생 중심의 을미의병이 봉기하게 된 현실적인 이유가 있었다. 과거 급제를 통해 관직에 입문하기 위해 생업을 작파하고 글을 읽던 선비 유생들은 갑오개혁으로 과거제가 철폐되면서 출셋길이 막혔다. 게다가 반상 제도가 폐지되고 을미개혁으로 관제와 행정 구역 및 역법이 바뀐 데 대한 거부감도 강했다.

경상북도 안동의 경우 중앙정부가 지역 행정 제도를 개편해 향청을 세무소로 바꾸고 이를 통해 재지 사족이 향촌을 지배하는 체제를 폐지하려 했다. 위기감을 느낀 유림은 자신들이 향촌 지배를 유지하려는 의지를 강하게 드러냈다(임희국, 「1890년대 조선의 사회·정치적 상황에 대한 내한來韓 선교사들의 이해」, 2009, 203쪽).

메이지유신 이래 일본은 조선에서 내란을 일으키는 것을 한반도 정책의 기본으로 삼았다. 개화파를 부추겨 갑신정변을 유발한 것, 일본 낭인들이 동학 농민군에 접근해 조정과 농민군 간의 갈등을 조장한 것, 주한 일본 공사 이노우에 등이 청일전쟁 이후 왕실과 조정을 분열시키고 대원군과 왕후의 갈등을 부추긴 것, 김홍집과 박영효를 교차로 이용하고 분파를 조장해 내정을 파국으로 치닫게 한 것이 그 증거다(이민원, 「조선의 단발령과 을미의병」, 2002, 48쪽).

하야시 다다스의 증언에 의하면 동학 봉기도 일본 정한파의 음모와 일본으로부터 받은 재정 지원으로 시작된 것이었다. 그는 "일본 측에서 그것(동학 농민 봉기)을 부추기고 있는 것은 의심의 여지도 없는 것"이라고 기술했다(A. M. 풀리 엮음, 신복룡 역주, 『하야시 다다스 비밀회고록』, 건국대학교 출판부, 2007, 34~35쪽).

그동안 진행해 온 일본의 한반도 정책으로 볼 때 단발령은 일종의 꽃놀이패였다. 조선인이 단발령에 복종하면 개화 정책 추진을 위해 더없이 좋은 기회가 되고, 저항해 봉기하면 '폭도 토벌'을 구실로 일본군의 조선 주둔을 합리화할 수 있는 비장의 카드였다. 단발령으로 인한 소요 사태가 심각해지자 외국인 거류민과 조선 조정 보호를 명목으로 일본군 주둔이 합리화됐다. 을미사변과 단발령으로 전국으로 확산된 의병 봉기는 일본이 바라던 바였다(이민원, 「상투와 단발령」, 『사학지史學志』 Vol.31, No.1, 단국사학회, 1999, 271~294).

이 무렵 일본에 저항할 수 있는 집단은 지방의 유생층밖에 없었다. 유생들의 위정척사 사상은 배타적이고 타협 불가능한 속성으로 인해 일본과의 물리적 충돌이 불가피했다. 하지만 유생들이 주도한 의병은 훈련이 돼 있지 않았고, 무기 수준도 중세 봉건 시대와 다를 것이 없었다. 이런 수준의 의병이 최신 장비와 고도의 전투력을 갖춘 일본군과 싸워 승리를 기대할 수는 없었다. 국왕에 대한 충성심과 불굴의 용기는 가상했으나, 승패가 뻔한 가운데 죽더라도 싸우다 죽자는 각오로 봉기한 집단이 의병이었다.

의병은 내부의 적인 친일 관리, 외부의 적인 일본이라는 두 개의 적과 맞서야 했다. 친일 내각을 구성해 지방관을 임명한 것은 국왕 고종이다. 어명이 없는 상태에서 관군을 공격하고 백성의 재물을 약탈하는 행위는 국법을 어기는 중대 범죄였다. 관군은 의병을 비적匪賊으로 몰아 진압했고, 의병은 친일 내각과 그들에 의해 임명된 지방관들을 난신적자亂臣賊子로 규정해 처단했다(안세현, 「의암 유인석의 인물전 창작의 계보와 을미의병의 거병 논리」, 『동양고전연구』 제83집, 동양고전학회, 2021, 35~36쪽).

의병의 주요 공격 대상은 일본군과 일본 상인, 친일 내각이 파견한 지방 관리 등이었다. 을미의병의 공격으로 일본인 29명이 살해당했고 다수가 부상했으며 재산상의 손실이 발생했다. 일본 정부는 의병 공격으로 당한 피해 보상을 줄기차게 요구해 1905년 고종의 내탕금에서 거금 18만 3,750원을 배상금으로 받아 갔다.

아관파천 위해 의병 봉기 유도

춘생문 사건 실패로 실의에 빠져 있던 고종은 러시아 공사관으로 탈출해 위기에서 벗어나자는 구상을 했다. 이를 위해 러시아 공사와 비밀리에 접촉해 협조를 요청했다. 고종이 경복궁에서 탈출하기 위해서는 궁궐을 경비하고 있는 중앙군과 일본군을 지방으로 유인하는 것이 급선무였다. 이를 위해 지방 의병의 봉기를 부추기고, 이를 진압하기 위해 중앙군이 지방으로 출동하면 그 틈을 타서 러시아 공사관으로 탈출한다는 계획을 세웠다.

1896년 1월 20일 춘천에서 봉기한 이소응 의병은 무기고를 습격해 총기로 무장하고, 명사수인 호랑이 사냥꾼까지 동원해 관군과 맞섰다(김영수, 『고종과 아관파천—이희, 러시아 공관에서 375일』, 역사공간, 2020, 22쪽). 을미의병 중 규모가 가장 컸던 춘천 의병대장 이소응은 이범진과 연관이 있던 인물이다(오영섭, 「을미의병 운동의 정치·사회적 배경」, 『국사관논총』 65, 1995).

봉기한 춘천 의병은 신임 관찰사 조인영을 '단발한 죄'로 처단했고, 행인을 일일이 검사해 상투 자른 사람은 철봉으로 쳐 죽였다. 이 과정에서 군수급 이상 고관 20여 명이 살해당했고, 살해당하지는 않았으나 수령직에서 쫓겨 온 군수가 부지기수였다. 단발령에 대한 저항을 지방관 살해로 표출한 것이다(정경숙, 「단발령에 관한 문화현상학적 연구」, 서경대학교 박사학위 논문, 2012, 46쪽).

강원도에서 의병이 봉기하자 김홍집 내각은 중앙군인 친위대와 지방군인 진위대를 춘천, 홍천, 가평 등지로 출동시켰다. 당시 조선 정부가 보유한 병력은 중앙군·지방군 다 합쳐 16개 중대 1,600여 명에 불과했다. 의병이 봉기하자 김홍집 내각은 2월 1일 친일 인사 조희연을 다시 군부대신에 임명해 의병 진압 임무를 맡겼다. 조희연은 단기간에 의병을 진압한다는 명목으로 일본 공사관에 협조를 요청했다. 그 결과 일본군 장교와 밀정이 조선 관군의 지휘 감독을 맡았다.

유인석은 단발령 소동에도 불구하고 모친상을 이유로 의병 봉기에 참여하지 않았다. 그는 모친상을 치른 후 "요순의 옛 지역(중국)으로 망명해 의관과 예의를 지키고 학문 연구에 진력해 한 가닥의 화맥華脈을 고수하겠다"라고 밝혔다. 중국으로 망명해 중화사상을 수호하겠다는 뜻을 선언한 것이다.

이렇게 되자 1896년 1월부터 원주와 제천 일대에서 유인석의 제자인 이춘영과 이필희, 포수 출신 김백선 등이 봉기했다. 각지에서 모인 잡다한 세력 간에 의견이 엇갈리고 규율이 잡히지 않아 의병 부대는 엉망이 됐다. 여러 사람이 유인석을 찾아가 간곡하게 합류를 요청하자 그제야 유인석은 몸을 일으켰다.

1896년 3월 16일 유인석은 제천에서 호좌창의진湖左倡義陣을 선포하고 총대장에 올랐다. 그의 의병 봉기 이유는 「격고팔도열읍檄告八道列邑」이란 격문에 잘 표현돼 있다. 유인석은 조선이 '소중화 예의의 나라'인데 왜놈과 그들의 주구인 친일 개화파가 국모(민 왕후)를 시해하고 의복과 상투를 파괴해 소중화 문명을 짐승 수준으로 타락시켰으니 이들을 응징처단하기 위해 봉기했다고 밝혔다.

유인석의 거병 취지에 대해 재일 사학자 강재언은 봉건적 윤리 도덕관념에서 벗어나지 못하고 있으나, 객관적으로 반침략 성격을 가지면서 주관적으로는 화이지변華夷之辨에 의한 양이적 성격으로 일관하고 있다고 평한다(강재언, 『신편 한국 근대사 연구』, 한울, 1992, 353쪽).

독립운동 연구가 조동걸은 유인석의 위정척사 사상을 중국에 대한 사대주의로 이해하는 경우가 있는데, 그가 소중하게 생각한 것은 '중국'이 아니라 '중국 문명'이었기에, 중국에 대한 사대주의와는 성질이 다르다고 주장했다(조동걸, 『한국 근현대사의 이상과 형상』, 푸른역사, 2001, 102쪽).

성리학 반대하면 닥치는 대로 죽여

학자들이 무슨 해괴한 논리를 동원해 옹호하든, 유인석이 수호하려 한 것은 나라와 백성의 생명과 재산이 아니라 주자성리학의 도道였다. 천자天子의 나라이자 상국上國인 중국은 이미 누린내 진동하는 여진족 오랑캐에 짓밟혀 주자성리학의 도맥이 끊겼으니 지구상에 공맹의 밝은 이치가 빛나는 곳은 조선뿐이라고 그는 확고하게 믿었다. 따라서 주자성리학의 부흥에 앞장서는 것이 이 나라 이 민족의 역사적 임무이자 영광스러운 소명이라고 확신했다.

유인석의 의병운동은 유교 민족주의 투쟁이었다. 때문에 의병 전선에서 유학을 반대하면 그가 일본인이든 중국인이든 한국인이든 불문하고 처단했다. 그의 의식과 논리는 조선이 성리학을 보존하고 있음이 자랑스럽고, 그러한 조선을 침략하는 일제에 항거하는 것이 자랑스러웠다(조동걸, 『한국 근현대사의 이상과 형상』, 2001, 105·173쪽).

호좌창의진은 안승우·이춘영이 이끄는 지평 의병이 중심 세력이었다. 여기에 김백선의 지평 포군, 이강년의 문경 의병, 이문흠의 단양 포수, 우기정·이호승의 민병, 심상희의 여주 의병, 이인영의 의병 부대가 속속 합류했다(박민영, 「구한말 서북 변경지역의 의병 연구」, 한국정신문화연구원 박사학위 논문, 1996, 46쪽). 그 결과 곳곳에서 봉기한 을미의병 중 최대 규모인 1만여 명의 세력을 형성했다. 이들은 충북 제천을 중심으로 충청·경상·강원 3도 접경 지대에서 활동을 개시했다.

유인석이 호좌창의진을 구성한 시기는 고종이 러시아 공사관으로 파천한 후였다. 1896년 2월 11일 고종은 아관파천 직후 김홍집 내각을 붕괴시키고 이범진, 이완용, 윤치호 등을 중심으로 한 정동파 내각을 조직했다. 새 내각은 흐트러진 민심을 수습하기 위해 단발과 복장은 개인 자유의사에 맡긴다고 선포했다.

제천·단양 일대에 포진한 유인석 의병 진영에도 아관파천으로 개화파가 실각하고 단발과 의복은 편의에 따른다는 조칙이 내려진 소식이 전해졌다. 아관파천은 의병의 입지를 크게 약화시켰다. 고종과 재야 세력의 합작품인 을미의병 운동은 단발령에 반발하는 일반 민중의 적극적인 호응하에 전개된 것이다. 이 와중에 단발령이 철회되자 민심이 싸늘하게 돌아서 의병을 귀찮아하기 시작했다. 민간으로부터 인적·물적 지원을 기대할 수 있는 요인이 사라지면서 각지의 의병진은 존폐 위기를 맞았다(오영섭, 「을미의병의 결성 과정과 군사 활동—제천의병을 중심으로」, 『군사軍史』 제43호, 2001년 8월, 120쪽).

뒤늦게 거대 의병진을 구성한 호좌창의진은 3월 27일 단양군수 권숙, 청풍군수 서상기를 생포했다. 유인석은 휘하 의병이 늘어선 가운데 두 사람을 단발한 죄와 의병 토벌죄로 처형한 후 충주성 공격에 나섰다. 단발 및 변복 자유화 조치에도 불구하고 호좌창의진이 활동을 멈추지 않자 고종은 친위대 1개 중대를 원주로 출동시켜 의병 진압에 나섰다.

교통의 요지인 충주성에는 관찰사 김규식 휘하에 경병 400명, 일본군 200명, 지방대 500명 등이 배치돼 있었다. 호좌창의진 병력은 관군의 10배인 1만에 달했으나 화승총 소지자는 400여 명에 불과했고, 나머지는 칼과 창, 낫과 죽창이 고작이었다. 이처럼 빈약한 무장을 한 의병대가 3월 30일 충주성을 무혈점령했다. 미리 포섭한 지방대 병사들이 내부에서 성문을 열어준 덕분이다. 관찰사 김규식은 체포돼 단발 강요죄, 의병 토벌죄로 목이 잘렸다.

춘추대의론, 국모國母 복수론

유인석이 충청도관찰사와 단양·청풍군수를 처단한 논리적 근거는 공자의 책 『춘추』에 나오는 "난신적자는 누구나 주살할 수 있다"라는 춘추대의론이었다. '중화의 보존'을 기치로 거병한 유인석이 볼 때 단발 등 서양 문물을 받아들인 자는 성리학의 정도正道를 해치는 난신적자이므로 마땅히 죽여야 할 대상이 된다.

을미의병의 기치 중 또 하나는 국모國母 복수론이다. 예나 지금이나 아무리 중대 범죄자라도 국가가 국법에 따라 조사해 처벌하며, 개인적 복수를 금하고 있다. 그런데 유교 경전은 부모를 죽인 살인자에 대해서는 자식의 복수를 허용했다. 단순히 복수를 해도 무방하다는 뜻이 아니라, 자식은 부모를 죽인 자를 반드시 죽여야 하는 당위라고 정의했다. 을미의병이 친일 관리를 공식 재판도 없이 처단한 것은 이러한 유교적 정의관이 자리 잡고 있었기 때문이다(안세현, 「의암 유인석의 인물전 창작의 계보와 을미의병의 거병 논리」, 2021, 58~61쪽).

충주성 무혈점령으로 사기가 크게 오른 호좌창의진의 다음 목표는 가흥·수안보의 일본군 병참 기지 공격이었다. 의병은 포수 300명을 동원해 가흥을 공격했으나 불과 6명의 일본군에게 역습당해 많은 사상자를 내고 패퇴했다. 일본군의 반격으로 수안보에서도 중군장 이춘영, 참모 주용규가 전사하는 등 속수무책으로 밀렸다.

4월 14일 가흥에서 출동한 일본군 3개 중대가 충주성을 공격했다. 이틀간의 전투로 충주성의 모든 건물이 불타고 호좌창의진은 큰 타격을 입었다. 4월 17일, 조선 관군과 일본군이 합동으로 공격해 오자 유인석은 충주성을 탈출해 제천으로 퇴각했다. 제천에서 전열을 정비한 의병대는 안승우를 중군장으로 삼았다. 이로써 실질적인 의병진 운영권은 중군장을 장악한 화서학파에 넘어가 고종 세력을 따르는 김백선과 군권 장악을 둘러싸고 알력이 표면화됐다(오영섭, 「을미의병의 결성 과정과 군사 활동」, 2001, 122~124쪽).

아관파천으로 들어선 정동파 내각은 명망 높은 대신을 선유사에 임명해 의병에 대한 선무 공작을 강화했다. 그 결과 의병에서 이탈해 귀가하는 자들이 줄을 이어 호좌창의진은 세력이 크게 약화됐다. 이런 상황에서 유인석은 4월 28일 한강으로 통하는 수운을 차단하고 있는 가흥·수안보의 일본군 병참수비대를 공격했다.

이 전투는 사실상 유인석 의병의 존폐를 가르는 중요한 전투였다. 하지만 양상은 중세 군대와 근대 군대의 격돌이었다. 선봉장 김백선은 300여 병력으로 가흥의 일본군을 공격했다. 병력 부족으로 고전하던 김백선은 중군장 안승우에게 원병을 요청했다. 사전에 병력 지원을 요청하면 원군을 보내기로 계획돼 있었으나 안승우는 김백선이 의병진에서 이탈할 것을 우려해 원군을 보내지 않는 바람에 김백선은 패전했다.

제천 본진으로 돌아온 김백선이 안승우에게 거칠게 항의하자 이 모습을 본 총대장 유인석이 대로大怒했다. 김백선은 포수 출신 상놈이요, 안승우는 지체 높은 양반 신분 아닌가. 아무리 위급한 전투 상황이라 해도 반상의 윤리는 엄격히 지켜져야 하거늘, 감히 상놈 주제에 양반에게 대들다니!

그 즉시 유인석은 불경죄를 저지른 김백선을 체포해 의병들 보는 앞에서 목을 쳤다. 의병 진영은 김백선의 잘린 목에서 뿜어져 나온 피로 붉게 물들었다. 호좌의진 선봉장 절충장군 김백선은 이처럼 어이없게 목숨을 잃었다.

또 하나 사건이 발생했다. 신 처사申處士와 나윤달이라는 동학 두령 등

4명의 동학 농민군 출신이 왜적과 싸우기 위해 신분을 속이고 유인석 의병진에 참여했다. 지체 높은 주자성리학자 입장에서 볼 때 동학 농민군은 반상의 규율을 어지럽힌 용서할 수 없는 죄인이었다. 유인석은 자신의 의병진에서 '동학 농민군 불순분자' 4명을 체포해 가차 없이 목을 잘랐다.

포수와 농민군 세력 대거 이탈

포수 출신 김백선과 동학 농민군 4명의 처형 후유증은 깊고 심각했다. 그들을 따랐던 포수와 동학 농민군 출신은 나라 구하는 일보다 반상의 윤리 지키는 일에 몰두하는 양반들의 작태에 분노해 대거 이탈했다. 사격술 뛰어나고 조직력 강한 포수와 전투 경험이 풍부한 동학 농민군 출신의 이탈로 호좌창의진은 연전연패해 소멸했다.

기울어져 가는 왕조를 지켜내고 왜적을 물리치기 위해 봉기한 의병의 핵심 전투력은 상민이었고, 희생자의 대부분도 상민이었다. 그런데도 유생 의병장 관련 기록은 넘쳐나지만 평민 의병장 기록은 찾아보기 힘들다. 의병운동에서마저 반상의 윤리 질서가 엄격하게 작동했다는 증거다.

유인석은 "아! 지금은 어두운 기운이 가득한 말세요, 금수 같은 세상이다. 내 간절히 바라는 것은 밝은 기운이 일어나 인간다운 도리를 펼치는 것이다"라고 외치며 거병했다. 하지만 그가 추구한 의병투쟁은 양반의, 양반에 의한, 양반을 위한 세상을 되찾는 것이었다.

제12장

고종, 러시아 공사관으로 탈출

베베르 주한 러시아 공사는 삼국간섭 이후 본국 정부에 한반도에서 일본의 영향력을 저지해야 한다고 여러 차례 건의했다. 소심한 한반도 정책을 고집하던 로바노프 외상은 1895년 9월 11일 베베르 공사를 주 멕시코 공사로 전임시키고 후임으로 1884년과 1885년 두 차례 조-러 밀약설과 관련 있었던 친일색이 짙은 슈페예르를 임명했다.

고종은 자신이 크게 의지했던 베베르가 조선을 떠난다는 소식을 듣고 니콜라이 2세 황제에게 그의 주한 공사 유임을 거듭 요청했다. 하지만 고종의 청원은 수용되지 않았다. 1896년 1월 8일 신임 공사 슈페예르가 서울에 도착해 공사관 업무를 인계받았다. 그런데 슈페예르의 서울 도착 직전인 1895년 12월, 러시아 외무성은 베베르에게 멕시코로의 출발을 중지하고 조선에 계속 체류하라는 훈령을 보냈다. 그 결과 석 달간 전임자 베베르와 후임자 슈페예르가 조선에 함께 근무하는 기현상이 벌어졌다.

한 나라에 공사 두 명이 동시 근무하게 된 근본 이유가 무엇인지는 밝혀지지 않았다. 하지만 일본의 신임 공사 미우라가 전임 공사 이노우에 가오루와 17일간 공동 근무한 직후 을미사변이 발생했다. 이런 전례로 볼 때 조만간 서울에서 뭔가 심상치 않은 정치적 격변이 일어날지도 모른다는 사실을 예고하는 듯했다.

당시 조선의 정황은 삼국간섭으로 인한 러-일의 주도권 역전, 왕비 시해, 단발령으로 인한 의병 봉기 등 혼란의 연속이었다. 봉기한 의병은 곳곳에서 일본군이 가설한 경부 전신선을 절단해 통신을 차단하는 등 게릴라전을 벌였다. 의병에 맞서기 위해 일본군은 조선 관군과 합동으로 토벌에 나섰다.

러시아가 주도한 삼국간섭은 영국의 동아시아 외교 정책을 완전히 망쳐놓았다. 독일 황제 빌헬름 2세는 러시아의 관심을 동아시아로 유인하기 위해 삼국간섭에 참여했다. 그의 노림수는 삼국간섭을 통해 극동에서 러시아와 영국의 대결을 부추기는 것이었다. 만주에 대한 러시아의 관심이 커질수록 러시아 견제에 사활을 걸고 있는 영국은 일본과 손잡고 러시아와 본격 대결을 벌이게 될 것이다. 그사이 독일은 유럽과 아프리카 등 다른 지역에서 영국과 러시아의 간섭을 받지 않고 활동의 자유를 확보한다는 전략이었다.

이후 동아시아 외교 구도는 독일 황제의 의도대로 진행됐다. 삼국간섭으로 청국에 대한 발언권이 강해진 러시아는 시베리아횡단철도의 북만주 통과 노선 이권을 얻기 위해 만주 일대에 모든 관심을 집중시켰다.

고종, 러시아 공사관으로 탈출 요청

11월 28일 춘생문 사건 실패 이후 고종에 대한 친일 내각의 감시가 더욱 강화됐다. 국왕은 허수아비나 다름없었고, 대신들은 일본인 고문관의 지시에 따라 움직였다. 일본은 춘생문 사건을 이용해 왕비 시해범

전원을 전격 석방했다. 석방된 사람들 중 몇 명이 조선에 와서 고위직을 맡게 될 것이라는 소문이 나돌자 고종은 경악했다.

상황이 다급하게 돌아가자 고종은 자신의 신변 안전을 위해 러시아에 의지하기로 결심했다. 고종이 러시아 공사관으로 파천할 의사를 표명한 것은 1896년 1월 3일과 9일이다. 이날 고종은 러시아 공사관에 러시아 군함 한 척을 제물포로 보내줄 것을 요청했다. 1월 10일에는 생명의 위협을 느끼고 있는 자신과 왕태자(세자)가 러시아 공사관으로 피신해도 좋은지를 문의했다. 이틀 후인 1월 12일, 고종은 신·구 러시아 공사와 면담했다. 이때 고종은 친일 각료들의 눈을 피해 슈페예르 공사의 주머니에 자신을 보호해 달라고 요청하는 메모를 전달했다.

이 무렵 서울 외교가에는 조만간 일본인들이 고종을 시해하고 이준용을 왕위에 앉히려 한다는 괴소문이 유포됐다. 또 의병의 서울 진공설이 나돌았다(이민원, 『명성황후 시해와 아관파천』, 2002, 118쪽). 상황의 심각성을 파악한 슈페예르는 본국 정부에 조선 독립을 보장하기 위해 조선에 주둔한 일본군과 같은 수의 러시아 군대를 파병해 달라고 보고했다. 로바노프 외상은 일본과의 충돌을 우려해 이 제안을 거부했다.

한 나라의 국왕이 수도에서 외국 공관으로 탈출해 통치한다는 것은 상상하기 어려운 일대 사건이었다. 때문에 러시아 학자들은 러시아 정부가 일본과의 충돌을 우려해 고종의 아관파천에 소극적이었으나 고종의 요청에 할 수 없이 응한 것이라고 주장했다. 즉 아관파천은 고종과 이범진이 주도적 역할을 하고 베베르와 슈페예르는 보조적 역할밖에 하지 않았다는 것이다(박 벨라 보리소브나, 「러시아 공사관에서의 375일」, 한국정치외교사학회 편, 『명성황후 시해사건과 아관파천기의 국제관계』, 1998, 156쪽).

하지만 당시 상황을 정밀 복기하면 이런 주장은 타당성을 얻기 어렵다. 슈페예르와 베베르는 본국 정부가 일본과의 충돌을 우려해 소극적으로 나오자 자신들의 힘으로 해결책을 모색했다. 그 결과 조선 국왕을 자국 공사관으로 이어시켜 그곳에서 왕조를 통치하도록 한다는 구상을 했다. 러시아 공사의 분위기를 감지한 조선 국왕도 그 의견에 따르지 않을 수 없었다.

슈페예르는 주한 프랑스 공사 르페브르에게 "당신이 알고 있듯 왕(고종)은 죽음을 크게 두려워하고 있다. 여기서 그는 나의 계획(아관파천)에 따르기로 끝을 맺었다"라고 자신이 아관파천의 주도자였음을 솔직하게 털어놓았다. 조선에서 친일 세력을 제거하고 일본 공사관의 압제에 놓인 정치적 상황을 타개하기 위해 자기가 국왕을 러시아 공사관으로 탈출하도록 설득했다는 것이다(최문형, 『한국을 둘러싼 제국주의 열강의 각축』, 2006, 199·283쪽).

러시아 황제, 아관파천 승인

이런 증언을 통해 보면 아관파천은 슈페예르와 베베르가 계획을 마련했고 고종의 요구에 따른 것처럼 격식을 꾸며 재가를 신청한 뒤 본국 정부의 승인도 받기 전에 실행에 옮긴 것이 된다. 자신들에게 보호 요청을 하라고 고종의 등을 떠밀어 아관파천 계획을 수립한 슈페예르 공사는 이러한 사실을 숨기고 1월 27일 "베베르와 본인은 러시아가 조선을 일본에 양보할 의도가 없다면, 설사 러시아의 모험적 개입이 사건을 복잡하게 만든다 해도 이곳에서 러시아의 적극적인 역할을 거부할 수 없는 상태가 됐다"라고 본국 정부에 보고했다(박종효, 『격변기의 한·러관계사』, 도서출판 선인, 2015, 241쪽).

이 전문에 대해 로바노프 외상은 즉각 "조선 국왕에게 어떤 보장도

해서는 안 되며, 러시아는 동아시아에서 새로운 분쟁을 원치 않는다는 사실을 명심하라"라는 훈령을 보냈다. 본국 정부의 훈령에도 불구하고 슈페예르는 한반도에서 어떤 식으로든 상황 타개가 필요하다고 자의적으로 판단했다.

슈페예르는 본국 정부에 "조선을 잘 알고 있는 사람으로서 다시 와 보니 국왕은 일본의 포로 상태에 있으며, 왕권은 명색만 남아 있다. 온 국민의 증오의 대상이 된 친일파는 모든 일을 멋대로 처리하고 있으며, 세자를 일본으로 보내려는 것 같다. 국왕은 세자를 일본에 인질로 보내려 한다면 기필코 막아달라고 간곡히 요청한다"라는 비밀 보고서를 제출했다.

이 내용은 중요 서류로 분류돼 니콜라이 2세 황제에게 보고됐다. 황제는 보고서 상단에 "이제는 일본이 조선에서 저지르고 있는 추태에 대해 러시아에게 해명을 할 때다"라는 메모를 적어 외무성으로 보냈다(박종효, 『격변기의 한·러관계사』, 2015, 240쪽). 이로써 차르는 조선 문제의 극단적인 해결책을 윤허한 셈이 됐다(김종헌, 「청일전쟁 이후 재한 러시아 외교관의 활동에 관한 고찰」, 2009, 283쪽).

슈페예르는 조선 국왕을 러시아 공사관으로 탈출시키면 본국 정부 훈령과 배치되는 상황이 발생할 것을 우려했다. 이를 피하기 위해, 러시아 공사관으로 탈출하고 싶다는 고종의 요청을 받고 이를 본국 정부에 보고해 의견을 구하는 형식을 취하기로 했다. 때마침 조선 정부의 친일파들이 2월 1일, 왕비 시해에 적극 가담한 조희연을 군부대신에 복귀시켰다. 다음 날 고종은 친러파 이범진을 통해 러시아 공사관으로 피신을 요청하는 비밀 메모를 보냈다.

두 공사는 즉각 본국 정부에 관련 내용을 알리고 승인을 요청했다. 차르의 메모 덕분인지 러시아 외무성은 이번에는 이를 허가했다. 보고를 받은 니콜라이 2세도 즉각 러시아 군함을 제물포로 파견하라고 명령했다. 이 조치는 일본과의 충돌을 우려해 조선에서 어떤 행동도 자제한다는 현상 유지 정책을 당분간 중단한다는 의미였다.

하필이면 이때 전신선 고장으로 주한 러시아 공사관은 본국 정부의 결정 내용을 수신할 수 없었다. 때문에 고종을 러시아 공사관에 수용한 것은 전적으로 슈페예르 공사의 판단과 책임으로 이루어진 일이었다(김영수, 『고종과 아관파천—이희, 러시아 공관에서 375일』, 2020, 288쪽).

2월 7일, 슈페예르 공사는 고종에게 모든 준비가 완료됐다고 알렸고, 이날 저녁 러시아 순양함 코르닐로프호가 제물포에 입항했다.

마지막 순간에 망설인 고종

고종은 2월 9일, 러시아 공사관으로 탈출을 결행하겠다고 연락했으나 갑자기 "공사관을 지키는 경비병 숫자가 모자란다"라며 연기했다. 서재필에 의하면 고종이 마지막 순간에 머뭇거리자 몸이 단 이범진은 엄 상궁을 통해 "김홍집 내각이 일본과 결탁해 폐하를 폐위하고 시해하려 하니 속히 주한 러시아 공사관으로 파천하시어 해를 피하는 것이 상책"이라고 거짓 보고를 해서 아관파천을 결심하게 했다고 한다. 이 밖에도 내시 강석호, 러시아 통역관 김홍륙, 시위대 대대장 이학균, 궁내관 최영하, 홍종우 등이 아관파천을 적극 부추겼다(한영우, 『명성황후와 대한제국』, 2001, 69쪽).

러시아는 1895년 11월 22일 제물포에 입항한 포함 보브르호에서 수병을 상륙시켜 공사관 경비 병력을 60여 명으로 늘린 바 있다. 고종이 계속 불안해하자 슈페예르 공사는 2월 10일 러시아 순양함 코르닐로프호에서 해군 장교 4명, 대포 1문, 맥심 총으로 무장한 수병 100명을 상륙시켜 러시아 공사관 호위를 강화했다. 이로써 서울의 러시아군 병력은 160명으로 증강됐다.

슈페예르 공사는 서울에 도착한 러시아 참모본부 소속 탐험대 지휘관 카르네프 대령에게 공사관 방어 임무를 맡겼다. 카르네프는 감시 초소를 설치하고 공사관 주변에 특수 부대를 배치했다. 러시아 병사들은 공사관 정문 앞에 대포를 설치했고, 공사관 담을 따라 경계 병력을 배치했다. 그제야 이범진은 슈페예르에게 고종이 다음 날 새벽 러시아 공사관으로 옮기기로 단호히 결심했다는 사실을 통보했다.

이 무렵 시중에는 춘천 의병이 서울로 쳐들어온다는 소문이 파다하게 퍼져 인심이 흉흉했다. 정부는 지방 진위대 병력으로 의병 진압이 불가능하자 서울의 친위대 5개 중대를 춘천으로 출동시켰다. 수도 서울의 치안이 공백 상태가 되자 정동구락부는 그 기회를 이용해 아관파천을 결행한 것이다(김원모, 「정동구락부의 친로親露반일 정책」, 『한국사학논총(박영석 화갑논총)』, 1992, 167쪽).

거사 추진 세력은 충청·황해·경기도 일대의 근왕파 보부상에 소집령을 내렸다. 2월 10일 새벽부터 경복궁 부근에 수천 명의 보부상이 모였다. 이들은 아관파천이 실패할 경우 비상수단을 써서 궁궐을 침범하고 주한 일본 공사관을 습격할 계획도 세웠다.

2월 11일 새벽 기온이 급강하해 강추위가 엄습했다. 오전 6시경 엄상궁이 미리 준비한 궁녀 복장으로 갈아입은 고종과 세자가 커튼이 두껍게 쳐진 궁녀 가마에 올랐다. 한 대에는 박 상궁과 고종이, 다른 가마에는 궁녀와 왕세자가 탔다. 여성이 탄 가마는 내부를 들여다보지 않는 것이 조선의 관습이었다. 덕분에 이날 이른 아침, 궁궐 파수병들은 궁녀 가마를 검문하지 않고 통과시켰다.

고종이 파천한 주한 러시아 공사관. © 문화재청

"고종과 왕세자, 여자 옷 입고 가마에 앉아"

고종은 새벽까지 일하고 늦게 잠자리에 들었다가 정오 무렵 일어났다. 국왕의 생활 패턴을 잘 알고 있던 궁궐 수비대는 이른 아침에 누구도 국왕을 감시하지 않았다. 스웨덴 기자 아손 그렙스트(W. A. Grebst)에 의하면 이날 새벽 궁궐 수비병들은 궁녀들이 제공한 술과 밥을 실컷 먹어 경계가 느슨해졌고, 그 틈을 이용해 쉽게 가마가 빠져나갈 수 있었다고 기록했다(아손 그렙스트, 김상렬 옮김, 『스웨덴 기자 아손, 100년 전 한국을 걷다』, 책과함께, 2005, 256쪽).

정동 외국인 밀집 지역에 건설된 웅장하고 위엄 있는 주한 러시아 공사관은 화려하고 강력한 인상을 주었다(지그프리트 겐테, 권경영 옮김, 『독일인 겐테가 본 신선한 나라 조선, 1901』, 책과함께, 2007, 221쪽). 러시아는 시내와 궁전을 내려다볼 수 있는 언덕에 웅장한 공사관 건물을 건설해 수도와 조선 왕궁이 러시아의 깃발 아래 보호받고 있는 것처럼 연출하려 했다.

오전 7시 30분, 정동의 러시아 공사관 동쪽 쪽문 앞에 양반집 규수가

타는 가마 두 대와 30~40명의 수행원이 나타났다. 쪽문이 열리고 공관 안으로 가마가 들어갔다. 이범진, 이완용, 이채연 등이 국왕 일행을 맞았다. 공사관 수비 책임자 카르네프 대령은 이 장면을 생생하게 목격했다. 가마꾼들조차 공사관에 도착해서야 왕이 가마에 타고 있음을 알았을 정도로 모든 것이 비밀리에 이루어졌다(카르네프 외 4인, 『내가 본 조선, 조선인』, 2003, 99쪽).

슈페예르 공사는 고종이 도착한 순간 놀라움을 감추지 못했다. 그는 "오늘 오전 7시 30분 주한 러시아 공사관 마당에 여자 가마 한 쌍이 도착했습니다. 고종과 왕세자가 여자 옷을 입고 가마에 앉아 있었습니다"라고 기록했다(지그프리트 겐테, 『독일인 겐테가 본 신선한 나라 조선, 1901』, 2007, 199~200쪽). 그는 고종을 공사관 건물 중에서 제일 훌륭한 장식으로 꾸며진 2층 별실로 안내하고 고종을 특별 귀빈으로 예우했다. 러시아 측은 2층에 마련된 두 개의 크고 호화로운 방을 국왕 거처로 제공했다.

오전 10시, 러시아 수병들은 공사관 현관 계단 앞에서 대오를 갖추었다. 고종은 러시아 수병들을 사열하면서 그들의 용감한 모습에 감격했다. 이때 탑에서 보초를 서던 수병이 "일본인이 온다"라고 외쳤고, 각 초소에서 호각이 울렸다. 그것은 일본군이 아니라 조선의 궁궐 수비대였다. 조선 병사들은 공사관 안으로 들어와 현관 앞에 4열로 섰다.

고종이 현관으로 나오자 조선 수비대는 "받들어 총"의 경례를 했고, 나팔수는 3분 정도 계속해서 나팔을 불었다. 병사 중 일부는 자기들끼리 이야기를 주고받았고, 일부 병사는 단추도 채우지 않았다. 조선 수비대의 기합 빠진 모습을 목격한 카르네프 대령은 이 부대가 제대로 훈련을 받지 못한 상태라는 것을 단번에 파악했다.

파천 후 어명 1호는 "역적들을 처단하라"

국왕이 경복궁을 탈출해 러시아 공사관으로 이어했다는 소식이 알려지자 수천 명의 군중이 러시아 공사관으로 떼를 지어 몰려왔다. 베베르는 이 모습을 '백성의 축제'라고 본국 정부에 보고했다. 정동 길은 환호하며 고종을 축하하기 위해 찾아온 군중들로 순식간에 가득 찼다.

전 세계 역사를 살펴봐도 한 나라의 국왕이 수도 안에서 외국의 도움을 받아 왕궁을 탈출해 외국 공관으로 거처를 옮겨서 국가를 통치한 것은 전대미문의 행동이었다. 그것도 모자라 군주가 여장을 한 채 궁녀 가마를 타고 몰래 피신했다는 사실은 감추고 싶은 우리 역사일지도 모른다(김영수, 『미쩰의 시기—을미사변과 아관파천』, 2013, 143쪽). 사정이 이런데도 불구하고 군중들은 무슨 이유 때문에 환호하며 축제 분위기를 연출한 것일까?

러시아 공사관에 안착한 고종이 가장 먼저 내린 어명은 총리대신 김홍집, 탁지부대신 어윤중, 내부대신 유길준, 농상공부대신 정병하, 군부대신 조희연, 법부대신 장박 등 친일 각료 포살이었다. 이들은 갑오·을미개혁을 통해 군주에 집중된 권한을 의정부(내각)와 각 아문 대신에게 분산하는 개혁을 주도했다(양진아, 「유길준의 일본 망명과 귀국 과정」, 『한일관계사 연구』 제72집, 2021, 232쪽). 고종 입장에서 보면 자신의 왕권을 제약한 악질 관료들이었다.

국왕이 사전에 어떤 메시지도 없이 러시아 공사관으로 파천했다는 충격적인 소식을 접한 대신들은 경복궁의 내각 사무실에 모여 대책을 의논했다. 이때 어명을 받은 병사들이 들이닥쳐 김홍집을 체포해 갔고, 경무청 순검들이 농상공부대신 정병하를 자택에서 체포해 경무청으로 구인했다. 고종은 경무청 밖에서 두 사람의 목을 치라고 어명을 내렸다.

김홍집. 고종은 총리대신 김홍집, 농상공부대신 정병하의 목을 치라고 어명을 내렸다. 그들의 시신은 군중들에 의해 갈가리 찢겼다.

순사들은 김홍집과 정병하를 발로 차서 쓰러뜨린 후 총검으로 난자하고 가슴과 등을 칼로 내리쳐 죽였다.

고무라 공사의 2월 11일 자 보고에 의하면 고종이 김홍집과 정병하를 가장 먼저 학살한 이유는 김홍집이 왕비 폐위 상소를 기초했고 정병하가 이를 국왕에게 올린 것에 대한 복수였다고 한다(『日本外交文書』 第29卷, 685쪽).

잠시 후 기마 순사가 두 사람의 시신을 종로로 끌고 갔다. 시신을 지키던 순사들이 철수하자 군중이 두 대신의 사지를 찢고 시체의 다리 부분을 새끼줄로 묶어 종로를 끌고 다녔다. 시체에는 '대역부도 김홍집'이라 크게 쓴 장지를 붙였다. 보부상들이 시체를 향해 큰 돌을 던지고 발로 짓이겨 온전한 곳이 한 군데도 없었다(국사편찬위원회, 『주한일본공사관기록』 권9). 정병하의 시신은 전동 쌍문 서쪽 노점 담장 아래 던져졌는데, 그의 시신도 온전한 곳이 한 곳도 없을 정도로 능욕을 당하다가 밤에 불태워졌다.

고종은 일국의 총리대신을 재판 절차도 없이 밀명으로 잡아 죽이고 시체를 저잣거리에 팽개쳤다. 『풍운한말비사』의 저자 윤효정의 증언에 의하면 군중들은 그의 시체 살점을 베어 먹고 성기를 잘랐으며, 시체에 불을 붙이고 큰 돌로 머리를 깨버렸다. 뇌가 노출되자 그것마저 짓이겨 납작하게 됐다고 한다.

유길준·조중응은 일본 망명

김홍집뿐만 아니라 그의 가족도 비참한 최후를 맞았다. 연좌 처벌이 내려질 것을 우려한 그의 부인은 아들을 강보에 싸서 죽인 후 목을 매 자결했다. 황현은 "김홍집은 일본과 화친을 주장해 죄를 지었다고 할 수 있으나 국사에 사심 없이 마음을 바친 정치가였다. 난세를 구제할 만한 재주가 있었다. 그가 죽자 '이제 조선엔 개화할 수 있는 인물이 없다'라고 크게 애석해했다"라고 썼다.

그의 죽음을 애도한 『한국통사』의 저자 박은식은 "김홍집이 죽을죄를 지었어도 나라의 대신이니 법에 의해 다스려야 했다"라면서 "일개 경관을 시켜 칙령을 입으로 전하고 도로상에서 짐승을 도륙하듯 학살하다니 형률을 그르친 것이 지나치게 심했다"라고 질타했다.

김홍집은 1880년 제2차 수신사로 일본에 파견돼 『조선책략朝鮮策略』을 받아 왔고, 영의정과 총리대신에 오른 인물이다. 난세가 닥칠 때마다 요직을 맡아 수완을 발휘해 '비 오는 날의 나막신'이라는 평을 받았다. 김홍집의 죽음은 조선의 제도권 내에서 개화파의 몰락을 의미했다.

탁지부대신 어윤중은 서울을 탈출해 고향인 충청도 보은으로 피신하던 중 2월 19일 용인에서 군중에게 타살됐다. 내각 사무실에 있던 유길준은 같은 방에 있던 관보국官報局의 일본인 고용원의 도움을 받아 경복궁 앞 일본 수비대 진영으로 피신했다. 법부대신 장박, 내부 위생국장 김인식, 법부 형사국장 조중응은 일본 공사관으로 피신했다. 고무라 공사는 그날 밤 조선 고관 4명을 변복시켜 진고개의 일본인 상점에 숨겼다. 일행은 이곳에서 두 달 동안 숨어 있다가 4월 13일 일본으로 망명했다.

궁내부 인사를 통해 아관파천 소식을 접한 고무라 공사는 경악했다. 일본은 조선과 러시아의 전신을 상시 도청했고, 고종 주변에 친일 인물

일본으로 망명한 유길준(왼쪽)과 군중에게 타살당한 탁지부대신 어윤중(오른쪽). ⓒ 경기일보

을 심었으며, 외교망을 통해 조선 관련 소식을 광범위하게 수집했다. 또 조선 정부 요로에 배치된 고문관들 덕분에 국가 기밀 사안까지 낱낱이 파악하고 있다고 자부했다. 아관파천 전야인 2월 10일 밤에도 고무라는 슈페예르와 베베르를 만났지만 어떤 낌새도 채지 못했다. 그는 "고종을 주한 러시아 공사에게 빼앗긴 것은 나의 실수였다"라면서 국왕 탈출을 사전에 탐지하지 못한 것은 "천추의 한"이라고 기록했다.

고무라는 "서울에서 일본 세력은 급전직하해 천 길 낭떠러지에서 떨어지고 말았다. 이때까지 서울에서 열세이면서도 세력을 유지해 왔으나 이제 거의 발판을 잃어 일·러 양국은 조선 관계에서 주객이 완전히 전도됐다"라고 허탈해했다. 「도쿄아사히신문」은 "이제 우리의 대한對韓 정책이 결국 실패로 끝났음을 슬퍼하지 않을 수 없다"라고 낙담하는 논설을 실었다(1895년 2월 15일).

박정양 중심의 정동파 내각 출범

고무라 주타로 주한 일본 공사.

오전 10시, 슈페예르 공사는 서울 주재 외국 공관에 "조선 국왕이 생명의 위협을 느껴 왕태자와 함께 러시아 공사관에 피신했다"라는 메시지를 보냈다. 정오에 고종은 외국 공관장을 알현했다. 외교관들은 고종을 동정했고, 슈페예르와 베베르 공사에게 조선 국왕을 러시아 공사관으로 피신시킨 '도덕적 성공'을 축하했다.

뒤늦게 도착한 고무라 공사는 자제력을 잃지 않기 위해 필사적으로 노력하면서 "독립 국가로서의 체면이 있으니 속히 환궁해야 한다"라고 요청했다.

러시아 공사관에서 고종을 알현하고 나온 고무라 공사는 고종이 아관파천을 단행한 이유를 분석해 본국 정부에 보고했다. 고무라는 "이번 사변은 작년 10월 8일 사변(왕비 시해)의 복수에서 나온 것으로, 국왕은 이범진 등에게 복수의 염念을 깨끗이 풀 수만 있다면 국가가 멸망하더라도 조금도 싫어하는 바가 아니라고 명언明言했다고 한다"(김경창, 「국왕의 아관파천에서 환궁까지의 日露교섭 시말—일본 측 자료에 의거」, 한국정치외교사학회 편, 『명성황후 시해사건과 아관파천기의 국제관계』, 1998, 210쪽)라고 분석했다. 고종은 을미사변에 대한 복수를 위해서라면 나라가 망해도 좋다는 일념으로 아관파천을 단행했다는 뜻이다.

주한 외교단을 접견한 후 고종은 "역도들의 흉모와 흉계가 나타나 임시로 왕태자를 거느리고 러시아 공사관에 잠시 와 있으며, 범죄자들을 체포하도록 명했는데 이들을 붙잡아 오는 것을 기다려 즉시 환궁하려

한다"라는 성명을 발표했다.

자신의 명으로 김홍집·정병하를 처단하고 내각을 붕괴시켰으니 신내각 수립이 시급했다. 고종은 산전수전 다 겪은 원로 대신 김병시를 러시아 공사관으로 불러 총리대신 임명장을 주었다. 김병시는 2년 전인 1894년, 고종이 동학 농민군 토벌을 위해 청군 파병을 요청하려 하자 이를 강력히 반대했던 지조 있는 선비였다. 김병시는 "러시아 공사관은 폐하께서 대신을 임명할 장소가 아니니 속히 환궁하시어 명령을 내리면 기꺼이 수용하겠다"라며 완곡하게 사양했다.

김병시의 마음을 돌리는 데 실패한 고종은 박정양 중심의 잠정 내각을 출범시켰다. 이날 임명된 내각 명단은 춘생문 사건 주동자인 이재순(궁내부), 박정양(총리 겸 내부), 이완용(외부 및 학부·농상공부), 조병직(법부), 이윤용(군부), 윤치호(학부협판), 윤용구(탁지부), 안경수(경무사) 등이었다. 고종이 신임하는 이범진은 10여 일 후 법부대신 겸 경무사에 임명됐다.

러시아는 조선 국왕을 자국 공사관에 보호하게 된 '외교적 승리'를 기뻐할 수만은 없었다. 러시아가 조선에 대한 영향력을 강화하면 할수록 일본의 반격도 거세질 것이요, 영국의 개입을 불러올 가능성이 있었기 때문이다. 슈페예르와 베베르는 사태를 냉정하게 평가한 후 조선 국왕에게 내정 간섭은 물론, 영향력 행사도 자제해 행동의 자유를 누릴 수 있도록 배려했다.

그들이 영국의 간섭을 의식해 내각 구성에도 개입하지 않자 고종은 알렌과 의논했다. 알렌은 존 셔먼(John Sherman) 미국 국무장관으로부터 "조선의 내·외정에 개입하지 말라"라는 주의와 경고를 받았음에도 불구하고 주미 한국 공사관에 근무했던 인사를 고종에게 추천했다. 그 결과 아관파천 후 성립된 신내각은 반일·친미 성향의 정동파 인사들이 중심이 됐다.

러시아인 행정고문·군사교관 파견 요청

2월 13일, 슈페예르 공사는 본국 정부에 "제국 공사관의 정신적 지지하에 국왕이 단행한 평화적 쿠데타가 무사히 성공했다고 평가할 수 있다"라고 타전했다(와다 하루키, 『러일전쟁 1』, 2019, 341쪽).

러시아 공사관에 도착한 지 사흘째인 2월 14일, 고종은 베베르와 슈페예르 공사에게 "러시아와 긴밀한 관계를 유지해 조선의 운명을 러시아에 맡기고 싶다"라고 요청했다. 또 조선 대신들의 지도자 겸 스승 역할을 맡아줄 믿을 만한 인물을 러시아 정부가 천거해 달라고 요청했다. 이 인물은 조선 정부의 총고문 자격으로 국정 전반에 참여하는 동시에, 관리들의 공정하고 합리적인 업무 처리를 지원하는 임무를 맡게 될 것이라고 설명했다.

고종은 특히 재정 및 군사 분야에 큰 관심을 보이면서 궁궐 수비를 위한 강력하고 잘 훈련된 친위군을 조직하기 위해 러시아 군사고문과 3,000명의 러시아군을 조선에 파견해 달라고 요청했다. 슈페예르는 즉각 행정고문과 군사교관 파견을 요청한 고종의 메시지를 본국 정부에 보고했다.

러시아는 아관파천으로 한반도의 일본 지배를 막는다는 자신들의 목적을 손쉽게 성취했다. 이때부터 시베리아횡단철도가 완공될 때까지 조선 문제와 관련해 일본과 충돌하지 않고 적당한 선에서 타협하기로 방침을 정했다. 2월 24일 러시아 외무성은 슈페예르 공사에게 "조선에 행정고문과 군사교관을 파견하는 것은 시기상조"라면서 고종의 요구를 정중히 거부했다.

주도권을 빼앗긴 일본도 조심스럽기는 마찬가지였다. 이토 히로부미 일본 총리는 조선 주둔 일본군 지휘관에게 러시아 수병과 어떠한 충돌도 일으키지 말고 절대 중립을 고수하라고 엄명했다.

2월 11일 오전부터 러시아 공사관에는 국왕의 어명을 기다리는 관리를 비롯해 내시·궁녀들이 바글거렸다. 슈페예르 공사의 응접실은 아침부터 저녁까지 조선 대신들로 붐볐다. 고종이 러시아 공사관에서 장기 거주하게 되자 건물 옆에 국왕을 위한 임시 주방이 마련됐고, 공사관 뜰에 여러 채의 가건물을 지어 조선 정부 주요 부처의 사무실이 입주했다. 이곳에서 대신들이 고종을 알현하고 업무를 처리했다.

고종은 러시아 공사관 2층에 마련된 두 개의 방을 거처로 삼았다. 고종은 방에 앉아 있다가 답답하면 공사관 정원을 산책하는 것을 제외하고는 은둔하다시피 했다. 을미사변 이래 독살 공포증에 시달린 고종은 한식보다는 양식을 선호했다. 러시아 공사관에서 생활하는 동안 손탁이 서양 요리와 커피로 수라상을 차렸다.

아관파천 내내 고종을 위해 헌신한 손탁은 외교계에서 막강한 실력자로 부상했다. 아관파천 전후를 통해 고종의 신임을 받은 외국 여성 세 사람을 꼽는다면 손탁과 언더우드 부인, 베베르 부인이었다(김원모, 「미스 손탁과 손탁호텔」, 1996, 198쪽).

손탁의 맹활약

고종은 러시아 공사관 체류 기간 동안 손탁이 차려주는 서양식 수라를 대단히 좋아했던 것 같다. 서울의 관립 법어(프랑스어)학교 교사 마르텔의 회고를 조선신문사 기자 고사카 사다오小坂貞雄가 기록한 『외국인이

본 조선외교 비화』에 의하면 손탁이 여러 가지 서양 요리를 만들어 진상했기 때문에 고종은 손탁을 러일전쟁 발발까지 국왕 전속 조리인으로 삼았다고 한다(小坂貞雄, 『外人の觀たる朝鮮外交秘話』, 朝鮮外交秘話出版會, 1934, 182쪽).

주한 이탈리아 총영사 카를로 로세티(Carlo Rossetti)는 프랑스 요리에 푹 빠져 있던 고종의 모습을 다음과 같이 전했다.

> 황제의 수라상을 준비하는 일은 한국의 다른 어떤 공무보다 잘 조직이 돼 있었는데, 이는 황제가 러시아 공사관에 피난했던 시절에 러시아 공사 부인의 시녀로, 이후 유럽식 수석요리사 자격으로 황제의 궁정에 머물게 된 알자스 지방 출신의 손탁이라는 여인 덕분이다. (카를로 로세티, 서울학연구소 옮김, 『꼬레아 꼬레아니』, 숲과나무, 1996, 99쪽)

이탈리아는 1884년 조선과 수호통상조약을 체결한 후 조선과의 외교 업무를 영국 공사관에 의뢰했다. 1901년 12월 우고 프란체세티 디 말그라(Ugo Francesetti di Malgra) 백작이 초대 주한 이탈리아 영사로 파견됐다. 1902년 그가 장티푸스로 사망하자 백작의 친구 카를로 로세티가 후임으로 파견돼 1902년 11월 6일부터 1903년 5월 15일까지 근무했다. 그가 서울에 주재하며 빠른 속도로 근대화되는 대한제국의 모습을 관찰해 쓴 책이 『꼬레아 꼬레아니』다.

2월 18일 러시아 외무성은 주한 러시아 공사관에 "조선 국왕의 안전을 배려하면서 보호를 지속할 것"이라는 전보를 보냈다. 아관파천을 공식 승인한 것이다. 다음 날 친위대 대대장 이남희, 중대장 신우균 등이 춘천 의병을 격파하고 서울로 돌아왔다. 고종은 직접 장졸에게 음식과 상을 내리고 포상금 100냥씩을 하사했다(김영수, 『고종과 아관파천』, 2020, 121쪽). 2월 23일에는 을미사변과 춘생문 사건에 대한 재조사를 지시하면서 22일 법부대신으로 임명된 이범진을 고등재판소장에 겸직시켰다.

아관파천으로 출범한 박정양 내각은 민심 수습을 위한 조치에 착수했다. 우선 사회 전체를 소용돌이로 몰고 간 단발령을 철회하고 각자 편의에 따르도록 했다. 국왕 구출을 위한 춘생문 사건에 연루돼 투옥된 자들을 사면했고, 미납된 세금은 감면해 주었다. 또 봉기한 을미의병은 국모 시해에 대한 복수를 위해서였으니 그동안의 행위를 불문에 부치고 생업에 종사하도록 설득하기로 했다. 이를 위해 신기선을 남로南路에, 이도재를 동로東路에 선유사宣諭使로 파견했다. 하지만 각종 유화책에도 불구하고 의병운동은 점점 확산됐다.

의병, 게릴라전으로 일본군 괴롭혀

국왕의 러시아 공사관 탈출 소식에 환호했던 민심은 며칠 지나지 않아 진정됐다. 조선 국왕이 외국 공사관에 피신해 통치하는 행위는 누가 봐도 온당한 일이 아니었기 때문이다. 유생들은 "대군주 폐하(고종)가 환궁하지 않는 것은 신내각원들이 막고 있기 때문"이라면서 국왕의 환궁을 외치며 의병을 일으켰다.

당시 서울을 비롯한 개항장과 군용 전신선 부근에 일본군이 주둔하고 있었다. 이들이 의병들의 공격 목표가 됐다. 청일전쟁을 전후로 시작된 일본군 전신선에 대한 공격이 점차 가열됐다(의병들의 전신선 공격 부분은 박종근, 『청일전쟁과 조선』, 1989, 330~332쪽 참조).

아관파천 직전인 1896년 2월 5일, 여주 장날에 의병 수백 명이 여주의 일본군 전신선 감시소를 공격해 일본인 인부 4명, 측량사 1명, 상인 1명, 통역 등을 살해하고 전신선을 절단했다. 아관파천 후에는 의병들이 곳곳에서 경부·경원 간 전신선을 절단했다. 군용 통신망이 두절되자 일본군은 인천~부산을 왕래하는 통보선 소야宗谷호와 전령 기선을 운영해야 했다.

봉기한 의병은 "일본인을 때려죽이자" "일본인 거류지에 불을 지르자"라며 백성들을 선동했다. 그 결과 일본인들은 거류지 밖으로 나가면 언제 무슨 일을 당할지 모르는 상황이 됐다. 단발령이 강제됐던 1896년 1월부터 4월까지 조선인의 공격으로 살해당한 일본인은 62명이었는데, 그중 43명이 끔찍하게 참살당했다. 일본 신문 보도에 의하면 조선에서 살해당한 일본인의 직업은 어민이 25명으로 가장 많았고, 잡화 행상인 9명, 상인 9명, 여행자 8명, 목수 1명 등이었다.

주한 영국 외교관이 본국 정부에 보고한 자료에 의하면 1896년 2월 5일부터 11일까지 일주일 사이 조선에서 피살된 일본인은 36명(여주 16명, 원산 10명, 가흥 9명, 서울 1명)이었다. 3월 13일에는 강원도 울진군 죽변에서 주병헌 등 울진 의병이 일본인 15명을 살해하는 사건이 발생했다.

주한 일본 공사관이 조선 정부에 살해당한 일본인에 대한 배상을 집요하게 요구하자 베베르 공사는 "일본 정부에 민 왕후 시해 사건에 대한 배상을 요구하라"라고 조선 정부에 조언했다. 베베르의 조언을 듣고 조선 정부가 민 왕후 시해에 대한 배상을 요구하자 일본은 아관파천 시기 일본인 사망에 관한 배상 요구를 포기했다(김영수, 「서울 주재 러시아 공사 베베르의 외교활동과 한국 정책」, 2016, 16쪽).

위기에 처한 일본인

일본 정부가 명확한 조선 정책을 확정하지 못하고 우왕좌왕하자 조선 주둔 일본군은 난처한 상황에 처했다. 주한 일본군 지휘부는 게릴라전에 지친 일본 수비대에게 "병력을 분산시키지 말고 수비가 유리한 지역을 선정해 방어수세防禦守勢에 임하라"라고 지시했다.

2월 24일 가흥 병참부의 미야케三宅 대위는 일본군 65명, 이천의 조선 지방군 140명과 연합해 장호원 부근에서 의병 600여 명과 전투를 벌여 격퇴했다. 사흘 후인 2월 27일, 문경 부근 전신선이 절단되자 사카이酒井 소위가 병력을 이끌고 출동해 1,000여 명의 의병과 전투를 벌였다.

청일전쟁을 계기로 다수의 일본 상인이 평양에 거주하며 일본군에 물자를 보급했다. 의병이 봉기해 평양 일대의 일본 상인이 고립되자 우치다 영사는 일본 순사를 평양에 증파했다. 상황이 악화되자 일본 공사관은 2월 26일 선박 두 척을 동원해 174명의 일본 거류민을 남포에서 인천으로 철수시켰다.

원산 부근에서는 일본 육군 측량대가 의병의 야습을 받아 다카히사孝久 군조 이하 7명이 전사했고 전신 인부 1명이 부상당했다. 원산 주재 영사 니구치 요시히사二口美久가 군함 파견을 요청해 일본 군함 다카오高尾호가 3월 16일 원산 항에 입항해서 육전대 100명을 상륙시켜 의병을 공격했다.

의병들이 곳곳에서 전신선을 파괴하는 게릴라전을 벌이는 바람에 일본군은 고전을 면치 못했다. 일본 신문들은 "전선이 지나가는 일대의 적을 소탕하는 일은 마치 밥상 위의 파리를 쫓는 것과 같다"라고 보도했다.

당시 조선에 주재하는 일본 경찰은 58명이었다. 조선에서 불온한 정세가 계속되자 일본 정부는 경찰을 증파해 서울 53명, 인천 27명, 부산 22명, 원산 32명 등 148명을 배치했다. 경찰 증파에도 불구하고 의병 및 의병 동조 세력이 미곡 수출을 방해했다. 생명의 위협을 당하는 일본 상인들이 속속 귀국하면서 그 자리를 화상華商들이 차지했다.

관군의 진압 작전으로 1896년 4~5월에 의병 활동은 곳곳에서 분쇄됐다. 의병 운동이 급격히 쇠퇴한 이유는 유인석 의병 사례에서 보듯 신분 갈등 때문이다. 양반 유생과 농민 백성들은 '반침략'이란 점에서 운동 방향이 일치했으나 투쟁 목표는 정반대였다. 유생들은 봉건 제도 유지를 위해, 농민들은 봉건적 억압 분쇄를 위해 싸웠기에 의병은 내부 균열로 지리멸렬했다.

아관파천으로 러시아에 불의의 일격을 당한 일본은 고종의 환궁을 강력하게 요구했지만, 고종은 요지부동이었다. 러시아 공사관을 둘러싸고 긴장이 계속되자 러시아 정부는 군함 나히모프호, 카레예츠호, 돈스코이호, 만주호, 오트바즈뉘이호, 그레마쉬이호 등을 교대로 제물포에 기항시켰다. 1896년 4월 22일 나히모프호에서 수병이 상륙해 공사관 수비를 담당했다. 5월 11일에는 순양함 돈스코이호가 제물포에 입항했다. 돈스코이호는 공사관 수비 병력 파견, 제물포에서 마포까지 수로 측량, 함포 사격 훈련 임무를 수행한 후 블라디보스토크로 출항했다(이호윤·유해수, 「러시아 순양함 드미트리돈스코이호와 고종」, 『러시아 연구』 제25권 제1호, 2015, 151~156쪽).

고종은 을미사변 이후 극심한 불안으로 불면의 밤을 보내느라 지친 심신을 휴식하면서 베베르 가족의 친절한 호의에 감사했다. 베베르는 고종의 권위와 자유의지에 대해 어떠한 침해도 하지 않았고, 거의 매일 늦은 밤까지 지속된 고종과의 저녁 회동에서 국내에서 추진돼야 할 여러 가지 조치의 타당성을 조선 왕에게 설득시켰다고 한다(박 벨라 보리소브나, 「러시아 공사관에서의 375일」, 1998, 161~162쪽).

고종을 예우한 러시아 공사관

주한 러시아 공사관원 슈테인은 러시아 수병들이 높은 손님(고종)의 안전을 지키고 있으며, 그가 매일 창문에서 용감한 러시아 수병들의 모범적인 대열을 바라보았다고 기록했다. "정문 앞의 광장은 대포로 무장하고 있고 공사관 담을 따라 위병 보초를 배치하고 있었다. 또 무엇을 불행한 왕이 원할 수 있겠는가"(박 벨라 보리소브나, 「러시아 공사관에서의 375일」, 1998, 161쪽)라면서 러시아 공사관 측이 모든 성의를 다해 고종의 안전을 지켰다고 주장했다.

미국 선교사 언더우드 부인(Lillias Horton Underwood)도 아관파천 이후 베베르의 중립적 태도에 감탄했다. 언더우드 부인에 의하면 고종은 아관파천 시기 러시아의 이익을 강요받지 않았고, 최대의 자유를 누렸다. '진짜 신사' 베베르는 조언을 해달라는 고종의 간청을 받고도 거절했다고 한다.

헐버트도 아관파천 시기 고종이 베베르의 무한한 신뢰 덕분에 평화롭게 지낼 수 있었다고 기록했다. 헐버트에 따르면 베베르는 고종이 자유롭게 정치를 수행할 것을 진실하게 조언했다고 한다(호머 헐버트, 『대한제국 멸망사』, 집문당, 1999, 189·246쪽).

러시아의 한국 근대사 연구가 박 벨라 보리소브나는 러시아 공사관에서 생활한 고종은 평온하고 자유로웠다고 증언한다. 러시아 공사관에 머무는 동안 고종은 공사관 근처 정동구락부에서 당구를 즐겼다는 기록도 발견된다(프리데릭 A. 매켄지, 『한국의 독립운동』, 1999, 86쪽). 이러한 외국인들의 관찰기는 어느 정도나 '역사적 사실'과 부합할까?

사대 모화주의로 500년을 버텨온 조선이었기에 청일전쟁 패전으로 인한 중국의 퇴장은 정신적 공황 상태를 야기했다. 고종은 새로운 사대의 대상으로 러시아를 선택하고 그에 투항한 것이 아관파천이다. 고종에게 러시아는 중국을 대체하는 새로운 '아버지의 나라'였다. 반면에 러시아 입장에서 볼 때 한국은 가까운 장래에 시베리아횡단철도가 완성되면 차지해야 할 침략의 대상이었을 뿐이다.

이노우에 공사 시절 일본은 조선을 보호국화하기 위해 300만 엔의 차관을 제공했다. 이 차관의 이자 및 원금 상환, 담보 조건이 가혹해 조선의 재정에 하등 도움도 되지 않았다. 아관파천 직후 고종의 명을 받은 조선 해관 총세무사 브라운의 조사 결과 조선 정부 재정은 파산 직전이었다.

슈페예르의 분석에 의하면 조선 정부는 청일전쟁, 동학농민운동, 의병봉기 등 전국적인 혼란과 폭동으로 1년 동안 거의 재정 수입이 끊겼으나 정부 지출은 계속 늘었다. 조선 정부는 재정난을 수습하기 위해 일본과 500만 엔 차관 도입 협상을 진행했으나 아관파천으로 중단됐다. 조선이 빈사 상태에 허덕였지만 슈페예르와 베베르는 러시아 정부의 한반도 현상 유지 정책으로 인해 조선에 어떤 도움도 주지 못한 채 그저 "국고 지출을 줄여 위기를 타개하라"라는 원론만 되풀이했다.

베베르는 고종을 알현해 매일 밤늦게까지 국사에 대해 의견을 나누었다. 조선의 모든 대신은 러시아 공사관에 사무실을 차려놓고 회의를 했다. 고종의 어명을 받은 대신들은 베베르에게 의견을 듣고 자문했다. 이때부터 조선 천지는 러시아 세상으로 돌변했다. 고종은 중요한 의사결정을 하려면 러시아의 동의를 얻어야만 했다(장경호, 「대한제국 선포 직후 고종의 미관파천 시도」, 『한국학』 제42-2호, 한국학중앙연구원, 2019, 176쪽).

아관파천으로 인해 조선은 국가의 모든 사무가 러시아 공사관 건물 위에서 휘날리는 러시아 국기의 보호 아래 이루어졌다(박 벨라 보리소브나, 「러시아 공사관에서의 375일」, 1998, 160쪽). 이때부터 러시아는 청국에 대해서는 정부情婦처럼, 한국에 대해서는 독재자처럼, 일본에 대해서는 후원자처럼 행세했다(김영수, 『고종과 아관파천』, 2020, 149~150쪽).

아관파천 한 달 후 슈페예르 조선 떠나

1896년 8월 서울에 파견된 러청은행 상하이지점장 드미트리 포코틸로프(Dmitrii D. Pokotilov)는 "우리의 대표(베베르), 특히 그의 가족이 왕의 개인 사무 및 궁내 업무에 간여하는 것이 두드러지게 눈에 띄며, 그것이 서울 주재 외국인들에게는 어떠한 비밀에도 들지 않는다"라고 기록했다(박 벨라 보리소브나, 「러시아 공사관에서의 375일」, 1998, 161쪽). 베베르 공사가 조선 국왕의 통치에 강력한 영향력을 행사했다는 사실을 러시아인이 폭로한 것이다.

베베르는 하루아침에 서울 외교가에서 절대적인 지위를 차지했으며, 러시아 공사관에서 조직된 신내각은 친러·친미파 인사들이 차지했다. 조선 정부 각 부처에 채용된 일본인 고문 및 보좌관은 해고됐고, 일본인 장교에 의해 훈련받은 군대는 해산됐다. 경부 간 일본군 전신선은 절단됐으며, 조선에서 행상하는 일본 상인은 조선인에 강탈당해 일본과 조선 관계는 청일전쟁 개전 이전 상태로 돌아갔다(김경창, 『동양외교사』, 집문당, 1982, 49쪽).

한 나라에서 어느 일방의 지배적 영향력 행사가 타 열강을 자극할 수 있다는 사실을 경험한 베베르는 열강의 간섭을 차단하기 위해 미국을 비롯한 여러 나라와 아관파천에 따른 혜택을 일정 정도 공유했다. 영국인과 미국인을 조선 정부의 고문으로 채용하고, 일본을 제외한 다른 나라에 철도, 광산, 삼림, 어로 이권을 제공한 것은 이런 이유 때문이다.

이러한 이권 제공 과정에서 베베르는 자국의 이익을 결코 잊지 않았다. 베베르는 고종을 설득해 1896년 3월 경인선 철도 부설권을 미국에 제공했고, 러시아의 이익에 가장 중요했던 경의선 부설권은 1896년 7월 동맹국 프랑스에 넘기도록 조종했다. 이것은 향후 러시아가 건설하게 될 만주 철도와의 연결을 고려한 조치였다.

베베르는 자국을 위해서는 경원 및 경의 전신선 확보, 두만강·압록강·울릉도 삼림 채벌권, 월미도 저탄소 부지 조차권을 획득했다. 그가 경인·경의선 철도 부설권을 미국과 프랑스에 제공토록 영향력을 행사한 이유는 다음에 러시아가 그것을 매입하기 위해서였다.

영국 기자 매켄지는 베베르의 신중한 정책이 다른 어느 방법보다 러시아에 대한 신뢰와 영향력을 북돋아 주었다고 기록했다. 그 결과 한국 정부는 광산권과 벌목권을 러시아인에게 주었고, 한국 군대의 훈련과 재편을 러시아에 맡겼다는 것이다. 주한 프랑스 공사 플랑시(Victor Collin de Plancy)는 베베르가 늘 '무위 평화'를 가장하지만, 이면에는 매우 '음험한 수단'이 숨어 있었다고 평했다(『주한일본공사관기록 (11)』, 1897년 4월 26일, 기밀 제25호, 510쪽).

슈페예르는 조선 국왕이 러시아 공사관의 품에 안긴 기회를 이용해 러시아가 태평양 연안에서 강력한 입지를 확보해야 한다고 주장했다. 하지만 만주 방면으로의 확장을 결정한 러시아 정부는 일본과 조선 문제를 타협하기로 방침을 정했다. 그 결과 1896년 3월 1일 한반도에서 강경책을 주장하는 슈페예르를 주일 공사로 임명하고, 멕시코 공사로 결정된 베베르를 다시 주한 공사로 임명했다. 아관파천에 성공하자 강경파 슈페예르를 주일 공사로 전출시킨 사례를 보면 그의 주한 공사 임명은 아관파천 실행을 위한 특별한 목적이었음을 시사한다.

고종이 러시아 공사관에서 생활한 375일 동안 아관파천의 주역이었던 이범진은 스스로 1등 공신을 자처하며 안하무인으로 권력을 휘둘렀다. 고종은 반정부 세력에 대처하기 위해 이범진에게 법부대신과 경무사를 겸임시켰다. 그는 취임 첫날부터 김홍집 내각과 관련 있는 인물, 대원군 세력, 반일 세력을 싹쓸이 체포해 피바람을 일으켰다.

고종, 러시아 공사관 파천 중 엄 상궁 임신시켜

이범진은 을미사변과 춘생문 사건에 대한 재판 결과를 뒤집었고, 역술인에 의지하는 고종에게 바른말을 서슴지 않았다. 그는 고종의 총애를 받고 있는 엄 상궁과 긴밀한 관계를 형성하고 엄 상궁을 후원했다.

덕분에 엄 상궁이 고종을 모셨고 내시와 궁녀들이 그 곁을 지켰다. 고무라 공사는 엄 상궁을 "주한 러시아 공사관과 밀통해 선물을 주고받은 봉로주의奉露主義 부인"이라고 불렀다(김영수, 『고종과 아관파천』, 2020, 114쪽). 고종은 러시아 공사관에서 생활하는 동안 엄 상궁과 동침해 임신을 시켰다. 엄 상궁이 러시아 공사관에서 임신한 아들이 1897년 10월 20일에 태어난 고종의 일곱째 아들 영친왕이다.

이범진이 아관파천을 위해 접촉한 궁중 인물은 내시 강석호였다. 통감부 문서에 의하면 강석호는 고종이 러시아 공사관으로 이거할 때 배종해 총애를 받았다고 한다(주한일본공사관, 『통감부문서 8』, 「삼한궁인三韓宮人의 경력일반」, 국사편찬위원회, 1999). 이후 강석호는 고종의 측근으로 막강한 권력을 행사했다.

황현은 수십 년 동안 국왕의 총애를 받아 기세를 부린 내시로 김규복, 황윤명, 이용선, 나세환, 강석호, 김한종을 꼽았다. 이들은 서로 결탁해 국가를 갉아먹는 좀 노릇을 했는데, 그중 강석호가 가장 심한 비리를 저질렀고 황윤명은 조금 자중했다고 한다.

국왕의 측근 기구였던 내시부가 폐지된 것은 갑오개혁 때다. 갑오개혁 이후 일본은 궁중 내의 내시와 궁녀들을 점차 퇴출시켰다(장희홍, 「갑오개혁 이후 내시부의 관제 변화와 환관제의 폐지」, 『동학연구』 21, 한국동학회, 2006). 내시부 폐지 후 국왕을 호위하던 내시들은 시종원에 소속됐다. 일본인들이 내시 감축을 요구하자 모든 환관이 한곳에 모여 통곡했다. 내시 김한종은 이근택에게 "당신들은 내시들이 나라를 그르쳤다고 하지만, 결국 매국한 사람은 당신들 아닌가?"라며 강력 저항했다.

아관파천 시기 정부의 권력은 러시아 공사 베베르가 40퍼센트, 통역관 김홍륙이 30퍼센트, 민씨 가문이 30퍼센트를 차지했다. 내부협판 김중환의 배후에는 통역관 김홍륙이 있어 모든 관리 임명은 김홍륙과 김중환을 거쳐야 했다(윤효정, 박광희 옮김, 『대한제국아 망해라—백성들의 눈으로 쓴 살아 있는 망국사』, 다산초당, 2010, 309쪽).

윤치호는 "베베르 부부와 김홍륙은 러시아를 위해 조선의 모든 이권을 희생했고, 앞으로도 그럴 것이라는 사실을 명심해야 한다. 김홍륙은 러시아의 이익에만 헌신적이고, 조선의 안녕에는 치명적인 재난이었다"라고 비판했다.

헐버트 선교사는 고종의 아관파천은 국왕의 위엄을 손상시킨 한심스러운 과오라고 비판했다(헐버트, 신복룡 옮김, 『대한제국사 서설』, 탐구당, 1973, 151쪽). 때문에 파천 직후부터 고종의 환궁을 요구하는 상소가 쏟아졌다. 윤치호는 비록 초가삼간일지라도 국왕과 내각이 하루빨리 조선의 집으로 옮겨가야 한다고 고종을 설득했다.

춘생문 사건에 참여했던 전직 주사 윤효정은 사립법률학교 학생과 시민 등 200명과 연대해 고종의 환궁을 요구하는 상소를 올렸다. 고종은 "너희들의 상소는 진실로 임금에게 충성하고 나라를 사랑하는 마음에서 나온 것이다. 가까운 시일 내에 대궐로 환어하겠다"라고 답했다.

윤효정의 배후에는 주일 외교관 출신 안경수가 있었다. 안경수는 정부 관료, 구 훈련대, 순검 등을 동원해 러시아 공사관 앞에서 고종의 환궁을 요구하는 집회를 개최했다. 이 계획에 박정양, 이완용 등이 동조했다. 러시아 병력의 호위와 손탁이 차려주는 서양식 수라, 엄 상궁의 밤낮에 걸친 지극한 보필을 받아가며 안락한 생활을 누리고 있는 고종은 환궁할 마음이 조금도 없었다. 하지만 거세지는 환궁 압력에서 벗어나기 위해 정치적 상징조작에 나섰다.

환궁 여론 잠재우기 위한 공작 실시

우선 러시아 공사관으로 도피한 고종은 '하늘'이란 단어를 의식적이고 반복적으로 사용했다. 파천 당일 "하늘이 종묘사직을 돕지 않았다면 어찌 오늘이 있을 수 있겠는가?" "하늘의 이치가 매우 밝아서 역적의 우두머리가 처단됐다"라는 발언이 그 일례다. 이것은 고종 자신이 하늘에 의해 선택됐고, 하늘의 가호를 받는 신성한 존재라는 점을 강조하기 위한 레토릭으로 해석된다.

고종은 아관파천 5개월째인 1896년 7월 하순 자신이 하늘의 아들, 즉 천자天子 신분이니 제국의 황제에 취임하는 것이 당연하다는 여론 조성을 위한 비밀 공작에 돌입했다. 아관파천 중에 원구圜丘 제례를 국가가 지내는 큰 제사大祀에 포함시킨 것이다. 이러한 천제天祭 행사는 1년 후 대한제국 선포로 이어지게 된다.

두 번째 카드는 왕후 국장國葬 문제였다. 고종은 "왕비 시해 사건을 한시도 잊은 적이 없다. 원수를 갚지 못하고 장례 기간이 끝나는 바람에 나의 슬픔은 끝이 없다"라며 김홍집 내각이 준비해 왔던 국장 준비를 중지시키고, 을미사변에 대해 완전하고 공평한 조사를 진행하라는 어명을 내렸다.

이범진은 국왕의 뜻을 받들어 전면적인 재조사에 착수했다. 조사를 감독하기 위해 법부 고문인 미국인 그레이트하우스에게 증인 조사와 공문서 조사 권한을 부여했다. 고등재판소는 을미사변에 가담한 조선인 13명을 체포·기소했다. 그레이트하우스는 재판에 참여해 모든 소송 절차를 감독했다. 또 주한 외교관을 포함한 현장 조사단은 전 시위대 연대장 현흥택의 안내를 받아 현장 검증을 실시했다.

그레이트하우스는 1896년 4월 15일 대원군에게 히로시마 재판소 결정서와 문서를 보내 본인과 관련된 내용을 해명하라고 요청했다. 대원군은 "여론이 제멋대로인데 나의 말이 무슨 소용이 있는가? 나는 그저 조용하게 있을 뿐"이라면서 침묵했다.

고등재판소는 「8월 사변 보고서」(사건 발생일은 10월 8일이나 음력 8월이었기에 보고서 명칭이 8월로 돼 있다)에서 왕비 시해는 미우라 공사의 주도하에 서기관 스기무라 후카시 및 오카모토 류노스케와 협의해 추진한 사건이라고 명기했다. 미우라 공사가 김홍집 내각에 지시해 왕후 폐위를 주도했고, 일본 병사와 자객이 경복궁에 침입했다는 증거를 제시했다.

고종은 고등재판소 판결문을 근거로 일본 정부에 공식 항의하고 히로시마 재판소의 판결에 대한 재심을 요구했다. 조선 정부는 조사 결과를 관보에 게재하기 위해 원고를 관보국에 보냈다. 이 정보를 입수한 고무라 공사는 4월 25일 외부대신 이완용에게 "이런 보고를 관보에 게재하는 행위를 결코 묵과할 수 없으며, 엄중한 조치를 취하겠다"라고 협박했다.

일본과의 외교 관계 악화를 우려한 이완용은 관보국에서 원고를 회수해 「독립신문」을 운영하는 서재필에게 은밀히 관련 문건을 넘겼다. 「독립신문」은 이완용에게서 입수한 자료로 『개국 504년 8월 사변 보고서』라는 한글 소책자 300부를 제작해 각계에 뿌렸다. 또 서울에서 발간되는 영문 잡지 「코리아 리포지터리」(1896년 3월호)에 '왕궁 사변에 관한 공보'라는 제목의 기사가 실리도록 자료를 제공했다.

아관파천 중에도 치열한 권력 투쟁

아관파천 후 조선의 민심은 일본에는 적대적이었고, 러시아는 일본의 압제로부터 국왕을 보호해 주고 있다는 이유로 호의적이었다. 고무라 공사는 조선에서 일본에 대한 민심이 점점 악화되고 있으며, 친일파라고 칭하는 자는 거의 다 축출될 것으로 분석했다. 일본이 조선에서 영향력을 잃지 않으려면 병력을 사용해야 하는데, 그러면 러시아와의 충돌을 피할 수 없게 된다. 현재는 충돌을 일으킬 시기가 아니므로 본국 정부의 훈령이 도착할 때까지는 온화한 수단으로 대처할 계획이라고 보고했다(김경창, 『동양외교사』, 1982, 51쪽).

아관파천 기간에도 국내 정치 세력 간에는 권력 쟁취를 위한 음모와 암투가 끊이지 않았다. 법부대신 이범진은 주석면, 김홍륙, 이병휘, 이기동 등을 요직에 발탁해 자신의 권력 기반을 강화했다. 개화 세력은 친러파 이범진에게 권력이 집중되는 것을 막기 위해 그를 견제했다. 윤치호와 서재필은 고종에게 한 나라의 대신인 김홍집과 정병하를 재판도 없이 길거리에서 살해한 것은 잘못이라고 부당성을 제기했다.

윤치호는 이범진이 김홍집 내각에 참여한 인물을 일망타진한 행위를 권력 남용으로 규정했다. 권력이란 덧없는 것. 궁녀와 러시아 통역관 김홍륙, 주석면에게 둘러싸인 고종은 차츰 이범진을 멀리하기 시작했다. 이범진의 1인 독주는 결국 4개월 만에 막을 내렸다. 6월 20일 고종은 이범진을 주미 공사로 임명했고, 7월 16일 이범진이 인천에서 출국하면서 그의 권력도 저물었다.

윤치호는 고종 주변의 아첨꾼들에게 희생당하는 이범진을 연민의 시선으로 바라보았다. 하루는 이범진이 윤치호를 찾아와 눈물을 흘리며 "왕후가 살아 있을 때 우리는 왕후가 모든 악의 근원이라고 생각했으나 이제 보니 단지 왕을 기분 좋게 하기 위해 해로운 일을 하게 됐음을 알았다"라고 말했다(『윤치호일기』 1895년 12월 11일).

이범진은 민 왕후의 지시로 처리했던 여러 가지 일들이 결국은 고종의 지시에서 나온 것이었음을 뒤늦게 깨달았다. 이는 자신이 정치의 전면에 나서지 않고 민 왕후를 앞세워 통치했던 고종의 독특한 통치 행태가 빚어낸 것이었다(오영섭, 「을미사변 이전 이범진의 정치활동」, 2005, 39~44쪽).

1894년 청일전쟁 개전부터 아관파천으로 한반도에서의 주도권을 러시아에 빼앗긴 1896년까지 일본 정부는 안갯속에서 헤매는 것처럼 조선 정책이 오락가락했다. 오죽했으면 무쓰 무네미쓰 외상은 회고록 『건건록』에서 "조선 문제는 당국의 주제였음에도 불구하고 다른 열강 관계로부터 여러 가지 객제客題를 냄으로써 언제라도 기존 방침을 변경하지 않을 수 없는 상황"이라고 토로할 정도였다.

청일전쟁 개전 무렵 오토리 게이스케 공사는 개전 직후 새로운 정세에 대처할 대한 정책을 본국 정부에 요청했다. 보고를 받은 무쓰 외상은 8월 17일 각의에 '처한방책 4통處韓方策四通'을 제출하고 조선 정책의 방향을 결정해 달라고 요청했다. 일본 각의는 여러 가능성을 검토한 후 조선을 보호국으로 만드는 정책을 채택했다.

청일전쟁은 중국과 일본이 전쟁을 벌였지만, 그 배후를 추적해 보면 영-러의 그레이트게임이라는 대전략하에 치러진 전쟁이었다. 영국은 청나라가 한반도에 부동항을 마련하려는 러시아의 남진을 막아낼 능력을 상실했다고 판단하고 그 임무를 일본에 맡기기로 결정했다. 그 결과 청일전쟁을 통해 조선을 청나라에서 분리한 다음 일본 관리하에 두어 러시아가 한반도를 차지하지 못하도록 하기로 결정했다.

조선 보호국화 실패한 일본

그런데 일본이 조선을 보호국화하면 러시아를 비롯해 러시아와 동맹을 맺고 있는 세력들과 갈등이 일어날 우려가 다분했다. 때문에 일본 각의는 청일전쟁의 목적을 '조선 보호국화'로 결정했지만, "열강의 간섭이나 시기심을 일으키지 않도록 주의해 추진한다"라는 전제 조건을 달았다.

오토리 공사의 후임인 이노우에 가오루는 삼국간섭 정세에 대응하기 위해 새로운 대한對韓 정책을 요청했다. 1895년 6월 4일 일본 각의는 조선 문제로 인해 제2의 삼국간섭이 일어나지 않아야 한다면서 "조선에 대한 간섭을 중지하고, 조선을 자립시킨다"라고 결정했다.

이노우에의 후임으로 내정된 미우라 고로는 부임 전 확고한 조선 정책을 요청했다. 뾰족한 대책이 없었던 일본 정부는 기존의 정책을 답습한다는 모호한 방침을 내놓았다. 한반도를 둘러싼 국제 정세가 급변하는 와중에 확고한 대한 정책이 제시되지 않자 미우라는 조선을 일본의 보호국으로 만들기 위해 왕비 시해라는 극단적인 사건을 일으켰다.

일본 정부의 조선 공사 인선 자체도 엉망이었다. 오토리 게이스케는 1889년부터 주청 공사로 재임 중 1893년 6월 오이시 마사미大石正巳가 주한 공사를 사임하자 조선 공사를 겸임했다. 그해 9월 겸임국인 조선 정부에 국서를 봉정한 후 그대로 체류했고, 청나라에는 고무라 주타로를 대리공사로 주재시켰다.

이노우에 가오루는 현직 대신을 국장급이 보임되는 조선 공사로 강등해 보낸 지극히 비정상적인 인사였다. 미우라 고로가 민 왕후 시해 사건으로 본국 소환된 후 수습을 위해 파견한 외무성 정무국장 고무라 주타로는 주한 공사로 눌러앉았다. 고무라의 후임으로 하라 다카시가 부임했으나 몇 개월 만에 사임하고 「오사카마이니치신문」 사장이 됐다. 그의 후임으로 오랫동안 부산 영사로 재임했던 가토 마스오加藤增雄가 부임하면서 겨우 주한 공사 자리가 정상화됐다.

일본은 청일전쟁을 조선의 독립과 내정 개혁을 위해 일으킨 '의로운 전쟁義戰'이라고 주장했다. 1876년 체결한 강화도조약 이후 일본이 내세운 한반도 정책의 대의명분은 '독립과 자주'였다. 강화도조약 이후 등장한 '독립과 자주'는 일본이 만주사변이나 태평양전쟁 때 동남아시아를 침략하는 과정에서도 반복돼 나타났다.

일본은 중국 동북부와 동남아시아를 자신들의 식민지로 만들기 위해 중국, 미국, 영국, 네덜란드 등 기존의 지배 세력을 배제했다. 이 과정에서 일본이 그 나라의 독립과 자주를 위해 공헌했다는 논리를 창조해 낸 것이다.

제7권 연표

1882년	9월 14일	고종, 적서嫡庶나 지역 따지지 않고 능력 본위로 인재 등용 선언
1894년	7월 28일	무쓰 무네미쓰 일본 외상, 오토리 게이스케 주한 일본 공사에게 조선 정부에 일본인 고문관 채용 조치 훈령
	8월 17일	일본 각의, 조선 보호국화 정책 결정
	9월 30일	일본군 제5사단장 노즈 미치쓰라, 제2군 사령관 오야마 이와오에게 서울 이북에서 평양 지역에 일본군 주둔시켜 러시아 견제하자는 건백서 제출
	10월 27일	이노우에 가오루 주한 일본 공사 부임
	10월 28일	이노우에 공사, 고종에게 신임장 봉정
	11월 8일	이노우에 공사, 고종과 대원군이 청군 사령관에게 보낸 비밀 서한 공개
	11월 10일	대원군 정계에서 축출
	11월 20~21일	이노우에 공사, 내정개혁강령 20개조 설명
	11월 21일	일본군, 뤼순 요새 점령
	11월 22일	고종, 대원군의 섭정 중지 교지 반포
	11월 28일	민 왕후, 고종 설득해 탁지협판에 한기동, 법무협판에

이건창, 공무협판에 이용식, 농상협판에 고영희 임명

12월 6일 영국 「타임스」, 일본이 청국과의 강화에서 과도한 요구 하면 허용 않을 것 경고

일본군 중좌 구스노세 유키히코, 주한 일본 공사관 무관 부임, 고종에게 근위병 설치 건의

12월 8일 이준용의 통위사 지위 박탈. 민 왕후 "앞으로 국정에 간여하지 않겠다" 선언

12월 17일 이노우에 공사, 고종을 배후 조종해 김홍집·박영효 신내각 출범

1895년 1월 7일 고종, 홍범洪範 14조 선포, 제2차 갑오개혁 시작

1월 8일 홍범 14조 한글, 국한문 혼용, 한문으로 인쇄해 반포

1월 11일 군국기무처의 법령 입안권 폐지, 자문 기관으로 격하. 왕권 축소, 의정부에 권력 집중시키는 개혁 단행

1월 12일 김홍집·박영효 내각, 왕실 존칭 격상

1월 17일 군부대신 조희연 주도로 근위 부대인 훈련대 창설

1월 20일 일본군 웨이하이웨이 전투 위해 산둥반도 상륙

1월 25일 일본군 제2군, 룽청 점령

1월 26일 일본 다이이치은행 인천지점에서 관리와 외국인 고문 봉급 지급 위해 13만 엔 차관 도입

1월 27일 일본 정부, 강화 조건 심의 위해 히로시마 대본영에서 어전 회의

1월 30일 일본군 제2군, 웨이하이웨이 요새 남쪽 포대 점령

일본군 어뢰정, 류궁다오 항만 내로 진입

1월 31일 청국 강화 대표단 장인환과 사오유롄, 히로시마 우지

	나 항 도착
	주일 영국·러시아 공사, 무쓰 외상에게 강화 조건 질문
2월 1일	히로시마현 청사에서 제1차 강화 회담
	주일 프랑스 공사, 무쓰 외상에게 강화 조건 질문
	러시아 황제 니콜라이 2세, 청일전쟁 관련 제2차 특별 각료회의 소집
2월 2일	일본군 제2군, 웨이하이웨이 요새 북쪽 포대 점령
	일본, 청국 전권대표 위임장의 하자 이유로 강화 회담 결렬 선언
2월 3일	일본군 제2, 제3어뢰전대, 봉쇄선 뚫고 류궁다오 항만 내 진입
2월 6일	일본군 어뢰전대, 류궁다오 항만 내로 진입, 라이위안·웨이위안함에 어뢰 공격, 철갑전함 딩위안 선저 파괴
2월 7일	영국 「타임스」, "러·프·영 삼국은 공동 간섭 통해 중국 대륙 일본 영토로 편입시키는 행위 용납하지 않을 계획" 보도
2월 8일	일본 연합함대와 일본 육군, 웨이하이웨이 점령 위한 수륙 합동작전 개시
2월 9일	딩위안 함장 류부찬 자결
2월 11일	딩루창 제독, 항복 문서 작성 후 자결
2월 12일	조선 훈련대 제1대대(500명) 창설
	청국 북양함대, 일본군에게 항복 문서 전달
2월 13일	청국 강화 대표단 빈손으로 귀국

2월 15일	일본 연합함대, 웨이하이웨이 진입, 파괴되지 않은 북양함대 함정 몰수
2월 22일	무쓰 무네미쓰 일본 외상, 조선 정부에 300만 엔 차관 지급 승인
	광서제, 리훙장을 강화 회담 흠차전권대신에 임명
2월 23일	구스노세 유키히코 중좌, 조선 군부 고문 임명, 조선 훈련대 제2대대(500명) 창설
2월 24일	주일 러시아 공사 히트로보, 무쓰 외상 방문해 조선 독립 보장 요구
2월 26일	무쓰 외상, 이노우에 공사에게 "러시아에 간섭 구실 주는 일 없도록 하라" 주의
2월 27일	무쓰 외상, 러시아 정부에 조선 독립 보장 약속(조선 보호국화 제동)
3월 2일	일본군 제3사단, 안산 점령
3월 3일	리훙장, 일본과 강화 조약 체결 위해 베이징 출발
3월 5일	일본군 제3, 제5사단 합동작전으로 뉴좡 점령
3월 7일	일본군 제1사단, 잉커우 점령
3월 9일	일본군 3개 사단, 톈좡타이 점령으로 랴오둥반도 전역 점령
3월 15일	평후제도 공략 부대 사세보 출항
3월 16일	메이지 천황, 참모총장 고마쓰노미야 아키히토 친왕을 정청대총독에 임명
3월 19일	리훙장 전권대표 시모노세키 도착
3월 20일	시모노세키 슌판로에서 청-일 강화 회담 개시

3월 21일	청국 대표 리훙장, 강화 회담에 앞서 휴전 제안했으나 결렬
3월 23일	독일 정부, 러시아에 "동아시아에서 열강의 공동 개입 참여" 의사 밝혀
3월 24일	청국 대표 리훙장, 자객에게 피습
3월 30일	청·일 양국, 타이완과 평후제도 제외한 지역에서 3주간 휴전 조약 체결
	러시아, 극동 문제 해결 위한 특별회의, 열강과 함께 중국 대륙에 대한 일본의 영토 점령 허용하지 않기로 결정
3월 31일	조선 정부, 일본과 300만 엔 차관 도입 조약 체결
4월 1일	일본, 리훙장에게 강화 조건 제시하고 일주일 내에 회답 요구
4월 5일	리훙장 강화 조건 완화 요구, 무쓰 외상 거부
4월 8일	영국 정부, 러시아에 "일본에 대한 국제 간섭 참여 거부" 통보
4월 11일	러시아, 극동 문제 위한 제3차 특별회의
4월 12일	프랑스 정부, 러시아에 삼국간섭 참여 통보
4월 13일	즈리 결전에 투입될 일본 증원군 수송선단 중국 향발
4월 17일	양국 전권대표, 강화 조약에 조인
	러·프·독, 일본에게 랴오둥반도 반환 요구
4월 18일	일본 육군참모총장 아키히토 친왕, 즈리 결전 중지 명령
4월 19일	'내각 관제'에 의해 의정부를 내각으로 명칭 변경, 총리대신을 수반으로 기존의 8아문을 7부部로 개편

학무아문을 학부로 개칭

경무청 경무관 이규완, 대원군 손자 이준용과 기무처 의원 박준양·이태용 등 22명 김학우 살해 혐의로 체포

4월 23일 조선 정부, '각 대신 규약 조건' 발표, 일본인 고문관 권한 규정

4월 24일 조선 정부, 최초의 근대적 예산 제도와 조세법정주의 등을 규정한 회계법 시행

일본, 히로시마 대본영에서 긴급 어전 회의 열어 삼국 간섭 대응책 논의

5월 2일 캉유웨이를 대표로 광서제에게 "조약 파기하고 변법 실시" 요구하는 공거公車상서 올려

5월 4일 미·영·러·독 4개국 공사, 조선에서 일본의 이권 독점에 항의

일본 각의, 랴오둥반도 반환 결정

5월 8일 시모노세키조약 정식 발효

5월 10일 한성사범학교 개교

일본 정부, 가바야마 스케노리를 타이완총독 겸 군무 사령관 임명

5월 11일 청국 광서제, 시모노세키조약 비준 발표

5월 13일 일본 정부, 랴오둥반도 반환에 관한 조칙과 강화 조약 공표

5월 15일 로바노프 러시아 외상, 일본 정부의 조선 내정 간섭에 항의

5월 17일 고종, 군부대신 조희연 해임, 후임에 이주회 임명

5월 22일	무쓰 일본 외상, 대조선 정책 제출, 이노우에 주한 공사 퇴진 요청
5월 25일	타이완민주국 독립 선포
5월 26일	일본 어전 회의, 대조선 정책 결정 유보
5월 27일	「니혼신문」, 랴오둥반도 반환 관련 일본 외교 당국 인책 사직 요구
5월 29일	일본군, 타이완 아오디 상륙, 타이베이로 진격
6월 2일	박영효 중심의 새 내각 구성
	외국어학교 관제 발표. 인천에 일어日語학교, 서울에 법어(불어)학교 설립
	타이완섬 양도 문서 서명, 일본 영토로 넘어가
6월 4일	일본 각의, 조선에서 적극적 간섭 중지, 조선 자립 정책 결정
6월 5일	무쓰 일본 외상 건강 악화로 휴가, 문부상 사이온지 긴모치가 외상 임시대리 겸직
6월 6일	고종, 조선 독립 자축 위한 가든파티 개최(창덕궁 연경당)
6월 7일	일본군, 타이베이 점령. 타이완민주국 요인들 본토로 도주
	이노우에 주한 공사 일시 귀국
6월 18일	조선 정부, 지방 행정 제도 개혁. 기존의 8도제 폐지, 23부 신설, 부·목·군·현을 군으로 단일화
	박영효, 훈련대 6개 대대로 확장, 병력 3,000명을 서울·평양·청주 등에 배치
6월 20일	프랑스, 청국 정부와 중국 서남 지역 문호 개방 확대

	조약 체결
6월 23일	박영효 내부대신, 조선협회 창립
6월 25일	고종, 갑오개혁 관련 칙령·재가 전면 철회 교지
	박영효, 고종에게 왕실 경호 업무 훈련대로 교체 상주
6월 26일	고종, 왕실 경호 업무 훈련대로 교체 거부
6월 26일	박영효 내부대신, 23부에 새 관찰사 임명
6월 29일	타이난 관리들, 류융푸를 통령으로 추대하고 항전 체제 구축
7월 1일	이노우에 주한 공사, 일본 각의에 조선에 대한 정책 의견서 제출(조선에 500만~600만 엔의 차관 제공 요청)
7월 5일	일본 귀족원 의원 다니 간조, 이토 총리에게 미우라 고로를 주한 공사에 추천
7월 6일	박영효, 훈련대 동원해 민 왕후 암살 계획 수립. 고종, 박영효 체포 어명
	청국, 대일 배상금 마련 위해 프랑스·러시아 은행과 총 4억 프랑(고평은 1억 냥)의 '사리四厘차관합동' 체결
7월 7일	박영효, 이규완·신응희와 함께 일본 망명
7월 11일	일본 각의, 이노우에가 요청한 대일 차관 300만 엔으로 결정
7월 14일	타이완 반란 진압 위해 일본군 제2사단 산하 혼성 제4여단 지룽 상륙
7월 17일	고종, 왕실 경호 위한 시위대(500명) 창설, 훈련대 연대장에 홍계훈 임명
7월 19일	일본, 랴오둥반도 반환 조건으로 고평은 5,000만 냥

	(7,500만 엔) 요구
7월 22일	일본 정부, 미우라 고로를 주한 전권공사로 내정
7월 24일	이노우에 주한 공사, 새로운 한반도 정책 가지고 서울 도착
8월 5일	이노우에 공사, 고종에게 300만 엔 기부금 제공 통보, 고종에게 '17개조 개혁안' 제출(민 왕후 정치 참여, 민씨 척족 사면 복권)
8월 6일	타이완총독부, 항일 투쟁 제압 위해 군정 시행
8월 17일	일본 정부, 이노우에 주한 공사 해임 결정
8월 22일	고종, 부패 비리 혐의로 퇴진한 전직 관료 270여 명 사면
8월 25일	고종, 민씨 척족과 정동파 중심으로 김홍집·박정양 연립 내각 출범
9월 1일	미우라 고로 신임 주한 일본 공사 서울 부임
9월 3일	미우라와 이노우에, 고종에게 신임장 및 해임장 봉정
9월 4일	조선 왕조 504년 기념 개국기원절 행사 개최
	고종, 갑오개혁 전면 폐기, 재정·법률·내각·군대 등에 대한 대대적인 조직 개편
	사이온지 외상 대리, 조선에 기부금 300만 엔 제공 불발 사실 통보, 이노우에 귀국 훈령
9월 11일	러·프·독 3국, 일본 정부에 랴오둥반도 반환 배상금은 3,000만 냥(4,500만 엔)을 초과하지 말아야 한다는 최종안 제안
	러시아 외무성, 베베르를 주멕시코 공사로 전임, 슈페

	예르를 주한 공사로 임명
9월 17일	미우라 공사, 대본영의 가와카미 소로쿠 육군참모차장에게 경성수비대 지휘권 조선 공사에게 일임 요청
9월 20일	고종, 갑오개혁 때 도입한 간편 관복 구식 관복으로 환원 칙령 공표
9월 21일	이노우에 가오루 전 주한 공사 이한離韓
	미우라 공사, 「한성신보」 사장 아다치 겐조에게 '여우사냥' 협조 요청
9월 27일	조선 훈련대 제2대대장 우범선, 일본 경성수비대에 '훈련대 해산' 정보 제공
9월 28일	미우라 공사, 조선 전신선 확보 위한 관계자 회의 소집
9월 30일	미우라 공사, 대원군 포섭 위해 일본 공사관 통역 스즈키 준켄을 대원군 별장에 파견
10월 1일	미우라 공사, 스기무라 후카시 서기관과 삼국간섭 이후 조선에서 약화된 일본 영향력 회복 방안 논의
	미우라 공사, 대원군 포섭 위해 영사관 경부 와타나베 다카지로와 조선 궁내부 및 군부 고문 오카모토 류노스케를 대원군 별장에 파견
10월 3일	미우라 공사, 민 왕후 시해 작전 계획 위한 극비 회의 소집
10월 5일	일본 정부, 미우라 공사에게 경성수비대 지휘권 일임
	오카모토 류노스케, 대원군에게 정변 계획 설명하고 협조 요청
	오카모토 류노스케와 조선 군부 고문 구스노세 중좌,

	위장 귀국 위해 인천 향발
10월 6일	조선 훈련대 경무청 습격, 순검과 충돌. 고종, 훈련대 해산 결정
	미우라 공사, 경성수비대 대대장 우마야하라 쓰토무 소좌에게 "조만간 훈련대 이끌고 경복궁 입궐" 통보
	스기무라 서기관, 조희연·권형진·이두황 등과 민 왕후 시해 논의
10월 7일	안경수, 미우라 공사에게 '조선 훈련대 내일 해산' 정보 제공
	일본 정부, 러·프·독 3국의 랴오둥반도 반환 배상금 제안 수락
	스기무라 서기관, 김홍집 총리대신에게 10월 10일 쿠데타 사실 알리고 협조 당부
	미우라 공사, 10월 10일로 예정됐던 민 왕후 시해 작전을 8일 새벽 단행 결정
	일본군 경성수비대, 비밀 작전 회의
	일본 공사관, 우치다 영사가 주재하는 신임 공사 환영 만찬회
10월 8일	03시, 조선 훈련대 연대장 홍계훈, 불법 출동한 훈련대에 해산 명령
	04시 30분, 다이 장군과 사바틴, 춘생문에서 훈련대 병사 목격
	04시 40분, 이범진, 경복궁 탈출해 미·러 공사관에 구원 요청

05시, 일본군 경복궁 난입, 훈련대 연대장 홍계훈 저항하다 사망

05시 15분, 일본 낭인 부대 건청궁 난입, 민 왕후 시해

06시, 사바틴, 경복궁 빠져나와 베베르 주한 러시아 공사에게 민 왕후 시해 사건 증언

06시 05분, 미우라 공사 경복궁 입궐

06시 32분, 주한 일본 공사관 무관 니로 도키스케 소좌, 대본영에 "조선 훈련대가 대원군 추대하고 대궐 난입" 극비 전문 타전

07시, 미우라 공사, 고종 알현, 대원군과 상의해 김홍집 내각 구성

08시, 경복궁에 난입했던 일본 영사관 소속 순사 복귀

09시 20분, 니로 소좌, "조선 국왕 무사, 왕비 살해" 제2보 긴급 타전

11시, 미우라 공사, 사이온지 외상 대리에게 "국왕과 왕세자 평안하시나 왕비 소재 확실치 않음" 보고

15시 30분, 미우라 공사, "왕비는 살해당하셨을 것임. 일본인이 이에 가담했는지는 조사 중" 보고

15시 30분, 주한 외교단 회의 소집

10월 10일　김홍집 내각, 고종 명의의 폐후廢后 조칙 발표

일본 정부, 고무라 주타로를 대표로 한 특사단 구성

10월 11일　전날 발표한 폐후 조칙 폐기, 폐서인 민씨에게 빈호嬪號 하사

10월 12일　주한 서양 외교단, 일본의 시해 은폐 기도 고발하는

	공동성명 채택
10월 13일	일본 공사를 제외한 주한 외교단, 민 왕후 시해 대책 논의
10월 14일	김홍집 내각, 고종 명의로 새 왕후 간택 지시
	미우라 공사, 조선 정부 법부 고문 호시 도루 도쿄 급파
	우치다 영사, 왕비 시해 가담한 일본인 21명 퇴한退韓 처분
10월 15일	민 왕후 국상 발표, 유해 일부 수습
10월 17일	베베르 주한 러시아 공사, "살인자와 살인 교사자 재판 회부, 김홍집 내각과는 상대하지 않겠다" 선언
	일본 정부, 미우라 공사 해임, 고무라 주타로를 후임에 임명, 왕비 시해 관련자 48명 전원 본국 소환해 재판 회부 결정
10월 19일	민 왕후 유해 태원전에 안치
	고무라 주타로 일본 특사 서울 도착
	일본군, 악전고투 끝에 타이난 점령
	일본 정부, 민 왕후 시해 특급 정보 가장 먼저 보고한 니로 소좌에게 공로4급 금치金鵄 훈장과 쌍광욱일장雙光旭日章 훈장 수여
10월 21일	전임 주한 공사 이노우에 가오루, 왕실 문안사로 내한
10월 22일	우치다 영사 경복궁 범행 현장 확인
10월 23일	미우라와 일본 장교 8명, 일본 낭인 3명 히로시마로 호송
10월 30일	조선 정부, 훈련대 해산, 시위대와 훈련대 통합해 중앙

		군은 친위대, 지방군은 진위대로 개편
	11월 8일	일·청 대표, 랴오둥반도 반환 위한 랴오난조약 체결
	11월 11일	올니 미 국무장관, 실 주한 공사에게 조선 문제에 개입하지 말 것 경고
	11월 18일	민 왕후 직접 시해한 미야모토 소위와 특무조장 마키 귀국
		가바야마 총독, 대본영에 타이완 전도 완전 평정 보고
	11월 20일	고종, 러시아 황제 니콜라이 2세에게 "군사력으로 과인 보호해 달라" 서한 보내
	11월 26일	김홍집 내각, 민 왕후 복위, 시해에 가담한 군부대신 조희연과 경무사 권형진 파면, 대원군 정계 은퇴
	11월 27일	고종 구출 위한 춘생문 사건
	11월 28일	춘생문 사건 실패
	12월 1일	조선 정부, 민 왕후 사망 사실과 국상 공표
	12월 26일	고종, 이준용을 '일본 유학' 명목으로 해외 추방
	12월 27일	일본, 랴오둥반도 점령지 청국에 양도
	12월 30일	김홍집 내각, 이주회·윤석우·박선을 민 왕후 시해 사건 관련자로 사형 집행
		김홍집 내각, 단발령 공포
1896년	1월 8일	슈페예르 신임 주한 러시아 공사 서울 도착
	1월 10일	고종, 러시아 공사관에 파천 의사 타진
	1월 12일	고종, 신·구 러시아 공사 면담, 슈페예르 공사에게 보호 요청하는 메모 전달
	1월 14일	일본 군법회의, 민 왕후 시해 사건 가담한 경성수비대

	장교 8명에게 무죄 선고
1월 20일	히로시마 재판소, 민 왕후 시해 사건 가담한 민간인 48명 전원 무죄 석방
1월 20일	이소응 의병, 춘천에서 봉기
2월 1일	김홍집 내각, 왕비 시해에 가담한 조희연을 군부대신에 임명
2월 2일	고종, 이범진 통해 러시아 공사관에 피신 요청하는 비밀 메모 전달
	러시아 황제 니콜라이 2세, 러시아 군함 제물포 파견 명령
2월 5일	여주 의병, 여주 일본군 전신선 감시소 공격해 일본인 인부 4명, 측량사 1명, 상인 1명, 통역 등 살해하고 전선 절단
2월 7일	슈페예르 공사, 고종에게 파천 위한 모든 준비 완료 통보
	러시아 순양함 코르닐로프호 제물포 입항
2월 9일	고종, 러시아 공사관으로 탈출 약속했으나 "공사관 경비병이 모자란다"라며 연기
2월 10일	경복궁 부근에 수천 명의 보부상 집결
	러시아 순양함 코르닐로프호에서 해군 장교 4명, 대포 1문, 수병 100명 상륙시켜 러시아 공사관 호위 강화
2월 11일	07시 30분, 고종과 왕세자, 주한 러시아 공사관으로 파천 성공
	고종, 친일 각료 포살 어명. 김홍집·정병하 살해

	10시, 고종, 러시아 수병 사열
	10시, 슈페예르 공사, 주한 외국 공관에 조선 국왕의 아관파천 사실 통보
	12시, 고종, 러시아 공사관에서 주한 외국 공관장 알현
	고종, 김홍집 내각 붕괴시키고 박정양 중심의 잠정 내각 출범
2월 14일	고종, 러시아 행정고문 및 군사교관 파견 요청
2월 18일	러시아 외무성, 아관파천 공식 승인
2월 19일	탁지부대신 어윤중 경기도 용인에서 군중에게 타살
2월 23일	고종, 을미사변과 춘생문 사건 재조사 지시
2월 24일	일본군 가흥 병참부, 장호원에서 의병 600명과 전투
	러시아 외무성, 고종의 행정고문과 군사교관 파견 요청 거절
2월 26일	일본 공사관, 평양의 일본 거류민 174명 남포에서 인천으로 철수시켜
2월 27일	문경 부근에서 의병 1,000여 명과 일본군 전투
3월 1일	러시아 정부, 슈페예르를 주일 공사로 임명, 멕시코 공사로 결정된 베베르를 주한 공사에 임명
3월 13일	주병헌 등 울진 의병, 강원도 울진군 죽변에서 일본인 15명 살해
3월 16일	유인석, 제천에서 호좌창의진 의병 봉기
	일본 군함 다카오호 원산항 입항, 육전대 100명 상륙해 의병 공격
3월 27일	유인석 의병, 단양군수 권숙과 청풍군수 서상기 단발

		죄와 의병 토벌 죄로 처형
	3월 30일	유인석 의병, 충주성 무혈점령
	4월 13일	유길준·장박·김인식·조중응 일본 망명
	4월 15일	조선 법부 고문 그레이트하우스, 대원군에게 민 왕후 시해 사건 관련 내용 해명 요구
	4월 17일	관군과 일본군 합동으로 충주성 공격, 유인석 의병 제천으로 퇴각
	4월 22일	러시아 나히모프호 수병 상륙해 주한 러시아 공사관 수비
	4월 28일	유인석 의병, 가흥·수안보의 일본군 병참수비대 공격했으나 패전
		유인석, 선봉장 김백선을 양반에게 대든 불경죄로 참수
	5월 11일	러시아 순양함 돈스코이호 제물포 입항
	6월 20일	고종, 아관파천의 일등공신 이범진을 주미 공사로 임명
1897년	10월 20일	엄 상궁, 고종의 아들 영친왕 순산
1900년	8월 4일	의화단, 베이징 공사관 지역 포위

참고문헌

가토 요코加藤陽子, 박영준 옮김, 『근대 일본의 전쟁 논리—정한론에서 태평양전쟁까지』, 태학사, 2003.

강성학, 『시베리아 횡단열차와 사무라이—러일전쟁의 외교와 군사전략』, 고려대 출판부, 1999.

강성학 편저, 『용과 사무라이의 결투』, 리북, 2006.

강재언, 『신편 한국근대사 연구』, 한울, 1992.

강정일, 「지정학으로 본 러시아제국의 對한반도 정책 (1884~1904)」, 고려대 박사학위 논문, 2013.

강준만, 『한국 근대사 산책 2』, 인물과사상사, 2007.

(지그프리트) 겐테, 권경영 옮김, 『독일인 겐테가 본 신선한 나라 조선, 1901』, 책과함께, 2007.

국사편찬위원회, 『수신사기록』 3권, 탐구당, 1971.

______, 『한국사 40: 청일전쟁과 갑오개혁』, 탐구당, 2003.

______, 『한국사 41: 열강의 이권 침탈과 독립협회』, 탐구당, 2003.

______, 『한국사 44: 갑오개혁 이후의 사회·경제적 변동』, 탐구당, 2013.

(아손) 그렙스트, 김상렬 옮김, 『스웨덴 기자 아손, 100년 전 한국을 걷다』, 책과함께, 2005.

김경창, 『동양외교사』, 집문당, 1982.

김동노, 「한말의 국가개혁 운동과 자원 동원」, 『東方學志』 제124호, 연세대학교 국학연구원, 2004.

김문봉, 「일본근대시(가)가 그려낸 한국(인)의 두 가지 모습」, 『일본학연구』 제46집, 단국대학교 일본연구소, 2015.

김문자, 김승일 옮김, 『명성황후 시해와 일본인』, 태학사, 2011.

김삼웅, 「단발령 논쟁에 담긴 보수·개화의 시대 인식」, 『인물과 사상』, 2007년 7월.

김연지, 「한반도를 둘러싼 국제전에 대한 지정학적 연구—완충체계 이론을 중심으로」, 고려대 정치외교학과 박사학위 논문, 2013.

김영수, 「세레진 사바찐의 하루」, 『역사비평』, 2010년 여름(통권 91호).

______, 『미쩰의 시기—을미사변과 아관파천』, 경인문화사, 2013.

______, 「서울주재 러시아 공사 베베르의 외교활동과 한국정책—1898년 이전과 이후 한국의 변화를 중심으로」, 『서울과 역사』 제94호, 서울역사편찬원, 2016.

______, 『고종과 아관파천—이희, 러시아 공관에서 375일』, 역사공간, 2020.

김옥균·박영효·서재필, 조일문·신복룡 편역, 『갑신정변 회고록』, 건국대학교 출판부, 2006.

김용구, 『세계외교사』, 서울대학교 출판부, 2006.

김용삼, 『세계사와 포개 읽는 한국 100년 동안의 역사 1: 한반도의 깊은 잠』, 백년동안, 2020.

김원모, 「정동구락부의 친로親露반일정책」. 『한국사학논총(박영석 화갑논총)』, 1992.

______, 「미스 손탁과 손탁호텔」, 『향토서울』 제56호, 서울특별시사편찬위원

회, 1996.

______, 「손탁의 친러·배일운동」, 『개화기 한미교섭관계사』, 단국대학교 출판부, 2003.

김원수, 「청일전쟁 및 삼국간섭과 러시아의 조선정책」. 『한국정치외교사논총』 제36집 2호, 한국정치외교사학회, 2015.

김재근, 「조선왕조의 수군」, 『군사軍史』 제1권, 1980.

김재호, 「갑오개혁 이후 근대적 재정제도의 형성 과정에 관한 연구」, 서울대학교 박사학위 논문, 1997.

김종건, 「1895년 山東에서의 청일전쟁과 항일운동」, 『대구사학』, 제76집, 대구사학회, 2004.

김종헌, 「슈페이예르와 러시아 공사 베베르의 조선 내 외교활동 (1884~1894)」, 『대동문화연구』 제61집, 성균관대학교 대동문화연구원, 2008.

______, 「청일전쟁 이후 재한 러시아 외교관의 활동에 관한 고찰」, 『슬라브학보』 제24권 2호, 한국슬라브유라시아학회, 2009.

김지환, 「제정 러시아의 제국주의와 동방정책의 역사적 고찰」, 『중국학보中國學報』 50, 한국중국학회, 2004.

김춘식, 「독일제국의 중국 교주만 식민지 문화정책 (1898~1914)」, 『역사학연구』 32집, 호남사학회, 2008.

김필동, 『일본·일본인의 재발견』, 제이엔씨, 2008.

김현숙, 「한국 근대 서양인 고문관 연구 (1882~1904)」, 이화여자대학교 박사학위 논문, 1999.

김희신, 「華僑, 華僑 네트워크와 駐韓使館—청일전쟁 이후 한성 지역을 중심으로」, 『중국사연구』 제89집, 중국사학회, 2014.

남지대, 「중앙 정치세력의 형성 구조」, 한국역사연구회, 『조선정치사 (上)』, 청년사, 1990.

다보하시 기요시田保橋潔, 김종학 옮김, 『근대일선관계의 연구 (下)』, 일조각, 2016.

(필립 모로) 드파르쥐, 이대희·최연구 옮김, 『지정학 입문—공간과 권력의 정치학』, 새물결, 1997.

(까를로) 로제티, 서울학연구소 옮김, 『꼬레아 꼬레아니』, 숲과나무, 1996.

류대영, 『개화기 조선과 미국 선교사』, 한국기독교역사연구소, 2007.

______, 『초기 미국 선교사 연구』, 한국기독교역사연구소, 2013.

(A.) 말로제모프, 석화정 옮김, 『러시아의 동아시아 정책』, 지식산업사, 2002.

(엘리자베스) 매컬리, 유영식 옮김, 『케이프 브레톤에서 소래까지—윌리엄 존 매켄지 선교사의 생애와 황해도 선교기』, 대한기독교서회, 2002.

(프리데릭 A.) 매켄지, 신복룡 역주, 『한국의 독립운동』, 집문당, 1999.

______, 신복룡 역주, 『대한제국의 비극』, 집문당, 2010.

(한스 J.) 모겐소, 이호재 옮김, 『현대국제정치론—세계평화의 권력이론적 접근』, 법문사, 1995.

뮈텔, 편집부 역주, 『뮈텔 주교 일기 1 (1890~1895)』, 한국교회사연구소, 1998.

민영환, 조재곤 편역, 『해천추범海天秋帆—1896년 민영환의 세계일주』, 책과함께, 2008.

박민영, 「구한말 서북 변경지역의 의병 연구」, 한국정신문화연구원 박사학위논문, 1996.

박성수, 『독립운동사연구』, 창작과비평사, 1980.

박양신, 「청일전쟁 전후 일본 지식인의 대외인식론—陸羯南과 德富蘇峰을 중심으로」, 『동양학』 31집, 동양학연구소, 2001.

박영재, 「청일전쟁과 일본 외교—요동반도 할양 문제를 중심으로」, 『역사학보』, 53·54합집, 1972.

박영준, 「청일전쟁」, 김용구·하영선 편, 『한국외교사연구—기본사료·문헌해제』, 나남, 1996.

______, 「청일전쟁 이후 일본의 대외정책론 (1895~1904)—야마가타 아리토모山縣有朋의 전략론과 대항 담론들」, 『일본연구논총』 제27호, 현대일본학회, 2008.

______, 『제국 일본의 전쟁 (1868~1945)』, 사회평론아카데미, 2020.

박종근, 박영재 옮김, 『청일전쟁과 조선』, 일조각, 1989.

박종효, 『격변기의 한·러 관계사』, 도서출판 선인, 2015.

방광석, 「러일전쟁 이전 이토 히로부미의 조선 인식과 정책」, 『한일관계사연구』 제48집, 한일관계사학회, 2014.

(제노네) 볼피첼리, 유영분 옮김, 『구한말 러시아 외교관의 눈으로 본 청일전쟁』, 살림출판사, 2009.

(이사벨라 버드) 비숍, 이인화 옮김, 『한국과 그 이웃 나라들』, 살림, 1996.

(W. F.) 샌즈, 신복룡 역주, 『조선비망록』, 집문당, 1999.

손기영, 「실패국가, 실패패권, 근대국가의 홀로코스트 삼중주—청일전쟁과 일본의 동학농민군 대량학살의 개념적 분석」, 『일본공간日本空間』 24호, 국민대 일본학연구소, 2018.

손정목, 『일제강점기 조선사회상 연구』, 일지사, 1997.

송연옥, 「대한제국기의 '기생단속령' '창기단속령'—일제 식민화와 공창제 도입의 준비과정」, 『韓國史論』 40, 1998.

스기무라 후카시, 「재한고심록在韓苦心錄 1894~1895」, 한상일 역·해설, 『서울에 남겨둔 꿈』, 건국대 출판부, 1993.

신동원, 「조선말의 콜레라 유행」, 『한국과학사학회지』 제11권 1호, 1989.

신명호, 「을미사변 후 고종의 국모 복수와 군주전제론」, 『동북아문화연구』 제

19집, 동북아시아문화학회, 2009.

신상준, 『한국 재무행정의 근대화 과정』, 신조문화사, 1970.

신승권, 「러일전쟁 전후의 러시아와 한국」, 『한로韓露 관계 100년사』, 한국사연구협의회, 1984.

안세현, 「의암 유인석의 인물전 창작의 계보와 을미의병의 거병 논리」, 『동양고전연구』 제83집, 동양고전학회, 2021.

알렌, 김원모 완역, 『알렌의 일기』, 단국대학교 출판부, 1991.

야마다 아키라山田朗, 윤현명 옮김, 『일본, 군비 확장의 역사』, 어문학사, 2014.

양진아, 「유길준의 일본 망명과 귀국 과정」, 『한일관계사연구』 제72집, 2021.

(릴리어스 호톤) 언더우드, 김철 엮음, 『상투잡이와 함께 보낸 15년 세월』, 뿌리깊은나무, 1984.

(엘리자베스) 언더우드, 변창욱 옮김, 『언더우드 후손이 쓴 한국의 선교역사(1884~1934)』, 도서출판 케노시스, 2013.

(올리버) 에비슨, 에비슨기념사업회 옮김, 『구한말 비록』, 대구대학교 출판부, 1986.

오승명, 김지환 옮김, 『구중국 안의 제국주의 투자』, 고려원, 1992.

오영섭, 「을미의병운동의 정치·사회적 배경」, 『국사관논총』 65, 1995.

______, 「을미의병의 결성 과정과 군사활동—제천의병을 중심으로」, 『군사軍史』 제43호, 2001년 8월.

______, 「을미사변 이전 이범진의 정치활동」, 『한국독립운동사연구』 25, 독립기념관 한국독립운동연구소, 2005.

______, 「고종과 춘생문 사건」, 『향토서울』 제68집, 서울특별시사편찬위원회, 2006.

오타니 다다시大谷正, 이재우 옮김, 『청일전쟁—국민의 탄생』, 오월의봄, 2018.

와다 하루키和田春樹, 이웅현 옮김, 『러일전쟁—기원과 개전 1』, 한길사, 2019.

왕소방王紹坊, 한인희 옮김, 『중국외교사』, 도서출판 지영사, 1997.

왕현종 외, 『청일전쟁기 한중일 삼국의 상호전략』, 동북아역사재단, 2009.

유영익, 『동학 농민봉기와 갑오경장』, 일조각, 1998.

육군군사연구소, 『청일전쟁 (1894~1895)』, 국군인쇄창, 2014.

윤성렬, 『도포입고 ABC, 갓 쓰고 맨손체조』, 학민사, 2004.

윤효정, 박광희 옮김, 『대한제국아 망해라—백성들의 눈으로 쓴 살아 있는 망국사』, 다산초당, 2010.

이경미, 「19세기 개항 이후 한·일 복식제도 비교」, 서울대학교 석사학위 논문, 1999.

이경하, 「청일전쟁 시기 '申報' 사설에 나타난 '조선'과 '일본'에 대한 시각」, 『중국어문학지』 제23집, 중국어문학회, 2007.

이광린, 「유길준의 영문서한」, 『개화파와 개화사상 연구』, 일조각, 1989.

______, 『한국사강좌 5: 근대편』, 일조각, 1993.

이규하, 「독일의 膠州灣의 조차와 상실」, 『전북사학全北史學』 7집, 전북대사학회, 1983.

이민원, 「삼국간섭 직후 민비의 인아거일책과 그 성격—러시아의 대한 방침과 관련하여」, 『청대사림淸大史林』 제6호, 청주대학사학회, 1994.

______, 「조선말의 단발령과 일본의 대한정략」, 『조선 시대의 사회와 사상』, 조선사회연구회, 1998.

______, 「상투와 단발령」, 『사학지史學志』 Vol.31 No.1, 단국사학회, 1999.

______, 「조선의 단발령과 을미의병」, 『의암학 연구』 창간호, 2002.

______, 『명성왕후 시해와 아관파천』, 국학자료원, 2002.

이배용, 「개화기 명성황후 민비의 정치적 역할」, 『국사학논총』 제66집, 1995.

이삼성, 『동아시아의 전쟁과 평화 2』, 한길사, 2017.

이순우, 『손탁호텔』, 하늘재, 2012.

이완범, 『한반도 분할의 역사』, 한국학중앙연구원 출판부, 2013.

이욱, 「국가의 모색과 국가의례의 변화—1894~1908년 국가 제사의 변화를 중심으로」, 『정신문화연구』 제27권 제2호, 2004년 여름호.

이원택, 「개화기 '禮治'로부터 '法治'로의 사상적 전환—미완의 대한국 국제체제와 그 성격」, 『정치사상연구』 제14집 2호, 한국정치사상학회, 2008년 가을.

이은주, 「19세기말 한국 외교정책 모델리티로서의 '균세均勢'와 인아거일引俄拒日 균세전략의 국제정치학적 분석」, 『국제정치연구』 제20집 2호, 2017.

이이화, 『오백년 왕국의 종말』, 한길사, 2007.

이인직 외, 『신소설』, 동아출판사, 1995.

이종각, 『미야모토 소위, 명성황후를 찌르다』, 메디치미디어, 2015.

이항준, 「청일전쟁 전후 러시아 연해주 군무지사 운떼르베르게르의 동아시아에 대한 정책적 입장」, 『이화사학연구』 제49집, 이화사학연구소, 2014.

이호윤·유해수, 「러시아 순양함 드미트리 돈스코이호와 고종」, 『러시아연구』 제25권 제1호, 2015.

임희국, 「1890년대 조선의 사회·정치적 상황에 대한 내한來韓 선교사들의 이해—동학 농민운동과 단발령을 중심으로」, 『선교와 신학』 제23집, 장로회신학대학교 세계선교연구원, 2009.

장경호, 「대한제국 선포 직후 고종의 미관파천 시도」, 『한국학』 제42-2호, 한국학중앙연구원, 2019.

장희흥, 「갑오개혁 이후 내시부의 관제 변화와 환관제의 폐지」, 『동학연구』 21, 한국동학회, 2006.

______, 「대한제국기 내시 강석호의 활동」, 『사학연구』 제89집, 한국사학회, 2008.

전종익, 「근대 주권개념의 수용과 전개」, 서울대 법학과 박사학위 논문, 2006.

정경숙, 「단발령에 관한 문화현상학적 연구」, 서경대학교 박사학위 논문, 2012.

정상수, 「일본의 한국 강제병합과 강대국들의 대응 1895~1910년」, 『서양사연구』 제42집, 한국서양사연구회, 2010.

정선태, 「'일청전쟁'이라는 재난과 문명세계의 상상—'혈의 누'를 다시 읽는다」, 『한국학논총』 43, 2015.

정용화, 『문명의 정치사상—유길준과 근대한국』, 문학과지성사, 2004.

정의, 「근대 일본의 서구숭배와 국수주의—메이지유신부터 청일전쟁까지를 중심으로」, 『일본사상』 제27호, 한국일본사상사학회, 2014.

조관자, 「청일·러일전쟁기의 사상과 동아시아의 변혁—일본의 아시아주의, 국수주의, 사회주의를 중심으로」, 『한림일본학』 제32집, 한림대 일본학연구소, 2018.

조동걸, 『한국근현대사의 이상과 형상』, 푸른역사, 2001.

조명철, 「20세기 초 동아시아 국제정세와 일본의 대륙정책」, 『일본역사연구』 14, 일본사학회, 2001.

______, 「의화단사건과 동아시아의 정세 변화—일본의 외교전략을 중심으로」, 『이화사학연구』 제29집, 이화사학연구소, 2002.

______, 「러일전쟁기 일본 육군의 만주전략」, 『군사軍史』 제51호, 국방부 군사편찬연구소, 2004.

______, 「근대일본의 전쟁과 팽창의 논리」, 『사총史叢』 제67집, 역사연구회, 2008.

______, 「청일·러일전쟁의 전후처리와 한국문제」, 『한일관계사연구』 제36집,

한일관계사학회, 2010.

______, 「청일전쟁기, 열강과 일본의 중국침탈」, 『일본연구』 제13집, 고려대학교 일본학연구센터, 2010.

조명철 외 3인, 『일본인의 선택』, 도서출판 다른세상, 2002.

조용준, 『메이지유신이 조선에 묻다』, 도서출판 도도, 2019.

차경애, 「청일전쟁 당시의 전쟁견문록을 통해서 본 전쟁지역 민중의 삶」, 『명청사연구』 제28집, 명청사학회, 2007.

______, 「청일전쟁 당시 조선 전쟁터의 실상」, 『한국문화연구』 vol.14, 2008.

천순천陳舜臣, 조양욱 옮김, 『청일전쟁』, 세경출판사, 2012.

최문형, 『명성황후 시해의 진실을 밝힌다』, 지식산업사, 2001.

______, 『한국을 둘러싼 제국주의 열강의 각축』, 지식산업사, 2006.

최문형 외, 『명성황후 시해 사건』, 민음사, 1992.

최익현, 「유소遺疏」, 『면암집』, 민족문화추진회, 1984.

최혜주, 「일본 동경지학협회의 조사활동과 조선인식」, 『한국사연구』 제151호, 한국사연구회, 2010.

______, 「일본 동방협회의 조선사정 조사활동과 조선인식」, 『한국독립운동사연구』 제43집, 독립기념관 한국독립운동사연구소, 2012.

______, 『정탐—제국 일본, 조선을 엿보다』, 한양대학교 출판부, 2019.

카르네프 외 4인, A. 이르계바예브·김정화 옮김, 『내가 본 조선, 조선인—러시아 장교 조선 여행기』, 가야넷, 2003.

(A. M.) 풀리 엮음, 신복룡 역주, 『하야시 다다스 비밀회고록』, 건국대학교 출판부, 2007.

하라다 게이이치原田敬一, 최석완 옮김, 『청일·러일전쟁』, 어문학사, 2013.

한국정치외교사학회 편, 『명성황후 시해사건과 아관파천기의 국제관계』, 동림사, 1998.

한길사 편집부, 『러시아와 독립국가연합을 아는 사전』 한길사, 1992.

한영우, 『명성황후와 대한제국』, 효형출판, 2001.

한철호, 「개화기(1880~1906) 역대 주한 일본 공사의 경력과 한국 인식」, 『한국사상사학』 제25집, 한국사상사학회, 2005.

함재봉, 『한국사람 만들기 IV: 친일개화파 2』, H프레스, 2022.

(호머) 헐버트, 신복룡 옮김, 『대한제국사 서설』, 탐구당, 1973.

______, 신복룡 옮김, 『대한제국 멸망사』, 집문당, 1999.

현광호, 「대한제국기 의정부 대신의 동향과 국정운영론」, 『향토서울』 제88호, 서울특별시 시사편찬위원회, 2014.

______, 「대한제국기 주한 일본군의 활동」, 『인문학연구』 제48집, 조선대학교 인문학연구소, 2014.

후지무라 미치오藤村道生, 허남린 옮김, 『청일전쟁』, 도서출판 소화, 1997.

菊池謙讓, 『朝鮮雜記』 卷2, 鷄鳴社, 1931.

小松綠, 『明治史實 外交秘話』, 中外商業新報社, 1927.

小坂貞雄, 『外人の觀たる朝鮮外交秘話』, 朝鮮外交秘話出版會, 1934.

岩波新書編輯部 編, 『日本の近現代史をとう見るか』, 岩波書店, 2010.

井口和起, 『日露戦爭の時代』, 吉川弘文館, 1998.

세계사와 포개 읽는 한국 100년 동안의 역사 ❼

조선 왕비 시해되다

펴낸날 초판 1쇄 2023년 1월 12일

지은이 **김용삼**
펴낸이 **김광숙**
펴낸곳 **백년동안**
출판등록 **2014년 3월 25일 제406-2014-000031호**

주소 **경기도 파주시 광인사길 22**
전화 **031-941-8988**
팩스 **070-8884-8988**
이메일 **on100years@gmail.com**

ISBN 979-11-86061-00-8 04910
979-11-86061-70-1 04910 (세트)

※ 값은 뒤표지에 있습니다.
※ 잘못 만들어진 책은 구입하신 서점에서 바꾸어 드립니다.